ŒUVRES COMPLÈTES

DE

CHATEAUBRIAND

III

Lagny. — Typographie de Vialat et Cⁱᵉ.

ŒUVRES COMPLÈTES

DE

CHATEAUBRIAND

AUGMENTÉES

D'UN ESSAI SUR LA VIE ET LES OUVRAGES DE L'AUTEUR

— LE GÉNIE DU CHRISTIANISME —

PARIS

P.-H. KRABBE, LIBRAIRE-ÉDITEUR

12, RUE DE SAVOIE

M DCCC LII

GÉNIE DU CHRISTIANISME.

PRÉFACE [1].

Lorsque le *Génie du Christianisme* parut, la France sortait du chaos révolutionnaire ; tous les éléments de la société étaient confondus : la terrible main qui commençait à les séparer n'avait point encore achevé son ouvrage ; l'ordre n'était point encore sorti du despotisme et de la gloire.

Ce fut donc, pour ainsi dire, au milieu des débris de nos temples que je publiai le *Génie du Christianisme*, pour rappeler dans ces temples les pompes du culte et les serviteurs des autels. Saint-Denis était abandonné : le moment n'était pas venu où Buonaparte devait se souvenir qu'il lui fallait un tombeau ; il lui eût été difficile de deviner le lieu où la Providence avait marqué le sien. Partout on voyait des restes d'églises et de monastères que l'on achevait de démolir : c'était même une sorte d'amusement d'aller se promener dans ces ruines.

Si les critiques du temps, les journaux, les pamphlets, les livres n'attestaient l'effet du *Génie du Christianisme*, il ne me conviendrait pas d'en parler ; mais n'ayant jamais rien rapporté à moi-même, ne m'étant jamais considéré que dans mes relations générales avec les destinées de mon pays, je suis obligé de reconnaître des faits qui ne sont contestés de personne ; ils ont pu être différemment jugés ; leur existence n'en est pas moins avérée.

La littérature se teignit en partie des couleurs du *Génie du Christianisme* : des écrivains me firent l'honneur d'imiter les phrases de *René* et d'*Atala*, de même que la chaire emprunta et emprunte encore tous les jours ce que j'ai dit des cérémonies, des missions et des bienfaits du christianisme.

Les fidèles se crurent sauvés par l'apparition d'un livre qui répondait si bien à leurs dispositions intérieures : on avait alors un besoin de foi, une avidité de consolations religieuses, qui venait de la privation même de ces consolations depuis longues années. Que de force surnaturelle à demander pour tant d'adversités subies ! Combien de familles mutilées avaient à chercher auprès du Père

---

[1] Cette préface a été composée pour l'édition de 1828.

des hommes les enfants qu'elles avaient perdus! Combien de cœurs brisés, combien d'âmes devenues solitaires, appelaient une main divine pour les guérir! On se précipitait dans la maison de Dieu comme on entre dans la maison du médecin le jour d'une contagion. Les victimes de nos troubles (et que de sortes de victimes!) se sauvaient à l'autel, de même que les naufragés s'attachent au rocher sur lequel ils cherchent leur salut.

Rempli des souvenirs de nos antiques mœurs, de la gloire et des monuments de nos rois, le *Génie du Christianisme* respirait l'ancienne monarchie tout entière : l'héritier légitime était pour ainsi dire caché au fond du sanctuaire dont je soulevais le voile, et la couronne de saint Louis suspendue au-dessus de l'autel du Dieu de saint Louis. Les Français apprirent à porter avec regret leur regard sur le passé ; les voies de l'avenir furent préparées, et des espérances presque éteintes se ranimèrent.

Buonaparte, qui désirait alors fonder sa puissance sur la première base de la société, et qui venait de faire des arrangements avec la cour de Rome, ne mit aucun obstacle à la publication d'un ouvrage utile à la popularité de ses desseins. Il avait à lutter contre les hommes qui l'entouraient, contre des ennemis déclarés de toutes concessions religieuses : il fut donc heureux d'être défendu au dehors par l'opinion que le *Génie du Christianisme* appelait. Plus tard il se repentit de sa méprise ; et au moment de sa chute il avoua que l'ouvrage qui avait le plus nui à son pouvoir était le *Génie du Christianisme*.

Mais Buonaparte, qui aimait la gloire, se laissait prendre à ce qui en avait l'air ; le bruit lui imposait ; et quoiqu'il devînt promptement inquiet de toute renommée, il cherchait d'abord à s'emparer de l'homme dans lequel il reconnaissait une force. Ce fut par cette raison que l'Institut n'ayant pas compris le *Génie du Christianisme* dans les ouvrages qui concouraient pour le prix décennal, reçut l'ordre de faire un rapport sur cet ouvrage ; et bien qu'alors j'eusse blessé mortellement Buonaparte, ce maître du monde entretenait tous les jours M. de Fontanes des places qu'il avait l'intention de créer pour moi, des choses extraordinaires qu'il réservait à ma fortune.

Ce temps est passé : vingt années ont fui, des générations nouvelles sont survenues, et un vieux monde qui était hors de France y est rentré.

Ce monde a joui des travaux achevés par d'autres que par lui, et n'a pas connu ce qu'ils avaient coûté : il a trouvé le ridicule que Voltaire avait jeté sur la religion effacé, les jeunes gens osant aller à la messe, les prêtres respectés au nom de leur martyre ; et ce vieux monde a cru que cela était arrivé tout seul, que personne n'y avait mis la main.

Bientôt même on a senti une sorte d'éloignement pour celui qui avait rouvert la porte des temples en prêchant la modération évangélique, pour celui qui avait voulu faire aimer le christianisme par la beauté de son culte, par le génie de ses orateurs, par la science de ses docteurs, par les vertus de ses apôtres et de ses disciples. Il aurait fallu aller plus loin. Dans ma conscience, je ne le pouvais pas.

Depuis vingt-cinq ans, ma vie n'a été qu'un combat entre ce qui m'a paru faux en religion, en philosophie, en politique, contre les crimes ou les erreurs de mon siècle, contre les hommes qui abusaient du pouvoir pour corrompre ou pour enchaîner les peuples. Je n'ai jamais calculé le degré d'élévation de ces hommes ; et depuis Buonaparte, qui faisait trembler le monde, et qui ne m'a jamais fait trembler, jusqu'aux oppresseurs obscurs qui ne sont connus que par mon mépris, j'ai osé tout dire à qui osait tout entreprendre. Partout où je l'ai pu j'ai tendu la main à l'infortune ; mais je ne comprends rien à la prospérité : toujours prêt à me dévouer aux malheurs, je ne sais point servir les passions dans leur triomphe.

Aurait-on bien fait de suivre le chemin que j'avais tracé pour rendre à la religion sa salutaire influence? Je le crois. En entrant dans l'esprit de nos institutions, en se pénétrant de la connaissance du siècle, en tempérant les vertus de la foi par celle de la charité, on serait arrivé sûrement au but. Nous vivons dans un temps où il faut beaucoup d'indulgence et de miséricorde. Une jeunesse généreuse est prête à se jeter dans les bras de quiconque lui prêchera les nobles sentiments qui s'allient si bien aux sublimes préceptes de l'Évangile; mais elle fuit la soumission servile, et, dans son ardeur de s'instruire, elle a un goût pour la raison tout à fait au-dessus de son âge.

Le *Génie du Christianisme* paraît maintenant dégagé des circonstances auxquelles on aurait pu attribuer une partie de son succès. Les autels sont relevés, les prêtres sont revenus de la captivité, les prélats sont revêtus des premières dignités de l'État. L'espèce de défaveur qui, en général, s'attache au pouvoir, devrait pareillement s'attacher à tout ce qui a favorisé le rétablissement de ce pouvoir : on est ému du combat ; on porte peu d'intérêt à la victoire.

Peut-être aussi l'auteur nuirait-il, à présent, dans un certain monde, à l'ouvrage. Je ne sais comment il arrive que les services que j'ai eu le bonheur de rendre aient rarement été une cause de bienveillance pour moi auprès de ceux à qui je les ai rendus ; tandis que les hommes que j'ai combattus ont toujours, au contraire, montré du penchant pour mes écrits et même pour ma personne : ce ne sont pas mes ennemis qui m'ont calomnié. Y aurait-il dans les opinions que j'ai appuyées, parce que, sous beaucoup de rapports, elles sont les miennes, y aurait-il un certain fond d'ingratitude naturelle? Non, sans doute, et toute faute est de mon côté.

Par les diverses considérations de temps, de lieux, de personnes, je suis obligé de conclure que si le *Génie du Christianisme* continue à trouver des lecteurs, on ne peut plus en chercher les raisons dans celles qui firent son premier succès : autant les chances lui furent favorables autrefois, autant elles lui sont contraires aujourd'hui. Cependant l'ouvrage se réimprime malgré la multitude des anciennes éditions, et je le regarde toujours comme mon premier titre à la bienveillance du public.

PREMIERE PARTIE.

DOGMES ET DOCTRINE.

LIVRE PREMIER.

Mystères et Sacrements.

CHAPITRE PREMIER.

INTRODUCTION.

Depuis que le christianisme a paru sur la terre, trois espèces d'ennemis l'ont constamment attaqué : les hérésiarques, les sophistes, et ces hommes en apparence frivoles, qui détruisent tout en riant. De nombreux apologistes ont victorieusement répondu aux subtilités et aux mensonges; mais ils ont été moins heureux contre la dérision. Saint Ignace d'Antioche [1], saint Irenée, évêque de Lyon [2], Tertullien, dans son *Traité des Prescriptions*, que Bossuet appelle divin, combattirent les novateurs, dont les interprétations superbes corrompaient la simplicité de la foi.

La calomnie fut repoussée d'abord par Quadrat et Aristide, philosophe d'Athènes : on ne connaît rien de leurs apologies, hors un fragment de la première, conservé par Eusèbe. Saint Jérôme et l'évêque de Césarée parlent de la seconde comme d'un chef-d'œuvre [3].

Les païens reprochaient aux fidèles l'athéisme, l'inceste, et certains repas abominables où l'on mangeait, disait-on, la chair d'un enfant nouveau-né. Saint Justin plaida la cause des chrétiens après Quadrat et Aristide : son style est sans ornement, et les actes de son martyre prouvent qu'il versa son sang pour sa religion avec la même simplicité qu'il écrivit pour elle [4]. Athénagore a mis plus d'esprit dans sa défense; mais il n'a ni la manière originale de Justin, ni l'impétuosité de l'auteur de l'*Apologétique*. Tertullien est le Bossuet africain et barbare; Théophile, dans les trois livres à son ami Autolyque, montre de l'imagination et du savoir; et l'*Octave* de Minucius Félix présente le beau tableau d'un chrétien et de deux idolâtres, qui s'entretiennent de la religion et de la nature de Dieu, en se promenant au bord de la mer [5].

Arnobe le rhéteur, Lactance, Eusèbe, saint Cyprien, ont aussi défendu le

---

[1] IGNAT., *in Patr. apost. Epist. ad Smyrn.*, n° 1. — [2] *In Hæres.*, lib. VI. — [3] EUS., lib. IV, 3; HIERONYM., *Epist.* 80; FLEURY, *Hist. ecclés.*, tom. I; TILLEMONT, *Mém. pour l'Hist. eccl.*, tom. II. — [4] JUST. — [5] Voyez, avec les auteurs cités ci-dessus, DUPIN, Dom CELLIER, et l'élégante traduction des anciens *Apologistes*, par M. l'abbé de GOURCY.

christianisme; mais ils se sont moins attachés à en relever la beauté qu'à développer les absurdités de l'idolâtrie.

Origène combattit les sophistes; il semble avoir eu l'avantage de l'érudition, du raisonnement et du style, sur Celse son adversaire. Le grec d'Origène est singulièrement doux; il est cependant mêlé d'hébraïsmes et de tours étrangers, comme il arrive assez souvent aux écrivains qui possèdent plusieurs langues.

L'Église, sous l'empereur Julien, fut exposée à une persécution du caractère le plus dangereux. On n'employa pas la violence contre les chrétiens, mais on leur prodigua le mépris. On commença par dépouiller les autels; ou défendit ensuite aux fidèles d'enseigner et d'étudier les lettres [1]. Mais l'empereur, sentant l'avantage des institutions chrétiennes, voulut, en les abolissant, les imiter : il fonda des hôpitaux et des monastères; et, à l'instar du culte évangélique, il essaya d'unir la morale à la religion, en faisant prononcer des espèces de sermons dans les temples [2].

Les sophistes dont Julien était environné se déchaînèrent contre le christianisme; Julien même ne dédaigna pas de se mesurer avec les *Galiléens*. L'ouvrage qu'il écrivit contre eux ne nous est pas parvenu; mais saint Cyrille, patriarche d'Alexandrie, en cite des fragments dans la réfutation qu'il en a faite et que nous avons encore. Lorsque Julien est sérieux, saint Cyrille triomphe du philosophe, mais lorsque l'empereur a recours à l'ironie, le patriarche perd ses avantages. Le style de Julien est vif, animé, spirituel : saint Cyrille s'emporte, il est bizarre, obscur et contourné. Depuis Julien jusqu'à Luther, l'Église, dans toute sa force, n'eut plus besoin d'apologistes. Quand le schisme d'Occident se forma, avec les nouveaux ennemis parurent de nouveaux défenseurs. Il le faut avouer, les protestants eurent d'abord la supériorité sur les catholiques, du moins par les formes, comme le remarque Montesquieu. Érasme même fut faible contre Luther, et Théodore de Bèze eut une légèreté de style qui manqua trop souvent à ses adversaires.

Mais lorsque Bossuet descendit dans la carrière, la victoire ne demeura pas longtemps indécise; l'hydre de l'hérésie fut de nouveau terrassée. L'*Histoire des Variations* et l'*Exposition de la Doctrine catholique* sont deux chefs-d'œuvre qui passeront à la postérité.

Il est naturel que le schisme mène à l'incrédulité, et que l'athéisme suive l'hérésie. Bayle et Spinosa s'élevèrent après Calvin; ils trouvèrent dans Clarke et Leibnitz deux génies capables de réfuter leurs sophismes. Abbadie écrivit en faveur de la religion une apologie remarquable par la méthode et le raisonnement. Malheureusement le style en est faible, quoique les pensées n'y manquent pas d'un certain éclat. « Si les philosophes anciens, dit Abbadie, adoraient les vertus, ce n'était après tout qu'une belle idolâtrie. »

Tandis que l'Église triomphait encore, déjà Voltaire faisait renaître la persécution de Julien. Il eut l'art funeste, chez un peuple capricieux et aimable, de rendre l'incrédulité à la mode. Il enrôla tous les amours-propres dans cette ligue insensée; la religion fut attaquée avec toutes les armes, depuis le pam-

---

[1] Socr. 3, cap. xii; Greg. Naz. 3, pag. 51-97, etc. — [2] Voyez Fleury, *hist. eccl.*

phlet jusqu'à l'in-folio, depuis l'épigramme jusqu'au sophisme. Un livre religieux paraissait-il, l'auteur était à l'instant couvert de ridicule, tandis qu'on portait aux nues des ouvrages dont Voltaire était le premier à se moquer avec ses amis : il était si supérieur à ses disciples, qu'il ne pouvait s'empêcher de rire quelquefois de leur enthousiasme religieux. Cependant le système destructeur allait s'étendant sur la France. Il s'établissait dans ces académies de province, qui ont été autant de foyers de mauvais goût et de factions. Des femmes de la société, de graves philosophes avaient leurs chaires d'incrédulité. Enfin, *il fut reconnu* que le christianisme n'était qu'un système barbare dont la chute ne pouvait arriver trop tôt pour la liberté des hommes, le progrès des lumières, les douceurs de la vie et l'élégance des arts.

Sans parler de l'abîme où ces principes nous ont plongés, les conséquences immédiates de cette haine contre l'Évangile furent un retour plus affecté que sincère vers ces dieux de Rome et de la Grèce, auxquels on attribua les miracles de l'antiquité [1]. On ne fut point honteux de regretter ce culte, qui ne faisait du genre humain qu'un troupeau d'insensés, d'impudiques, ou de bêtes féroces. On dut nécessairement arriver de là au mépris des écrivains du siècle de Louis XIV, qui ne s'élevèrent toutefois à une si haute perfection que parce qu'ils furent religieux. Si l'on n'osa pas les heurter de front à cause de l'autorité de leur renommée, on les attaqua d'une manière indirecte. On fit entendre qu'ils avaient été *secrètement* incrédules, ou que du moins ils fussent devenus de bien plus grands hommes *s'ils avaient vécu de nos jours*. Chaque auteur bénit son destin de l'avoir fait naître dans le beau siècle des Diderot et des d'Alembert, dans ce siècle où les documents de la sagesse humaine étaient rangés par ordre alphabétique dans l'*Encyclopédie*, cette Babel des sciences et de la raison (1).

Des hommes d'une grande doctrine et d'un esprit distingué essayèrent de s'opposer à ce torrent ; mais leur résistance fut inutile : leur voix se perdit dans la foule, et leur victoire fut ignorée d'un monde frivole, qui cependant dirigeait la France, et que, par cette raison, il était nécessaire de toucher [2].

Ainsi cette fatalité qui avait fait triompher les sophistes sous Julien se déclara pour eux dans notre siècle. Les défenseurs des chrétiens tombèrent dans une faute qui les avait déjà perdus : ils ne s'aperçurent pas qu'il ne s'agissait plus de discuter tel ou tel dogme, puisqu'on rejetait absolument les bases. En parlant de la mission de Jésus-Christ, et remontant de conséquence en conséquence, ils établissaient sans doute fort solidement les vérités de la foi ; mais cette manière d'argumenter, bonne au dix-septième siècle, lorsque le fond n'était point contesté, ne valait plus rien de nos jours. Il fallait prendre la route contraire ; passer de l'effet à la cause, ne pas prouver que le christia-

---

[1] Le siècle de Louis XIV aimait et connaissait l'antiquité mieux que nous, et il était chrétien.

(1) Voyez, pour cette note et les suivantes, indiquées par des chiffres entre parenthèses, à la fin de cet ouvrage.

[2] Les *Lettres de quelques Juifs portugais* eurent un moment de succès ; mais elles disparurent bientôt dans le tourbillon irréligieux.

nisme est excellent parce qu'il vient de Dieu, mais qu'il vient de Dieu parce qu'il est excellent.

C'était encore une autre erreur que de s'attacher à répondre sérieusement à des sophistes, espèce d'hommes qu'il est impossible de convaincre, parce qu'ils ont toujours tort. On oubliait qu'ils ne cherchent jamais de bonne foi la vérité, et qu'ils ne sont même attachés à leur système qu'en raison du bruit qu'il fait, prêts à en changer demain avec l'opinion.

Pour n'avoir pas fait cette remarque, on perdit beaucoup de temps et de travail. Ce n'était pas les sophistes qu'il fallait réconcilier à la religion, c'était le monde qu'ils égaraient. On l'avait séduit en lui disant que le christianisme était un culte né du sein de la barbarie, absurde dans ses dogmes, ridicule dans ses cérémonies, ennemi des arts et des lettres, de la raison et de la beauté; un culte qui n'avait fait que verser le sang, enchaîner les hommes et retarder le bonheur et les lumières du genre humain : on devait donc chercher à prouver au contraire que, de toutes les religions qui ont jamais existé, la religion chrétienne est la plus poétique, la plus humaine, la plus favorable à la liberté, aux arts et aux lettres; que le monde moderne lui doit tout, depuis l'agriculture jusqu'aux sciences abstraites, depuis les hospices pour les malheureux jusqu'aux temples bâtis par Michel-Ange, et décorés par Raphaël. On devait montrer qu'il n'y a rien de plus divin que sa morale, rien de plus aimable, de plus pompeux que ses dogmes, sa doctrine et son culte : on devait dire qu'elle favorise le génie, épure le goût, développe les passions vertueuses, donne de la vigueur à la pensée, offre des formes nobles à l'écrivain, et des moules parfaits à l'artiste; qu'il n'y a point de honte à croire avec Newton et Bossuet, Pascal et Racine; enfin il fallait appeler tous les enchantements de l'imagination et tous les intérêts du cœur au secours de cette même religion contre laquelle on les avait armés.

Ici le lecteur voit notre ouvrage. Les autres genres d'apologies sont épuisés, et peut-être seraient-ils inutiles aujourd'hui. Qui est-ce qui lirait maintenant un ouvrage de théologie? quelques hommes pieux qui n'ont pas besoin d'être convaincus, quelques vrais chrétiens déjà persuadés. Mais n'y a-t-il pas de danger à envisager la religion sous un jour purement humain? Et pourquoi? Notre religion craint-elle la lumière? Une grande preuve de sa céleste origine, c'est qu'elle souffre l'examen le plus sévère et le plus minutieux de la raison. Veut-on qu'on nous fasse éternellement le reproche de cacher nos dogmes dans une nuit sainte, de peur qu'on n'en découvre la fausseté? Le christianisme sera-t-il moins vrai quand il paraîtra plus beau? Bannissons une frayeur pusillanime; par excès de religion, ne laissons pas la religion périr. Nous ne sommes plus dans le temps où il était bon de dire: *Croyez, et n'examinez pas;* on examinera malgré nous; et notre silence timide, en augmentant le triomphe des incrédules, diminuera le nombre des fidèles.

Il est temps qu'on sache enfin à quoi se réduisent ces reproches d'*absurdité*, de *grossièreté*, de *petitesse*, qu'on fait tous les jours au christianisme; il est temps de montrer que loin de rapetisser la pensée, il se prête merveilleusement aux élans de l'âme, et peut enchanter l'esprit aussi divinement que les dieux de Virgile et d'Homère. Nos raisons auront du moins cet avantage qu'elles seront à la portée de tout le monde, et qu'il ne faudra qu'un bon sens pour en juger. On néglige peut-être un peu trop, dans les ouvrages de ce genre, de parler la langue de ses lecteurs : il faut être docteur avec le docteur, et poëte avec le poëte. Dieu ne défend pas les routes fleuries quand elles servent à revenir à lui, et ce n'est pas toujours par les sentiers rudes et sublimes de la montagne que la brebis égarée retourne au bercail.

Nous osons croire que cette manière d'envisager le christianisme présente des rapports peu connus : sublime par l'antiquité de ses souvenirs, qui remontent au berceau du monde, ineffable dans ses mystères, adorable dans ses sacrements, intéressant dans son histoire, céleste dans sa morale, riche et charmant dans ses pompes, il réclame toutes les sortes de tableaux. Voulez-vous le suivre dans la poésie ? le Tasse, Milton, Corneille, Racine, Voltaire, vous retracent ses miracles. Dans les belles-lettres, l'éloquence, l'histoire, la philosophie ? que n'ont point fait, par son inspiration, Bossuet, Fénelon, Massillon, Bourdaloue, Bacon, Pascal, Euler, Newton, Leibnitz ! Dans les arts ? que de chefs-d'œuvre ! si vous l'examinez dans son culte, que de choses ne vous disent point et ses vieilles églises gothiques, et ses prières admirables, et ses superbes cérémonies ! Parmi son clergé, voyez tous ces hommes qui vous ont transmis la langue et les ouvrages de Rome et de la Grèce, tous ces solitaires de la Thébaïde, tous ces lieux de refuge pour les infortunés, tous ces missionnaires à la Chine, au Canada, au Paraguay, sans oublier les ordres militaires, d'où va naître la chevalerie ! Mœurs de nos aïeux, peinture des anciens jours, poésie, romans même, choses secrètes de la vie, nous avons tout fait servir à notre cause. Nous demandons des sourires au berceau et des pleurs à la tombe : tantôt, avec le moine maronite, nous habitons les sommets du Carmel et du Liban ; tantôt, avec la fille de la Charité, nous veillons au lit du malade : ici deux époux américains nous appellent au fond de leurs déserts ; là nous entendons gémir la vierge dans les solitudes du cloître : Homère vient se placer auprès de Milton, Virgile à côté du Tasse : les ruines de Memphis et d'Athènes contrastent avec les ruines des monuments chrétiens, les tombeaux d'Ossian avec nos cimetières de campagne ; à Saint-Denis nous visitons la cendre des rois ; et quand notre sujet nous force de parler du dogme de l'existence de Dieu, nous cherchons seulement nos preuves dans les merveilles de la nature ; enfin nous essayons de frapper au cœur de l'incrédule de toutes les manières : mais nous n'osons nous flatter de posséder cette verge miraculeuse de la religion, qui fait jaillir du rocher les sources d'eau vive.

Quatre parties, divisées chacune en six livres, composent notre ouvrage. La première traite des dogmes et de la doctrine.

La seconde et la troisième renferment la *poétique* du christianisme, ou les rapports de cette religion avec la poésie, la littérature et les arts.

La quatrième contient le culte, c'est-à-dire tout ce qui concerne les cérémonies de l'Église et tout ce qui regarde le clergé séculier et régulier.

Au reste, nous avons souvent rapproché les dogmes et la doctrine des autres cultes, des dogmes, de la doctrine et du culte évangéliques : pour satisfaire toutes les classes de lecteurs, nous avons aussi touché de temps en temps la partie historique et mystique de la religion. Maintenant que le lecteur connaît le plan général de l'ouvrage, entrons dans l'examen des *Dogmes et de la Doctrine;* et, afin de passer aux mystères chrétiens, commençons par nous enquérir de la nature des choses mystérieuses.

CHAPITRE II.

DE LA NATURE DU MYSTÈRE.

Il n'est rien de beau, de doux, de grand dans la vie, que les choses mystérieuses. Les sentiments les plus merveilleux sont ceux qui nous agitent un peu confusément : la pudeur, l'amour chaste, l'amitié vertueuse, sont pleins de secrets. On dirait que les cœurs qui s'aiment s'entendent à demi-mot, et qu'ils ne sont que comme entr'ouverts. L'innocence, à son tour, qui n'est qu'une sainte ignorance, n'est-elle pas le plus ineffable des mystères? L'enfance n'est si heureuse que parce qu'elle ne sait rien, la vieillesse si misérable, que parce qu'elle sait tout, heureusement pour elle, quand les mystères de la vie finissent, ceux de la mort commencent.

S'il en est ainsi des sentiments, il en est ainsi des vertus : les plus angéliques sont celles qui, découlant immédiatement de Dieu, telles que la charité, aiment à se cacher aux regards, comme leur source.

En passant aux rapports de l'esprit, nous trouvons que les plaisirs de la pensée sont aussi des secrets. Le secret est d'une nature si divine, que les premiers hommes de l'Asie ne parlaient que par symboles. A quelle science revient-on sans cesse? à celle qui laisse toujours quelque chose à deviner et qui fixe nos regards sur une perspective infinie. Si nous nous égarons dans le désert, une sorte d'instinct nous fait éviter les plaines, où tout est vu d'un coup d'œil; nous allons chercher ces forêts, berceau de la religion, ces forêts dont l'ombre, les bruits et le silence sont remplis de prodiges, ces solitudes où les corbeaux et les abeilles nourrissaient les premiers Pères de l'Église, et où ces saints hommes goûtaient tant de délices, qu'ils s'écriaient : « *Seigneur, c'est assez; je mourrai* « *de douceurs, si vous ne modérez ma joie!* » Enfin, on ne s'arrête pas au pied d'un monument moderne dont l'origine est connue; mais que dans une île déserte, au milieu de l'Océan, on trouve tout à coup une statue de bronze dont le bras déployé montre les régions où le soleil se couche, et dont la base soit chargée d'hiéroglyphes, et rongée par la mer et le temps, quelle source de méditations pour le voyageur! Tout est caché, tout est inconnu dans l'univers. L'homme lui-même n'est-il pas un étrange mystère? D'où part l'éclair que nous appelons existence, et dans quelle nuit va-t-il s'éteindre? L'Éternel a placé la Naissance et la Mort, sous la forme de deux fantômes voilés, aux deux bouts de notre carrière : l'un produit l'inconcevable moment de notre vie, que l'autre s'empresse de dévorer.

Il n'est donc point étonnant, d'après le penchant de l'homme aux mystères, que les religions de tous les peuples aient eu leurs secrets impénétrables. Les

Selles étudiaient les paroles prodigieuses des colombes de Dodone; l'Inde et la Perse, l'Ethiopie, la Scythie, les Gaules, la Scandinavie, avaient leurs cavernes, leurs montagnes saintes, leurs chênes sacrés, où le brahmane, le mage, le gymnosophiste, le druide, prononçaient l'oracle inexplicable des Immortels.

A Dieu ne plaise que nous voulions comparer ces mystères aux mystères de la véritable religion, et les immuables profondeurs du Souverain qui est dans le ciel aux changeantes obscurités de *ces dieux, ouvrages de la main des hommes*[1] ! Nous avons seulement voulu faire remarquer qu'il n'y a point de religion sans *mystères;* ce sont eux qui, avec le *sacrifice*, constituent essentiellement le culte : Dieu même est le grand secret de la nature; la divinité était voilée en Égypte, et le sphinx s'asseyait sur le seuil de ses temples.

CHAPITRE III.

DES MYSTÈRES CHRÉTIENS.

DE LA TRINITÉ.

On découvre au premier coup d'œil, dans la partie des mystères, un grand avantage de la religion chrétienne sur les religions de l'antiquité. Les mystères de celles-ci n'avaient aucun rapport avec l'homme, et ne formaient tout au plus qu'un sujet de réflexion pour le philosophe, ou de chants pour le poëte. Nos mystères, au contraire, s'adressent à nous; ils contiennent les secrets de notre nature. Il ne s'agit plus d'un futile arrangement de nombres, mais du salut et du bonheur du genre humain. L'homme qui sent si bien chaque jour son ignorance et sa faiblesse, pourrait-il rejeter les mystères de Jésus-Christ? ce sont ceux des infortunés !

La Trinité, premier mystère des chrétiens, ouvre un champ immense d'études philosophiques, soit qu'on la considère dans les attributs de Dieu, soit qu'on recherche les vestiges de ce dogme autrefois répandu dans l'Orient. C'est une très-méchante manière de raisonner que de rejeter ce qu'on ne peut comprendre. A partir des choses les plus simples dans la vie, il serait aisé de prouver que nous ignorons tout, et nous voulons pénétrer dans les *ruses* de la Sagesse !

La Trinité fut peut-être connue des Égyptiens : l'inscription grecque du grand obélisque du *Cirque majeur*, à Rome, portait :

Μέγας Θεὸς, *le grand Dieu;* Θεογένητος, *l'Engendré de Dieu,* et Παμφεγγὴς, *le Tout-Brillant* (Apollon, l'Esprit).

Héraclide de Pont et Porphyre rapportent un fameux oracle de Sérapis :

Πρῶτα Θεὸς, μετέπειτα λόγος, καὶ πνεῦμα σὺν αὐτοῖς.
. . . Σύμφυτα δὴ τρία πάντα, καὶ εἰς ἓν ἐόντα.

Tout est Dieu dans l'origine; puis le Verbe et l'Esprit : trois Dieux coengendrés ensemble et se réunissant dans un seul.

[1] *Sap.*, cap. XIII, 10.

Les Mages avaient une espèce de Trinité dans leur Métris, Oromasis et Araminis, ou Mitra, Oromase et Aramine.

Platon semble parler de ce dogme dans plusieurs endroits de ses ouvrages.

« Non-seulement, dit Dacier, on prétend qu'il a connu le Verbe, fils éternel de Dieu; on soutient même qu'il a connu le Saint-Esprit, et qu'ainsi il a eu quelque idée de la très-sainte Trinité, car il écrit au jeune Denys :

« *Il faut que je déclare à Archédémus ce qui est beaucoup plus précieux et plus divin, et que vous avez grande envie de savoir, puisque vous me l'avez envoyé exprès; car, selon ce qu'il m'a dit, vous ne croyez pas que je vous aie suffisamment expliqué ce que je pense sur la nature du premier principe : il faut vous l'écrire par énigmes, afin que, si ma lettre est interceptée sur terre ou sur mer, celui qui la lira n'y puisse rien comprendre. Toutes choses sont autour de leur roi; elles sont à cause de lui, et il est seul la cause des bonnes choses, second pour les secondes, et troisième pour les troisièmes* [1]. »

« Dans l'*Épinomis* et ailleurs, il établit pour principe le premier bien, le Verbe ou l'entendement, et l'âme. Le premier bien, c'est Dieu;... le Verbe, ou l'entendement, c'est le fils de ce premier bien qui l'a engendré semblable à lui; et l'âme, qui est le terme entre le Père et le Fils, c'est le Saint-Esprit [2]. »

Platon avait emprunté cette doctrine de la Trinité, de Timée de Locres, qui la tenait lui-même de l'école Italique. Marsile Ficin, dans une de ses remarques sur Platon, montre, d'après Jamblique, Porphyre, Platon et Maxime de Tyr, que les Pythagoriciens connaissaient aussi l'excellence du Ternaire; Pythagore l'a même indiqué dans ce symbole :

Προτίμα τὸ σχῆμα, καὶ βῆμα, καὶ Τριώβολον.
Honorato in primis habitum, tribunal et Triobolum.

Aux Indes, la Trinité est connue.

« Ce que j'ai vu de plus marqué et de plus étonnant dans ce genre, dit le père Calmette, c'est un texte tiré de Lamaastambam, l'un de leurs livres... Il commence ainsi : Le Seigneur, le bien, le grand Dieu, dans sa bouche est la parole. (Le terme dont ils se servent la personnifie.) Il parle ensuite du Saint-Esprit en ces termes : *Ventus seu Spiritus perfectus*, et finit par la création, en l'attribuant à un seul Dieu [3]. »

Au Thibet.

« Voici ce que j'appris de la religion du Thibet : ils appellent Dieu *Konciosa*, et ils semblent avoir quelque idée de l'adorable Trinité, car tantôt ils le nomment *Koncikocick*, Dieu-un; et tantôt *Kocioksum*, Dieu-trin. Ils se servent d'une espèce de chapelet, sur lequel ils prononcent ces paroles : *om*, *ha*, *hum*. Lorsqu'on leur en demande l'explication, ils répondent que *om*, signifie intelligence, ou bras, c'est-à-dire puissance; que *ha* est la parole; que *hum* est le cœur ou l'amour; et que ces trois mots signifient Dieu [4]. »

---

[1] Voyez le *Platon* de SERRANUS, tom. III, lettre II, pag. 312.
[2] *OEuvres de Platon*, traduites par DACIER, tom. I, pag. 194.
[3] *Lettres édifiantes*, tom. XIV, pag. 9.
[4] *Lettres édifiantes*, tom. XII, pag. 437.

Les missionnaires anglais à Otaïti ont trouvé quelques traces de la Trinité parmi les dogmes religieux des habitants de cette île.

Nous croyons d'ailleurs entrevoir dans la nature même une sorte de preuve physique de la Trinité. Elle est l'archétype de l'univers, ou, si l'on veut, sa divine charpente. Ne serait-il pas possible que la forme extérieure et matérielle participât de l'arche intérieure et spirituelle qui la soutient, de même que Platon [1] représentait les choses corporelles comme l'ombre des pensées de Dieu? Le nombre de TROIS semble être dans la nature le terme par excellence. Le TROIS n'est point engendré, et engendre toutes les autres fractions, ce qui le faisait appeler le nombre *sans mère* par Pythagore [2].

On peut découvrir quelque tradition obscure de la Trinité jusque dans les fables du polythéisme.

Les Grâces l'avaient prise pour leur terme; elle existait au Tartare, pour la vie et la mort de l'homme, et pour la vengeance céleste; enfin trois dieux frères composaient, en se réunissant, la puissance entière de l'univers.

Les philosophes divisaient l'homme *moral* en trois parts, et les Pères de l'Église ont cru retrouver l'image de la Trinité spirituelle dans l'âme de l'homme.

« Si nous imposons silence à nos sens, dit Bossuet, et que nous nous renfermions pour un peu de temps au fond de notre âme, c'est-à-dire dans cette partie où la vérité se fait entendre, nous y verrons quelque image de la Trinité que nous adorons. La pensée, que nous sentons naître comme le germe de notre esprit, comme le fils de notre intelligence, nous donne quelque idée du Fils de Dieu conçu éternellement dans l'intelligence du Père céleste. C'est pourquoi ce fils de Dieu prend le nom de Verbe, afin que nous entendions qu'il naît dans le sein du Père, non comme naissent les corps, mais comme naît dans notre âme cette parole intérieure que nous y sentons, quand nous contemplons la vérité.

« Mais la fécondité de notre esprit ne se termine pas à cette parole intérieure, à cette pensée intellectuelle, à cette image de la vérité qui se forme en nous. Nous aimons et cette parole intérieure, et l'esprit où elle naît; et, en l'aimant, nous sentons en nous quelque chose qui ne nous est pas moins précieux que notre esprit et notre pensée, qui est le fruit de l'un et de l'autre, qui les unit, qui s'unit à eux, et ne fait avec eux qu'une même vie.

« Ainsi, autant qu'il se peut trouver de rapport entre Dieu et l'homme; ainsi, dis-je, se produit en Dieu l'amour éternel, qui sort du Père qui pense, et du Fils qui est sa pensée, pour faire, avec lui et sa pensée, une même nature également heureuse et parfaite [3]. »

---

[1] *In Rep.*

[2] HIER., *Comm. in Pyth.* Le 3, simple par lui-même, est le seul nombre qui se compose de simples, et qui fournit un nombre simple en se décomposant : vous ne pouvez composer un autre nombre complexe sans le 3, excepté le 2. Les générations du 3 sont magnifiques, et tiennent à cette puissante unité qui est le premier anneau de la chaîne des nombres, et qui remplit l'univers. Les anciens faisaient un fort grand usage des nombres pris métaphysiquement; et il ne faut pas se hâter de prononcer que Pythagore, Platon, et les prêtres égyptiens dont ils tiraient cette science, fussent des fous ou des imbéciles.

[3] Boss., *Hist. univ.*, sec. part., pag. 167 et 168, t. II, édit. stér.

Voilà un assez beau commentaire, à propos d'un seul mot de la Genèse : *Faisons l'homme.*

Tertullien, dans son *Apologétique*, s'exprime ainsi sur le grand mystère de notre religion :

« Dieu a créé le monde par sa *parole*, sa *raison* et sa *puissance*. Vos philosophes même conviennent que *logos*, le verbe et la raison, est le créateur de l'univers. Les chrétiens ajoutent seulement que la propre substance du *verbe* et de la *raison*, cette substance par laquelle Dieu a tout produit, est *esprit*; que cette *parole* ou le *verbe* a dû être prononcé par Dieu; que Dieu l'ayant prononcé, l'a engendré; que conséquemment il est *Fils* de Dieu, et *Dieu*, à cause de l'unité de substance. Si le soleil prolonge un rayon, sa substance n'est pas séparée, mais étendue. Ainsi le verbe est *esprit* d'un esprit, et *Dieu* de Dieu, comme une lumière allumée d'une autre lumière. Ainsi ce qui procède de Dieu est *Dieu*, et les deux, avec leur esprit, ne font qu'un, différant en propriété, non en nombre; en ordre, non en nature : le Fils est sorti de son principe sans le quitter. Or, ce rayon de Dieu est descendu dans le sein d'une vierge; il s'est revêtu de chair; il s'est fait homme uni à Dieu. Cette chair, soutenue de l'esprit, se nourrit, croît, parle, enseigne, opère : c'est le Christ. »

Cette démonstration de la Trinité peut être comprise par les esprits les plus simples. Il se faut souvenir que Tertullien parlait à des hommes qui persécutaient Jésus-Christ, et qui n'auraient pas mieux aimé que de trouver moyen d'attaquer la doctrine, et même la personne de ses défenseurs. Nous ne pousserons pas plus loin ces preuves, et nous les abandonnons à ceux qui ont étudié la secte Italique, et la haute théologie chrétienne.

Quant aux images qui soumettent à la faiblesse de nos sens le plus grand des mystères, nous avons peine à concevoir ce que le redoutable triangle de feu, imprimé dans la nue, peut avoir de ridicule en poésie. Le Père, sous la figure d'un vieillard, ancêtre majestueux des temps, ou représenté comme une effusion de lumière, serait-il donc une peinture si inférieure à celles de la mythologie? N'est-ce pas une chose merveilleuse de voir l'Esprit saint, l'esprit sublime de Jéhovah, porté par l'emblème de la douceur, de l'amour et de l'innocence? Dieu se sent-il travaillé du besoin de semer sa parole? l'Esprit n'est plus cette Colombe qui couvrait les hommes de ses ailes de paix : c'est un Verbe visible, c'est une langue de feu qui parle tous les dialectes de la terre, et dont l'éloquence élève ou renverse des empires.

Pour peindre le Fils divin, il nous suffira d'emprunter les paroles de celui qui le contempla dans sa gloire. « Il était assis sur un trône, dit l'Apôtre; son visage brillait comme le soleil dans sa force, et ses pieds comme de l'airain fondu dans la fournaise; ses yeux étaient deux flammes. Un glaive à deux tranchants sortait de sa bouche; dans la main droite il tenait sept étoiles; dans la gauche, un livre scellé de sept sceaux. Un fleuve de lumière était devant ses lèvres. Les sept esprits de Dieu brillaient devant lui comme sept lampes; et de son marchepied sortaient des voix, des foudres et des éclairs [1]. »

---

[1] *Apoc.* cap. i et iv.

CHAPITRE IV.

DE LA RÉDEMPTION.

De même que la Trinité renferme les secrets de l'ordre métaphysique, la Rédemption contient les merveilles de l'homme, et l'histoire de ses fins et de son cœur. Avec quel étonnement, si l'on s'arrêtait un peu dans de si hautes méditations, ne verrait-on pas s'avancer ces deux mystères qui cachent dans leurs ombres les premières intentions de Dieu et le système de l'univers! La Trinité confond notre petitesse, accable nos sens de sa gloire, et nous nous retirons anéantis devant elle. Mais la touchante Rédemption, en remplissant nos yeux de larmes, les empêche d'être trop éblouis, et nous permet du moins de les fixer un moment sur la croix.

On voit d'abord sortir de ce mystère la doctrine du péché originel, qui explique l'homme. Sans l'admission de cette vérité, connue par tradition de tous les peuples, une nuit impénétrable nous couvre. Comment, sans la tache primitive, rendre compte du penchant vicieux de notre nature, combattu par une voix qui nous annonce que nous fûmes formés pour la vertu? Comment l'aptitude de l'homme à la douleur, comment ses sueurs qui fécondent un sillon terrible, comment les larmes, les chagrins, les malheurs du juste, comment les triomphes et les succès impunis du méchant, comment, dis-je, sans une chute première, tout cela pourrait-il s'expliquer? C'est pour avoir méconnu cette dégénération, que les philosophes de l'antiquité tombèrent en d'étranges erreurs, et qu'ils inventèrent le dogme de la réminiscence. Pour nous convaincre de la fatale vérité d'où naît le mystère qui nous rachète, nous n'avons pas besoin d'autres preuves que la malédiction prononcée contre Ève, malédiction qui s'accomplit chaque jour sous nos yeux. Que de choses dans ces brisements d'entrailles, et pourtant dans ce bonheur de la maternité! Quelles mystérieuses annonces de l'homme et de sa double destinée, prédite à la fois par la douleur et par la joie de la femme qui l'enfante! On ne peut se méprendre sur les voies du Très-Haut, en retrouvant les deux grandes fins de l'homme dans le travail de sa mère, et il faut reconnaître un Dieu jusque dans une malédiction.

Après tout, nous voyons chaque jour le fils puni pour le père, et le contre-coup du crime d'un méchant aller frapper un descendant vertueux : ce qui ne prouve que trop la doctrine du péché originel. Mais un Dieu de bonté et d'indulgence, sachant que nous périssons par cette chute, est venu nous sauver. Ne le demandons point à notre esprit, mais à notre cœur, nous tous faibles et coupables, comment un Dieu peut mourir. Si ce parfait modèle du bon fils, cet exemple des amis fidèles; si cette retraite au mont des Oliviers, ce calice amer, cette sueur de sang, cette douceur d'âme, cette sublimité d'esprit, cette croix, ce voile déchiré, ce rocher fendu, ces ténèbres de la nature; si ce Dieu enfin, expirant pour les hommes, ne peut ni ravir notre cœur, ni enflammer nos pensées, il est à craindre qu'on ne trouve jamais dans nos ouvrages, comme dans ceux du poëte, « des miracles éclatants, » *speciosa miracula*.

« Des images ne sont pas des raisons, dira-t-on peut-être ; nous sommes dans un siècle de lumière qui n'admet rien sans preuves. »

Que nous soyons dans un siècle de lumière, c'est ce dont quelques personnes ont douté ; mais nous ne serons point étonné si l'on nous fait l'objection précédente. Quand on a voulu argumenter sérieusement contre le christianisme, les Origène, les Clarke, les Bossuet, ont répondu. Pressé par ces redoutables adversaires, on cherchait à leur échapper, en reprochant au christianisme ces mêmes disputes métaphysiques dans lesquelles on voudrait nous entraîner. On disait, comme Arius, Celse et Porphyre, que notre religion est un tissu de subtilités qui n'offrent rien à l'imagination ni au cœur, et qui n'ont pour sectaires que des *fous et des imbéciles*[1]. Se présente-t-il quelqu'un qui, répondant à ces derniers reproches, cherche à démontrer que le culte évangélique est celui du poëte, de l'âme tendre? on ne manquera pas de s'écrier : Eh! qu'est-ce que tout cela prouve, sinon que vous savez plus ou moins bien faire un tableau? Ainsi, voulez-vous peindre et toucher, on vous demande des *axiomes* et des *corollaires*. Prétendez-vous raisonner, il ne faut plus que des *sentiments* et des *images*. Il est difficile de joindre des ennemis aussi légers, et qui ne sont jamais au poste où ils vous défient. Nous hasarderons quelques mots sur la Rédemption, pour montrer que la théorie du christianisme n'est pas aussi absurde qu'on affecte de le penser.

Une tradition universelle nous apprend que l'homme a été créé dans un état plus parfait que celui où il existe à présent, et qu'il y a eu une chute. Cette tradition se fortifie de l'opinion des philosophes de tous temps et de tous pays, qui n'ont jamais pu se rendre compte de l'homme moral, sans supposer un état primitif de perfection, d'où la nature humaine est ensuite déchue par sa faute[2].

Si l'homme a été créé, il a été créé pour une fin quelconque : or, étant créé parfait, la fin à laquelle il était appelé ne pouvait être que parfaite.

Mais la cause finale de l'homme a-t-elle été altérée par sa chute? Non, puisque l'homme n'a pas été créé de nouveau ; non, puisque la race humaine n'a pas été anéantie, pour faire place à une autre race.

Ainsi l'homme, devenu mortel et imparfait par sa désobéissance, est resté toutefois avec les fins immortelles et parfaites. Comment parviendra-t-il à ses fins dans son état actuel d'imperfection? Il ne le peut plus par sa propre énergie, par la même raison qu'un homme malade ne peut s'élever à la hauteur de pensées à laquelle un homme sain peut atteindre. Il y a donc disproportion entre la force et le poids à soulever par cette force : ici l'on entrevoit déjà la nécessité d'un aide ou d'une rédemption.

« Ce raisonnement, dira-t-on, serait bon pour le premier homme ; mais nous, nous sommes capables de nos fins. Quelle injustice et quelle absurdité de penser que nous soyons tous punis de la faute de notre premier père! »

---

[1] Orig., *c. Cel.*, l. iii, p. 144. Arius appelle les chrétiens ὦ δειλοί. Arr. Antonin. *ap.* Tertul. *at. scap.* cap. iv, lib. *in Joh. Malala Chronic.* Porphyre donne à la religion l'épithète de βάρβαρον τόλμημα. Porph. *ap.* Eus., *Hist. eccl.*, vi, c. ix.

[2] *Vid.* Plat., Arist., Sen., les SS. PP., Pascal, Grot., Arn., etc.

Sans décider ici si Dieu a tort ou raison de nous rendre solidaires, tout ce que nous savons et tout ce qu'il nous suffit de savoir à présent, c'est que cette loi existe. Nous voyons que partout le fils innocent porte le châtiment dû au père coupable; que cette loi est tellement liée au principe des choses, qu'elle se répète jusque dans l'ordre physique de l'univers. Quand un enfant vient à la vie, gangrené des débauches de son père, pourquoi ne se plaint-on pas de la nature? car enfin, qu'a fait cet innocent pour porter la peine des vices d'autrui? Hé bien, les maladies de l'âme se perpétuent comme les maladies du corps, et l'homme se trouve puni, dans sa dernière postérité, de la faute qui lui fit prendre le premier levain du crime.

La chute ainsi avérée par la tradition universelle, par la transmission ou la génération du mal moral et physique; d'une autre part, les fins de l'homme étant restées aussi parfaites qu'avant la désobéissance, quoique l'homme lui-même soit dégénéré, il suit qu'une rédemption ou un moyen quelconque de rendre l'homme capable de ses fins est une conséquence naturelle de l'état où est tombée la nature humaine.

La nécessité d'une rédemption une fois admise, cherchons l'ordre où nous pourrons la trouver. Cet ordre peut être pris ou dans l'homme ou au-dessus de l'homme.

Dans l'homme. Pour supposer une rédemption, il faut que le prix soit au moins en raison de la chose à racheter. Or, comment supposer que l'homme imparfait et mortel se pût offrir lui-même pour regagner une fin parfaite et immortelle? Comment l'homme, participant à la faute primitive, aurait-il pu suffire, tant pour la portion du péché qui le regarde, que pour celle qui concerne le reste du genre humain? Un tel dévouement ne demandait-il pas un amour et une vertu au-dessus de la nature? Il semble que le ciel ait voulu laisser s'écouler quatre mille années, depuis la chute jusqu'au rétablissement, afin de donner le temps aux hommes de juger par eux-mêmes combien leurs vertus dégradées étaient insuffisantes pour un pareil sacrifice.

Il ne reste donc que la seconde supposition : à savoir, que la rédemption devait procéder d'une condition au-dessus de l'homme. Voyons si elle pouvait venir des êtres intermédiaires entre lui et Dieu.

Milton eut une belle idée lorsqu'il supposa qu'après le péché, l'Éternel demanda au ciel consterné s'il y avait quelque puissance qui voulût se dévouer pour le salut de l'homme. Les divines hiérarchies demeurèrent muettes, et parmi tant de séraphins, de trônes, d'ardeurs, de dominations, d'anges et d'archanges, nul ne se sentit assez de force pour s'offrir au sacrifice. Cette pensée du poëte est d'une rigoureuse vérité en théologie. En effet, où les anges auraient-ils pris pour l'homme l'immense amour que suppose le mystère de la croix? Nous dirons en outre que la plus sublime des puissances créées n'aurait pas même eu assez de force pour l'accomplir. Aucune substance angélique ne pouvait, par la faiblesse de son essence, se charger de ces douleurs, qui, selon Massillon, unirent sur la tête de Jésus-Christ toutes les *angoisses physiques* que la punition de tous les péchés commis depuis le commencement des races pouvait supposer, et toutes les *peines morales*, tous les *remords* qu'avaient dû éprouver les pécheurs en commettant le crime. Si le Fils de l'homme lui-même trouva le calice amer, comment un ange l'eût-il porté à ses lèvres ? Il n'aurait jamais pu boire *la lie*, et le sacrifice n'eût point été consommé.

Nous ne pouvions donc avoir pour rédempteur qu'une des trois personnes existantes de toute éternité : or, de ces trois divines personnes, on voit que le Fils, par sa nature même, devait être le seul à nous racheter. Amour qui lie entre elles les parties de l'univers, Milieu qui réunit les extrêmes, Principe vivifiant de la nature, il pouvait seul réconcilier Dieu avec l'homme. Il vint, ce nouvel Adam, homme selon la chair par Marie, homme selon la morale par son Évangile, homme selon Dieu par son essence. Il naquit d'une Vierge, pour ne point participer à la faute originelle et pour être une victime sans tache ; il reçut le jour dans une étable, au dernier degré des conditions humaines, parce que nous étions tombés par l'orgueil : ici commence la profondeur du mystère ; l'homme se trouble et les voiles s'abaissent.

Ainsi le but que nous pouvions atteindre avant la désobéissance nous est proposé de nouveau, mais la route pour y parvenir n'est plus la même. Adam innocent y serait arrivé par des chemins enchantés : Adam pécheur n'y peut monter qu'au travers des précipices. La nature a changé depuis la faute de notre premier père, et la rédemption n'a pas eu pour objet de faire une création nouvelle, mais de trouver un salut final pour la première. Tout donc est resté dégénéré avec l'homme ; et ce roi de l'univers, qui, d'abord né immortel, devait s'élever, sans changer d'existence, au bonheur des puissances célestes, ne peut plus maintenant jouir de la présence de Dieu sans passer par les *déserts du tombeau*, comme parle saint Chrysostôme. Son âme a été sauvée de la destruction finale par la rédemption ; mais son corps, joignant à la fragilité naturelle de la matière la faiblesse accidentelle du péché, subit la sentence primitive dans toute sa rigueur : il tombe, il se fond, il se dissout. Dieu, après la chute de nos premiers pères, cédant à la prière de son fils, et ne voulant pas détruire tout l'homme, inventa la mort comme un demi-néant, afin que le pécheur sentît l'horreur de ce néant entier, auquel il eût été condamné sans les prodiges de l'amour céleste.

Nous osons présumer que s'il y a quelque chose de clair en métaphysique, c'est la chaîne de ce raisonnement. Ici, point de mots mis à la torture, point de divisions et de subdivisions, point de termes obscurs ou barbares. Le christianisme n'est point composé de ces choses, comme les sarcasmes de l'incrédulité voudraient nous le faire croire. L'Évangile a été prêché au pauvre d'esprit, et il a été entendu du pauvre d'esprit ; c'est le livre le plus clair qui existe : sa doctrine n'a point son siége dans la tête, mais dans le cœur ; elle n'apprend point à disputer, mais à bien vivre. Toutefois elle n'est pas sans secrets. Ce qu'il y a de véritablement ineffable dans l'Écriture, c'est ce mélange continuel des plus profonds mystères et de la plus extrême simplicité, caractères d'où naissent le touchant et le sublime. Il ne faut donc plus s'étonner que l'œuvre de Jésus-Christ parle si éloquemment ; et telles sont encore les vérités de notre religion, malgré leur peu d'appareil scientifique, qu'un seul point admis vous force d'admettre tous les autres. Il y a plus : si vous espérez échapper en niant le principe, tel, par exemple, que le péché originel, bientôt, poussés de conséquence en conséquence, vous serez forcés d'aller vous perdre dans l'athéisme : dès l'instant où vous reconnaissez un Dieu, la religion chrétienne arrive malgré vous avec tous ses dogmes, comme l'ont remarqué Clarke et Pascal. Voilà, ce nous semble, une des plus fortes preuves en faveur du christianisme.

Au reste, il ne faut pas s'étonner que celui qui fait rouler, sans les confondre, ces millions de globes sur nos têtes, ait répandu tant d'harmonie dans les principes d'un culte établi par lui; il ne faut pas s'étonner qu'il fasse tourner les charmes et les grandeurs de ses mystères dans le cercle d'une logique inévitable, comme il fait revenir les astres sur eux-mêmes pour nous ramener ou les fleurs ou les foudres des saisons. On a peine à concevoir le déchaînement du siècle contre le christianisme. S'il est vrai que la religion soit nécessaire aux hommes, comme l'ont cru tous les philosophes, par quel culte veut-on remplacer celui de nos pères? On se rappellera longtemps ces jours où des hommes de sang prétendirent élever des autels aux vertus sur les ruines du christianisme. D'une main ils dressaient des échafauds; de l'autre, sur le frontispice de nos temples, ils garantissaient à Dieu l'*éternité*, et à l'homme la *mort;* et ces mêmes temples, où l'on voyait autrefois ce Dieu qui est connu de l'univers, ces images de Vierge qui consolaient tant d'infortunés, ces temples étaient dédiés à la *Vérité*, qu'aucun homme ne connaît, et à la *Raison*, qui n'a jamais séché une larme!

CHAPITRE V.

DE L'INCARNATION.

L'Incarnation nous présente le souverain des cieux dans une bergerie, celui qui *lance la foudre, entouré de bandelettes de lin, celui que l'univers ne peut contenir, renfermé dans le sein d'une femme.* L'antiquité eût bien su tirer parti de cette merveille. Quels tableaux Homère et Virgile ne nous auraient-ils pas laissés de la nativité d'un Dieu dans une crèche, des pasteurs accourus au berceau, des Mages conduits par une étoile, des anges descendant dans le désert, d'une Vierge mère adorant son nouveau-né, et de tout ce mélange d'innocence, d'enchantement et de grandeur!

En laissant à part ce que nos mystères ont de direct et de sacré, on pourrait retrouver encore sous leurs voiles les vérités les plus ravissantes de la nature. Ces secrets du ciel, sans parler de leur partie mystique, sont peut-être le type des lois morales et physiques du monde : cela serait très-digne de la gloire de Dieu, et l'on entreverrait alors pourquoi il lui a plu de se manifester dans ces mystères, de préférence à tout autre qu'il eût pu choisir. Jésus-Christ (par exemple, ou le monde moral), prenant naissance dans le sein d'une Vierge, nous enseignerait le prodige de la création physique, et nous montrerait l'univers se formant dans le sein de l'amour céleste. Les paraboles et les figures de ce mystère seraient ensuite gravées dans chaque objet autour de nous. Partout, en effet, la force naît de la grâce : le fleuve sort de la fontaine; le lion est d'abord nourri d'un lait pareil à celui que suce l'agneau; et parmi les hommes, le Tout-Puissant a promis la gloire du ciel à ceux qui pratiquent les plus humbles vertus.

Ceux qui ne découvrirent dans la chaste Reine des anges que des mystères d'obscurité, sont bien à plaindre. Il nous semble qu'on pourrait dire quelque chose d'assez touchant sur cette femme mortelle, devenue une mère immortelle d'un Dieu rédempteur; sur cette Marie à la fois vierge et mère, les deux états les plus divins de la femme; sur cette jeune fille de l'antique Jacob, qui vient au secours des misères humaines, et sacrifie un fils pour sauver la race de ses pères. Cette tendre médiatrice entre nous et l'Éternel ouvre avec la douce vertu de son sexe un cœur plein de pitié à nos tristes confidences, et désarme un Dieu irrité : dogme enchanté qui adoucit la terreur d'un Dieu, en interposant la beauté entre notre néant et la majesté divine !

Les cantiques de l'Église nous peignent la bienheureuse Marie assise sur un trône de candeur, plus éclatant que la neige; elle brille sur ce trône comme une *rose mystérieuse*[1], ou comme l'*étoile du matin, précurseur du soleil de la grâce*[2]; les plus beaux anges la servent, les harpes et les voix célestes forment un concert autour d'elle; on reconnaît dans cette fille des hommes *le refuge des pécheurs*[3], *la consolation des affligés*[4]; elle ignore les saintes colères du Seigneur, elle est toute bonté, toute compassion, tout indulgence.

Marie est la divinité de l'innocence, de la faiblesse et du malheur. La foule de ses adorateurs dans nos églises se compose de pauvres matelots qu'elle a sauvés du naufrage, de vieux invalides qu'elle a arrachés à la mort, sous le fer des ennemis de la France, de jeunes femmes dont elle a calmé les douleurs. Celles-ci apportent leurs nourrissons devant son image, et le cœur du nouveau-né, qui ne comprend pas encore le Dieu du ciel, comprend déjà cette divine mère qui tient un enfant dans ses bras.

CHAPITRE VI.

LES SACREMENTS.

LE BAPTÊME ET LA CONFESSION.

Si les mystères accablent l'esprit par leur grandeur, on éprouve une autre sorte d'étonnement, mais qui n'est peut-être pas plus profond, en contemplant les sacrements de l'Église. La connaissance de l'homme civil et moral est renfermée tout entière dans ces institutions.

Le Baptême, le premier des sacrements que la religion confère à l'homme, selon la parole de l'Apôtre, *le revêt de Jésus-Christ*. Ce sacrement nous rappelle la corruption où nous sommes nés, les entrailles douloureuses qui nous portèrent, les tribulations qui nous attendent dans ce monde; il nous dit que nos fautes rejailliront sur nos fils, que nous sommes tous solidaires : terrible

---

[1] *Rosa mystica.* — [2] *Stella matutina.* — [3] *Refugium peccatorum.* — [4] *Consolatrix afflictorum.*

enseignement qui suffirait seul, s'il était bien médité, pour faire régner la vertu parmi les hommes.

Voyez le néophyte debout au milieu des ondes du Jourdain : le solitaire du rocher verse l'eau lustrale sur sa tête ; le fleuve des patriarches, les chameaux de ses rives, le temple de Jérusalem, les cèdres du Liban, paraissent attentifs, ou plutôt regardent ce jeune enfant sur les fontaines sacrées. Une famille pleine de joie l'environne ; elle renonce pour lui au péché ; elle lui donne le nom de son aïeul, qui devient immortel dans cette renaissance perpétuée par l'amour de race en race. Déjà le père s'empresse de reprendre son fils, pour le reporter à une épouse impatiente qui compte sous ses rideaux tous les coups de la cloche baptismale. On entoure le lit maternel : des pleurs d'attendrissement et de religion coulent de tous les yeux ; le nouveau nom de l'enfant, l'antique nom de son ancêtre, est répété de bouche en bouche ; et chacun mêlant les souvenirs du passé aux joies présentes, croit reconnaître le vieillard dans le nouveau-né qui fait revivre sa mémoire. Tels sont les tableaux que présente le sacrement du Baptême ; mais la religion, toujours morale, toujours sérieuse, alors même qu'elle est plus riante, nous montre aussi le fils des rois dans sa pourpre, renonçant aux grandeurs de Satan, à la même piscine où l'enfant du pauvre en haillons vient abjurer des pompes auxquelles pourtant il ne sera point condamné.

On trouve dans saint Ambroise une description curieuse de la manière dont s'administrait le sacrement de Baptême dans les premiers siècles de l'Église[1]. Le jour choisi pour la cérémonie était le samedi saint. On commençait par toucher les narines et par ouvrir les oreilles du catéchumène, en disant *ephpheta, ouvrez-vous*. On le faisait ensuite entrer dans le Saint des Saints. En présence du diacre, du prêtre et de l'évêque, il renonçait aux œuvres du démon. Il se tournait vers l'occident, image des ténèbres, pour abjurer le monde, et vers l'orient, symbole de lumière, pour marquer son alliance avec Jésus-Christ. L'évêque faisait alors la bénédiction du bain, dont les eaux, selon saint Ambroise, indiquent les mystères de l'Écriture : la création, le déluge, le passage de la mer Rouge, la nuée, les eaux de Mara, Naaman, et le paralytique de la piscine. Les eaux ayant été adoucies par le signe de la croix, on y plongeait trois fois le catéchumène en l'honneur de la Trinité, et en lui enseignant que trois choses rendent témoignage dans le Baptême : l'eau, le sang et l'esprit.

Au sortir du Saint des Saints, l'évêque faisait à l'homme renouvelé l'onction sur la tête, afin de le sacrer de la race élue et de la nation sacerdotale du Seigneur. Puis on lui lavait les pieds, on lui mettait des habits blancs, comme un vêtement d'innocence ; après quoi il recevait dans le sacrement de Confirmation l'esprit de crainte divine, l'esprit de sagesse et d'intelligence, l'esprit de conseil et de force, l'esprit de doctrine et de piété. L'évêque prononçait à haute voix les paroles de l'Apôtre : *Dieu le Père vous a marqué de son sceau. Jésus-Christ,*

---

[1] Ambros., *de Myst.* Tertullien, Origène, saint Jérôme, saint Augustin, parlent aussi du Baptême, mais moins en détail que saint Ambroise. C'est dans les six livres des *Sacrements*, faussement attribués à ce Père, qu'on voit la circonstance des trois immersions et du *touchement* des narines que nous rapportons ici.

Notre-Seigneur, vous a confirmé : il a donné à votre cœur les arrhes du Saint-Esprit.

Le nouveau chrétien marchait alors à l'autel pour y recevoir le pain des anges, en disant : *J'entrerai à l'autel du Seigneur, du Dieu qui réjouit ma jeunesse.* A la vue de l'autel couvert de vases d'or, de flambeaux, de fleurs, d'étoffes de soie, le néophyte s'écriait avec le Prophète : *Vous avez préparé une table devant moi; c'est le Seigneur qui me nourrit, rien ne me manquera, il m'a établi dans un lieu abondant en pâturage.* La cérémonie se terminait par le sacrifice de la messe. Ce devait être une fête bien auguste que celle où les Ambroise donnaient au pauvre innocent la place qu'ils refusaient à l'empereur coupable !

S'il n'y a pas dans ce premier acte de la vie chrétienne un mélange divin de théologie et de morale, de mystères et de simplicité, rien ne sera jamais divin en religion.

Mais, considéré dans une sphère plus élevée, et comme figure du mystère de notre rédemption, le Baptême est un bain qui rend à l'âme sa vigueur première. On ne peut se rappeler sans regret la beauté des anciens jours, alors que les forêts n'avaient pas assez de silence, les grottes pas assez de profondeur, pour les fidèles qui venaient y méditer les mystères. Ces chrétiens primitifs, témoins de la rénovation du monde, étaient occupés de pensées bien différentes de celles qui nous courbent aujourd'hui vers la terre, nous tous chrétiens vieillis dans le siècle, et non pas dans la foi. En ce temps-là la sagesse était sur les rochers, dans les antres avec les lions, et les rois allaient consulter le solitaire de la montagne. Jours trop tôt évanouis ! il n'y a plus de saint Jean au désert, et l'heureux catéchumène ne sentira plus couler sur lui ces flots du Jourdain, qui emportaient aux mers toutes ses souillures.

La Confession suit le Baptême, et l'Église, avec une prudence qu'elle seule possède, a fixé l'époque de la Confession à l'âge où l'idée du crime peut être conçue : il est certain qu'à sept ans l'enfant a les notions du bien et du mal. Tous les hommes, les philosophes même, quelles qu'aient été d'ailleurs leurs opinions, ont regardé le sacrement de Pénitence comme une des plus fortes barrières contre le vice, et comme le chef-d'œuvre de la sagesse. « Que de « restitutions, de réparations, dit Rousseau, la Confession ne fait-elle point « faire chez les catholiques[1] ! » Selon Voltaire, « la Confession est une chose très-excellente, un frein au crime, inventé dans l'antiquité la plus reculée. On se confessait dans la célébration de tous les anciens mystères. Nous avons imité et sanctifié cette sage coutume : elle est très-bonne pour engager les cœurs ulcérés de haine à pardonner[2]. »

Sans cette institution salutaire, le coupable tomberait dans le désespoir. Dans quel sein déchargerait-il le poids de son cœur? Serait-ce dans celui d'un ami? Eh ! qui peut compter sur l'amitié des hommes? Prendra-t-il les déserts pour confidents? Les déserts retentissent toujours pour le crime du bruit de ces trompettes que le parricide Néron croyait ouïr autour du tombeau de sa mère[3].

---

[1] *Emile*, tom. III, pag. 201, dans la note. — [2] *Questions encyc?.*, tom. III, pag. 234, article *Curé de campagne*, sect. II. — [3] Tacit., *Hist.*

Quand la nature et les hommes sont impitoyables, il est bien touchant de trouver un Dieu prêt à pardonner : il n'appartenait qu'à la religion chrétienne d'avoir fait deux sœurs de l'innocence et du repentir.

CHAPITRE VII.

DE LA COMMUNION.

C'est à douze ans, c'est au printemps de l'année, que l'adolescent s'unit à son créateur. Après avoir pleuré la mort du Rédempteur du monde avec les montagnes de Sion, après avoir rappelé les ténèbres qui couvrirent la terre, la chrétienté sort de la douleur : les cloches se raniment ; les saints se dévoilent, le cri de la joie, l'antique *alleluia* d'Abraham et de Jacob fait retentir le dôme des églises. De jeunes filles vêtues de lin, et des garçons parés de feuillages, marchent sur une route semée des premières fleurs de l'année ; ils s'avancent vers le temple, en répétant de nouveaux cantiques ; leurs parents les suivent ; bientôt le Christ descend sur l'autel pour ces âmes délicates. Le froment des anges est déposé sur la langue véridique qu'aucun mensonge n'a encore souillée ; tandis que le prêtre boit, dans le vin pur, le sang méritoire de l'Agneau.

Dans cette solennité, Dieu rappelle un sacrifice sanglant, sous les espèces les plus paisibles. Aux incommensurables hauteurs de ces mystères se mêlent les souvenirs des scènes les plus riantes. La nature ressuscite avec son créateur, et l'ange du printemps semble lui ouvrir les portes du tombeau, comme cet esprit de lumière qui dérangea la pierre du glorieux Sépulcre. L'âge des tendres communiants et celui de la naissante année confondent leurs jeunesses, leurs harmonies et leurs innocences. Le pain et le vin annoncent les dons des champs prêts à mûrir, et retracent les tableaux de l'agriculture ; enfin, Dieu descend dans les âmes de ces enfants pour les féconder, comme il descend, en cette saison, dans le sein de la terre, pour lui faire porter ses fleurs et ses richesses.

Mais, dira-t-on, que signifie cette Communion mystique, où la *raison* est obligée de se soumettre à une *absurdité*, sans aucun profit pour les mœurs ? Qu'on nous permette d'abord de répondre, en général, pour tous les rites chrétiens, qu'ils sont de *la plus haute moralité*, par cela seul *qu'ils ont été pratiqués par nos pères*, par cela seul que nos *mères ont été chrétiennes* sur nos berceaux ; enfin, parce que la religion a chanté autour du cercueil de nos aïeux, et souhaité la paix à leurs cendres.

Ensuite, supposé même que la Communion fût une cérémonie puérile, c'est du moins s'aveugler beaucoup de ne pas voir qu'une solennité qui doit être précédée d'une confession générale, qui ne peut avoir lieu qu'après une longue suite d'actions vertueuses, est très-favorable aux bonnes mœurs. Elle l'est même à un tel point, que si un homme approchait dignement, une seule fois par mois, du sacrement d'Eucharistie, cet homme serait, de nécessité, l'homme le plus vertueux de la terre. Transportez le raisonnement de l'individuel au collectif, de l'homme au peuple, et vous verrez que la Communion est une législation tout entière.

« Voilà donc des hommes, dit Voltaire (dont l'autorité ne sera pas suspecte), voilà des hommes qui reçoivent Dieu dans eux, au milieu d'une cérémonie auguste, à la lueur de cent cierges, après une musique qui a enchanté leurs sens, au pied d'un autel brillant d'or. L'imagination est subjuguée, l'âme saisie et attendrie ; on respire à peine, on est détaché de tout bien terrestre, on est uni avec Dieu, il est dans notre chair et dans notre sang. Qui osera, qui pourra commettre, après cela, une seule faute, en concevoir seulement la pensée ! Il était impossible, sans doute, d'imaginer un mystère qui retînt plus fortement les hommes dans la vertu [1]. »

Si nous nous exprimions nous-même avec cette force, on nous traiterait de fanatique.

L'Eucharistie a pris naissance à la Cène ; et nous en appelons au peintre, pour la beauté du tableau où Jésus-Christ est représenté disant ces paroles : *Hoc est corpus meum*. Quatre choses sont ici :

1° Dans le pain et le vin *matériels*, on voit la consécration de la nourriture de l'homme, qui vient de Dieu, et que nous tenons de sa munificence. Quand il n'y aurait dans la Communion que cette offrande des richesses de la terre à celui qui les dispense, cela seul suffirait pour la comparer aux plus belles coutumes religieuses de la Grèce.

2° L'Eucharistie rappelle la Pâque des Israélites, qui remonte au temps des Pharaons ; elle annonce l'abolition des sacrifices sanglants ; elle est aussi l'image de la vocation d'Abraham, et de la première alliance de Dieu avec l'homme. Tout ce qu'il y a de grand en antiquité, en histoire, en législation, en figures sacrées, se trouve donc réuni dans la communion du chrétien.

3° L'Eucharistie annonce la réunion des hommes en une grande famille, elle enseigne la fin des inimitiés, l'égalité naturelle et l'établissement d'une nouvelle loi, qui ne connaîtra ni Juifs, ni Gentils, et invitera tous les enfants d'Adam à la même table.

Enfin, la quatrième chose que l'on découvre dans l'Eucharistie, c'est le mystère direct et la présence réelle de Dieu dans le pain consacré. Ici il faut que l'âme s'envole un moment vers ce monde intellectuel qui lui fut ouvert avant sa chute.

Lorsque le Tout-Puissant eut créé l'homme à son image, et qu'il l'eut animé d'un souffle de vie, il fit alliance avec lui. Adam et Dieu s'entretenaient ensemble dans la solitude. L'alliance fut de droit rompue par la désobéissance. L'Être éternel ne pouvait plus communiquer avec la Mort, la Spiritualité avec la Matière. Or, entre deux choses de propriétés différentes, il ne peut y avoir de point de contact que par un milieu. Le premier effort que l'amour divin fit pour se rapprocher de nous fut la vocation d'Abraham et l'établissement des sacrifices, figures qui annonçaient au monde l'avènement du Messie. Le Sauveur, en nous rétablissant dans nos fins, comme nous l'avons observé au sujet de la rédemption, a dû nous rétablir dans nos priviléges, et le plus beau de ces priviléges, sans doute, était de communiquer avec le Créateur. Mais cette commu-

---

[1] *Questions sur l'Encyclopédie*, tom. IV, édit. de Genève.

nication ne pouvait plus avoir lieu immédiatement comme dans le Paradis terrestre : premièrement, parce que notre origine est demeurée souillée ; en second lieu, parce que notre corps, maintenant sujet au tombeau, est resté trop faible pour communiquer directement avec Dieu, sans mourir. Il fallait donc un moyen médiat, et c'est le Fils qui l'a fourni. Il s'est donné à l'homme dans l'Eucharistie, il est devenu la route sublime par qui nous nous réunissons de nouveau à celui dont notre âme est émanée.

Mais si le Fils fût resté dans son essence primitive, il est évident que la même séparation eût existé ici-bas entre Dieu et l'homme, puisqu'il ne peut y avoir d'union entre la pureté et le crime, entre une réalité éternelle et le songe de notre vie. Or, le Verbe, en entrant dans le sein d'une femme, a daigné se faire semblable à nous. D'un côté, il touche à son Père par sa spiritualité ; de l'autre, il s'unit à la chair par son effigie humaine. Il devient donc ce rapprochement cherché entre l'enfant coupable et le père miséricordieux. En se cachant sous l'emblème du pain, il est pour l'œil du corps, un objet sensible, tandis qu'il reste un objet intellectuel pour l'œil de l'âme. S'il a choisi le pain pour se voiler, c'est que le froment est un emblème noble et pur de la nourriture divine.

Si cette haute et mystérieuse théologie, dont nous nous contentons d'ébaucher quelques traits, effraie nos lecteurs, qu'ils remarquent toutefois combien cette métaphysique est lumineuse auprès de celle de Pythagore, de Platon, de Timée, d'Aristote, de Carnéade, d'Épicure. On n'y trouve aucune de ces abstractions d'idées pour lesquelles on est obligé de se créer un langage inintelligible au commun des hommes.

En résumant ce que nous avons dit sur la Communion, nous voyons qu'elle présente d'abord une pompe charmante ; qu'elle enseigne la morale, parce qu'il faut être pur pour en approcher ; qu'elle est l'offrande des dons de la terre au Créateur, et qu'elle rappelle la sublime et touchante histoire du Fils de l'Homme. Unie au souvenir de la Pâque et de la première alliance, la Communion va se perdre dans la nuit des temps ; elle tient aux idées premières sur la nature de l'homme religieux et politique, et exprime l'antique égalité du genre humain ; enfin, elle perpétue la mémoire de notre chute primitive, de notre rétablissement et de notre réunion avec Dieu.

CHAPITRE VIII.

LA CONFIRMATION, L'ORDRE ET LE MARIAGE.

EXAMEN DU VŒU DE CÉLIBAT SOUS SES RAPPORTS MORAUX.

On ne cesse de s'étonner lorsqu'on remarque à quelle époque de la vie la religion a fixé le grand hyménée de l'homme et du Créateur. C'est le moment où le cœur va s'enflammer du feu des passions, le moment où il peut concevoir l'Être suprême : Dieu devient l'immense génie qui tourmente tout à coup l'adolescent, et qui remplit les facultés de son âme inquiète et agrandie. Mais le danger augmente ; il faut de nouveaux secours à cet étranger sans expérience, exposé sur le chemin du monde. La religion ne l'oubliera point; elle tient en réserve un appui. La Confirmation vient soutenir ses pas tremblants comme le bâton dans la main du voyageur, ou comme ces sceptres qui passaient de race en race chez les rois antiques, et sur lesquels Évandre et Nestor, pasteurs des hommes, s'appuyaient en jugeant les peuples. Observons que la morale entière de la vie est renfermée dans le sacrement de Confirmation : quiconque a la force de confesser Dieu pratiquera nécessairement la vertu, puisque commettre le crime, c'est renier le Créateur.

Le même esprit de sagesse a placé l'Ordre et le Mariage immédiatement après la Confirmation.

L'enfant est maintenant devenu homme, et la religion, qui l'a suivi des yeux avec une tendre sollicitude dans l'état de nature, ne l'abandonnera pas dans l'état de société. Admirez ici la profondeur des vues du législateur des chrétiens. Il n'a établi que deux sacrements sociaux, si nous osons nous exprimer ainsi; car, en effet, il n'y a que deux états dans la vie, le célibat et le mariage. Ainsi, sans s'embarrasser des distinctions civiles, inventées par notre étroite raison, Jésus-Christ divise la société en deux classes. A ces classes, il ne donne point de lois politiques, mais des lois morales, et par là il se trouve d'accord avec toute l'antiquité. Les anciens sages de l'Orient, qui ont laissé une si merveilleuse renommée, n'assemblaient pas des hommes pris au hasard, pour méditer d'impraticables constitutions. Ces sages étaient de vénérables solitaires qui avaient voyagé longtemps, et qui chantaient les dieux sur la lyre. Chargés de richesses puisées chez les nations étrangères, plus riches encore des dons d'une vie sainte, le luth à la main, une couronne d'or dans leurs cheveux blancs, ces hommes divins, assis sous quelque platane, dictaient leurs leçons à tout un peuple ravi. Et quelles étaient ces institutions des Amphion, des Cadmus, des Orphée! Une belle musique appelée Loi, des danses, des cantiques, quelques arbres consacrés, des vieillards conduisant des enfants, un hymen formé auprès d'un tombeau, la religion et Dieu partout. C'est aussi ce que le christianisme a fait, mais d'une manière encore plus admirable.

Cependant les hommes ne s'accordent jamais sur les principes, et les institutions les plus sages ont trouvé des détracteurs. On s'est élevé dans ces derniers temps contre le vœu de célibat, attaché au sacrement d'Ordre. Les uns, cherchant partout des armes contre la religion, en ont cru trouver dans la religion même : ils ont fait valoir l'ancienne discipline de l'Église, qui, selon eux, permettait le mariage du prêtre; les autres se sont contentés de faire de la chasteté chrétienne l'objet de leurs railleries. Répondons aux esprits sérieux et aux objections morales.

Il est certain d'abord que le septième canon du second concile de Latran, l'an 1139, fixe sans retour le célibat du clergé catholique à une époque plus reculée : on peut citer quelques dispositions du concile de Latran[1], en 1123; de Tibur[2], en 895; de Troli[3], en 909; de Tolède[4], en 633, et de Calcédoine[5], en 451. Baronius prouve que le vœu de célibat était général parmi le clergé dès

---

[1] Can. XXI. — [2] Cap. XXVIII. — [3] Cap. VIII. — [4] Can. LII. — [5] Can. XVI.

le sixième siècle[1]. Un canon du premier concile de Tours excommunie tout prêtre, diacre ou sous-diacre qui aurait conservé sa femme après avoir reçu les ordres : *Si inventus fuerit presbyter cum sua* presbytera, *aut diaconus cum sua* diaconissa, *aut subdiaconus cum sua* subdiaconissa, *annum integrum excommunicatus habeatur*[2]. Dès le temps de saint Paul, la virginité était regardée comme l'état le plus parfait pour un chrétien.

Mais, en admettant un moment que le mariage des prêtres eût été toléré dans la primitive Église, ce qui ne peut se soutenir ni historiquement ni canoniquement, il ne s'ensuivrait pas qu'il dût être permis à présent aux ecclésiastiques. Les mœurs modernes s'opposent à cette innovation, qui détruirait d'ailleurs de fond en comble la discipline de l'Église.

Dans les anciens jours de la religion, jours de combats et de triomphes, les chrétiens, peu nombreux et remplis de vertu, vivaient fraternellement ensemble, goûtaient les mêmes joies, partageaient les mêmes tribulations à la table du Seigneur. Le pasteur aurait donc pu, à la rigueur, avoir une famille au milieu de cette société sainte, qui était déjà sa famille ; il n'aurait point été détourné par ses propres enfants du soin de ses autres brebis, puisqu'ils auraient fait partie du troupeau ; il n'aurait pu trahir pour eux les secrets du pécheur, puisqu'on n'avait point de crimes à cacher, et que les confessions se faisaient à haute voix dans ces *basiliques de la mort*[3], où les fidèles s'assemblaient pour prier sur les cendres des martyrs. Ces chrétiens avaient reçu du ciel un sacerdoce que nous avons perdu. C'était moins une assemblée du peuple qu'une communauté de lévites et de religieuses : le baptême les avait tous créés prêtres et confesseurs de Jésus-Christ.

Saint Justin le Philosophe, dans sa première *Apologie*, fait une admirable description de la vie des fidèles de ce temps-là : « On nous accuse, dit-il, de troubler la tranquillité de l'État, et cependant un des principaux dogmes de notre foi est que rien n'est caché aux yeux de Dieu, et qu'il nous jugera sévèrement un jour sur nos bonnes et nos mauvaises actions : mais, ô puissant empereur ! les mêmes peines que vous avez décrétées contre nous ne font que nous affermir dans notre culte, puisque toutes ces persécutions nous ont été prédites par notre maître, fils du souverain Dieu, père et seigneur de l'univers.

« Le jour du soleil (le dimanche), tous ceux qui demeurent à la ville et à la campagne s'assemblent en un lieu commun. On lit les saintes Écritures ; un *ancien*[4] exhorte ensuite le peuple à imiter de si beaux exemples. On s'élève, on prie de nouveau ; on présente l'eau, le pain et le vin ; le prélat fait l'action de grâces, l'assistance répond *Amen*. On distribue une partie des choses consacrées, et les diacres portent le reste aux absents. On fait une quête ; les riches donnent ce qu'ils veulent. Le prélat garde ces aumônes pour en assister les veuves, les orphelins, les malades, les prisonniers, les pauvres, les étrangers, en un mot,

---

[1] Baron, *An.* LXXXVIII, n° 18.
[2] Can. xx.
[3] S. Hieron.
[4] Un prêtre.

tous ceux qui sont dans le besoin, et dont le prélat est spécialement chargé. Si nous nous réunissons le jour du soleil, c'est que Dieu fit le monde ce jour-là, et que son Fils ressuscita à pareil jour, pour confirmer à ses disciples la doctrine que nous vous avons exposée.

« Si vous la trouvez bonne, respectez-la ; rejetez-la si elle vous semble méprisable : mais ne livrez pas pour cela aux bourreaux des gens qui n'ont fait aucun mal ; car nous osons vous annoncer que vous n'éviterez pas le jugement de Dieu, si vous demeurez dans l'injustice : au reste, quel que soit notre sort, que la volonté de Dieu soit faite. Nous aurions pu réclamer votre équité en vertu de la lettre de votre père, César Adrien, d'illustre et glorieuse mémoire ; mais nous avons préféré nous confier en la justice de notre cause [1] (2). »

L'*Apologie* de Justin était bien faite pour surprendre la terre. Il venait de révéler un âge d'or au milieu de la corruption, de découvrir un peuple nouveau dans les souterrains d'un antique empire. Ces mœurs durent paraître d'autant plus belles, qu'elles n'étaient pas connues aux premiers jours du monde, en harmonie avec la nature et les lois, et qu'elles formaient au contraire un contraste frappant avec le reste de la société. Ce qui rend surtout la vie de ces fidèles plus intéressante que la vie de ces hommes parfaits chantés par la Fable, c'est que ceux-ci sont représentés heureux, et que les autres se montrent à nous à travers les charmes du malheur. Ce n'est pas sous les feuillages des bois et au bord des fontaines que la vertu paraît avec le plus de puissance ; il faut la voir à l'ombre des murs des prisons et parmi les flots de sang et de larmes. Combien la religion est divine, lorsqu'au fond d'un souterrain, dans le silence et la nuit des tombeaux, un pasteur que le péril environne célèbre, à la lueur d'une lampe, devant un petit troupeau de fidèles, les mystères d'un Dieu persécuté !

Il était nécessaire d'établir solidement cette innocence des chrétiens primitifs, pour montrer que si, malgré tant de pureté, on trouva des inconvénients au mariage des prêtres, il serait tout à fait impossible de l'admettre aujourd'hui.

En effet, quand les chrétiens se multiplièrent, quand la corruption se répandit avec les hommes, comment le prêtre aurait-il pu vaquer en même temps aux soins de sa famille et de son église ? Comment fût-il demeuré chaste avec une épouse qui eût cessé de l'être ? Que si l'on objecte les pays protestants, nous dirons que dans ces pays on a été obligé d'abolir une grande partie du culte extérieur ; qu'un ministre paraît à peine dans un temple deux ou trois fois par semaine ; que presque toutes relations ont cessé entre le pasteur et le troupeau, et que le premier est trop souvent un homme du monde, qui donne des bals et des festins pour amuser ses enfants. Quant à quelques sectes moroses, qui affectent la simplicité évangélique, et qui veulent une *religion* sans *culte*, nous espérons qu'on ne nous les opposera pas. Enfin, dans les pays où le mariage des prêtres est établi, la confession, la plus belle des institutions morales, a cessé et a dû cesser à l'instant. Il est naturel qu'on n'ose plus rendre maître de ses secrets l'homme qui a rendu une femme maîtresse des siens ; on craint avec

---

[1] Just., *Apol.*, édit. Marc., fol. 1742.

raison de se confier au prêtre qui a rompu son contrat de fidélité avec Dieu, et répudié le Créateur pour épouser la créature.

Il ne reste plus qu'à répondre à l'objection que l'on tire de la loi générale de la population.

Or, il nous paraît qu'une des premières lois naturelles qui dut s'abolir à la nouvelle alliance, fut celle qui favorisait la population au delà de certaines bornes. Autre fut Jésus-Christ, autre Abraham : celui-ci parut dans un temps d'innocence, dans un temps où la terre manquait d'habitants ; Jésus-Christ vint, au contraire, au milieu de la corruption des hommes, et lorsque le monde avait perdu sa solitude. La pudeur peut donc fermer aujourd'hui le sein des femmes ; la seconde Ève, en guérissant les maux dont la première avait été frappée, a fait descendre la virginité du ciel pour nous donner une idée de cet état de pureté et de joie qui précéda les antiques douleurs de la mère.

Le législateur des chrétiens naquit d'une vierge, et mourut vierge. N'a-t-il pas voulu nous enseigner par là, sous les rapports politiques et naturels, que la terre était arrivée à son complément d'habitants, et que, loin de multiplier les générations, il faudrait désormais les restreindre? A l'appui de cette opinion, on remarque que les États ne périssent jamais par le défaut, mais par le trop grand nombre d'hommes. Une population excessive est le fléau des empires. Les barbares du Nord ont dévasté le globe quand leurs forêts ont été remplies ; la Suisse était obligée de verser ses industrieux habitants aux royaumes étrangers, comme elle leur verse ses rivières fécondes ; et, sous nos propres yeux, au moment même où la France a perdu tant de laboureurs, la culture n'en paraît que plus florissante. Hélas ! misérables insectes que nous sommes ! bourdonnant autour d'une coupe d'absinthe, où par hasard sont tombées quelques gouttes de miel, nous nous dévorons les uns les autres lorsque l'espace vient à manquer à notre multitude. Par un malheur plus grand encore, plus nous nous multiplions, plus il faut de champ à nos désirs. De ce terrain qui diminue toujours, et de ces passions qui augmentent sans cesse, doivent résulter tôt ou tard d'effroyables révolutions (3).

Au reste, les systèmes s'évanouissent devant des faits. L'Europe est-elle déserte, parce qu'on y voit un clergé catholique qui a fait vœu de célibat! Les monastères mêmes sont favorables à la société, parce que les religieux, en consommant leurs denrées sur les lieux, répandent l'abondance dans la cabane du pauvre. Où voyait-on en France des paysans bien vêtus et des laboureurs dont le visage annonçait l'abondance et la joie, si ce n'était dans la dépendance de quelque riche abbaye! Les grandes propriétés n'ont-elles pas toujours cet effet ; et les abbayes étaient-elles autre chose que des domaines où les propriétaires résidaient? Mais ceci nous mènerait trop loin, et nous y reviendrons lorsque nous traiterons des Ordres monastiques. Disons pourtant encore que le clergé favorisait la population, en prêchant la concorde et l'union entre les époux, en arrêtant les progrès du libertinage, et en dirigeant les foudres de l'Église contre le système du petit nombre d'enfants, adopté par le peuple des villes.

Enfin, il semble à peu près démontré qu'il faut dans un grand État des hommes qui, séparés du reste du monde, et revêtus d'un caractère auguste, puissent, sans enfants, sans épouse, sans les embarras du siècle, travailler aux progrès des lumières, à la perfection de la morale et au soulagement du malheur. Quels miracles nos prêtres et nos religieux n'ont-ils point opérés sous ces trois rapports dans la société ! Qu'on leur donne une famille, et ces études et cette charité qu'ils consacraient à leur patrie, ils les détourneront au profit de leurs parents; heureux même si de vertus qu'elles sont, ils ne les transforment en vices !

Voilà ce que nous avions à répondre aux moralistes, sur le célibat des prêtres. Voyons si nous trouverons quelque chose pour les poëtes : ici, il nous faut d'autres raisons, d'autres autorités, et un autre style.

CHAPITRE IX.

SUITE DU PRÉCÉDENT.

SUR LE SACREMENT D'ORDRE.

La plupart des sages de l'antiquité ont vécu dans le célibat ; on sait combien les gymnosophistes, les brahmanes, les druides ont tenu la chasteté à honneur. Les sauvages mêmes la regardent comme céleste ; car les peuples de tous les pays n'ont eu qu'un sentiment sur l'excellence de la virginité. Chez les anciens, les prêtres et les prêtresses, qui étaient censés commercer intimement avec le ciel, devaient vivre solitaires ; la moindre atteinte portée à leurs vœux était suivie d'un châtiment terrible. On n'offrait aux dieux que des génisses qui n'avaient point encore été mères. Ce qu'il y avait de plus sublime et de plus doux dans la Fable possédait la virginité ; on la donnait à Vénus-Uranie et à Minerve, déesses du génie et de la sagesse ; l'Amitié était une adolescente, et la Virginité elle-même, personnifiée sous les traits de la Lune, promenait sa pudeur mystérieuse dans les frais espaces de la nuit.

Considérée sous ses autres rapports, la virginité n'est pas moins aimable. Dans les trois règnes de la nature, elle est la source des grâces et la perfection de la beauté. Les poëtes, que nous voulons surtout convaincre ici, nous serviront d'autorité contre eux-mêmes. Ne se plaisent-ils pas à reproduire partout l'idée de la virginité comme un charme à leurs descriptions et à leurs tableaux ? Ils la retrouvent ainsi au milieu des campagnes, dans les roses du printemps et dans la neige de l'hiver ; et c'est ainsi qu'ils la placent aux deux extrémités de la vie, sur les lèvres de l'enfant, et sur les cheveux du vieillard. Ils la mêlent encore aux mystères de la tombe, et ils nous parlent de l'antiquité qui consacrait aux mânes des arbres sans semence, parce que la mort est stérile, ou parce que, dans une autre vie, les sexes sont inconnus, et que l'âme est une vierge immortelle. Enfin ils nous disent que, parmi les animaux, ceux qui se rapprochent le plus de notre intelligence sont voués à la chasteté. Ne croirait-on pas en effet reconnaître dans la ruche des abeilles le modèle de ces monastères où des vestales composent un miel céleste avec la fleur des vertus ?

Quant aux beaux-arts, la virginité en fait également les charmes, et les Muses lui doivent leur éternelle jeunesse. Mais c'est surtout dans l'homme qu'elle déploie son excellence. Saint Ambroise a composé trois traités sur la virginité ; il y a mis les charmes de son éloquence, et il s'en excuse en disant qu'il l'a fait ainsi pour gagner l'esprit des vierges par la douceur de ses paroles [1]. Il appelle la virginité *une exemption de toute souillure* [2] ; il fait voir combien sa tranquillité est préférable aux soucis du mariage; il dit aux vierges : « La pudeur, en colorant vos joues, vous rend excellemment belles. Retirées loin de la vue des hommes, comme des roses solitaires, vos grâces ne sont point soumises à leurs faux jugements, toutefois vous descendez aussi dans la lice pour disputer le prix de la beauté, non de celle du corps, mais de celle de la vertu : beauté qu'aucune maladie n'altère, qu'aucun âge ne fane, et que la mort même ne peut ravir. Dieu seul s'établit juge de cette lutte des vierges; car il aime les belles âmes, même dans les corps hideux.... Une vierge ne connaît ni les inconvénients de la grossesse ni les douleurs de l'enfantement. Elle est le don du ciel et la joie de ses proches. Elle exerce dans la maison paternelle le sacerdoce de la chasteté : c'est une victime qui s'immole chaque jour pour sa mère. »

Dans l'homme, la virginité prend un caractère sublime. Troublée par les orages du cœur, si elle résiste, elle devient céleste. « Une âme chaste, dit saint Bernard, est par vertu ce que l'ange est par nature. Il y a plus de bonheur dans la *chasteté* de l'ange, mais il y a plus de courage dans celle de l'homme. » Chez le religieux, elle se transforme en humanité, témoin ces *Pères de la Rédemption* et tous ces *Ordres hospitaliers* consacrés au soulagement de nos douleurs. Elle se change en étude chez le savant; elle devient méditation dans le solitaire: caractère essentiel de l'âme et de la force mentale, il n'y a point d'homme qui n'en ait senti l'avantage pour se livrer aux travaux de l'esprit; elle est donc la première des qualités, puisqu'elle donne une nouvelle vigueur à l'âme, et que l'âme est la plus belle partie de nous-mêmes.

Mais si la chasteté est nécessaire quelque part, c'est dans le service de la Divinité. « Dieu, dit Platon, est la véritable mesure des choses; et nous devons faire tous nos efforts pour lui ressembler [3]. » L'homme qui s'est dévoué à ses autels y est plus obligé qu'un autre. « Il ne s'agit pas ici, dit saint Chrysostôme, du gouvernement d'un empire ou du commandement des soldats, mais d'une fonction qui demande une vertu angélique. L'âme d'un prêtre doit être plus pure que les rayons du soleil [4]. » — « Le ministre chrétien, dit encore saint Jérôme, est le truchement entre Dieu et l'homme. » Il faut donc qu'un prêtre soit un personnage divin : il faut qu'autour de lui règnent la vertu et le mystère ; retiré dans les saintes ténèbres du temple, qu'on l'entende sans l'apercevoir; que sa voix solennelle, grave et religieuse, prononce des paroles prophétiques, ou chante des hymnes de paix dans les sacrées profondeurs du tabernacle; que ses apparitions soient courtes parmi les hommes, qu'il ne se montre au milieu du siècle que pour faire du bien aux malheureux : c'est à ce prix qu'on ac-

---

[1] *De Virginit.*, lib. II, cap. I, num. 4. — [2] *Ibid.*, lib. I, cap. v. — [3] *Resp.* — [4] Lib. VI, de Sacerd.

corde au prêtre le respect et la confiance. Il perdra bientôt l'un et l'autre, si on le trouve à la porte des grands, s'il est embarrassé d'une épouse, si l'on se familiarise avec lui, s'il a tous les vices qu'on reproche au monde, et si l'on peut un moment le soupçonner homme comme les autres hommes.

Enfin le vieillard chaste est une sorte de divinité : Priam, vieux comme le mont Ida, et blanchi comme le chêne du Gargare, Priam dans son palais, au milieu de ses cinquante fils, offre le spectacle le plus auguste de la paternité; mais Platon sans épouse et sans famille, assis au pied d'un temple sur la pointe d'un cap battu des flots, Platon enseignant l'existence de Dieu à ses disciples, est un être bien plus divin : il ne tient point à la terre; il semble appartenir à ces *démons*, à ces intelligences supérieures, dont il nous parle dans ses écrits.

Ainsi la virginité, remontant depuis le dernier anneau de la chaîne des êtres jusqu'à l'homme, passe bientôt de l'homme aux anges, et des anges à Dieu, où elle se perd. Dieu brille à jamais unique dans les espaces de l'éternité, comme le soleil, son image, dans le temps.

Concluons que les poëtes et les hommes du goût le plus délicat ne peuvent objecter rien de raisonnable contre le célibat du prêtre, puisque la virginité fait partie du souvenir dans les choses antiques, des charmes dans l'amitié, du mystère dans la tombe, de l'innocence dans le berceau, de l'enchantement dans la jeunesse, de l'humanité dans le religieux, de la sainteté dans le prêtre et dans le vieillard, et de la divinité dans les anges et dans Dieu même.

CHAPITRE X.

SUITE DES PRÉCÉDENTS.

LE MARIAGE.

L'Europe doit encore à l'Église le petit nombre de bonnes lois qu'elle possède. Il n'y a peut-être point de circonstance en matière civile qui n'ait été prévue par le droit canonique, fruit de l'expérience de quinze siècles, et du génie des Innocent et des Grégoire. Les empereurs et les rois les plus sages, tels que Charlemagne et Alfred le Grand, ont cru ne pouvoir mieux faire que de recevoir dans le code civil une partie de ce code ecclésiastique où viennent se fondre la loi lévitique, l'Évangile et le droit romain. Quel vaisseau pourtant que cette Église! qu'il est vaste, qu'il est miraculeux!

En élevant le mariage à la dignité de sacrement, Jésus-Christ nous a montré d'abord la grande figure de son union avec l'Église. Quand on songe que le mariage est le pivot sur lequel roule l'économie sociale, peut-on supposer qu'il soit jamais assez saint? On ne saurait trop admirer la sagesse de celui qui l'a marqué du sceau de la religion.

L'Église a multiplié ses soins pour un si grand acte de la vie. Elle a déterminé les degrés de parenté où l'union de deux époux serait permise. Le droit canonique, reconnaissant les générations simples, en partant de la souche, a rejeté jusqu'à la quatrième le mariage [1] que le droit civil, en comptant les branches doubles, fixait à la seconde : ainsi le voulait la loi d'Arcade, insérée dans les *Institutes de Justinien* [2].

Mais l'Église, avec sa sagesse accoutumée, a suivi dans ce règlement le changement progressif des mœurs [3]. Dans les premiers siècles du christianisme, la prohibition de mariage s'étendait jusqu'au septième degré; quelques conciles même, tels que celui de Tolède [4] dans le sixième siècle, défendaient, d'une manière illimitée, toute union entre les membres d'une même famille.

L'esprit qui a dicté ces lois est digne de la pureté de notre religion. Les païens sont restés bien au-dessous de cette chasteté chrétienne. A Rome, le mariage entre cousins germains était permis; et Claude, pour épouser Agrippine, fit porter une loi à la faveur de laquelle l'oncle pouvait s'unir à la nièce [5]. Solon avait laissé au frère la liberté d'épouser sa sœur utérine [6].

L'Église n'a pas borné là ses précautions. Après avoir suivi quelque temps le Lévitique, touchant les *Affins*, elle a fini par déclarer empêchements *dirimants* de mariage tous les degrés d'affinité correspondants aux degrés de parenté où le mariage est défendu [7]. Enfin elle a prévu un cas qui avait échappé à tous les jurisconsultes : ce cas est celui dans lequel un homme aurait entretenu un commerce illicite avec une femme. L'Église déclare qu'il ne peut choisir une épouse dans la famille de cette femme au-dessus du second degré [8]. Cette loi, connue très-anciennement dans l'Église [9], mais fixée par le concile de Trente, a été trouvée si belle, que le code français, en rejetant la totalité du concile, n'a pas laissé de recevoir le canon.

Au reste, les empêchements de mariage de parent à parent, si multipliés par l'Église, outre leurs raisons morales et spirituelles, tendent politiquement à diviser les propriétés, et à empêcher qu'à la longue tous les biens de l'État ne s'accumulent sur quelques têtes.

L'Église a conservé les fiançailles, qui remontent à une grande antiquité. Aulu-Gelle nous apprend qu'elles furent connues du peuple du Latium [10]; les Romains les adoptèrent [11]; les Grecs les ont suivies; elles étaient en honneur sous l'ancienne alliance; et dans la nouvelle, Joseph fut fiancé à Marie. L'intention

---

[1] *Conc. Lat.*, an 1205.

[2] *Inst. Just., de Nupt.*, tit. x.

[3] *Concil. Duziac.*, an. 814. La loi canonique a dû varier selon les mœurs des peuples goth, vandale, anglais, franc, bourguignon, qui entraient tour à tour dans le sein de l'Église.

[4] *Conc. Tol.*, can. v.

[5] Suet, *in Claud*. A la vérité cette loi ne fut pas étendue, comme on l'apprend par les fragments d'Ulpien, tit. v et vi, et elle fut abrogée par le Code Théodose, ainsi que celle qui concernait les cousins germains. Observons que, dans le christianisme, le pape a le droit de dispenser de la loi canonique, selon les circonstances. Comme une loi ne peut jamais être assez générale pour embrasser tous les cas, cette ressource des dispenses et des exceptions était imaginée avec beaucoup de prudence. Au reste, les mariages entre frères et sœurs dans l'Ancien Testament tenaient à cette loi générale de population, abolie, comme nous l'avons dit, à l'avénement de Jésus-Christ, lors du complément des races.

[6] Plut., *in Solon*. — [7] *Conc. Lat.* — [8] *Ibid.*, cap. iv, sess. 24. — [9] *Conc. Anc.*, cap. ult., an 304. — [10] *Noct. Att.*, lib. iv, cap. iv. — [11] L. 2, ff., *de Spons*.

de cette coutume est de laisser aux deux époux le temps de se connaître avant de s'unir [1].

Dans nos campagnes, les fiançailles se montraient encore avec leurs grâces antiques. Par une belle matinée du mois d'août, un jeune paysan venait chercher sa prétendue à la ferme de son futur beau-père. Deux ménétriers, rappelant nos anciens *minstrels*, ouvraient la pompe en jouant sur leur violon des romances du temps de la chevalerie, ou des cantiques des pèlerins. Les siècles, sortis de leurs tombeaux gothiques, semblaient accompagner cette jeunesse avec leurs vieilles mœurs et leurs vieux souvenirs. L'épousée recevait du curé la bénédiction des fiançailles, et déposait sur l'autel une quenouille entourée de rubans. On retournait ensuite à la ferme, la dame et le seigneur du lieu, le curé et le juge du village s'asseyaient avec les futurs époux, les laboureurs et les matrones, autour d'une table où étaient servis le verrat d'Eumée et le veau gras des patriarches. La fête se terminait par une ronde dans la grange voisine; la demoiselle du château dansait, au son de la musette, une ballade avec le fiancé, tandis que les spectateurs étaient assis sur la gerbe nouvelle, avec les souvenirs des filles de Jéthro, des moissonneurs de Booz, et des fiançailles de Jacob et de Rachel.

La publication des bans suit les fiançailles. Cette excellente coutume, ignorée de l'antiquité, est entièrement due à l'Église. Il faut la rapporter au delà du quatorzième siècle, puisqu'il en est fait mention dans une décrétale du pape Innocent III. Le même pape l'a transformée en règle générale dans le concile de Latran; le concile de Trente l'a renouvelée, et l'ordonnance de Blois l'a fait recevoir parmi nous. L'esprit de cette loi est de prévenir les unions clandestines, et d'avoir connaissance des empêchements de mariage qui peuvent se trouver entre les parties contractantes.

Mais enfin le mariage chrétien s'avance; il vient avec un tout autre appareil que les fiançailles. Sa démarche est grave et solennelle, sa pompe silencieuse et auguste; l'homme est averti qu'il commence une nouvelle carrière. Les paroles de la bénédiction nuptiale (paroles que Dieu même prononça sur le premier couple du monde), en frappant le mari d'un grand respect, lui disent qu'il remplit l'acte le plus important de la vie; qu'il va, comme Adam, devenir le chef d'une famille, et qu'il se charge de tout le fardeau de la condition humaine. La femme n'est pas moins instruite. L'image des plaisirs disparaît à ses yeux devant celle des devoirs. Une voix semble lui crier du milieu de l'autel : O Ève! sais-tu bien ce que tu fais? Sais-tu qu'il n'y a plus pour toi d'autre liberté que celle de la tombe? Sais-tu ce que c'est que de porter dans tes entrailles mortelles l'homme immortel et fait à l'image d'un Dieu? » Chez les anciens, un hyménée n'était qu'une cérémonie pleine de scandale et de joie, qui n'enseignait rien des graves pensées que le mariage inspire : le christianisme seul en a rétabli la dignité.

---

[1] SAINT AUGUSTIN en rapporte une raison aimable : *Constitutum est, ut jam pactæ sponsæ non statim tradantur, ne vilem habeat maritus datam, quam non suspiraverit sponsus dilatam.*

C'est encore lui qui, connaissant avant la philosophie dans quelle proportion naissent les deux sexes, a vu le premier que l'homme ne peut avoir qu'une épouse, et qu'il doit la garder jusqu'à la mort. Le divorce est inconnu dans l'Église catholique, si ce n'est chez quelques petits peuples de l'Illyrie, soumis autrefois à l'État de Venise, et qui suivent le rit grec [1]. Si les passions des hommes se sont révoltées contre cette loi, si elles n'ont pas aperçu le désordre que le divorce porte au sein des familles, en troublant les successions, en dénaturant les affections paternelles, en corrompant le cœur, en faisant du mariage une prostitution civile, quelques mots que nous avons à dire ici ne seront pas sans doute écartés.

Sans entrer dans la profondeur de cette matière, nous observerons que, si par le divorce on croit rendre les époux plus heureux (et c'est aujourd'hui un grand argument), on tombe dans une étrange erreur. Celui qui n'a point fait le bonheur d'une première femme, qui ne s'est point attaché à son épouse par sa ceinture virginale ou sa maternité première, qui n'a pu dompter ses passions au joug de la famille; celui qui n'a pu renfermer son cœur dans sa couche nuptiale, celui-là ne fera jamais la félicité d'une seconde épouse : c'est en vain que vous y comptez. Lui-même ne gagnera rien à ces échanges : ce qu'il prend pour les différences d'humeur entre lui et sa compagne n'est que le penchant de son inconstance et l'inquiétude de son désir. L'habitude et la longueur du temps sont plus nécessaires au bonheur, et même à l'amour, qu'on ne pense. On n'est heureux dans l'objet de son attachement que lorsqu'on a vécu beaucoup de jours, et surtout beaucoup de mauvais jours, avec lui. Il faut se connaître jusqu'au fond de l'âme; il faut que le voile mystérieux dont on couvrait les deux époux dans la primitive Église soit soulevé par eux dans tous ses replis, tandis qu'il reste impénétrable aux yeux du monde. Quoi! sur le moindre caprice, il faudra que je craigne de me voir privé de ma femme et de mes enfants, que je renonce à l'espoir de passer mes vieux jours avec eux! Et qu'on ne dise pas que cette frayeur me forcera à devenir meilleur époux : non; on ne s'attache qu'au bien dont on est sûr, on n'aime point une propriété que l'on peut perdre.

Ne donnons point à l'Hymen les ailes de l'Amour; ne faisons point d'une sainte réalité un fantôme volage. Une chose détruira encore votre bonheur dans vos liens d'un instant : vous y serez poursuivi par vos remords, vous comparerez sans cesse une épouse à l'autre, ce que vous avez perdu à ce que vous avez trouvé; et, ne vous y trompez pas, la balance sera tout en faveur des choses passées : ainsi Dieu a fait le cœur de l'homme. Cette distraction d'un sentiment par un autre empoisonnera toutes vos joies. Caresserez-vous votre nouvel enfant, vous songerez à celui que vous avez délaissé. Presserez-vous votre femme sur votre cœur, votre cœur vous dira que ce n'est pas la première. Tout tend à l'unité dans l'homme : il n'est point heureux s'il se divise; et, comme Dieu qui le fit à son image, son âme cherche sans cesse à concentrer en un point le passé, le présent et l'avenir [2].

---

[1] *Vid.* Fra-Paolo, sur le concile de Trente. — [2] On peut consulter le livre de M. de Bonald, sur le *Divorce* : c'est un des meilleurs ouvrages qui aient paru depuis longtemps.

Voilà ce que nous avions à dire sur les sacrements d'Ordre et de Mariage. Quant aux tableaux qu'ils retracent, il serait superflu de les décrire. Quelle imagination a besoin qu'on l'aide à se représenter ou le prêtre abjurant les joies de la vie pour se donner aux malheureux, ou la jeune fille se vouant au silence des solitudes pour trouver le silence du cœur, ou les époux promettant de s'aimer au pied des autels? L'épouse du chrétien n'est pas une simple mortelle : c'est un être extraordinaire, mystérieux, angélique; c'est la chair de la chair, le sang du sang de son époux. L'homme, en s'unissant à elle, ne fait que reprendre une partie de sa substance; son âme ainsi que son corps sont incomplets sans la femme; il a la force; elle a la beauté : il combat l'ennemi et laboure le champ de la patrie; mais il n'entend rien aux détails domestiques, la femme lui manque pour apprêter son repas et son lit. Il a des chagrins, et la compagne de ses nuits est là pour les adoucir; ses jours sont mauvais et troublés, mais il trouve des bras chastes dans sa couche, et il oublie tous ses maux. Sans la femme, il serait rude, grossier, solitaire. La femme suspend autour de lui les fleurs de la vie, comme ces lianes des forêts qui décorent le tronc des chênes de leurs guirlandes parfumées. Enfin, l'époux chrétien et son épouse vivent, renaissent et meurent ensemble; ensemble ils élèvent les fruits de leur union; en poussière ils retournent ensemble, et se retrouvent ensemble par delà les limites du tombeau.

CHAPITRE XI.

L'EXTRÊME-ONCTION.

Mais c'est à la vue de ce tombeau, portique silencieux d'un autre monde, que le christianisme déploie sa sublimité. Si la plupart des cultes antiques ont consacré la cendre des morts, aucun n'a songé à préparer l'âme pour ces rivages inconnus dont on ne revient jamais.

Venez voir le plus beau spectacle que puisse présenter la terre; venez voir mourir le fidèle. Cet homme n'est plus l'homme du monde, il n'appartient plus à son pays; toutes ses relations avec la société cessent. Pour lui le calcul par le temps finit, et il ne date plus que de la grande ère de l'éternité. Un prêtre assis à son chevet le console. Ce ministre saint s'entretient avec l'agonisant de l'immortalité de son âme, et la scène sublime que l'antiquité entière n'a présentée qu'une seule fois, dans le premier de ses philosophes mourants, cette scène se renouvelle chaque jour sur l'humble grabat du dernier des chrétiens qui expire.

Enfin le moment suprême est arrivé; un sacrement a ouvert à ce juste les portes du monde, un sacrement va les clore; la religion le balança dans le berceau de la vie; ses beaux chants et sa main maternelle l'endormiront encore dans le berceau de la mort. Elle prépare le baptême de cette seconde naissance; mais ce n'est plus l'eau qu'elle choisit, c'est l'huile, emblème de l'incorruptibilité céleste. Le sacrement libérateur rompt peu à peu les attaches du fidèle; son âme, à moitié échappée de son corps, devient presque visible sur son visage. Déjà il entend les concerts des séraphins; déjà il est prêt à s'envoler vers les régions où l'invite cette Espérance divine, fille de la Vertu et de la Mort. Cependant l'ange de la paix, descendant vers ce juste, touche de son sceptre d'or ses yeux fatigués, et les ferme délicieusement à la lumière.

Il meurt, et l'on n'a point entendu son dernier soupir ; il meurt, et, longtemps après qu'il n'est plus, ses amis font silence autour de sa couche, car ils croient qu'il sommeille encore : tant ce chrétien a passé avec douceur !

LIVRE SECOND.

Vertus et lois morales.

CHAPITRE PREMIER.

VICES ET VERTUS SELON LA RELIGION.

La plupart des anciens philosophes ont fait le partage des vices et des vertus; mais la sagesse de la religion l'emporte encore ici sur celle des hommes.

Ne considérons d'abord que l'orgueil, dont l'Église fait le premier des vices. C'est le péché de Satan, c'est le premier péché du monde. L'orgueil est si bien le principe du mal, qu'il se trouve mêlé aux diverses infirmités de l'âme : il brille dans le souris de l'envie, il éclate dans les débauches de la volupté, il compte l'or de l'avarice, il étincelle dans les yeux de la colère, et suit les grâces de la mollesse.

C'est l'orgueil qui fit tomber Adam; c'est l'orgueil qui arma Caïn de la massue fratricide; c'est l'orgueil qui éleva Babel et renversa Babylone. Par l'orgueil, Athènes se perdit avec la Grèce ; l'orgueil brisa le trône de Cyrus, divisa l'empire d'Alexandre, et écrasa Rome enfin sous le poids de l'univers.

Dans les circonstances particulières de la vie l'orgueil a des effets encore plus funestes. Il porte ses attentats jusque sur Dieu.

En recherchant les causes de l'athéisme, on est conduit à cette triste observation, que la plupart de ceux qui se révoltent contre le ciel ont à se plaindre en quelque chose de la société ou de la nature (excepté toutefois des jeunes gens séduits par le monde, ou des écrivains qui ne veulent faire que du bruit). Mais comment ceux qui sont privés des frivoles avantages que le hasard donne ou ravit dans ses caprices, ne savent-ils pas trouver le remède à ce léger malheur, en se rapprochant de la Divinité? Elle est la véritable source des grâces : Dieu est si bien la beauté par excellence, que son nom seul prononcé avec amour suffit pour donner quelque chose de divin à l'homme le moins favorisé de la nature, comme on l'a remarqué de Socrate. Laissons l'athéisme à ceux qui, n'ayant pas assez de noblesse pour s'élever au-dessus des injustices du sort, ne montrent dans leurs blasphèmes que le premier vice de l'homme chatouillé dans sa partie la plus sensible.

Si l'Église a donné la première place à l'orgueil dans l'échelle des dégradations humaines, elle n'a pas classé moins habilement les six autres vices capitaux. Il ne faut pas croire que l'ordre où nous les voyons rangés soit arbitraire : il suffit de l'examiner pour s'apercevoir que la religion passe excellemment, de ces crimes qui attaquent la société en général, à ces délits qui ne retombent que sur le coupable. Ainsi, par exemple, l'envie, la luxure, l'avarice et la colère suivent immédiatement l'orgueil, parce que ce sont des vices qui s'exercent sur un sujet étranger, et qui ne vivent que parmi les hommes ; tandis que la gourmandise et la paresse, qui viennent les dernières, sont des inclinations solitaires et honteuses, réduites à chercher en elles-mêmes leurs principales voluptés.

Dans les vertus préférées par le christianisme, et dans le rang qu'il leur assigne, même connaissance de la nature. Avant Jésus-Christ, l'âme de l'homme était un chaos ; le Verbe se fit entendre, aussitôt tout se débrouilla dans le monde intellectuel, comme à la même parole tout s'était jadis arrangé dans le monde physique : ce fut la création morale de l'univers. Les vertus montèrent comme des feux purs dans les cieux : les unes, soleils éclatants, appelèrent les regards par leur brillante lumière ; les autres, modestes étoiles, cherchèrent la pudeur des ombres, où cependant elles ne purent se cacher. Dès lors on vit s'établir une admirable balance entre les forces et les faiblesses, la religion dirigea ses foudres contre l'orgueil, vice qui se nourrit de vertus : elle le découvrit dans les replis de nos cœurs, elle le poursuivit dans ses métamorphoses ; les sacrements marchèrent contre lui en une armée sainte, et l'Humilité vêtue d'un sac, les reins ceints d'une corde, les pieds nus, le front couvert de cendre, les yeux baissés et en pleurs, devint une des premières vertus du fidèle.

CHAPITRE II.

DE LA FOI.

Et quelles étaient les vertus tant recommandées par les sages de la Grèce ? La force, la tempérance et la prudence. Jésus-Christ seul pouvait enseigner au monde que la Foi, l'Espérance et la Charité sont des vertus qui conviennent à l'ignorance comme à la misère de l'homme.

C'est une prodigieuse raison, sans doute, que celle qui nous a montré dans la *Foi* la source des vertus. Il n'y a de puissance que dans la conviction. Un raisonnement n'est fort, un poëme n'est divin, une peinture n'est belle, que parce que l'esprit ou l'œil qui en juge est convaincu d'une certaine vérité cachée dans ce raisonnement, ce poëme, ce tableau. Un petit nombre de soldats, persuadés de l'habileté de leur général, peuvent enfanter des miracles. Trente-cinq mille Grecs suivent Alexandre à la conquête du monde, Lacédémone se confie en Lycurgue, et Lacédémone devient la plus sage des cités ; Babylone se présume faite pour les grandeurs, et les grandeurs se prostituent à sa foi mondaine : un oracle donne la terre aux Romains, et les Romains obtiennent la terre ; Colomb, seul de tout un monde, s'obstine à croire à un nouvel univers, et un nouvel univers sort des flots. L'amitié, le patriotisme, l'amour, tous les sentiments nobles, sont aussi une espèce de foi. C'est parce qu'ils ont *cru* que les Codrus, les Pylade, les Régulus, les Arrie, ont fait des prodiges. Et voilà pourquoi ces cœurs qui ne *croient* rien, qui traitent d'illusions les attachements de l'âme, et de folie les belles actions, qui regardent en pitié l'imagination et la tendresse du génie, voilà pourquoi ces cœurs n'achèveront jamais rien de grand, de généreux : ils n'ont de foi que dans la matière et dans la mort, et ils sont déjà insensibles comme l'une et glacés comme l'autre.

Dans le langage de l'ancienne chevalerie, *bailler sa foi*, était synonyme de tous les prodiges de l'honneur. Roland, Duguesclin, Bayard, étaient de *féaux* chevaliers, et les champs de Roncevaux, d'Auray, de Bresse, les descendants des Maures, des Anglais, des Lombards, disent encore aujourd'hui quels étaient ces hommes qui prêtaient *foi et hommage* à leur *Dieu*, leur *dame* et leur *roi*. Que d'idées antiques et touchantes s'attachent à notre seul mot de *foyer*, dont l'étymologie est si remarquable ! Citerons-nous les martyrs, « ces héros qui, selon saint Ambroise, sans armées, sans légions, ont vaincu les tyrans, adouci les lions, ôté au feu sa violence, et au glaive sa pointe¹ ? » La foi même, envisagée sous ce rapport, est une force si terrible, qu'elle bouleverserait le monde, si elle était appliquée à des fins perverses. Il n'y a rien qu'un homme, sous le joug d'une persuasion intime, et qui soumet sans condition sa raison à celle d'un autre homme, ne soit capable d'exécuter. Ce qui prouve que les plus éminentes vertus, quand on les sépare de Dieu, et qu'on les veut prendre dans leurs simples rapports moraux, touchent de près aux plus grands vices. Si les philosophes avaient fait cette observation, ils ne se seraient pas tant donné de peine pour fixer les limites du bien et du mal. Le christianisme n'a pas eu besoin, comme Aristote, d'inventer une échelle, pour y placer ingénieusement une vertu entre deux vices; il a tranché la difficulté d'une manière sûre, en nous montrant que les vertus ne sont des vertus qu'autant qu'elles refluent vers leur source, c'est-à-dire vers Dieu.

Cette vérité nous restera assurée, si nous appliquons la foi à ces mêmes affaires humaines, mais en la faisant survenir par l'entremise des idées religieuses. De la foi vont naître les vertus de la société, puisqu'il est vrai, du consentement unanime des sages, que le dogme qui commande de croire en un Dieu rémunérateur et vengeur est le plus ferme soutien de la morale et de la politique.

Enfin, si vous employez la foi à son véritable usage (4), si vous la tournez entièrement vers le Créateur, si vous en faites l'œil intellectuel par qui vous découvrez les merveilles de la Cité sainte et l'empire des existences réelles, si elle sert d'ailes à votre âme, pour vous élever au-dessus des peines de la vie, vous reconnaîtrez que les livres saints n'ont pas trop exalté cette vertu, lorsqu'ils ont parlé des prodiges qu'on peut faire avec elle. Foi céleste ! foi consolatrice ! tu fais plus que de transporter les montagnes, tu soulèves les poids accablants qui pèsent sur le corps de l'homme.

AMBROS., *de Off.*, cap. XXXV.

CHAPITRE III.

DE L'ESPÉRANCE ET DE LA CHARITÉ.

L'Espérance, seconde vertu théologale, a presque la même force que la foi : le désir est le père de la puissance ; quiconque désire fortement obtient. « Cherchez, a dit Jésus-Christ, et vous trouverez ; frappez et l'on vous ouvrira. » Pythagore disait, dans le même sens : *La puissance habite auprès de la nécessité* ; car nécessité implique privation, et la privation marche avec le désir. Père de la puissance, le désir ou l'espérance est un véritable génie ; il a cette virilité qui enfante, et cette soif qui ne s'éteint jamais. Un homme se voit-il trompé dans ses projets, c'est qu'il n'a pas désiré avec ardeur ; c'est qu'il a manqué de cet amour qui saisit tôt ou tard l'objet auquel il aspire, de cet amour qui, dans la Divinité, embrasse tout et jouit de tous les mondes, par une immense espérance toujours satisfaite, et qui renaît toujours.

Il y a cependant une différence essentielle entre la foi, et l'espérance considérée comme force. La foi a son foyer hors de nous ; elle nous vient d'un objet étranger ; l'espérance, au contraire, naît au dedans de nous, pour se porter au dehors. On nous impose la première ; notre propre désir fait naître la seconde ; celle-là est une obéissance, celle-ci un amour. Mais, comme la foi engendre plus facilement les autres vertus, comme elle découle directement de Dieu, que par conséquent étant une émanation de l'Éternel, elle est plus belle que l'espérance, qui n'est qu'une partie de l'homme, l'Église a dû placer la foi au premier rang.

Mais l'espérance offre en elle-même un caractère particulier : c'est celui qui la met en rapport avec nos misères. Sans doute elle fut révélée par le ciel, cette religion qui fit une vertu de l'espérance ! Cette nourrice des infortunés, placée auprès de l'homme, comme une mère auprès de son enfant malade, le berce dans ses bras, le suspend à sa mamelle intarissable, et l'abreuve d'un lait qui calme ses douleurs. Elle veille à son chevet solitaire, elle l'endort par des chants magiques. N'est-il pas surprenant de voir l'espérance, qu'il est si doux de garder, et qui semble un mouvement naturel de l'âme, de la voir se transformer, pour le chrétien, en une vertu rigoureusement exigée ? En sorte que, quoi qu'il fasse, on l'oblige de boire à longs traits à cette coupe enchantée, où tant de misérables s'estimeraient heureux de mouiller un instant leurs lèvres. Il y a plus (et c'est ici la merveille), il sera *récompensé d'avoir espéré*, autrement d'*avoir fait son propre bonheur*. Le fidèle, toujours militant dans la vie, toujours aux prises avec l'ennemi, est traité par la religion dans sa défaite, comme ces généraux vaincus que le sénat romain recevait en triomphe, par la seule raison qu'ils n'avaient pas désespéré du salut final. Mais si les anciens attribuaient quelque chose de merveilleux à l'homme que l'espoir n'abandonne jamais, qu'auraient-ils pensé du chrétien, qui, dans son étonnant langage, ne dit plus *entretenir*, mais *pratiquer* l'espérance ?

Quant à la Charité, fille de Jésus-Christ, elle signifie, au sens propre, *grâce et joie*. La religion, voulant réformer le cœur humain, et tourner au profit des vertus nos affections et nos tendresses, a inventé une nouvelle *passion :* elle ne s'est servie, pour l'exprimer, ni du mot d'amour, qui n'est pas assez sévère, ni du mot d'amitié, qui se perd au tombeau, ni du mot de pitié, trop voisin de l'orgueil; mais elle a trouvé l'expression de *charitas, charité*, qui renferme les trois premières, et qui tient en même temps à quelque chose de céleste. Par là, elle dirige nos penchants vers le ciel, en les épurant et les reportant au Créateur; par là, elle nous enseigne cette vérité merveilleuse, que les hommes doivent, pour ainsi dire, s'aimer à travers Dieu, qui spiritualise leur amour, et ne laisse que l'immortelle essence, en lui servant de passage.

Mais, si la charité est une vertu chrétienne, directement émanée de l'Éternel et de son Verbe, elle est aussi en étroite alliance avec la nature. C'est à cette harmonie continuelle du ciel et de la terre, de Dieu et de l'humanité, qu'on reconnaît le caractère de la vraie religion. Souvent les institutions morales et politiques de l'antiquité sont en contradiction avec les sentiments de l'âme. Le christianisme, au contraire, toujours d'accord avec les cœurs, ne commande point des vertus abstraites et solitaires, mais des vertus tirées de nos besoins et utiles à tous. Il a placé la charité comme un puits d'abondance dans les déserts de la vie. « La charité est patiente, dit l'Apôtre, elle est douce, elle ne cherche à surpasser personne, elle n'agit point avec témérité; elle ne s'enfle point.

« Elle n'est point ambitieuse, elle ne suit point ses intérêts, elle ne s'irrite point, elle ne pense point le mal.

« Elle ne se réjouit point dans l'injustice, mais elle se plaît dans la vérité.

« Elle tolère tout, elle croit tout, elle espère tout, elle souffre tout [1]. »

CHAPITRE IV.

DES LOIS MORALES OU DU DÉCALOGUE.

Il est humiliant pour notre orgueil de trouver que les maximes de la sagesse humaine peuvent se renfermer dans quelques pages. Et dans ces pages encore, combien d'erreurs ! Les lois de Minos et de Lycurgue ne sont restées debout, après la chute des peuples pour lesquels elles furent érigées, que comme les pyramides des déserts, immortels palais de la mort.

Lois du second Zoroastre.

Le temps sans bornes et incréé est le créateur de tout. La parole fut sa fille; et de sa fille naquit *Orsmus*, dieu du bien, et *Arimhan*, dieu du mal.

Invoque le taureau céleste, père de l'herbe et de l'homme.

L'œuvre la plus méritoire est de bien labourer son champ.

Prie avec pureté de pensée, de parole et d'action [2].

---

[1] S. Paul. *ad Corinth.*, cap. XIII, v. 4 et seq. — [2] *Zend-Avesta.*

Enseigne le bien et le mal à ton fils âgé de cinq ans [1].
Que la loi frappe l'ingrat [2].
Qu'il meure, le fils qui a désobéi trois fois à son père.
La loi déclare impure la femme qui passe à un second hymen.
Frappe le faussaire de verges.
Méprise le menteur.
A la fin et au renouvellement de l'année, observe dix jours de fêtes.

Lois indiennes.

L'univers est Wichnou.
Tout ce qui a été, c'est lui; tout ce qui est, c'est lui; tout ce qui sera, c'est lui.
Hommes, soyez égaux.
Aime la vertu pour elle; renonce au fruit de tes œuvres.
Mortel, sois sage, tu seras fort comme dix mille éléphants.
L'âme est Dieu.
Confesse les fautes de tes enfants au soleil et aux hommes, et purifie-toi dans l'eau du Gange [3].

Lois égyptiennes.

Chef, dieu universel, ténèbres inconnues, obscurité impénétrable.
Osiris est le dieu bon; Typhon le dieu méchant.
Honore tes parents.
Suis la profession de ton père.
Sois vertueux: les juges du lac prononceront après ta mort sur tes œuvres.
Lave ton corps deux fois le jour et deux fois la nuit.
Vis de peu.
Ne révèle point les mystères [4].

Lois de Minos.

Ne jure point par les dieux.
Jeune homme, n'examine point la loi.
La loi déclare infâme quiconque n'a point d'ami.
Que la femme adultère soit couronnée de laine et vendue.
Que vos repas soient publics, votre vie frugale, et vos danses guerrières [5].
(Nous ne donnerons point ici les lois de Lycurgue, parce qu'elles ne font en partie que répéter celles de Minos.)

Lois de Solon.

Que l'enfant qui néglige d'ensevelir son père, que celui qui ne le défend point, meure.
Que le temple soit interdit à l'adultère.

---

[1] Xenoph., *Cyr.*; Plat., *de Leg.*, lib. II. — [2] Xenoph., *ib.* — [3] *Pr. des Br. Hist. O; Ind.*; Diod. Sic., etc. — [4] Herod., lib. II; Plat., *de Leg.*; Plut., *de Is. et Os.* — [5] Arist., *Pol.*; Plat., *de Leg.*

Que le magistrat ivre boive la ciguë.
La mort au soldat lâche.
La loi permet de tuer le citoyen qui demeure neutre au milieu des dissensions civiles.
Que celui qui veut mourir le déclare à l'archonte et meure.
Que le sacrilége meure.
Épouse, guide ton époux aveugle.
L'homme sans mœurs ne pourra gouverner [1].

Lois primitives de Rome.

Honore la petite fortune.
Que l'homme soit laboureur et guerrier.
Réserve le vin aux vieillards.
Condamne à mort le laboureur qui mange le bœuf [2].

Lois des Gaules ou des Druides.

L'univers est éternel, l'âme immortelle.
Honore la nature.
Défendez votre mère, votre patrie, la terre.
Admets la femme dans tes conseils.
Honore l'étranger, et mets à part sa portion dans ta récolte.
Que l'infâme soit enseveli dans la boue.
N'élève point de temple, et ne confie l'histoire du passé qu'à ta mémoire.
Homme, tu es libre : sois sans propriété.
Honore le vieillard, et que le jeune homme ne puisse déposer contre lui.
Le brave sera récompensé après la mort, et le lâche, puni [3].

Lois de Pythagore.

Honore les dieux immortels, tels qu'ils sont établis par la loi.
Honore tes parents.
Fais ce qui n'affligera pas ta mémoire.
N'admets point le sommeil dans tes yeux avant d'avoir examiné trois fois dans ton âme les œuvres de la journée.
Demande-toi : Où ai-je été? Qu'ai-je fait? Qu'aurais-je dû faire?
Ainsi, après une vie sainte, lorsque ton corps retournera aux éléments, tu deviendras immortel et incorruptible : tu ne pourras plus mourir [4].

Tel est à peu près tout ce qu'on peut recueillir de cette antique sagesse des

---

[1] Plut., *in Vit. Sol.*; Tit. Liv. — [2] Plut., *in Num.*; Tit. Liv.
[3] Tac., *de Mor. Germ.*; Strab. Cæs., *Com. Edda*, etc.
[4] On pourrait ajouter à cette table un extrait de la *République* de Platon, ou plutôt des douze livres de ses lois, qui sont, à notre avis, son meilleur ouvrage tant par le beau tableau des trois vieillards qui discourent en allant à la fontaine, que par la raison qui règne dans ce dialogue. Mais ces préceptes n'ont point été mis en pratique; ainsi nous nous abstiendrons d'en parler. Quant au Coran, ce qui s'y trouve de saint et de juste est emprunté presque mot pour mot de nos livres sacrés; le reste est une compilation rabbinique.

temps, si fameuse. Là, Dieu est représenté comme quelque chose d'obscur, sans doute, mais à force de lumière : des ténèbres couvrent la vue lorsqu'on cherche contempler le soleil. Ici, l'homme sans ami est déclaré infâme ; ce législateur a donc déclaré infâmes presque tous les infortunés? Plus loin, le suicide devient loi; enfin, quelques-uns de ces sages semblent oublier entièrement un Être suprême. Et que de choses vagues, incohérentes, communes, dans la plupart de ces sentences! Les sages du Portique et de l'Académie énoncent tour à tour des maximes si contradictoires, qu'on peut souvent prouver par le même livre que son auteur croyait et ne croyait point en Dieu, qu'il reconnaissait et ne reconnaissait point une vertu positive, que la liberté est le premier des biens, et le despotisme le meilleur des gouvernements.

Si, au milieu de tant de perplexités, on voyait paraître un code de lois morales, sans contradictions, sans erreurs, qui fît cesser nos incertitudes, qui nous apprît ce que nous devons croire de Dieu, et quels sont nos véritables rapports avec les hommes; si ce code s'annonçait avec une assurance de ton et une simplicité de langage inconnues jusqu'alors, ne faudrait-il pas en conclure que ces lois ne peuvent émaner que du ciel? Nous les avons, ces préceptes divins : et quels préceptes pour le sage ! et quel tableau pour le poëte !

Voyez cet homme qui descend de ces hauteurs brûlantes. Ses mains soutiennent une table de pierre sur sa poitrine, son front est orné de deux rayons de feu, son visage resplendit des gloires du Seigneur, la terreur de Jéhovah le précède : à l'horizon se déploie la chaîne du Liban avec ses éternelles neiges et ses cèdres fuyant dans le ciel. Prosternée au pied de la montagne, la postérité de Jacob se voile la tête dans la crainte de voir Dieu et de mourir. Cependant les tonnerres se taisent, et voici venir une voix :

Écoute, ô toi Israël, moi Jéhovah, *tes Dieux* [1] (5), qui t'ai tiré de la terre de Mitzraïm, de la maison de servitude.

1 Il ne sera point à toi d'autres Dieux devant ma face.

2 Tu ne te feras point d'idole par tes mains, ni aucune image de ce qui est dans les *étonnantes eaux supérieures*, ni sur la terre au-dessous, ni dans les eaux sous la terre. Tu ne t'inclineras point devant les images, et tu ne les serviras point, car moi, je suis Jéhovah, *tes Dieux*, le Dieu fort, le Dieu jaloux, poursuivant l'iniquité des pères, l'iniquité de ceux qui me haïssent, sur les fils de la troisième et de la quatrième génération, et je fais mille fois grâce à ceux qui m'aiment et qui gardent mes commandements.

3 Tu ne prendras point le nom de Jéhovah, *tes Dieux*, en vain; car il ne déclarera point innocent celui qui prendra son nom en vain.

4 Souviens-toi du jour du sabbat pour le sanctifier. Six jours tu travailleras et tu feras ton ouvrage, et le jour septième de Jéhovah, *tes Dieux*, tu ne feras aucun ouvrage, ni toi, ni ton fils, ni ta fille, ni ton serviteur, ni ta servante, ni ton chameau, ni ton hôte, *devant tes portes;*

---

[1] On donne le Décalogue mot à mot de l'hébreu, à cause de cette expression, *tes Dieux*, qu'aucune version n'a rendue.

car en six jours Jéhovah fit les *merveilleuses eaux supérieures* [1], la terre et la mer, et tout ce qui est en elles, et se reposa le septième : or Jéhovah le bénit et le sanctifia.

5 Honore ton père et ta mère, afin que tes jours soient longs sur la terre, et par delà la terre que Jéhovah, *tes Dieux*, t'a donnée.

6 Tu ne tueras point.

7 Tu ne seras point adultère.

8 Tu ne voleras point.

9 Tu ne porteras point contre ton voisin un faux témoignage.

10 Tu ne désireras point la maison de ton voisin, ni la femme de ton voisin, ni son serviteur, ni sa servante, ni son bœuf, ni son âne, ni rien de ce qui est à ton voisin.

Voilà les lois que l'Éternel a gravées, non-seulement sur la pierre de Sinaï, mais encore dans le cœur de l'homme. On est frappé d'abord du caractère d'universalité qui distingue cette table divine des tables humaines qui la précèdent. C'est ici la loi de tous les peuples, de tous les climats, de tous les temps. Pythagore et Zoroastre s'adressent à des Grecs et à des Mèdes ; Jéhovah parle à tous les hommes : on reconnaît ce père tout-puissant qui veille sur la création et qui laisse également tomber de sa main le grain de blé qui nourrit l'insecte et le soleil qui l'éclaire.

Rien n'est ensuite plus admirable, dans leur simplicité pleine de justice, que ces lois morales des Hébreux. Les païens ont recommandé d'honorer les auteurs de nos jours : Solon décerne la mort au mauvais fils. Que fait Dieu ? il promet la vie à la piété filiale. Ce commandement est pris à la source même de la nature. Dieu fait un précepte de l'amour filial ; il n'en fait pas un de l'amour paternel ; il savait que le fils, en qui viennent se réunir les souvenirs et les espérances du père, ne serait souvent que trop aimé de ce dernier : mais au fils il commande d'aimer, car il connaissait l'inconstance et l'orgueil de la jeunesse.

A la force du sens interne se joignent, dans le Décalogue, comme dans les autres œuvres du Tout-Puissant, la majesté et la grâce des formes. Le Brahmane exprime lentement les trois présences de Dieu ; le nom de *Jéhovah* les énonce en un seul mot ; ce sont les trois temps du verbe *être*, unis par une combinaison sublime : *havah*, il fut ; *hovah*, étant, ou il est ; et *je*, qui, lorsqu'il se trouve placé devant les trois lettres radicales d'un verbe, indique le futur, en hébreu, *il sera*.

Enfin, les législateurs antiques ont marqué dans leurs codes les époques des fêtes des nations, mais le jour du repos d'Israël est le jour même du repos de Dieu. L'Hébreu, et son héritier le Gentil, dans les heures de son obscur travail, n'a rien moins devant les yeux que la création successive de l'univers. La Grèce,

---

[1] Cette traduction est loin de donner une idée de la magnificence du texte. *Shamajim* est une sorte de cri d'admiration, comme la voix d'un peuple qui, en regardant le firmament, s'écrierait : *Voyez ces eaux miraculeuses suspendues en voûtes sur nos têtes! ces dômes de cristal et de diamant* On ne peut rendre en français, dans la traduction d'une loi, cette poésie qu'exprime un seul mot.

pourtant si poétique, n'a jamais songé à rapporter les soins du laboureur ou de l'artisan à ces fameux instants où Dieu créa la lumière, traça la route au soleil, et anima le cœur de l'homme.

Lois de Dieu, que vous ressemblez peu à celles des hommes! Éternelles comme le principe dont vous êtes émanées, c'est en vain que les siècles s'écoulent; vous résistez aux siècles, à la persécution, et à la corruption même des peuples. Cette législation religieuse, organisée au sein des législations politiques (et néanmoins indépendante de leurs destinées), est un grand prodige. Tandis que les formes des royaumes passent et se modifient, que le pouvoir roule de main en main au gré du sort, quelques chrétiens, restés fidèles au milieu des inconstances de la fortune, continuent d'adorer le même Dieu, de se soumettre aux mêmes lois, sans se croire dégagés de leurs liens par les révolutions, le malheur et l'exemple. Quelle religion dans l'antiquité n'a pas perdu son influence morale en perdant ses prêtres et ses sacrifices? Où sont les mystères de l'antre de Trophonius et les secrets de Cérès-Éleusine? Apollon n'est-il pas tombé avec Delphes, Baal avec Babylone, Sérapis avec Thèbes, Jupiter avec le Capitole? Le christianisme seul a souvent vu s'écrouler les édifices où se célébraient ses pompes sans être ébranlé de la chute. Jésus-Christ n'a pas toujours eu des temples, mais tout est temple au Dieu vivant, et la maison des morts, et la caverne de la montagne, et surtout le cœur du juste; Jésus-Christ n'a pas toujours eu des autels de porphyre, des chaires de cèdre et d'ivoire, et des heureux pour serviteurs : mais une pierre au désert suffit pour y célébrer ses mystères, un arbre pour y prêcher ses lois, et un lit d'épines pour y pratiquer ses vertus.

LIVRE TROISIÈME.

Vérité des Écritures, chute de l'homme.

CHAPITRE PREMIER.

SUPÉRIORITÉ DE LA TRADITION DE MOÏSE SUR TOUTES LES AUTRES COSMOGONIES.

Il y a des vérités que personne ne conteste, quoiqu'on n'en puisse fournir des preuves immédiates : la rébellion et la chute de l'esprit d'orgueil, la création du monde, le bonheur primitif et le péché de l'homme, sont au nombre de ces vérités. Il est impossible de croire qu'un mensonge absurde devienne une tradition universelle. Ouvrez les livres du second Zoroastre, les dialogues de Platon et ceux de Lucien, les traités moraux de Plutarque, les fastes des Chinois, la Bible des Hébreux, les Edda des Scandinaves; transportez-vous chez les nègres de l'Afrique (6), ou chez les savants prêtres de l'Inde : tous vous feront le récit des crimes du dieu du mal ; tous vous peindront les temps trop courts du bonheur de l'homme, et les longues calamités qui suivirent la perte de son innocence.

Voltaire avance quelque part que nous avons la plus mauvaise copie de toutes les TRADITIONS sur l'origine du monde et sur les éléments physiques et moraux qui le composent. Préfère-t-il donc la cosmogonie des Égyptiens, le grand œuf ailé des prêtres de Thèbes[1]? Voici ce que débite gravement le plus ancien des historiens après Moïse :

« Le principe de l'univers était un air sombre et tempêtueux, un vent fait d'un air sombre et d'un turbulent chaos. Ce principe était sans bornes, et n'avait eu pendant longtemps, ni limite ni figure. Mais quand ce vent devint amoureux de ses propres principes, il en résulta une mixtion, et cette mixtion fut appelée désir ou amour.

« Cette mixtion, étant complète, devint le commencement de toutes choses ; mais le vent ne connaissait point son propre ouvrage, la mixtion. Celle-ci engendra à son tour, avec le vent son père, *môt* ou le *limon*, et de celui-ci sortirent toutes les générations de l'univers[2]. »

Si nous passons aux philosophes grecs, Thalès, fondateur de la secte Ionique, reconnaissait l'eau comme principe universel[3]. Platon prétendait que la Divinité avait arrangé le monde, mais qu'elle n'avait pu le créer[4]. Dieu, dit-il, a formé l'univers d'après le modèle existant de toute éternité en lui-même[5]. Les objets visibles ne sont que les ombres des idées de Dieu, seules véritables substances[6]. Dieu fit en outre couler un souffle de sa vie dans les êtres. Il en composa un troisième principe à la fois esprit et matière, et ce principe est appelé *l'âme du monde*[7].

Aristote raisonnait comme Platon sur l'origine de l'univers ; mais il imagina le beau système de la chaîne des êtres ; et remontant d'action en action, il prouva qu'il existe quelque part un premier mobile[8].

Zénon soutenait que le monde s'arrangea par sa propre énergie, que la nature est ce tout qui comprend tout ; que ce tout se compose de deux principes, l'un actif, l'autre passif, non existant séparés, mais unis ensemble ; que ces deux principes sont soumis à un troisième, *la fatalité;* que Dieu, la matière, la fatalité, ne font qu'un ; qu'ils composent à la fois les roues, le mouvement, les lois de la machine, et obéissent comme *parties* aux lois qu'ils dictent comme *tout*[9].

Selon la philosophie d'Épicure, l'univers existe de toute éternité. Il n'y a que deux choses dans la nature, le corps et le vide[10].

Les corps se composent de l'agrégation de parties de matière infiniment pe-

---

[1] HEROD., lib. II; DIOD. SIC. — [2] SANCH. ap. EUSEB., *Præpar. Evang.*, lib. I, cap. X. — [3] CIC., *de Nat. Deor.*, lib. I, n° 25. — [4] *Tim.*, p. 28; DIOG. LAERT., lib. III; PLUT., *de Gen. Anim.*, p. 78. — [5] PLAT., *Tim.*, pag. 29. — [6] *Id.*, *Rep.*, lib. VII, pag. 516. — [7] *Id.*, *Tim.*, pag. 34. — [8] ARIST., *de Gen. An.*, lib. II, cap. III; *Met.*, lib. XI, cap. V; *de Cœl.*, lib. XI, cap. III, etc. — [9] LAERT., lib. V; STOB.; *Eccl. Phys.*, cap. XIV; SENEC., *Consol.*, cap. XXIX; CIC., *de Nat. Deor.*; ANTON., lib. VII. — [10] LUCRET., lib. II; LAERT., lib. X.

tites, les atomes, qui ont un mouvement interne, la gravité : leur révolution se ferait dans le plan vertical, si, par une loi particulière, ils ne décrivaient une ellipse dans le vide [1].

Épicure supposa ce mouvement de déclinaison pour éviter le système des fatalistes, qui se reproduirait par le mouvement perpendiculaire de l'atome. Mais l'hypothèse est absurde ; car, si la déclinaison de l'atome est une loi, elle est de nécessité, et comment une cause obligée produira-t-elle un effet libre?

La terre, le ciel, les planètes, les étoiles, les plantes, les minéraux, les animaux, en y comprenant l'homme, naquirent du concours fortuit de ces atomes, et lorsque la vertu productive du globe se fut évaporée, les races vivantes se perpétuèrent par la génération [2].

Les membres des animaux, formés au hasard, n'avaient aucune destination particulière ; l'oreille concave n'était point creusée pour entendre, l'œil convexe arrondi pour voir ; mais ces organes se trouvant propres à ces différents usages, les animaux s'en servirent machinalement et de préférence à un autre sens [3].

Après l'exposition de ces cosmogonies philosophiques, il serait inutile de parler de celles des poëtes. Qui ne connaît Deucalion et Pyrrha ; l'âge d'or et l'âge de fer? Quant aux traditions répandues chez les autres peuples de la terre : dans l'Inde un éléphant soutient le globe ; le soleil a tout fait au Pérou ; au Canada *le grand lièvre* est le père du monde ; au Groënland l'homme est sorti d'un coquillage [4] ; enfin la Scandinavie a vu naître Askus et Emla ; Odin leur donna l'âme, Hœnerus la raison, et Lœdur le sang et la beauté :

> Askum et Emlam, omni conatu destitutos,
> Animam nec possidebant, rationem nec habebant,
> Nec sanguinem, nec sermonem, nec faciem venustam :
> Animam dedit Odinus, rationem dedit Hœnerus ;
> Lœdur sanguinem addidit et faciem venustam [5].

Dans ces diverses cosmogonies, on est placé entre des contes d'enfants et des abstractions de philosophes : si l'on était obligé de choisir, mieux vaudrait encore se décider pour les premiers.

Pour découvrir l'original d'un tableau au milieu d'une foule de copies, il faut chercher celui qui, dans son unité ou la perfection de ses parties, décèle le génie du maître. C'est ce que nous trouvons dans la Genèse, original de ces peintures reproduites dans les traditions des peuples. Quoi de plus naturel, et cependant de plus magnifique, quoi de plus facile à concevoir et de plus d'accord avec la raison de l'homme, que le Créateur descendant dans la nuit antique pour faire la lumière avec une parole? Le soleil, à l'instant, se suspend dans les cieux, au centre d'une immense voûte d'azur ; de ses invisibles réseaux il enveloppe les planètes, et les retient autour de lui comme sa proie ; les mers et les forêts commencent leurs balancements sur le globe, et leurs premières

---

[1] *Loc. cit.* — [2] Lucret., lib. v-vi ; Cic. *de Nat. Deor.*, lib. i, cap. viii-ix. — [3] Lucret., lib. iv-v. — [4] *Vid.* Hésiod.; Ovid.; *Hist. of Hindost.*; Herrera, *Hist. de las Ind.*; Charlevoix, *Hist. de la Nouv. France*; P. Lafit., *Mœurs des Indiens*; *Travel in Greeland by a Mission.* — [5] Barthol., *Ant. Dan.*

voix s'élèvent pour annoncer à l'univers ce mariage de qui Dieu sera le prêtre, la terre le lit nuptial, et le genre humain la postérité [1].

CHAPITRE II.

CHUTE DE L'HOMME; LE SERPENT; UN MOT HÉBREU.

On est saisi d'admiration à cette autre vérité marquée dans les Écritures : *L'homme mourant pour s'être empoisonné avec le fruit de vie ;* l'homme perdu pour avoir goûté au fruit de science, pour avoir su trop connaître le bien et le mal, pour avoir cessé d'être semblable à l'enfant de l'Évangile. Qu'on suppose toute autre défense de Dieu, relative à un penchant quelconque de l'âme : que deviennent la sagesse et la profondeur de l'ordre du Très-Haut? Ce n'est plus qu'un caprice indigne de la Divinité, et aucune moralité ne résulte de la désobéissance d'Adam. Toute l'histoire du monde, au contraire, découle de la loi imposée à notre premier père. Dieu a mis la science à sa portée : il ne pouvait la lui refuser, puisque l'homme était né intelligent et libre ; mais il lui prédit que, s'il veut trop savoir, *la connaissance des choses* sera sa mort et celle de sa postérité. Le secret de l'existence politique et morale des peuples, les mystères les plus profonds du cœur humain sont renfermés dans la tradition de cet arbre admirable et funeste.

Or, voici une suite très-merveilleuse à cette défense de la sagesse. L'homme tombe, et c'est le démon de l'orgueil qui cause sa chute. L'orgueil emprunte la voix de l'amour pour le séduire, et c'est pour une femme qu'Adam cherche à s'égaler à Dieu : profond développement des deux premières passions du cœur, la vanité et l'amour.

Bossuet, dans ses *Élévations à Dieu*, où l'on retrouve souvent l'auteur des *Oraisons funèbres*, dit, en parlant du mystère du serpent, que « les anges conversaient avec l'homme, en telle forme que Dieu permettait, et sous la figure des animaux. Ève donc ne fut point surprise d'entendre parler le serpent, comme elle ne le fut pas de voir Dieu même paraître sous une forme sensible. » Bossuet ajoute : « Pourquoi Dieu détermina-t-il l'ange superbe à paraître sous cette forme plutôt que sous une autre ? Quoiqu'il ne soit pas nécessaire de le savoir, l'Écriture nous l'insinue, en disant que le serpent était le plus fin de tous les animaux, c'est-à-dire celui qui représentait mieux le démon dans sa malice, dans ses embûches, et ensuite dans son supplice. »

Notre siècle rejette avec hauteur tout ce qui tient de la merveille ; mais le

---

[1] Les Mémoires de la Société de Calcutta confirment les vérités de la Genèse. Ils nous montrent la mythologie partagée en trois branches, dont l'une s'étendait aux Indes, l'autre en Grèce, et la troisième chez les Sauvages de l'Amérique septentrionale ; enfin cette mythologie venant se rattacher à une plus ancienne tradition, qui est celle même de Moïse. Les voyageurs modernes aux Indes trouvent partout des traces des faits rapportés dans l'Écriture ; après en avoir longtemps contesté l'authenticité, on est obligé de la reconnaître.

serpent a souvent été l'objet de nos observations, et, si nous osons le dire, nous avons cru reconnaître en lui cet esprit pernicieux et cette subtilité que lui attribue l'Écriture. Tout est mystérieux, caché, étonnant dans cet incompréhensible reptile. Ses mouvements diffèrent de ceux de tous les autres animaux; on ne saurait dire où gît le principe de son déplacement, car il n'a ni nageoires, ni pieds, ni ailes, et cependant il fuit comme une ombre, il s'évanouit magiquement, il reparaît, et disparaît ensuite, semblable à une petite fumée d'azur; et aux éclairs d'un glaive dans les ténèbres. Tantôt il se forme en cercle, et darde une langue de feu; tantôt, debout sur l'extrémité de sa queue, il marche dans une attitude perpendiculaire, comme par enchantement. Il se jette en orbe, monte et s'abaisse en spirale, roule ses anneaux comme une onde, circule sur les branches des arbres, glisse sous l'herbe des prairies, ou sur la surface des eaux. Ses couleurs sont aussi peu déterminées que sa marche : elles changent aux divers aspects de la lumière, et, comme ses mouvements, elles ont le faux brillant et les variétés trompeuses de la séduction.

Plus étonnant encore dans le reste de ses mœurs, il sait, ainsi qu'un homme souillé de meurtre, jeter à l'écart sa robe tachée de sang; dans la crainte d'être reconnu. Par une étrange faculté, il peut faire rentrer dans son sein les petits monstres que l'amour en a fait sortir. Il sommeille des mois entiers, fréquente des tombeaux, habite des lieux inconnus, compose des poisons qui glacent, brûlent ou tachent le corps de sa victime des couleurs dont il est lui-même marqué. Là, il lève deux têtes menaçantes; ici, il fait entendre une sonnette : il siffle comme un aigle de montagne, il mugit comme un taureau. Il s'associe naturellement aux idées morales ou religieuses, comme par une suite de l'influence qu'il eut sur nos destinées : objet d'horreur ou d'admiration, les hommes ont pour lui une haine implacable, ou tombent devant son génie; le mensonge l'appelle, la prudence le réclame, l'envie le porte dans son cœur, et l'éloquence à son caducée. Aux enfers, il arme les fouets des furies; au ciel, l'éternité en fait son symbole. Il possède encore l'art de séduire l'innocence; ses regards enchantent les oiseaux dans les airs; et sous la fougère de la crèche, la brebis lui abandonne son lait. Mais il se laisse lui-même charmer par de doux sons, et, pour le dompter, le berger n'a besoin que de sa flûte.

Au mois de juillet 1791, nous voyagions dans le haut Canada, avec quelques familles sauvages de la nation des Onontagués. Un jour que nous étions arrêtés dans une grande plaine, au bord de la rivière Génésie, un serpent à sonnette entra dans notre camp Il y avait parmi nous un Canadien qui jouait de la flûte; il voulut nous divertir, et s'avança contre le serpent avec son arme d'une nouvelle espèce. A l'approche de son ennemi, le reptile se forme en spirale, aplatit sa tête, enfle ses joues, contracte ses lèvres, découvre ses dents empoisonnées et sa gueule sanglante; il brandit sa double langue comme deux flammes; ses yeux sont deux charbons ardents; son corps gonflé de rage s'abaisse et s'élève comme les soufflets d'une forge; sa peau dilatée devient terne et écailleuse; et sa queue, dont il sort un bruit sinistre, oscille avec tant de rapidité, qu'elle ressemble à une légère vapeur.

Alors le Canadien commence à jouer sur sa flûte; le serpent fait un mouvement de surprise, et retire la tête en arrière. A mesure qu'il est frappé de l'effet magique, ses yeux perdent leur âpreté, les vibrations de sa queue se ralentissent, et le bruit qu'elle fait entendre s'affaiblit et meurt peu à peu. Moins perpendiculaires sur leur ligne spirale, les orbes du serpent charmé s'élargissent, et viennent tour à tour se poser sur la terre, en cercles concentriques. Les nuances d'azur, de vert, de blanc et d'or reprennent leur éclat sur sa peau frémissante; et, tournant légèrement la tête, il demeure immobile dans l'attitude de l'attention et du plaisir.

Dans ce moment le Canadien marche quelques pas, en tirant de sa flûte des sons doux et monotones; le reptile baisse son cou nuancé, entr'ouvre avec sa tête les herbes fines, et se met à ramper sur les traces du musicien qui l'entraîne, s'arrêtant lorsqu'il s'arrête, et recommençant à le suivre quand il commence à s'éloigner. Il fut ainsi conduit hors de notre camp, au milieu d'une foule de spectateurs, tant sauvages qu'européens, qui en croyaient à peine leurs yeux : à cette merveille de la mélodie, il n'y eut qu'une seule voix dans l'assemblée, pour qu'on laissât le merveilleux serpent s'échapper.

A cette sorte d'induction, tirée des mœurs du serpent, en faveur des vérités de l'Écriture, nous en ajouterions une autre, empruntée d'un mot hébreu. N'est-il pas fort extraordinaire, et en même temps bien philosophique, que le nom générique de l'homme, en hébreu, signifie la *fièvre* ou la *douleur? Enosh, homme*, vient, par sa racine, du verbe *anash, être dangereusement malade*. Dieu n'avait point donné ce nom à notre premier père; il l'appelait simplement Adam, *terre rouge* ou *limon*. Ce ne fut qu'après le péché, que la postérité d'Adam prit ce nom d'*Enosh* ou d'*homme*, qui convenait si parfaitement à ses misères, et qui rappelait d'une manière bien éloquente et la faute et le châtiment. Peut-être, dans un mouvement d'angoisse, Adam témoin des labeurs de son épouse, et recevant dans ses bras Caïn, son premier-né, l'éleva vers le ciel, en s'écriant : *Enosh! ô douleur!* Triste exclamation, par laquelle on aura, dans la suite, désigné la race humaine.

CHAPITRE III.

CONSTITUTION PRIMITIVE DE L'HOMME.

NOUVELLE PREUVE DU PÉCHÉ ORIGINEL.

Nous avons rappelé, au sujet du Baptême et de la Rédemption, quelques preuves morales du péché originel. Il ne faut pas glisser trop légèrement sur une matière aussi importante. « Le nœud de notre condition, dit Pascal, prend ses retours et ses replis dans cet abîme; de sorte que l'homme est plus inconcevable sans ce mystère, que ce mystère n'est inconcevable à l'homme [1]. »

---

[1] *Pensées de* Pascal, chap. III, pens. 8.

Il nous semble qu'on peut tirer de l'ordre de l'univers une preuve nouvelle de notre dégénération primitive.

Si l'on jette un regard sur le monde, on remarquera que, par une loi générale et en même temps particulière, les parties intégrantes, les mouvements intérieurs ou extérieurs, et les qualités des êtres, sont en un rapport parfait. Ainsi, les corps célestes accomplissent leurs révolutions dans une admirable unité, et chaque corps, sans se contrarier soi-même, décrit en particulier la courbe qui lui est propre. Un seul globe nous donne la lumière et la chaleur : ces deux accidents ne sont point répartis entre deux sphères : le soleil les confond dans son orbe, comme Dieu, dont il est l'image, unit au principe qui féconde le principe qui éclaire.

Dans les animaux même loi : leurs *idées*, si on peut les appeler ainsi, sont toujours d'accord avec leurs *sentiments*, leur *raison* avec leurs *passions*. C'est pourquoi il n'y a chez eux ni accroissement, ni diminution d'intelligence. Il sera aisé de suivre cette règle des accords dans les plantes et dans les minéraux.

Par quelle incompréhensible destinée l'homme seul est-il excepté de cette loi, si nécessaire à l'ordre, à la conservation, à la paix, au bonheur des êtres ? Autant l'harmonie des qualités et des mouvements est visible dans le reste de la nature, autant leur désunion est frappante dans l'homme. Un choc perpétuel existe entre son entendement et son désir, entre sa raison et son cœur. Quand il atteint au plus haut degré de civilisation, il est au dernier échelon de la morale : s'il est libre, il est grossier; s'il polit ses mœurs, il se forge des chaînes. Brille-t-il par les sciences, son imagination s'éteint; devient-il poëte, il perd sa pensée : son cœur profite aux dépens de sa tête, et sa tête aux dépens de son cœur. Il s'appauvrit en idées à mesure qu'il s'enrichit en sentiments; il se resserre en sentiments à mesure qu'il s'étend en idées. La force le rend sec et dur; la faiblesse lui amène les grâces. Toujours une vertu lui conduit un vice, et toujours, en se retirant, un vice lui dérobe une vertu. Les nations, considérées dans leur ensemble, présentent les mêmes vicissitudes : elles perdent et recouvrent tour à tour la lumière. On dirait que le génie de l'homme, un flambeau à la main, vole incessamment autour de ce globe, au milieu de la nuit qui nous couvre; il se montre aux quatre parties de la terre, comme cet astre nocturne qui, croissant et décroissant sans cesse, diminue à chaque pas pour un peuple la clarté qu'il augmente pour un autre.

Il est donc raisonnable de soupçonner que l'homme, dans sa constitution primitive, ressemblait au reste de la création, et que cette constitution se formait du parfait accord du sentiment et de la pensée, de l'imagination et de l'entendement. On en sera peut-être convaincu si l'on observe que cette réunion est encore nécessaire aujourd'hui pour goûter une ombre de cette félicité que nous avons perdue. Ainsi, par la seule chaîne du raisonnement et les probabilités de l'analogie, le péché originel est retrouvé, puisque l'homme, tel que nous le voyons, n'est vraisemblablement pas l'homme primitif. Il contredit la nature : déréglé quand tout est réglé, double quand tout est simple, mystérieux, changeant, inexplicable, il est visiblement dans l'état d'une chose qu'un accident a bouleversée : c'est un palais écroulé et rebâti avec ses ruines : on y voit des parties sublimes et des parties hideuses, de magnifiques péristyles qui n'aboutissent à rien, de hauts portiques et des voûtes abaissées, de fortes lumières et de profondes ténèbres : en un mot, la confusion, le désordre de toutes parts, surtout au sanctuaire.

Or, si la constitution primitive de l'homme consistait dans les accords, ainsi qu'ils sont établis dans les autres êtres, pour détruire un état dont la nature est l'harmonie, il suffit d'en altérer les contre-poids. La partie aimante et la partie pensante formaient en nous cette balance précieuse. Adam était à la fois le plus éclairé et le meilleur des hommes, le plus puissant en pensée et le plus puissant en amour. Mais tout ce qui est créé a nécessairement une marche progressive. Au lieu d'attendre de la révolution des siècles des *connaissances* nouvelles, qu'il n'aurait reçues qu'avec des *sentiments* nouveaux, Adam voulut tout connaître à la fois. Et remarquez une chose importante : l'homme pouvait détruire l'harmonie de son être de deux manières, ou en voulant trop *aimer*, ou en voulant trop *savoir*. Il pécha seulement par la seconde : c'est qu'en effet nous avons beaucoup plus l'orgueil des sciences que l'orgueil de l'amour : celui-ci aurait été plus digne de pitié que de châtiment ; et si Adam s'était rendu coupable pour avoir voulu trop *sentir* plutôt que de trop *concevoir*, l'homme peut-être eût pu se racheter lui-même, et le Fils de l'Éternel n'eût point été obligé de s'immoler. Mais il en fut autrement : Adam chercha à comprendre l'univers, non avec le sentiment, mais avec la pensée, et, touchant à l'arbre de science, il admit dans son entendement un rayon trop fort de lumière. A l'instant l'équilibre se rompt, la confusion s'empare de l'homme. Au lieu de la clarté qu'il s'était promise, d'épaisses ténèbres couvrent sa vue : son péché s'étend comme un voile entre lui et l'univers. Toute son âme se trouble et se soulève ; les passions combattent le jugement, le jugement cherche à anéantir les passions, et dans cette tempête effrayante, l'écueil de la mort vit avec joie le premier naufrage.

Tel fut l'accident qui changea l'harmonieuse et immortelle constitution de l'homme. Depuis ce jour, les éléments de son être sont restés épars, et n'ont pu se réunir. L'habitude, nous dirions presque l'amour du tombeau, que la matière a contractée, détruit tout projet de réhabilitation dans ce monde, parce que nos années ne sont pas assez longues pour que nos efforts vers la perfection première puissent jamais nous y faire remonter [1].

Mais comment le monde aurait-il pu contenir toutes les races, si elles n'avaient point été sujettes à la mort ? Ceci n'est plus qu'une affaire d'imagination ; c'est demander à Dieu compte de ses moyens, qui sont infinis. Qui sait si les

---

[1] Et c'est en ceci que le système de *perfectibilité* est tout à fait défectueux. On ne s'aperçoit pas que si l'esprit gagnait toujours en lumières, et le cœur en sentiments ou en vertus morales, l'homme, dans un temps donné, se retrouvant au point d'où il est parti, serait de nécessité immortel ; car, tout principe de *division* venant à manquer en lui, tout principe de *mort* cesserait. Il faut attribuer la longévité des patriarches, et le don de prophétie chez les Hébreux, à un rétablissement plus ou moins grand des équilibres de la nature humaine. Ainsi les matérialistes qui soutiennent le système de *perfectibilité* ne s'entendent pas eux-mêmes, puisqu'en effet cette doctrine, loin d'être celle du *matérialisme*, ramène aux idées les plus mystiques de la *spiritualité*.

hommes eussent été aussi multipliés qu'ils le sont de nos jours? Qui sait si la plus grande partie des générations ne fût point demeurée vierge [1], ou si ces millions d'astres qui roulent sur nos têtes ne nous étaient point réservés comme des retraites délicieuses où nous eussions été transportés par les anges? On pourrait même aller plus loin : il est impossible de calculer à quelle hauteur d'arts et de sciences l'homme parfait et toujours vivant sur la terre eût pu atteindre. S'il s'est rendu maître de bonne heure de trois éléments; si malgré les plus grandes difficultés, il dispute aujourd'hui l'empire des airs aux oiseaux, que n'eût-il point tenté dans sa carrière immortelle? La nature de l'air, qui forme aujourd'hui un obstacle invincible au changement de planète, était peut-être différente avant le déluge. Quoi qu'il en soit, il n'est pas indigne de la puissance de Dieu et de la grandeur de l'homme de supposer que la race d'Adam fut destinée à parcourir les espaces, et à animer tous ces soleils qui, privés de leurs habitants par le péché, ne sont restés que d'éclatantes solitudes.

LIVRE QUATRIÈME.

Suite des vérités de l'Ecriture. — Objections contre le système de Moïse.

CHAPITRE PREMIER.

CHRONOLOGIE.

Depuis que quelques savants ont avancé que le monde portait dans l'histoire de l'homme, ou dans celle de la nature, des marques d'une trop grande antiquité, pour avoir l'origine moderne que lui donne la Bible, on s'est mis à citer Sanchoniathon, Porphyre, les livres sanscrits, etc. Ceux qui font valoir ces autorités les ont-ils toujours consultées dans leurs sources?

D'abord, il est un peu téméraire de vouloir nous persuader qu'Origène, Eusèbe, Bossuet, Pascal, Fénelon, Bacon, Newton, Leibnitz, Huet, et tant d'autres, étaient ou des ignorants, ou des simples, ou des pervers parlant contre leur conviction intime. Cependant ils ont cru à la vérité de l'histoire de Moïse, et l'on ne peut disconvenir que ces hommes n'eussent une doctrine auprès de laquelle notre érudition est bien peu de chose.

Mais, pour commencer par la chronologie, les savants modernes ont donc dévoré, en se jouant, les insurmontables difficultés qui ont fait pâlir Scaliger, Petau, Usher, Grotius. Ils riraient de notre ignorance, si nous leur demandions quand ont commencé les olympiades; comment elles s'accordent avec

---

[1] C'est l'opinion de saint Chrysostôme. Il prétend que Dieu eût trouvé des moyens de génération qui nous sont inconnus. Il y a, dit-il, devant le trône de Dieu une multitude d'anges qui ne sont point nés par la voie des hommes. *De Virginit.*, lib. II.

les manières de compter par archontes, par éphores, par édiles, par consuls, par règnes, jeux pythiques, néméens, séculaires ; comment se réunissent tous les calendriers des nations ; de quelle manière il faut opérer pour faire tomber l'ancienne année de Romulus, de dix mois, et de 354 jours, avec l'année de Numa, de 355 jours, et celle de Jules-César, de 365 ; par quel moyen on évitera les erreurs, en rapportant ces mêmes années à la commune année attique de 354 jours, et à l'année embolismique de 384 jours ?

Et pourtant ce ne sont pas là les seules perplexités touchant les années. L'ancienne année juive n'avait que 354 jours ; on ajoutait quelquefois douze jours à la fin de l'an, et quelquefois un mois de trente jours après le mois Adar, afin d'avoir l'année solaire. L'année juive moderne compte douze mois, et prend sept années de treize mois en dix-neuf ans. L'année syriaque varie également, et se forme de 365 jours. L'année turque ou arabe reconnaît 354 jours, et reçoit onze mois intercalaires en vingt-neuf ans. L'année égyptienne se divise en douze mois de trente jours, et ajoute cinq jours au dernier ; l'année persane, nommée yezdegerdic, lui ressemble [1].

Outre ces mille manières de mesurer les temps, toutes ces années n'ont ni les mêmes commencements, ni les mêmes heures, ni les mêmes jours, ni les mêmes divisions. L'année civile des Juifs (ainsi que toutes celles des Orientaux) s'ouvre à la nouvelle lune de septembre, et leur année ecclésiastique à la nouvelle lune de mars. Les Grecs comptent le premier mois de leur année, de la nouvelle lune qui suit le solstice d'été. C'est à notre mois de juin que correspond le premier mois de l'année des Perses, et la Chine et l'Inde partent de la première lune de mars. Nous voyons ensuite des mois astronomiques et civils qui se subdivisent en lunaires et solaires, en synodiques et périodiques ; nous voyons des sections de mois en kalendes, ides, décades, semaines ; nous voyons des jours de deux espèces, artificiels et naturels, et qui commencent, ceux-ci au soleil levant, comme chez les anciens Babyloniens, Syriens, Perses ; ceux-là au soleil couchant, ainsi qu'en Chine, dans l'Italie moderne, et comme autrefois chez les Athéniens, les Juifs, et les barbares du Nord. Les Arabes commencent leur jour à midi, et la France actuelle à minuit, de même que l'Angleterre, l'Allemagne, l'Espagne et le Portugal. Enfin, il n'y a pas jusqu'aux heures qui ne soient embarrassantes en chronologie, en se distinguant en babyloniennes, italiennes et astronomiques ; et si l'on voulait insister davantage, nous ne verrions plus soixante minutes dans une heure européenne, mais mille quatre-vingts scrupules dans l'heure chaldéenne et arabe.

On a dit que la chronologie est le flambeau de l'histoire (7) : plût à Dieu que nous n'eussions que celui-là pour nous éclairer sur les crimes des hommes ! Que serait-ce si, pour surcroît de perplexité, nous allions nous engager dans les périodes, les ères ou les époques ? La période victorienne, qui parcourt cinq cent

---

[1] La seconde année persane, appelée gélaléan, et qui commença l'an du monde 1089, est la plus exacte des années civiles, en ce qu'elle ramène les solstices et les équinoxes précisément aux mêmes jours. Elle se compose au moyen d'une intercalation répétée six ou sept fois dans quatre, et ensuite une fois dans cinq ans.

trente-deux années, est formée de la multiplication des cycles du soleil et de la lune. Les mêmes cycles, multipliés par celui d'indiction, produisent les sept mille neuf cent quatre-vingts années de la période julienne. La période de Constantinople, à son tour, renferme un égal nombre d'années à celui de la période julienne, mais ne commence pas à la même époque. Quant aux ères, ici on compte par l'année de la création [1], là par olympiades [2], par la fondation de Rome [3], par la naissance de Jésus-Christ, par l'époque d'Eusèbe, par celle des Séleucides [4], celle de Nabonassar [5], celle des martyrs [6]. Les Turcs ont leur hégire [7], les Persans leur yezdegerdic [8]. On compute encore par les ères julienne, grégorienne, ibérienne [9] et actienne [10]. Nous ne parlerons point des marbres d'Arundel, des médailles et des monuments de toutes les sortes, qui introduisent de nouveaux désordres dans la chronologie. Est-il un homme de bonne foi qui, en jetant seulement un coup d'œil sur ces pages, ne convienne que tant de manières indécises de calculer les temps suffisent pour faire de l'histoire un épouvantable chaos! Les annales des Juifs, de l'aveu même des savants, sont les seules dont la chronologie soit simple, régulière et lumineuse. Pourquoi donc aller, par un zèle ardent d'impiété, se consumer l'esprit sur des chicanes de temps, aussi arides qu'indéchiffrables, lorsque nous avons le fil le plus certain pour nous guider dans l'histoire? Nouvelle évidence en faveur des Écritures,

CHAPITRE II.

LOGOGRAPHIE ET FAITS HISTORIQUES.

Après les objections chronologiques contre la Bible viennent celles qu'on prétend tirer des faits même de l'histoire. On rapporte la tradition des prêtres de Thèbes, qui donnait dix-huit mille ans au royaume d'Égypte, et l'on cite la liste des dynasties de ces rois, qui existe encore.

Plutarque, qu'on ne soupçonnera pas de *christianisme*, se chargea d'une partie de la réponse. « Encore, dit-il en parlant des Égyptiens, que leur année ait été de quatre mois, selon quelques auteurs, elle n'était d'abord composée que d'un seul, et ne contenait que le cours d'une seule lune. Et ainsi, faisant d'un seul mois une année, cela est cause que le temps qui s'est écoulé depuis leur origine paraît extrêmement long, et que, bien qu'ils habitent nouvellement leur pays, ils passent pour les plus anciens des peuples [11]. » Nous savons d'ailleurs, par Hérodote [12], Diodore de Sicile [13], Justin [14], Jablonsky [15], Stra-

---

[1] Cette époque se subdivise en grecque, juive, alexandrine, etc. — [2] Les historiens grecs. — [3] Les historiens latins. — [4] L'historien Josèphe. — [5] Ptolémée et quelques autres. — [6] Les premiers chrétiens jusqu'en 532, A. D., et de nos jours par les chrétiens d'Abyssinie et d'Égypte. — [7] Les Orientaux ne la placent pas comme nous. — [8] Nom d'un roi de Perse tué dans une bataille contre les Sarrasins, l'an de notre ère 632. — [9] Suivie dans les conciles et sur les vieux monuments de l'Espagne. — [10] Qui tire son nom de la bataille d'Actium, et dont se sont servis Ptolémée, Josèphe, Eusèbe et Censorinus. — [11] Plut., *in Num.*, 30. — [12] Hérod., lib. ii. — [13] Diod., lib. i. — [14] Just., lib. i. — [15] Jablonsk., *Panth. Égypt.*, lib. ii.

bon ¹, que les Égyptiens mettent leur orgueil à égarer leur origine dans les temps, et, pour ainsi dire, à cacher leur berceau sous les siècles.

Le nombre de leurs règnes ne peut guère embarrasser. On sait que les dynasties égyptiennes sont composées de rois contemporains ; d'ailleurs, le même mot, dans les langues orientales, se lit de cinq ou six manières différentes, et notre ignorance a souvent fait de la même personne cinq ou six personnages divers ². Et c'est aussi ce qui est arrivé par rapport aux traductions d'un seul nom. L'*Athoth* des Égyptiens est traduit, dans Ératosthène, par Ἑρμογενής, ce qui signifie en grec le *lettré*, comme *Athoth* l'exprime en égyptien : on n'a pas manqué de faire deux rois d'*Athoth*, et d'*Hermès*, ou *Hermogènes*. Mais l'Athoth de Manéthon se multiplie encore ; il devient *Thoth* dans Platon, et le texte de Sanchoniathon prouve en effet que c'est le nom primitif. La lettre *A* est une de ces lettres qu'on retranche et qu'on ajoute à volonté dans les langues orientales : ainsi l'historien Josèphe traduit par *Apachnas* le nom du même homme qu'Africanus appelle *Pachnas*. Voici donc *Thoth*, *Athoth*, *Hermès*, ou *Hermogènes*, ou *Mercure*, cinq hommes fameux qui vont composer entre eux près de deux siècles ; et cependant ces cinq rois n'étaient qu'un *seul* Égyptien qui n'a peut-être pas vécu soixante ans ³.

Après tout, qu'est-il besoin de s'appesantir sur des disputes logographiques, lorsqu'il suffit d'ouvrir l'histoire pour se convaincre de l'origine moderne des hommes ? On a beau former des complots avec des siècles *inventés* dont le temps n'est point le père ; on a beau multiplier et *supposer* la mort pour en emprunter des ombres, tout cela n'empêche pas que le genre humain ne soit que d'hier. Les noms des inventeurs des arts nous sont aussi familiers que ceux d'un frère ou d'un aïeul. C'est *Hypsuranius* qui bâtit ces huttes de roseaux où logea la primitive innocence ; *Usoüs* couvrit sa nudité de peaux de bêtes, et affronta

---

¹ Strab., lib. xvii.

² Pour citer un exemple entre mille, le monogramme de *Fo-hi*, divinité des Chinois, est exactement le même que celui de *Menès*, divinité de l'Égypte ; et il est assez prouvé d'ailleurs que les caractères orientaux ne sont que des signes généraux d'idées, que chacun traduit dans sa langue, comme le chiffre arabe parmi nous. Ainsi, par exemple, l'Italien prononce *duodecimo*, le même nombre que l'Anglais exprime par le mot *twelve*, et que le Français rend par celui de *douze*.

³ Des personnes, qui pouvaient d'ailleurs être fort instruites, ont accusé les Juifs d'avoir corrompu les noms historiques. Comment ne savent-elles pas que ce sont les Grecs, au contraire, qui ont défiguré tous les noms d'hommes et de lieux, et en particulier ceux d'Orient*? Les Grecs, à cet égard comme à beaucoup d'autres, ressemblaient fort aux Français. Croit-on que si *Livius* revenait au monde il se reconnût sous le nom de *Tite-Live*? Il y a plus : *Tyr* porte encore aujourd'hui, parmi les Orientaux, le nom d'*Asur*, de *Sour* ou de *Sur*. Les Athéniens eux-mêmes devaient prononcer *Tur* ou *Tour*; puisque cette lettre qu'il nous plaît d'appeler *y grec*, et de faire siffler comme un *i*, n'est autre que l'*upsilon* ou l'*u parvum* des Grecs.

Il n'est pas plus difficile de retrouver *Darius* dans *Assuerus*. L'A initial n'est d'abord, comme nous l'avons dit, qu'une de ces lettres mobiles, tantôt souscrites, tantôt supprimées. Reste donc *Suerus*. Or, le *delta* ou le D majuscule des Grecs se rapproche du *sameck* ou de

---

* *Vid.* Boch., Cnoa., Sac., Cumb. ou Sanch.; Saur., *sur la Bible*; Danet, Bayle, etc.

la mer sur un tronc d'arbre¹. Tubalcaïn mit le fer dans la main des hommes²; Noé ou Bacchus planta la vigne, Caïn ou Triptolème courba la charrue, Agrotès³ ou Cérès recueillit la première moisson. L'histoire, la médecine, la géométrie, les beaux-arts, les lois, ne sont pas plus anciennement au monde, et nous les devons à Hérodote, Hippocrate, Thalès, Homère, Dédale, Minos. Quant à l'origine des rois et des villes, l'histoire nous en a été conservée par Moïse, Platon, Justin et quelques autres, et nous savons quand et pourquoi les diverses formes de gouvernement se sont établies chez les peuples⁴.

Que si pourtant on est étonné de trouver tant de grandeur et de magnificence dans les premières cités de l'Asie, cette difficulté cède sans peine à une observation tirée du génie des Orientaux. Dans tous les âges, ces peuples ont bâti des villes immenses, sans qu'on en puisse rien conclure en faveur de leur civilisation, et conséquemment de leur antiquité. L'Arabe échappé des sables brûlants où il s'estimait heureux d'enfermer une ou deux toises d'ombre sous une tente de peaux de brebis, cet Arabe a élevé, presque sous nos yeux, des cités gigantesques, vastes métropoles où ce citoyen des déserts semble avoir voulu enclore la solitude. Les Chinois, si peu avancés dans les arts, ont aussi les plus grandes villes du globe, avec des jardins, des murailles, des palais, des lacs, des canaux artificiels, comme ceux de l'ancienne Babylone⁵. Nous-mêmes enfin, ne sommes-nous pas un exemple frappant de la rapidité avec laquelle les peuples se civilisent? Il n'y a guère plus de douze siècles que nos ancêtres étaient aussi barbares que les Hottentots, et nous surpassons aujourd'hui la Grèce dans les raffinements du goût, du luxe et des arts.

La logique générale des langues ne peut fournir aucune raison valide en faveur de l'ancienneté des hommes. Les idiomes du primitif Orient, loin d'annoncer des peuples vieillis en société, décèlent au contraire des hommes fort

---

l'S majuscule des Hébreux. Le premier est un triangle, et le second un parallélogramme obtusangle, souvent même un parallélogramme curviligne. Le *delta*, dans les vieux manuscrits, sur les médailles et sur les monuments, n'est presque jamais fermé dans ses angles. L'S hébraïque s'est donc transformée en D chez les Grecs; changement de lettre si commun dans toute l'antiquité.

Si vous joignez à ces erreurs de figures les erreurs de prononciation, vous aurez une grande probabilité de plus. Supposons qu'un Français, entendant le mot *through* (à travers) dans la bouche d'un Anglais, voulût le prononcer et l'écrire sans connaître la puissance et la forme du *th*, il écrirait nécessairement ou *zrou*, ou *dsrou*, ou simplement *trou*. Il en est ainsi du *sameck* ou de l'S en hébreu. Le son de cette lettre, en suivant les points massorétiques, est mixte et participe fortement du D. Les Grecs, qui avaient le *th* comme les Anglais, mais non pas l'S, comme les Israélites, ont dû prononcer et écrire *Duerus* au lieu de *Suerus*. De *Duerus* à *Darius* la conversion est facile; car on sait que les voyelles sont à peu près nulles en étymologie, puisqu'il est vrai que chaque peuple en varie les sons à l'infini. Lorsqu'on veut être plaisant aux dépens de la religion, de la morale universelle, du repos des nations et du bonheur général des hommes, avant de se livrer à une gaieté si funeste, il faudrait au moins être bien sûr de ne pas tomber soi-même dans de grandes ignorances.

¹ Sanch., ap. Eus., *præparat. Evang.*, lib. I, cap. x. — ² *Gen.*, cap. IV, 22. — ³ Sanch., *loc. cit.* — ⁴ *Vid.* Moys., *Pent.* Plat., *de Leg. et Tim.*; Just., lib. II; Herod., Plut., *in Thes. Num. Lycurg., Solon*, etc., etc. — ⁵ *Vid.* le P. du Hald, *Hist. de la Ch.*; *Lettres édif.*; lord Mac., *Amb. to Ch.*, etc.

près de la nature. Le mécanisme en est d'une extrême simplicité : l'hyperbole, l'image, les figures poétiques, s'y reproduisent sans cesse, tandis qu'on y trouve à peine quelques mots pour la métaphysique des idées. Il serait impossible d'énoncer clairement en hébreu la théologie des dogmes chrétiens [1]. Ce n'est que chez les Grecs et chez les Arabes modernes qu'on rencontre les termes composés propres au développement des abstractions de la pensée. Tout le monde sait qu'Aristote est le premier philosophe qui ait inventé des catégories, où les idées viennent se ranger de force, quelle que soit leur classe ou leur nature [2].

Enfin l'on prétend qu'avant que les Égyptiens eussent bâti ces temples dont il nous reste de si belles ruines, les peuples pasteurs gardaient déjà leurs troupeaux sur d'autres ruines laissées par une nation inconnue : ce qui supposerait une très-grande antiquité.

Pour décider cette question, il faudrait savoir au juste qui étaient et d'où venaient les peuples pasteurs. M. Bruce, qui voyait tout en Éthiopie, les fait sortir de ce pays. Et cependant les Éthiopiens, loin de pouvoir répandre au loin des colonies, étaient eux-mêmes, à cette époque, un peuple nouvellement établi. *Æthiopes*, dit Eusèbe, *ab Indo flumine consurgentes, juxta Ægyptum consederunt.* Manéthon, dans sa sixième dynastie, appelle les pasteurs Φοινικές ξένοι, *Phéniciens étrangers*, Eusèbe place leur arrivée en Égypte sous le règne d'Aménophis; d'où il faut tirer ces deux conséquences : 1° que l'Égypte n'était pas alors barbare, puisque Inachus, Égyptien, portait vers ce temps-là les lumières dans la Grèce; 2° que l'Égypte n'était pas couverte de ruines, puisque Thèbes était bâtie, puisque Aménophis était père de ce Sésostris, qui éleva la gloire des Égyptiens à son comble. Au rapport de l'historien Josèphe, ce fut Thetmosis qui contraignit les pasteurs à abandonner entièrement les bords du Nil [3].

Mais quels nouveaux arguments n'aurait-on point formés contre l'Écriture, si on avait connu un autre prodige historique qui tient également à des ruines, hélas! comme toute l'histoire des hommes? On a découvert, depuis quelques

---

[1] On s'en peut assurer en lisant les Pères qui ont écrit en syriaque, tels que saint Éphrem, diacre d'Édesse.

[2] Si les langues demandent tant de temps pour leur entière confection, pourquoi les Sauvages du Canada ont-ils des dialectes si subtils et si compliqués? Les verbes de la langue huronne ont toutes les inflexions des verbes grecs. Ils se distinguent, comme les derniers, par la caractéristique, l'augment, etc.; ils ont trois modes, trois genres, trois nombres, et par-dessus tout cela un certain dérangement de lettres particulier aux verbes des langues orientales. Mais ce qu'ils ont de plus inconcevable, c'est un quatrième pronom personnel qui se place entre la seconde et la troisième personne, au singulier et au pluriel. Nous ne connaissons rien de pareil dans les langues mortes ou vivantes dont nous pouvons avoir quelque teinture.

[3] Manet. ad Joseph. et Afric.; Herod., lib. II, cap. c; Diod., lib. I, ps. 48; Euseb. *Chron.*, lib. I, pag. 13.

Au reste, l'invasion de ces peuples, rapportée par les auteurs profanes, nous explique ce qu'on lit dans la Genèse au sujet de Jacob et de ses fils : *Ut habitare possitis in terra Gessen, quia detestantur Ægyptii omnes pastores ovium.* (*Gen.*, cap. XLVI, 34.)

D'où l'on peut aussi deviner le nom grec du Pharaon sous lequel Israël entra en Égypte, et le nom du second Pharaon sous lequel il en sortit. L'Écriture, loin de contrarier les autres histoires, leur sert évidemment de preuve.

années, dans l'Amérique septentrionale, des monuments extraordinaires sur les bords du Muskingum, du Miami, du Wabache, de l'Ohio, et surtout du Scioto (8), où ils occupent un espace de plus de vingt lieues en longueur. Ce sont des murs en terre avec des fossés, des glacis, des lunes, demi-lunes, et de grands cônes qui servent de sépulcres. On a demandé, mais sans succès, quel peuple a laissé de pareilles traces? L'homme est suspendu dans le présent, entre le passé et l'avenir, comme sur un rocher entre deux gouffres; derrière lui, devant lui, tout est ténèbres; à peine aperçoit-il quelques fantômes qui, remontant du fond des deux abîmes, surnagent un instant à leur surface, et s'y replongent.

Quelles que soient les conjectures sur ces ruines américaines, quand on y joindrait les visions d'un monde primitif, et les chimères d'une Atlantide, la nation civilisée qui a peut-être promené la charrue dans la plaine où l'Iroquois poursuit aujourd'hui les ours, n'a pas eu besoin, pour consommer ses destinées, d'un temps plus long que celui qui a dévoré les empires de Cyrus, d'Alexandre et de César. Heureux du moins ce peuple qui n'a point laissé de nom dans l'histoire, et dont l'héritage n'a été recueilli que par les chevreuils des bois et les oiseaux du ciel! Nul ne viendra renier le Créateur dans ces retraites sauvages, et, la balance à la main, peser la poudre des morts, pour prouver l'éternité de la race humaine.

Pour moi, amant solitaire de la nature, et simple confesseur de la Divinité, je me suis assis sur ces ruines. Voyageur sans renom, j'ai causé avec ces débris comme moi-même ignorés. Les souvenirs confus des hommes, et les vagues rêveries du désert se mêlaient au fond de mon âme. La nuit était au milieu de sa course; tout était muet, et la lune, et les bois, et les tombeaux. Seulement, à longs intervalles, on entendait la chute de quelque arbre que la hache du temps abattait dans la profondeur des forêts : ainsi tout tombe, tout s'anéantit.

Nous ne nous croyons pas obligé de parler sérieusement des *quatre jogues*, ou âges indiens, dont le premier a duré trois millions deux cent mille ans, le second un million d'années, le troisième seize cent mille ans, et le quatrième, ou l'âge actuel, qui durera quatre cent mille ans.

Si l'on joint à toutes ces difficultés de chronologie, de logographie et de faits, les erreurs qui naissent des passions de l'historien ou des hommes qui vivent dans ses fastes; si on y ajoute les fautes de copistes, et mille accidents de temps et de lieux, il faudra, de nécessité, convenir que toutes les raison en faveur de l'antiquité du globe par l'histoire sont aussi peu satisfaisantes qu'inutiles à rechercher. Et certes, on ne peut nier que c'est assez mal établir la durée du monde, que d'en prendre la base dans la vie humaine. Quoi! c'est par la succession rapide d'ombres d'un moment que l'on prétend nous démontrer la permanence et la réalité des choses! c'est par des décombres qu'on veut nous prouver une société sans commencement et sans fin! Faut-il donc beaucoup de jours pour amasser beaucoup de ruines? Que le monde serait vieux, si l'on comptait ses années par ses débris!

CHAPITRE III.

ASTRONOMIE.

On cherche dans l'histoire du firmament les secondes preuves de l'antiquité du monde et des erreurs de l'Écriture. Ainsi, les *cieux qui racontent la gloire du Très-Haut* à tous les hommes, et dont le *langage est entendu de tous les peuples* [1], ne disent rien à l'incrédule. Heureusement ce ne sont pas les astres qui sont muets, ce sont les athées qui sont sourds.

L'astronomie doit sa naissance à des pasteurs. Dans les déserts de la création nouvelle, les premiers humains voyaient se jouer autour d'eux leurs familles et leurs troupeaux. Heureux jusqu'au fond de l'âme, une prévoyance inutile ne détruisait point leur bonheur. Dans le départ des oiseaux de l'automne ils ne remarquaient point la fuite des années, et la chute des feuilles ne les avertissait que du retour des frimas. Lorsque le coteau prochain avait donné toutes ses herbes à leurs brebis, montés sur leurs chariots couverts de peaux, avec leurs fils et leurs épouses, ils allaient à travers les bois chercher quelque fleuve ignoré, où la fraîcheur des ombrages et la beauté des solitudes les invitaient à se fixer de nouveau.

Mais il fallait une boussole pour se conduire dans ces forêts, sans chemins, et le long de ces fleuves sans navigateurs; on se confia naturellement à la foi des étoiles : on se dirigea sur leurs cours. Législateurs et guides, ils réglèrent la tonte des brebis et les migrations lointaines. Chaque famille s'attacha aux pas d'une constellation; chaque astre marchait à la tête d'un troupeau. A mesure que les pasteurs se livraient à ces études, ils découvraient de nouvelles lois. En ce temps-là, Dieu se plaisait à dévoiler les routes du soleil aux habitants des cabanes, et la Fable raconta qu'Apollon était descendu chez les bergers.

De petites colonnes de briques servaient à conserver le souvenir des observations : jamais plus grand empire n'eut une histoire plus simple. Avec le même instrument dont il avait percé sa flûte, au pied du même autel où il avait immolé le chevreau premier-né, le pâtre gravait sur un rocher ses immortelles découvertes. Il plaçait ailleurs d'autres témoins de cette pastorale astronomie; il échangeait d'annales avec le firmament; et, de même qu'il avait écrit les fastes des étoiles parmi ses troupeaux, il écrivait les fastes de ses troupeaux parmi les étoiles. Le soleil, en voyageant, ne se reposa plus que dans les bergeries; le taureau annonça par ses mugissements le passage du Père du jour, et le bélier l'attendit pour le saluer au nom de son maître. On vit au ciel des vierges, des enfants, des épis de blé, des instruments de labourage, des agneaux, et jusqu'au chien du berger; la sphère entière devient comme une grande maison rustique habitée par le pasteur des hommes.

Ces beaux jours s'évanouirent, les hommes en gardèrent une mémoire confuse dans ces histoires de l'âge d'or, où l'on trouve le règne des astres mêlé à

---

[1] Ps. XVIII, v. 1-3.

celui des troupeaux. L'Inde est encore aujourd'hui astronome et pastorale, comme l'Égypte l'était autrefois. Cependant, avec la corruption naquit la propriété, et avec la propriété la mensuration, second âge de l'astronomie. Mais, par une destinée assez remarquable, ce furent encore les peuples les plus simples qui connurent le mieux le système céleste : le pasteur du Gange tomba dans des erreurs moins grossières que le savant d'Athènes; on eût dit que la muse de l'astronomie avait retenu un secret penchant pour les bergers, ses premières amours.

Durant les longues calamités qui accompagnèrent et qui suivirent la chute de l'empire romain, les sciences n'eurent d'autre retraite que le sanctuaire de cette Église qu'elles profanent aujourd'hui avec tant d'ingratitude. Recueillies dans le silence des cloîtres, elles durent leur salut à ces mêmes solitaires qu'elles affectent maintenant de mépriser. Un moine Bacon, un évêque Albert, un cardinal Cusa, ressuscitaient dans leurs veilles le génie d'Eudoxe, de Timocharis, d'Hipparque, de Ptolémée. Protégées par les papes, qui donnaient l'exemple aux rois, les sciences s'envolèrent enfin de ces lieux sacrés où la religion les avait réchauffées sous ses ailes. L'astronomie renaît de toutes parts : Grégoire XIII réforme le calendrier; Copernic rétablit le système du monde; Tycho-Brahé, au haut de sa tour, rappelle la mémoire des antiques observateurs babyloniens; Kepler détermine la forme des orbites planétaires. Mais Dieu confond encore l'orgueil de l'homme, en accordant aux jeux de l'innocence ce qu'il refuse aux recherches de la philosophie : des enfants découvrent le télescope. Galilée perfectionne l'instrument nouveau; alors les chemins de l'immensité s'abrègent, le génie de l'homme abaisse la hauteur des cieux, et les astres descendent pour se faire mesurer.

Tant de découvertes en annonçaient de plus grandes encore, et l'on était trop près du sanctuaire de la nature pour qu'on fût longtemps sans y pénétrer. Il ne manquait plus que des méthodes propres à décharger l'esprit des calculs énormes dont il était écrasé. Bientôt Descartes osa transporter au grand Tout les lois physiques de notre globe; et, par un de ces traits de génie dont on compte à peine quatre ou cinq dans l'histoire, il força l'algèbre à s'unir à la géométrie, comme la parole à la pensée. Newton n'eut plus qu'à mettre à l'œuvre les matériaux que tant de mains lui avaient préparés, mais il le fit en artiste sublime; et des divers plans sur lesquels il pouvait relever l'édifice des globes, il choisit peut-être le dessin de Dieu. L'esprit connut l'ordre que l'œil admirait; les balances d'or, qu'Homère et l'Écriture donnent au souverain Arbitre, lui furent rendues; la comète se soumit; à travers l'immensité la planète attira la planète; la mer sentit la pression de deux vastes vaisseaux qui flottent à des millions de lieues de sa surface; depuis le soleil jusqu'au moindre atome, tout se maintint dans un admirable équilibre : il n'y eut plus que le cœur de l'homme qui manqua de contre-poids dans la nature.

Qui l'aurait pu penser? le moment où l'on découvrit tant de nouvelles preuves de la grandeur et de la sagesse de la Providence fut celui-là même où l'on ferma davantage les yeux sur la lumière : non toutefois que ces hommes immortels, Copernic, Tycho-Brahé, Kepler, Leibnitz, Newton, fussent des athées ; mais leurs successeurs, par une fatalité inexplicable, s'imaginèrent tenir Dieu dans leurs creusets et dans leurs télescopes, parce qu'ils y voyaient quelques-uns des éléments sur lesquels l'Intelligence universelle a fondé les mondes. Lorsqu'on a été témoin des jours de notre révolution ; lorsqu'on songe que c'est à la vanité du savoir que nous devons presque tous nos malheurs, n'est-on pas tenté de croire que l'homme a été sur le point de périr de nouveau pour avoir porté une seconde fois la main sur le fruit de la science ? Et que ceci nous soit matière de réflexion sur la faute originelle : *les siècles savants* ont toujours touché aux *siècles de destruction*.

Il nous semble pourtant bien infortuné, l'astronome qui passe les nuits à lire dans les astres sans y découvrir le nom de Dieu. Quoi ! dans des figures si variées, dans une si grande diversité de *caractères*, on ne peut trouver les *lettres* qui suffisent à son nom ! Le problème de la divinité n'est-il point résolu dans le calcul mystérieux de tant de soleils ? une algèbre aussi brillante ne peut-elle servir à dégager la grande *Inconnue ?*

La première objection astronomique que l'on fait au système de Moïse se tire de la sphère céleste : « Comment le monde est-il si nouveau ! s'écrie-t-on. La seule composition de la sphère suppose des millions d'années. »

Aussi est-il vrai que l'astronomie est une des premières sciences que les hommes aient cultivées. M. Bailly prouve que les patriarches avant Noé connaissaient la période de six cents ans, l'année de 365 jours 5 heures 51 minutes 36 secondes; enfin, qu'ils avaient nommé les six jours de la création d'après l'ordre planétaire [1]. Puisque les races primitives étaient déjà si savantes dans l'histoire du ciel, n'est-il pas très-probable que les temps écoulés depuis le déluge ont été plus que suffisants pour nous donner le système astronomique tel que nous l'avons aujourd'hui ? il est impossible, d'ailleurs, de rien prononcer de certain sur le temps nécessaire au développement d'une science. Depuis Copernic jusqu'à Newton, l'astronomie a plus fait de progrès en moins d'un siècle qu'elle n'en avait fait auparavant dans le cours de trois mille ans. On peut comparer les sciences à des régions coupées de plaines et de montagnes : on avance à grands pas dans les premières ; mais quand on est parvenu au pied des secondes, on perd un temps infini à découvrir les sentiers et à franchir les sommets d'où l'on descend dans l'autre plaine. Il ne faut donc pas conclure que, puisque l'astronomie est restée quatre mille ans dans son âge moyen, elle a dû être des myriades de siècles dans son berceau : cela contredit tout ce qu'on sait de l'histoire et de la marche de l'esprit humain.

La seconde objection se déduit des époques historiques liées aux observations astronomiques des peuples, et en particulier de celles des Chaldéens et des Indiens.

Nous répondons, à l'égard des premières, qu'on sait que les sept cent vingt mille ans dont ils se vantaient se réduisent à mille neuf cent trois ans [2].

Quant aux observations des Indiens, celles qui sont appuyées sur des faits incontestables ne remontent qu'à l'an 3102 avant notre ère. Cette antiquité

---

[1] Bail., *Hist. de l'Astr. anc.* — [2] Les tables de ces observations, faites à Babylone avant l'arrivée d'Alexandre, furent envoyées par Callisthène à Aristote. Voyez Bailly.

est sans doute fort grande, mais enfin elle rentre dans des bornes connues. C'est à cette époque que commence la quatrième *jogue*, ou âge indien. M. Bailly, en dépouillant les trois premiers âges et les réunissant au quatrième, démontre que toute la chronologie des brames se renferme dans un intervalle d'environ soixante-dix siècles (9), ce qui s'accorde parfaitement avec la chronologie des Septante. Il prouve jusqu'à l'évidence que les fastes des Égyptiens, des Chaldéens, des Chinois, des Perses, des Indiens, se rangent avec une exactitude singulière sous les époques de l'Écriture¹. Nous citons d'autant plus volontiers M. Bailly, que ce savant est mort victime des principes que nous avons entrepris de combattre. Lorsque cet homme infortuné écrivait, à propos d'*Hypatia*, jeune femme astronome, massacrée par les habitants d'Alexandrie, que *les modernes épargnent au moins la vie, en déchirant la réputation*, il ne se doutait guère qu'il serait lui-même une preuve lamentable de la fausseté de son assertion, et qu'il renouvellerait l'histoire d'*Hypatia!*

Au reste, tous ces calculs infinis de générations et de siècles, que l'on retrouve chez plusieurs peuples, ont leur source dans une faiblesse naturelle au cœur humain. Les hommes qui sentent en eux-mêmes un principe d'immortalité sont comme tout honteux de la brièveté de leur existence; il leur semble qu'en entassant tombeaux sur tombeaux, ils cacheront ce vice capital de leur nature, qui est de durer peu, et qu'en ajoutant du néant à du néant ils parviendront à faire une éternité. Mais ils se trahissent eux-mêmes, et découvrent ce qu'ils prétendent dérober; car plus la pyramide funèbre est élevée, plus la statue vivante placée au sommet diminue, et la vie paraît encore bien plus petite quand l'énorme fantôme de la mort l'exhausse dans ses bras.

CHAPITRE IV.

SUITE DU PRÉCÉDENT.

HISTOIRE NATURELLE; DÉLUGE.

L'astronomie n'étant donc pas suffisante pour détruire la chronologie de l'Écriture², on revient à l'attaquer par l'histoire naturelle : les uns nous parlent de certaines époques où l'univers entier se rajeunit; les autres nient les grandes catastrophes du globe, telles que le déluge universel; ils disent : « Les pluies ne sont que les vapeurs des mers; or, toutes les mers ne suffiraient pas pour couvrir la terre à la hauteur dont parlent les Écritures. » Nous pourrions répondre que raisonner ainsi, c'est aller contre ces mêmes lumières dont on fait tant de bruit, puisque la chimie moderne nous apprend que l'air peut être transmué en

---

¹ BAIL., *Astr. ind.*, Discours préliminaire, part. XI, p. 126, etc. — ² On rit de Josué qui commande au soleil de s'arrêter. Nous n'aurions pas cru être obligé d'apprendre à notre siècle que *le soleil n'est pas immobile*, quoique *centre*. On a excusé Josué en disant qu'il parlait exprès comme le vulgaire; il eût été aussi simple de dire qu'il parlait comme Newton. Si vous vouliez arrêter une montre, vous ne briseriez pas une petite roue, mais le grand ressort, dont le repos fixerait subitement le système.

eau : alors quel effroyable déluge! Mais nous renonçons volontiers à ces raisons, empruntées des sciences qui rendent compte de tout à l'esprit, sans rendre compte de rien au cœur. Nous nous contenterons de répondre que pour noyer la partie terrestre du globe il suffit que l'Océan franchisse ses rivages, en entraînant l'eau de ses gouffres. D'ailleurs, hommes présomptueux, avez-vous pénétré dans *les trésors de la grêle* [1], et connaissez-vous les réservoirs de cet abîme où le Seigneur a puisé la mort au jour de ses vengeances?

Soit que Dieu, soulevant le bassin des mers, ait versé sur les continents l'Océan troublé; soit que, détournant le soleil de sa route, il lui ait commandé de se lever sur le pôle avec des signes funestes, il est certain qu'un affreux déluge a ravagé la terre. En ce temps-là la race humaine fut presque anéantie; toutes les querelles des nations finirent, toutes les révolutions cessèrent. Rois, peuples, armées ennemies suspendirent leurs haines sanglantes et s'embrassèrent, saisis d'une mortelle frayeur. Les temples se remplirent de suppliants, qui avaient peut-être renié la Divinité toute leur vie; mais la Divinité les renia à son tour, et bientôt on annonça que l'Océan tout entier était aussi à la porte des temples. En vain les mères se sauvèrent avec leurs enfants sur les sommets des montagnes; en vain l'amant crut trouver un abri pour sa maîtresse dans la même grotte où il avait trouvé un asile pour ses plaisirs; en vain les amis disputèrent aux ours effrayés la cime des chênes; l'oiseau même, chassé de branche en branche par le flot toujours croissant, fatigua inutilement ses ailes sur des plaines d'eau sans rivages. Le soleil, qui n'éclairait plus que la mort au travers des nues livides, se montrait terne et violet comme un énorme cadavre noyé dans les cieux; les volcans s'éteignirent en vomissant de tumultueuses fumées, et l'un des quatre éléments, le feu, périt avec la lumière.

Ce fut alors que le monde se couvrit d'horribles ombres, d'où sortaient d'effrayantes clameurs; ce fut alors qu'au milieu des humides ténèbres le reste des êtres vivants, le tigre et l'agneau, l'aigle et la colombe, le reptile et l'insecte, l'homme et la femme, gagnèrent tous ensemble la roche la plus escarpée du globe; l'Océan les y suivit, et, soulevant autour d'eux sa menaçante immensité, fit disparaître sous ses solitudes orageuses le dernier point de la terre.

Dieu, ayant accompli sa vengeance, dit aux mers de rentrer dans l'abîme; mais il voulut imprimer sur le globe des traces éternelles de son courroux, les dépouilles de l'éléphant des Indes s'entassèrent dans les régions de la Sibérie; les coquillages magellaniques vinrent s'enfouir dans les carrières de la France; des bancs entiers de corps marins s'arrêtèrent au sommet des Alpes, du Taurus et des Cordillères, et ces montagnes elles-mêmes furent les monuments que Dieu laissa dans les trois mondes pour marquer son triomphe sur les impies, comme un monarque plante un trophée dans le champ où il a défait ses ennemis.

Dieu ne se contenta pas de ces attestations générales de sa colère passée : sachant combien l'homme perd aisément la mémoire du malheur, il en multiplia les souvenirs dans sa demeure. Le soleil n'eut plus pour trône au matin, et pour lit au soir, que l'élément humide, où il sembla s'éteindre tous les

---

[1] Job, cap. xxxviii, v. 22.

jours, ainsi qu'au temps du déluge. Souvent les nuages du ciel imitèrent des vagues amoncelées, des sables ou des écueils blanchissants. Sur la terre, les rochers laissèrent tomber des cataractes : la lumière de la lune, les vapeurs blanches du soir, couvrirent quelquefois les vallées des apparences d'une nappe d'eau : il naquit dans les lieux les plus arides des arbres dont les branches affaissées pendirent pesamment vers la terre, comme si elles sortaient encore toutes trempées du sein des ondes, deux fois par jour la mer reçut ordre de se lever de nouveau dans son lit, et d'envahir ses grèves; les antres des montagnes conservèrent de sourds bourdonnements et des voix lugubres; la cime des bois, présenta l'image d'une mer roulante et l'Océan sembla avoir laissé ses bruits dans la profondeur des forêts.

CHAPITRE V.

JEUNESSE ET VIEILLESSE DE LA TERRE.

Nous touchons à la dernière objection sur l'origine moderne du globe. On dit : « La terre est une vieille nourrice dont tout annonce la caducité. Examinez ses fossiles, ses marbres, ses granits, ses laves, et vous y lirez ses années innombrables (10) marquées par cercle, par couche ou par branche, comme celles du serpent à sa sonnette, du cheval à sa dent, ou du cerf à ses rameaux. »

Cette difficulté a été cent fois résolue par cette réponse : *Dieu a dû créer et a sans doute créé le monde avec toutes les marques de vétusté et de complément que nous lui voyons.*

En effet, il est vraisemblable que l'auteur de la nature planta d'abord de vieilles forêts et de jeunes taillis; que les animaux naquirent, les uns remplis de jours, les autres parés des grâces de l'enfance. Les chênes, en perçant le sol fécondé, portèrent sans doute à la fois les vieux nids des corbeaux et la nouvelle postérité des colombes. Ver, chrysalide et papillon, l'insecte rampa sur l'herbe, suspendit son œuf d'or aux forêts, ou trembla dans le vague des airs. L'abeille, qui pourtant n'avait vécu qu'un matin, comptait déjà son ambroisie par générations de fleurs. Il faut croire que la brebis n'était pas sans son agneau, la fauvette sans ses petits; que les buissons cachaient des rossignols étonnés de chanter leurs premiers airs, en échauffant les fragiles espérances de leurs premières voluptés.

Si le monde n'eût été à la fois jeune et vieux, le grand, le sérieux, le moral, disparaissaient de la nature, car ces sentiments tiennent par essence aux choses antiques. Chaque site eût perdu ses merveilles. Le rocher en ruine n'eût plus pendu sur l'abîme avec ses longues graminées; les bois, dépouillés de leurs accidents, n'auraient point montré ce touchant désordre d'arbres inclinés sur leurs tiges, de troncs penchés sur le cours des fleuves. Les pensées inspirées, les bruits vénérables, les voix magiques, la sainte horreur des forêts, se fussent évanouis avec les voûtes qui leur servent de retraites, et les solitudes de la terre et du ciel seraient demeurées nues et désenchantées en perdant ces colonnes de chênes qui les unissent. Le jour même où l'Océan épandit ses premières vagues sur ses rives, il baigna, n'en doutons point, des écueils déjà rongés par les flots, des grèves semées de débris de coquillages, et des caps décharnés qui soutenaient, contre les eaux, les rivages croulants de la terre.

Sans cette vieillesse originaire, il n'y aurait eu ni pompe ni majesté dans l'ouvrage de l'Éternel; et, ce qui ne saurait être, la nature, dans son innocence, eût été moins belle qu'elle ne l'est aujourd'hui dans sa corruption. Une insipide enfance de plantes, d'animaux, d'éléments, eût couronné une terre sans poésie. Mais Dieu ne fut pas un si méchant dessinateur des bocages d'Éden que les incrédules le prétendent. L'homme-roi naquit lui-même à trente années, afin de s'accorder par sa majesté avec les antiques grandeurs de son nouvel empire, de même que sa compagne compta sans doute seize printemps, qu'elle n'avait pourtant point vécu, pour être en harmonie avec les fleurs, les oiseaux, l'innocence, les amours, et toute la jeune partie de l'univers.

LIVRE CINQUIÈME.

Existence de Dieu prouvée par les merveilles de la nature.

CHAPITRE PREMIER.

OBJET DE CE LIVRE.

Un des principaux dogmes chrétiens nous reste encore à examiner : *l'état des peines et des récompenses dans l'autre vie.* Mais on ne peut traiter cet important sujet sans parler d'abord des deux colonnes qui soutiennent l'édifice de toutes les religions, *l'existence de Dieu* et *l'immortalité de l'âme.*

Nous sommes, d'ailleurs, appelé à cette étude par le développement naturel de notre matière, puisque ce n'est qu'après avoir suivi la foi ici-bas qu'on peut l'accompagner à ces tabernacles où elle s'envole en quittant la terre. Toujours fidèle à notre plan, nous écarterons des preuves de l'existence de Dieu et de l'immortalité de l'âme les idées abstraites, pour n'employer que les raisons poétiques et les raisons de sentiment, c'est-à-dire les merveilles de la nature et les évidences morales. Platon et Cicéron chez les anciens, Clarke et Leibnitz chez les modernes, ont prouvé métaphysiquement, et presque géométriquement, l'existence du souverain Être (11); les plus grands génies, dans tous les siècles, ont admis ce dogme consolateur. Que s'il est rejeté par quelques sophistes, Dieu peut bien exister sans leur suffrage. La mort seule, à quoi les athées veulent tout réduire, a besoin qu'on écrive en faveur de ses droits, car elle a peu de réalité pour l'homme. Laissons-lui donc ses déplorables partisans, qui, d'ailleurs, ne s'entendent pas même entre eux; car si les hommes qui croient à la Providence s'accordent sur les chefs principaux de leur doctrine, ceux, au contraire, qui nient le Créateur ne cessent de se disputer sur les bases de leur néant; ils ont devant eux un abîme; pour le combler, il leur manque la pierre du fond, mais ils ne savent où la prendre. De plus, il y a dans l'erreur un certain vice de nature qui fait que, quand cette erreur n'est pas la nôtre, elle nous choque et nous révolte à l'instant : de là les querelles interminables des athées.

CHAPITRE II.

SPECTACLE GÉNÉRAL DE L'UNIVERS.

Il est un Dieu; les herbes de la vallée et les cèdres de la montagne le bénissent, l'insecte bourdonne ses louanges, l'éléphant le salue au lever du jour, l'oiseau le chante dans le feuillage, la foudre fait éclater sa puissance, et l'Océan déclare son immensité. L'homme seul a dit : Il n'y a point de Dieu.

Il n'a donc jamais, celui-là, dans ses infortunes, levé les yeux vers le ciel, ou, dans son bonheur, abaissé ses regards vers la terre! La nature est-elle si loin de lui qu'il ne l'ait pu contempler, ou la croit-il le simple résultat du hasard? Mais quel hasard a pu contraindre une matière désordonnée et rebelle à s'arranger dans un ordre si parfait?

On pourrait dire que l'homme est *la pensée manifestée de Dieu*, et que l'univers est *son imagination rendue sensible*. Ceux qui ont admis la beauté de la nature comme preuve d'une intelligence supérieure auraient dû faire remarquer une chose qui agrandit prodigieusement la sphère des merveilles : c'est que le mouvement et le repos, les ténèbres et la lumière, les saisons, la marche des astres, qui varient les décorations du monde, ne sont pourtant successifs qu'en apparence, et sont permanents en réalité. La scène qui s'efface pour nous se colore pour un autre peuple, ce n'est pas le spectacle, c'est le spectateur qui change. Ainsi Dieu a su réunir dans son ouvrage la durée *absolue* et la durée *progressive*: la première est placée dans le *temps*, la seconde dans l'*étendue*: par celle-là, les grâces de l'univers sont unes, infinies, toujours les mêmes; par celle-ci, elles sont multiples, finies et renouvelées : sans l'une, il n'y eût point eu de grandeur dans la création; sans l'autre, il y eût eu monotonie.

Ici le temps se montre à nous sous un rapport nouveau ; la moindre de ses fractions devient un *tout complet*, qui comprend tout, et dans lequel toutes choses se modifient, depuis la mort d'un insecte jusqu'à la naissance d'un monde : chaque minute est en soi une petite éternité. Réunissez donc en un même moment, par la pensée, les plus beaux accidents de la nature, supposez que vous voyez à la fois toutes les heures du jour, et toutes les saisons, un matin de printemps et un matin d'automne, une nuit semée d'étoiles et une nuit couverte de nuages, des prairies émaillées de fleurs, des forêts dépouillées par les frimas, des champs dorés par les moissons : vous aurez alors une idée juste du spectacle de l'univers. Tandis que vous admirez ce soleil qui se plonge sous les voûtes de l'occident, un autre observateur le regarde sortir des régions de l'aurore. Par quelle inconcevable magie ce vieil astre qui s'endort fatigué et brûlant dans la poudre du soir, est-il en ce moment même ce jeune astre qui s'éveille humide de rosée dans les voiles blanchissants de l'aube? A chaque moment de la journée le soleil se lève, brille à son zénith, et se couche sur le monde; ou plutôt nos sens nous abusent, et il n'y a ni orient, ni midi, ni occident vrai. Tout se réduit à un point fixe d'où le flambeau du jour fait éclater à la fois trois lumières en une seule substance. Cette triple splendeur est peut-être ce que la nature a de plus beau; car, en nous donnant l'idée de la perpétuelle magnificence et de la toute-puissance de Dieu, elle nous montre aussi une image éclatante de sa glorieuse Trinité.

Conçoit-on bien ce que serait une scène de la nature, si elle était abandonnée au seul mouvement de la matière? Les nuages, obéissant aux lois de la pesanteur, tomberaient perpendiculairement sur la terre, ou monteraient en pyramides dans les airs; l'instant d'après, l'atmosphère serait trop épaisse ou trop raréfiée pour les organes de la respiration. La lune, trop près ou trop loin de nous, tour à tour serait invisible, tour à tour se montrerait sanglante, couverte de taches énormes, ou remplissant seule de son orbe démesuré le dôme céleste. Saisie comme d'une étrange folie, elle marcherait d'éclipses en éclipses, ou, se roulant d'un flanc sur l'autre, elle découvrirait enfin cette autre face que la terre ne connaît pas. Les étoiles sembleraient frappées du même vertige; ce ne serait plus qu'une suite de conjonctions effrayantes : tout à coup un signe d'été serait atteint par un signe d'hiver; le Bouvier conduirait les Pléiades, et le Lion rugirait dans le Verseau; là des astres passeraient avec la rapidité de l'éclair; ici ils pendraient immobiles; quelquefois, se pressant en groupes, ils formeraient une nouvelle voie lactée; puis, disparaissant tous ensemble, et déchirant le rideau des mondes, selon l'expression de Tertullien, ils laisseraient apercevoir les abîmes de l'éternité.

Mais de pareils spectacles n'épouvanteront point les hommes avant le jour où Dieu, lâchant les rênes de l'univers, n'aura besoin, pour le détruire, que de l'abandonner.

CHAPITRE III.

ORGANISATION DES ANIMAUX ET DES PLANTES.

Descendons de ces notions générales à des idées particulières; voyons si nous pouvons découvrir dans les parties de l'ouvrage cette même sagesse si bien exprimée dans le tout. Nous nous servirons d'abord du témoignage d'une classe d'hommes que les sciences et l'humanité réclament également; nous voulons parler des médecins.

Le docteur Nieuwentyt, dans son *Traité de l'Existence de Dieu*[1], s'est attaché à démontrer la réalité des causes finales. Sans le suivre dans toutes ses observations, nous nous contenterons d'en rapporter quelques-unes.

---

[1] Dans tout ce que nous citons ici du Traité de Nieuwentyt, nous avons pris la liberté de refondre et d'animer un peu son sujet. Le docteur est savant, sage, judicieux, mais sec. Nous avons aussi mêlé quelques observations aux siennes.

En parlant des quatre éléments qu'il considère dans leurs harmonies avec l'homme et la création en général, il fait voir, par rapport à l'air, comment nos corps sont miraculeusement conservés sous une colonne atmosphérique égale dans sa pression à un poids de vingt mille livres. Il prouve qu'une seule qualité changée, soit en raréfaction, soit en densité, dans l'élément qu'on respire, suffirait pour détruire les êtres vivants. C'est l'air qui fait monter les fumées, c'est l'air qui retient les liquides dans les vaisseaux; par ses mouvements il épure les cieux, et porte aux continents les nuages de la mer.

Nieuwentyt démontre ensuite la nécessité de l'eau par une foule d'expériences. Qui n'admirerait le prodige de cet élément, en ascension, contre les lois de la pesanteur, dans un élément plus léger que lui, afin de nous donner les pluies et les rosées? La disposition des montagnes pour faire circuler les fleuves, la topographie de ces montagnes dans les îles et sur les continents, les ouvertures des golfes, des baies, des méditerranées, les innombrables utilités des mers, rien n'échappe à la sagacité de ce bon et savant homme. C'est de la même manière qu'il découvre l'excellence de la terre comme élément, et ses belles lois comme planète. Il décrit les avantages du feu, et le secours qu'en a su tirer l'industrie humaine [1].

Quand il passe aux animaux, il observe que ceux que nous appelons domestiques, naissent précisément avec le degré d'instinct nécessaire pour s'apprivoiser, tandis que les animaux inutiles à l'homme retiennent toujours leur naturel sauvage. Est-ce donc le hasard qui inspire aux bêtes douces et utiles la résolution de vivre en société au milieu de nos champs, et aux bêtes malfaisantes celle d'errer solitaires dans les lieux infréquentés. Pourquoi ne voit-on pas des troupeaux de tigres conduits au son d'une musette par un pasteur? Et pourquoi les lions ne se jouent-ils pas dans nos parcs parmi le *thym et la rosée*, comme ces légers animaux chantés par Jean La Fontaine? Ces animaux féroces n'ont jamais pu servir qu'à traîner le char de quelque triomphateur aussi cruel qu'eux, ou à dévorer des chrétiens dans un amphithéâtre [2] : les tigres ne se civilisent pas à l'école des hommes, mais les hommes se font quelquefois sauvages à l'école des tigres.

Les oiseaux ne présentent pas à notre naturaliste un sujet d'observation moins intéressant. Leurs ailes, convexes en dessus et creusées en dessous, sont des rames parfaitement taillées pour l'élément qu'elles doivent fendre. Le roitelet, qui se plaît dans ces haies de ronces et d'arbousiers, qui sont pour lui de grandes solitudes, est pourvu d'une double paupière, afin de préserver ses yeux de tout accident. Mais, admirables fins de la nature! cette paupière est transparente, et le chantre des chaumières peut abaisser ce voile diaphane, sans être privé de la vue. La Providence n'a pas voulu qu'il s'égarât en portant une

---

[1] La physique moderne pourra relever ici quelques erreurs; mais les progrès de cette science, loin de renverser les causes finales, fournissent de nouvelles preuves de la bonté de la Providence.

[2] On connaît ce fameux cri de la populace romaine : *Les chrétiens aux lions!* Voyez Tert., *Apolog.*

goutte d'eau ou le grain de mil à son nid, et qu'il y eût sous le buisson une petite famille qui se plaignît d'elle.

Et quels ingénieux ressorts font mouvoir les pieds de l'oiseau ! Ce n'est point par un jeu de muscles que détermine sa volonté, qu'il se tient ferme sur la branche : son pied est construit de sorte que, lorsqu'il vient à être pressé dans le centre ou le talon, les doigts se referment naturellement sur le corps qui le presse [1]. Il résulte de ce mécanisme que les serres de l'oiseau se collent plus ou moins à l'objet sur lequel il repose, en raison des mouvements plus ou moins rapides de cet objet ; car, dans le balancement du rameau, ou c'est le rameau qui repousse le pied, ou c'est le pied qui repousse le rameau : ce qui, dans les deux cas, oblige les doigts du volatile à se contracter plus fortement. Ainsi, quand nous voyons à l'entrée de la nuit, pendant l'hiver, des corbeaux perchés sur la cime dépouillée de quelque chêne, nous supposons que toujours veillants, attentifs, ils ne se maintiennent qu'avec des fatigues inouïes au milieu des tourbillons et des nuages ; et cependant, insouciants du péril et appelant la tempête, tous les vents leur apportent le sommeil : l'aquilon les attache lui-même à la branche d'où nous croyons qu'il va les précipiter ; et, comme de vieux nochers de qui la couche mobile est suspendue aux mâts agités d'un vaisseau, plus ils sont bercés par les orages, plus ils dorment profondément.

Quant à l'organisation des poissons, leur seule existence dans l'élément de l'eau, le changement relatif de leur pesanteur, changement par lequel ils flottent dans une eau plus légère comme dans une eau plus pesante, et descendent de la surface de l'abîme au plus profond de ses gouffres, sont des miracles perpétuels ; vraie machine hydrostatique, le poisson fait voir mille phénomènes au moyen d'une simple vessie, qu'il vide ou remplit d'air à volonté.

Les prodiges de la floraison dans les plantes, l'usage des feuilles et des racines, sont examinés curieusement par Nieuwentyt. Il fait cette belle observation, que les semences des plantes sont tellement disposées par leurs figures et leurs poids, qu'elles tombent toujours sur le sol dans la position où elles doivent germer.

Or, si tout était le produit du hasard, les causes finales ne seraient-elles pas quelquefois altérées ? Pourquoi n'y aurait-il pas des poissons qui manqueraient de la vessie qui les fait flotter ? Et pourquoi l'aiglon, qui n'a pas encore besoin d'armes, ne briserait-il pas la coquille de son berceau avec le bec d'une colombe ? Jamais une méprise, jamais un accident de cette espèce dans l'*aveugle* nature ! De quelque manière que vous jetiez les dés, ils amèneront toujours les mêmes points ? Voilà une étrange *fortune !* nous soupçonnons qu'avant de tirer les mondes de l'urne de l'éternité, elle a *secrètement* arrangé les sorts.

Cependant il y a des monstres dans la nature, et ces monstres ne sont que des êtres privés de quelques-unes de leurs causes finales. Il est digne de remarque que ces êtres nous font horreur : tant l'instinct de Dieu est fort chez les hommes ! tant ils sont effrayés aussitôt qu'ils n'aperçoivent pas la marque de l'Intelligence suprême ! On a voulu faire naître de ces désordres une objection

---

[1] On en peut faire l'essai sur un oiseau mort.

contre la Providence : nous les regardons, au contraire, comme une preuve manifeste de cette même Providence. Il nous semble que Dieu a permis ces productions de la matière pour nous apprendre ce que c'est que la création *sans lui* : c'est l'ombre qui fait ressortir la lumière ; c'est un échantillon de ces lois du hasard, qui, selon les athées, doivent avoir enfanté l'univers.

CHAPITRE IV.

INSTINCT DES ANIMAUX.

Après avoir reconnu dans l'organisation des êtres un plan régulier, qu'on ne peut attribuer au hasard, et qui suppose un ordonnateur, il nous reste à examiner d'autres causes finales, qui ne sont ni moins fécondes ni moins merveilleuses que les premières. Ici nous ne suivrons personne. Nous avions consacré à l'histoire naturelle des études que nous n'eussions jamais suspendues, si la Providence ne nous eût appelé à d'autres travaux. Nous voulions opposer une *Histoire naturelle religieuse* à ces livres scientifiques modernes, où l'on ne voit que la *matière*. Pour qu'on ne nous reprochât pas dédaigneusement notre ignorance, nous avions pris le parti de voyager et de voir tout par nous-même. Nous rapporterons donc quelques-unes de nos observations sur les instincts des animaux et des plantes, sur leurs habitudes, leurs migrations, leurs amours, etc. : le champ de la nature ne peut s'épuiser ; et l'on y trouve toujours des moissons nouvelles. Ce n'est point dans une ménagerie où l'on tient en cage les secrets de Dieu, qu'on apprend à connaître la sagesse divine : il faut l'avoir surprise, cette sagesse, dans les déserts, pour ne plus douter de son existence ; on ne revient point impie des royaumes de la solitude, *regna solitudinis :* malheur au voyageur qui aurait fait le tour du globe, et qui rentrerait athée sous le toit de ses pères !

Nous l'avons visitée au milieu de la nuit, la vallée solitaire habitée par des castors, ombragée par des sapins ; et rendue toute silencieuse par la présence d'un astre aussi paisible que le peuple dont il éclairait les travaux. Et je n'aurais vu dans cette vallée aucune trace de l'Intelligence divine ! Qui donc aurait mis l'équerre et le niveau dans l'œil de cet animal qui sait bâtir une digue en talus du côté des eaux, et perpendiculaire sur le flanc opposé ? Savez-vous le nom du physicien qui a enseigné à ce singulier ingénieur les lois de l'hydraulique, qui l'a rendu si habile avec ses deux dents incisives et sa queue aplatie ? Réaumur n'a jamais prédit les vicissitudes des saisons avec l'exactitude de ce castor, dont les magasins, plus ou moins abondants, indiquent au mois de juin le plus ou le moins de durée des glaces de janvier. A force de disputer à Dieu ses miracles, on est parvenu à frapper de stérilité l'œuvre entière du Tout-Puissant : les athées ont prétendu allumer le feu de la nature à leur haleine glacée, et ils n'ont fait que l'éteindre ; en soufflant sur le flambeau de la création, ils ont versé sur lui les ténèbres de leur sein.

D'autres instincts plus communs, et que nous pouvons observer chaque jour, n'en sont pas moins merveilleux. La poule si timide, par exemple, devient aussi courageuse qu'un aigle quand il faut défendre ses poussins. Rien n'est plus intéressant que ses alarmes, lorsque, trompée par les trésors d'un autre nid, de petits étrangers lui échappent et courent se jouer dans une eau voisine. La mère effrayée rôde autour du bassin, bat des ailes, rappelle l'imprudente couvée; elle marche précipitamment, s'arrête, tourne la tête avec inquiétude, et ne cesse de s'agiter qu'elle n'ait recueilli dans son sein la famille boiteuse et mouillée qui va bientôt la désoler encore.

Entre ces divers instincts que le Maître du monde a répartis dans la nature, un des plus étonnants sans doute, c'est celui qui amène chaque année les poissons du pôle aux douces latitudes de nos climats : ils viennent, sans s'égarer dans la solitude de l'Océan, trouver à jour nommé le fleuve où doit se célébrer leur hymen. Le printemps prépare sur nos bords la pompe nuptiale; il couronne les saules de verdure; il étend des lits de mousse dans les grottes, et déploie les feuilles du nénuphar sur les ondes, pour servir de rideaux à ces couches de cristal. A peine ces préparatifs sont-ils achevés, qu'on voit paraître les légions émaillées. Ces navigateurs étrangers animent tous nos rivages : les uns, comme de légères bulles d'air, remontent perpendiculairement du fond des eaux; les autres se balancent mollement sur les vagues, ou divergent d'un centre commun, comme d'innombrables traits d'or : ceux-ci dardent obliquement leurs formes glissantes, à travers l'azur fluide; ceux-là dorment dans un rayon de soleil qui pénètre la gaze argentée des flots. Tous s'égarent, reviennent, nagent, plongent, circulent, se forment en escadron, se séparent, se réunissent encore, et l'habitant des mers, inspiré par un souffle de vie, suit en bondissant la trace de feu que sa compagne a laissée pour lui dans les ondes.

CHAPITRE V.

CHANT DES OISEAUX; QU'IL EST FAIT POUR L'HOMME. LOI RELATIVE AUX CRIS DES ANIMAUX.

La nature a ses temps de solennité, pour lesquels elle convoque des musiciens des différentes régions du globe. On voit accourir de savants artistes avec des sonates merveilleuses, de vagabonds troubadours qui ne savent chanter que des ballades à refrain, des pèlerins qui répètent mille fois les couplets de leurs longs cantiques. Le loriot siffle, l'hirondelle gazouille, le ramier gémit : le premier, perché sur la plus haute branche d'un ormeau, défie notre merle, qui ne le cède en rien à cet étranger; la seconde, sous un toit hospitalier, fait entendre son ramage confus ainsi qu'au temps d'Évandre; le troisième, caché dans le feuillage d'un chêne, prolonge ses roucoulements, semblables aux sons onduleux d'un cor dans les bois; enfin le rouge-gorge répète sa petite chanson sur la porte de la grange où il a placé son gros nid de mousse. Mais le rossignol dédaigne de perdre sa voix au milieu de cette symphonie : il attend l'heure du recueillement et du repos, et se charge de cette partie de la fête qui se doit célébrer dans les ombres.

Lorsque les premiers silences de la nuit et les derniers murmures du jour luttent sur les coteaux, au bord des fleuves, dans les bois et dans les vallées;

lorsque les forêts se taisent par degré, que pas une feuille, pas une mousse ne soupire, que la lune est dans le ciel, que l'oreille de l'homme est attentive, le premier chantre de la création entonne ses hymnes à l'Éternel. D'abord il frappe l'écho des brillants éclats du plaisir : le désordre est dans ses chants ; il saute du grave à l'aigu, du doux au fort ; il fait des pauses ; il est lent, il est vif : c'est un cœur que la joie enivre, un cœur qui palpite sous le poids de l'amour. Mais tout à coup la voix tombe, l'oiseau se tait. Il recommence ! Que ses accents sont changés ! quelle tendre mélodie ! Tantôt ce sont des modulations languissantes, quoique variées ; tantôt c'est un air un peu monotone, comme celui de ces vieilles romances françaises, chefs-d'œuvre de simplicité et de mélancolie. Le chant est aussi souvent la marque de la tristesse que de la joie : l'oiseau qui a perdu ses petits chante encore ; c'est encore l'air du temps du bonheur qu'il redit, car il n'en sait qu'un ; mais, par un coup de son art, le musicien n'a fait que changer la clef, et la cantate du plaisir est devenue la complainte de la douleur.

Ceux qui cherchent à déshériter l'homme, à lui arracher l'empire de la nature, voudraient bien prouver que rien n'est fait pour nous. Or, le chant des oiseaux, par exemple, est tellement commandé pour notre oreille, qu'on a beau persécuter les hôtes des bois, ravir leurs nids, les poursuivre, les blesser avec des armes ou dans des pièges, on peut les remplir de douleur, mais on ne peut les forcer au silence. En dépit de nous, il faut qu'ils nous charment, il faut qu'ils accomplissent l'ordre de la Providence. Esclaves dans nos maisons, ils multiplient leurs accords : il y a sans doute quelque harmonie cachée dans le malheur, car tous les infortunés sont enclins au chant. Enfin, que des oiseleurs, par un raffinement barbare, crèvent les yeux à un rossignol, sa voix n'en devient que plus harmonieuse. Cet Homère des oiseaux gagne sa vie à chanter, et compose ses plus beaux airs après avoir perdu la vue. « Démodocus, dit le poëte de Chio, en se peignant sous les traits du chantre des Phéaciens, était le favori de la muse ; mais elle avait mêlé pour lui le bien et le mal, et l'avait rendu aveugle en lui donnant la douceur des chants. »

Τὸν περὶ μοῦσ' ἐφίλησε, δίδου δ' ἀγαθόν τε, κακόν τε.
Ὀφθαλμῶν μὲν ἄμερσε, δίδου δ' ἡδεῖαν ἀοιδήν.

L'oiseau semble le véritable emblème du chrétien ici-bas ; il préfère, comme le fidèle, la solitude au monde, le ciel à la terre, et sa voix bénit sans cesse les merveilles du Créateur.

Il y a quelques lois relatives aux cris des animaux, qui, ce nous semble, n'ont point encore été observées, et qui mériteraient bien de l'être. Le divers langage des hôtes du désert nous paraît calculé sur la grandeur ou le charme du lieu où ils vivent et sur l'heure du jour à laquelle ils se montrent. Le rugissement du lion, fort, sec, âpre, est en harmonie avec les sables embrasés où il se fait entendre ; tandis que le mugissement de nos bœufs charme les échos champêtres de nos vallées : la chèvre a quelque chose de tremblant et de sauvage dans la voix, comme les rochers et les ruines où elle aime à se suspendre : le cheval belliqueux imite les sons grêles du clairon ; et, comme s'il sentait qu'il n'est point fait pour les soins rustiques, il se tait sous l'aiguillon du laboureur, et hennit sous le frein du guerrier. La nuit, tour à tour charmante ou sinistre, a le rossignol et le hibou : l'un chante pour le zéphyr, les bocages, la lune, les amants ; l'autre pour les vents, les vieilles forêts, les ténèbres et les morts. Enfin, presque tous les animaux qui vivent de sang ont un cri particulier qui ressemble à celui de leurs victimes : l'épervier glapit comme le lapin et miaule comme les jeunes chats ; le chat lui-même a une espèce de murmure semblable à celui des petits oiseaux de nos jardins ; le loup bêle, mugit ou aboie ; le renard glousse ou crie ; le tigre a le mugissement du taureau, et l'ours marin une sorte d'affreux râlement tel que le bruit des rescifs battus de vagues où il cherche sa proie. Cette loi est fort étonnante, et cache peut-être un secret terrible. Observons que les monstres parmi les hommes suivent la loi des bêtes carnassières : plusieurs tyrans ont eu des traces de sensibilité sur le visage et dans la voix, et ils affectaient au dehors le langage des malheureux qu'ils songeaient intérieurement à déchirer : néanmoins la Providence n'a pas voulu qu'on s'y méprît tout à fait ; et, pour peu qu'on examine de près les hommes féroces, on trouve sous leurs feintes douceurs un air faux et dévorant mille fois plus hideux que leur furie.

CHAPITRE VI.

NIDS DES OISEAUX.

Une admirable providence se fait remarquer dans les nids des oiseaux. On ne peut contempler sans être attendri cette bonté divine qui donne l'industrie au faible, et la prévoyance à l'insouciant.

Aussitôt que les arbres ont développé leurs fleurs, mille ouvriers commencent leurs travaux. Ceux-ci portent de longues pailles dans le trou d'un vieux mur, ceux-là maçonnent des bâtiments aux fenêtres d'une église ; d'autres dérobent un crin à une cavale, ou le brin de laine que la brebis a laissé suspendu à la ronce. Il y a des bûcherons qui croisent des branches dans la cime d'un arbre, il y a des filandières qui recueillent la soie sur un chardon. Mille palais s'élèvent, et chaque palais est un nid ; chaque nid voit des métamorphoses charmantes : un œuf brillant, ensuite un petit couvert de duvet. Ce nourrisson prend des plumes ; sa mère lui apprend à se soulever sur sa couche. Bientôt il va jusqu'à se pencher sur le bord de son berceau, d'où il jette un premier coup d'œil sur la nature. Effrayé et ravi, il se précipite parmi ses frères, qui n'ont point encore vu ce spectacle ; mais rappelé par la voix de ses parents, il sort une seconde fois de sa couche, et ce jeune roi des airs, qui porte encore la couronne de l'enfance autour de sa tête, ose déjà contempler le vaste ciel, la cime ondoyante des pins et les abîmes de verdure au-dessous du chêne paternel. Et pourtant, tandis que .es forêts se réjouissent en recevant leur nouvel hôte, un vieil oiseau, qui se sent abandonné de ses ailes, vient s'abattre auprès d'un courant d'eau : là, résigné et solitaire, il attend tranquillement la mort au bord du même fleuve où il chanta ses amours, et dont les arbres portent encore son nid et sa postérité harmonieuse.

C'est ici le lieu de remarquer une autre loi de la nature. Dans la classe des petits oiseaux, les œufs sont ordinairement peints d'une des couleurs dominantes du mâle. Le bouvreuil niche dans les aubépines, dans les groseilliers et dans les buissons de nos jardins : ses œufs sont ardoisés comme la chape de son dos. Nous nous rappelons avoir trouvé une fois un de ces nids dans un rosier ; il ressemblait à une conque de nacre, contenant quatre perles bleues : une rose pendait au-dessus, tout humide : le bouvreuil mâle se tenait immobile sur un arbuste voisin, comme une fleur de pourpre et d'azur. Ces objets étaient répétés dans l'eau d'un étang avec l'ombrage d'un noyer, qui servait de fond à la scène, et derrière lequel on voyait se lever l'aurore. Dieu nous donna dans ce petit tableau une idée des grâces dont il a paré la nature.

Parmi les grands volatiles, la loi de la couleur des œufs varie. Nous soupçonnons qu'en général l'œuf est blanc chez les oiseaux où le mâle a plusieurs femelles, ou chez ceux dont le plumage n'a point de couleur fixe pour l'espèce. Dans les classes aquatiques et forestières, qui font leurs nids les unes sur les mers, les autres dans la cime des arbres, l'œuf est communément d'un vert bleuâtre, et pour ainsi dire teint des éléments dont il est environné. Certains oiseaux qui se cantonnent au haut des tours et dans les clochers ont des œufs verts comme les lierres [1], ou rougeâtres comme les maçonneries qu'ils habitent [2]. C'est donc une loi qui peut passer pour constante, que l'oiseau étale sur son œuf la livrée de ses amours et le symbole de ses mœurs et de ses destinées. On peut, au seul aspect de ce monument fragile, dire à peu près quel était le peuple auquel il a appartenu, quels étaient son costume, ses habitudes, ses goûts ; s'il passait des jours de danger sur les mers, ou si, plus heureux, il menait une vie pastorale ; s'il était civilisé ou sauvage, habitant de la campagne ou de la vallée. L'antiquaire des forêts s'appuie sur une science moins équivoque que celle de l'antiquaire des cités : un chêne exfolié ou chargé de mousse annonce bien mieux celui qui lui donna la croissance, qu'une colonne en ruine ne dit quel fut l'architecte qui l'éleva. Les tombeaux, parmi les hommes, sont les feuillets de leur histoire ; la nature, au contraire, n'imprime que sur la vie : il ne lui faut ni granit, ni marbre, pour éterniser ce qu'elle écrit. Le temps a rongé les fastes des rois de Memphis sur leurs pyramides funèbres ; et il n'a pu effacer une seule lettre de l'histoire que l'ibis égyptien porte gravée sur la coquille de son œuf.

CHAPITRE VII.

MIGRATION DES OISEAUX.

OISEAUX AQUATIQUES ; LEURS MŒURS. BONTÉ DE LA PROVIDENCE.

On connaît ces vers charmants de Racine le fils sur les migrations des oiseaux :

> Ceux qui, de nos hivers redoutant le courroux,
> Vont se réfugier dans les climats plus doux,

[1] Le choucas, etc. — [2] La grande chevêche, etc.

> Ne laisseront jamais la saison rigoureuse
> Surprendre parmi nous leur troupe paresseuse.
> Dans un sage conseil par les chefs assemblé,
> Du départ général le grand jour est réglé ;
> Il arrive ; tout part : le plus jeune peut-être
> Demande, en regardant les lieux qui l'ont vu naître,
> Quand viendra ce printemps par qui tant d'exilés
> Dans les champs paternels se verront rappelés.

Nous avons vu quelques infortunés à qui ce dernier trait faisait venir les larmes aux yeux. Il n'en est pas des exils que la nature prescrit, comme des exils commandés par des hommes. L'oiseau n'est banni un moment que pour son bonheur ; il part avec ses voisins, avec son père et sa mère ; avec ses sœurs et ses frères ; il ne laisse rien après lui : il emporte tout son cœur. La solitude lui a préparé le vivre et le couvert ; les bois ne sont point armés contre lui ; il retourne enfin mourir aux bords qui l'ont vu naître : il y retrouve le fleuve, l'arbre, le nid, le soleil paternel. Mais le mortel chassé de ses foyers y rentre-t-il jamais ? Hélas ! l'homme ne peut dire en naissant quel coin de l'univers gardera ses cendres, ni de quel côté le souffle de l'adversité les portera. Encore si on le laissait mourir tranquille ! Mais, aussitôt qu'il est malheureux, tout le persécute ; l'injustice particulière dont il est l'objet devient une injustice générale. Il ne trouve pas, ainsi que l'oisiveté, l'hospitalité sur la route ; il frappe, et l'on n'ouvre pas ; il n'a, pour appuyer ses os fatigués, que la colonne du chemin public, ou la borne de quelque héritage. Souvent même on lui dispute ce lieu de repos, qui, placé entre deux champs, semblait n'appartenir à personne : on le force à continuer sa route vers de nouveaux déserts : le ban qui l'a mis hors de son pays semble l'avoir mis hors du monde. Il meurt, et il n'a personne pour l'ensevelir. Son corps gît délaissé sur un grabat, d'où le juge est obligé de le faire enlever, non comme le corps d'un homme, mais comme une immondice dangereuse aux vivants. Ah ! plus heureux lorsqu'il expire dans quelque fossé au bord d'une grande route, et que la charité du Samaritain jette en passant un peu de terre étrangère sur ce cadavre ! N'espérons donc que dans le ciel, et nous ne craindrons plus l'exil : il y a dans la religion toute une patrie.

Tandis qu'une partie de la création publie chaque jour aux mêmes lieux les louanges du Créateur, une autre partie voyage pour raconter ses merveilles. Des courriers traversent les airs, se glissent dans les eaux, franchissent les monts et les vallées. Ceux-ci arrivent sur les ailes du printemps, et bientôt, disparaissant avec les zéphyrs, suivent de climats en climats leur mobile patrie ; ceux-là s'arrêtent à l'habitation de l'homme : voyageurs lointains, ils réclament l'antique hospitalité. Chacun suit son inclination dans le choix d'un hôte : le rouge-gorge s'adresse aux cabanes, l'hirondelle frappe aux palais : cette fille de roi semble encore aimer les grandeurs, mais les grandeurs tristes, comme sa destinée ; elle passe l'été aux ruines de Versailles, et l'hiver à celles de Thèbes.

A peine a-t-elle disparu, qu'on voit s'avancer sur les vents du nord une colonie qui vient remplacer les voyageurs du midi, afin qu'il ne reste aucun vide dans nos campagnes. Par un temps grisâtre d'automne, lorsque la bise souffle sur les champs, que les bois perdent leurs dernières feuilles, une troupe de canards sauvages, tous rangés à la file, traversent en silence un ciel mélancolique. S'ils aperçoivent du haut des airs quelque manoir gothique environné d'étangs et de forêts, c'est là qu'ils se préparent à descendre : ils attendent la nuit, et font des évolutions au-dessus des bois. Aussitôt que la vapeur du soir enveloppe la vallée, le cou tendu et l'aile sifflante, ils s'abattent tout à coup sur les eaux, qui retentissent. Un cri général, suivi d'un profond silence, s'élève dans les marais. Guidés par une petite lumière, qui peut-être brille à l'étroite fenêtre d'une tour, les voyageurs s'approchent des murs à la faveur des roseaux et des ombres. Là, battant des ailes et poussant des cris par intervalles, au milieu du murmure des vents et des pluies, ils saluent l'habitation de l'homme.

Un des plus jolis habitants de ces retraites, mais dont les pèlerinages sont moins lointains, c'est la poule d'eau. Elle se montre au bord des joncs, s'enfonce dans leur labyrinthe, reparaît et disparaît encore en poussant un petit cri sauvage : elle se promène dans les fossés du château; elle aime à se percher sur les armoiries sculptées dans les murs. Quand elle s'y tient immobile, on la prendrait, avec son plumage noir et le cachet blanc de sa tête, pour un oiseau en blason tombé de l'écu d'un ancien chevalier. Aux approches du printemps, elle se retire à des sources écartées. Une racine de saule minée par les eaux lui offre un asile; elle s'y dérobe à tous les yeux. Le convolvulus, les mousses, les capillaires d'eau, suspendent devant son nid des draperies de verdure; le cresson et la lentille lui fournissent une nourriture délicate; l'eau murmure doucement à son oreille; de beaux insectes occupent ses regards; et les naïades du ruisseau, pour mieux cacher cette jeune mère, plantent autour d'elle leurs quenouilles de roseaux, chargées d'une laine empourprée.

Parmi ces passagers de l'aquilon, il s'en trouve qui s'habituent à nos mœurs, et refusent de retourner dans leur patrie : les uns, comme les compagnons d'Ulysse, sont captivés par la douceur de quelques fruits; les autres, comme les déserteurs du vaisseau de Cook, sont séduits par des enchanteresses qui les retiennent dans leurs îles. Mais la plupart nous quittent après un séjour de quelques mois : ils s'attachent aux vents et aux tempêtes qui ternissent l'éclat des flots, et leur livrent la proie qui leur échapperait dans des eaux transparentes; ils n'aiment que les retraites ignorées, et font le tour de la terre par un cercle de solitudes.

Ce n'est pas toujours en troupes que ces oiseaux visitent nos demeures. Quelquefois deux beaux étrangers, aussi blancs que la neige, arrivent avec les frimas : ils descendent au milieu des bruyères, dans un lieu découvert, et dont on ne peut approcher sans être aperçu; après quelques heures de repos, ils remontent sur les nuages. Vous courez à l'endroit d'où ils sont partis, et vous n'y trouvez que quelques plumes, seules marques de leur passage, que le vent a déjà dispersées : heureux le favori des muses qui, comme le cygne, a quitté la terre sans y laisser d'autres débris et d'autres souvenirs que quelques plumes de ses ailes!

Des convenances pour les scènes de la nature, ou des rapports d'utilité pour l'homme, déterminent les différentes migrations des animaux. Les oiseaux qui paraissent dans les mois des tempêtes ont des voix tristes et des mœurs sauvages comme la saison qui les amène ; ils ne viennent point pour se faire entendre, mais pour écouter : il y a dans le sourd mugissement des bois quelque chose qui charme les oreilles. Les arbres qui balancent tristement leurs cimes dépouillées ne portent que de noires légions qui se sont associées pour passer l'hiver : elles ont leurs sentinelles et leurs gardes avancées ; souvent une corneille centenaire, antique sibylle du désert, se tient seule perchée sur un chêne avec lequel elle a vieilli : là, tandis que ses sœurs font silence, immobile et comme pleine de pensées, elle abandonne aux vents des monosyllabes prophétiques.

Il est remarquable que les sarcelles, les canards, les oies, les bécasses, les pluviers, les vanneaux, qui servent à notre nourriture, arrivent quand la terre est dépouillée : tandis que les oiseaux étrangers qui nous viennent dans la saison des fruits n'ont avec nous que des relations de plaisirs : ce sont des musiciens envoyés pour charmer nos banquets. Il en faut excepter quelques-uns, tels que la caille et le ramier, dont toutefois la chasse n'a lieu qu'après la récolte, et qui s'engraissent dans nos blés pour servir à notre table. Ainsi, les oiseaux du Nord sont la manne des aquilons, comme les rossignols sont les dons des zéphyrs : de quelque point de l'horizon que le vent souffle, il nous apporte un présent de la Providence.

CHAPITRE VIII.

OISEAUX DES MERS ; COMMENT UTILES A L'HOMME.

QUE LES MIGRATIONS DES OISEAUX SERVAIENT DE CALENDRIER AUX LABOUREURS DANS LES ANCIENS JOURS.

Les oies, les sarcelles, les canards, étant de race domestique, habitent partout où il peut y avoir des hommes. Les navigateurs ont trouvé des bataillons innombrables de ces oiseaux jusque sous le pôle antarctique et sur les côtes de la Nouvelle-Zélande. Nous en avons rencontré nous-même des milliers depuis le golfe Saint-Laurent jusqu'à la pointe de l'isthme de la Floride. Nous vîmes un jour aux Açores une compagnie de sarcelles bleues, que la lassitude contraignit de s'abattre sur un figuier. Cet arbre n'avait point de feuilles ; mais il portait des fruits rouges enchaînés deux à deux comme des cristaux. Quand il fut couvert de cette nuée d'oiseaux, qui laissaient pendre leurs ailes fatiguées, il offrit un spectacle singulier : les fruits paraissaient d'une pourpre éclatante sur les rameaux ombragés, tandis que l'arbre, par un prodige, semblait avoir poussé tout à coup un feuillage d'azur.

Les oiseaux de mer ont des lieux de rendez-vous, où ils semblent délibérer en commun des affaires de leur république : c'est ordinairement un écueil au milieu des flots. Nous allions souvent nous asseoir, dans l'île Saint-Pierre [1], sur la côte opposée à une petite île que les habitants ont appelée *le Colombier*, parce qu'elle en a la forme, et qu'on y vient chercher des œufs au printemps.

La multitude des oiseaux rassemblés sur ce rocher était si grande, que sou-

[1] Ile à l'entrée du golfe Saint-Laurent, sur la côte de Terre-Neuve.

vent nous distinguions leurs cris pendant le mugissement des tempêtes. Ces oiseaux avaient des voix extraordinaires, comme celles qui sortaient des mers; si l'Océan a sa Flore, il a aussi sa Philomèle : lorsqu'au coucher du soleil, le courlis siffle sur la pointe d'un rocher, et que le bruit sourd des vagues l'accompagne, c'est une des harmonies les plus plaintives qu'on puisse entendre; jamais l'époux de Céix n'a rempli de tant de douleurs les rivages témoins de ses infortunes.

Une parfaite intelligence régnait dans la république du *Colombier*. Aussitôt qu'un citoyen était né, sa mère le précipitait dans les vagues, comme ces peuples barbares qui plongeaient leurs enfants dans les fleuves, pour les endurcir contre les fatigues de la vie. Des courriers partaient sans cesse de cette Tyr avec des gardes nombreuses qui, par ordre de la Providence, se dispersaient sur les mers pour secourir les vaisseaux. Les uns se placent à quarante ou cinquante lieues d'une terre inconnue, et deviennent un indice certain pour le pilote qui les découvre flottants sur l'onde comme les bouées d'une ancre ; d'autres se cantonnent sur un rescif, et, sentinelles vigilantes, élèvent pendant la nuit une voix lugubre, pour écarter les navigateurs; d'autres encore, par la blancheur de leur plumage, sont de véritables phares sur la noirceur des rochers. Nous présumons que c'est pour la même raison que la bonté de Dieu a rendu l'écume des flots phosphorique, et toujours plus éclatante parmi les brisants, en raison de la violence de la tempête : beaucoup de vaisseaux périraient dans les ténèbres sans ces fanaux miraculeux allumés par la Providence sur les écueils.

Tous les accidents des mers, le flux et le reflux, le calme et l'orage, sont prédits par les oiseaux. La mauve descend sur une grève, retire son cou dans sa plume, cache une patte dans son duvet, et, se tenant immobile sur l'autre, avertit le pêcheur de l'instant où les vagues se lèvent; l'alouette marine, qui court le long du flot en poussant un cri doux et triste, annonce au contraire le moment du reflux; enfin, les procellaria s'établissent au milieu de l'Océan. Compagnes des mariniers, elles suivent la course des navires et prophétisent la tempête. Le matelot leur attribue quelque chose de sacré, et leur donne religieusement l'hospitalité quand le vent les jette à bord ; c'est de même que le laboureur respecte le rouge-gorge, qui lui prédit les beaux jours, et c'est ainsi qu'il le reçoit sous son toit de chaume pendant les rigueurs de l'hiver. Ces hommes malheureux, placés dans les deux conditions les plus dures de la vie, ont des amis que leur a préparés la Providence ; ils trouvent dans un être faible le conseil ou l'espérance, qu'ils chercheraient souvent en vain chez leurs semblables. Ce commerce de bienfaits entre de petits oiseaux et des hommes infortunés, est un de ces traits touchants qui abondent dans les œuvres de Dieu. Entre le rouge-gorge et le laboureur, entre la procellaria et le matelot, il y a une ressemblance de mœurs et de destinées tout à fait attendrissante. Oh ! que la nature est sèche, expliquée par des sophistes ! mais combien elle paraît pleine et fertile aux cœurs simples qui n'y recherchent les merveilles que pour glorifier le Créateur.

Si le temps et le lieu nous le permettaient, nous aurions bien d'autres migrations à peindre, bien d'autres secrets de la Providence à révéler. Nous parlerions des grues des Florides, dont les ailes rendent des sons si harmonieux, et qui font de si beaux voyages au-dessus des lacs, des savanes, des cyprières, et des bocages d'orangers et de palmiers; nous montrerions le pélican des bois visitant les morts de la solitude, ne s'arrêtant qu'aux cimetières indiens, et aux *monts des tombeaux*; nous rapporterions les raisons de ces migrations toujours relatives à l'homme; nous dirions les vents, les saisons que les oiseaux choisissent pour changer de climats, les aventures qu'ils éprouvent, les obstacles qu'ils ont à surmonter, les naufrages qu'ils font; comment ils abordent quelquefois, loin du pays qu'ils cherchent, sur des côtes inconnues; comment ils périssent en passant sur des forêts embrasées par la foudre, ou sur des plaines où les Sauvages ont mis le feu.

Dans les premiers âges du monde, c'était sur la floraison des plantes, sur la chute des feuilles, sur le départ et l'arrivée des oiseaux, que les laboureurs et les bergers réglaient leurs travaux. De là l'art de la divination chez certains peuples : on supposa que des animaux qui prédisaient les saisons et les tempêtes ne pouvaient être que les interprètes de la Divinité. Les anciens naturalistes et les poëtes (à qui nous sommes redevables du peu de simplicité qui reste encore parmi nous) nous montrent combien était merveilleuse cette manière de compter par les fastes de la nature, et quel charme elle répandait sur la vie. Dieu est un profond secret; l'homme, créé à son image, est pareillement incompréhensible : c'était donc une ineffable harmonie de voir les périodes de ces jours réglées par des horloges aussi mystérieuses que lui-même.

Sous les tentes de Jacob ou de Booz, l'arrivée d'un oiseau mettait tout en mouvement; le patriarche faisait le tour de son champ, à la tête de ses serviteurs armés de faucilles. Si le bruit se répandait que les petits de l'alouette avaient été vus voltigeant, à cette grande nouvelle, tout un peuple, sur la foi de Dieu, commençait avec joie la moisson. Ces aimables signes, en dirigeant les soins de la saison présente, avaient l'avantage de prédire les vicissitudes de la saison prochaine. Les oies et les sarcelles arrivaient-elles en abondance, on savait que l'hiver serait long. La corneille commençait-elle à bâtir son nid au mois de janvier, les pasteurs espéraient en avril les roses de mai. Le mariage d'une jeune fille, au bord d'une fontaine, avait tel rapport avec l'épanouissement d'une plante; et les vieillards, qui meurent ordinairement en automne, tombaient avec les glands et les fruits mûrs. Tandis que le philosophe, tronquant ou allongeant l'année, promenait l'hiver sur le gazon du printemps, le laboureur ne craignait point que l'astronome qui lui venait du ciel se trompât. Il savait que le rossignol ne prendrait point le mois des frimas pour celui des fleurs, et ne ferait point entendre au solstice d'hiver les chansons de l'été. Aussi les soins, les jeux, les plaisirs de l'homme champêtre étaient déterminés non par le calendrier incertain d'un savant, mais par les calculs infaillibles de celui qui a tracé la route du soleil. Ce souverain Régulateur voulut lui-même que les fêtes de son culte fussent assujetties aux simples époques empruntées de ses propres ouvrages; et dans ces jours d'innocence, selon les saisons et les travaux, c'était la voix du zéphyr ou de la tempête, de l'aigle ou de la colombe, qui appelait l'homme au temple du Dieu de la nature.

Nos paysans se servent encore quelquefois de ces tables charmantes, où sont gravés les temps des travaux rustiques. Les peuples de l'Inde en font le même usage, et les nègres et les Sauvages américains gardent cette manière de compter. Un Siminole de la Floride vous dit : « La fille s'est mariée à l'arrivée du *colibri*. — L'enfant est mort quand la *non-pareille* a mué. — Cette mère a autant de fils qu'il y a d'œufs dans le nid du *pélican*. »

Les Sauvages du Canada marquent la sixième heure du soir par le moment où les ramiers boivent aux sources, et les Sauvages de la Louisiane par celui où l'*éphémère* sort des eaux. Le passage des divers oiseaux règle la saison des chasses ; et le temps des récoltes du maïs, du sucre d'érable, de la folle-avoine, est annoncé par certains animaux qui ne manquent jamais d'accourir à l'heure du banquet.

CHAPITRE IX.

SUITE DES MIGRATIONS.

QUADRUPÈDES.

Les migrations sont plus fréquentes dans la classe des poissons et des oiseaux que dans celle des quadrupèdes, à cause de la multiplicité des premiers, et de la facilité de leurs voyages, à travers deux éléments qui enveloppent la terre ; il n'y a d'étonnant que la manière dont ils abordent, sans s'égarer, aux rivages qu'ils cherchent. On conçoit qu'un animal, chassé par la faim, abandonne le pays qu'il habite, en quête de nourriture et d'abri ; mais conçoit-on que la *matière* le fasse aller *ici* plutôt que *là*, et le conduise, avec une exactitude miraculeuse, précisément au lieu où se trouvent cette nourriture et cet abri ? Pourquoi connaît-il les vents et les marées, les équinoxes et les solstices ? Nous ne doutons point que, si les races voyageuses étaient un seul moment abandonnées à leur *propre instinct*, elles ne périssent presque toutes. Celles-ci, en voulant passer dans les latitudes froides, arriveraient sous les tropiques ; celles-là, en comptant se rendre à la ligne, se trouveraient sous le pôle. Nos rouges-gorges, au lieu de traverser l'Alsace et la Germanie, en cherchant de petits insectes, deviendraient eux-mêmes en Afrique la proie de quelque énorme scarabée ; le Groënlandais entendrait une plainte sortir des rochers, et verrait un oiseau grisâtre chanter et mourir : ce serait la pauvre Philomèle.

Dieu ne permet pas de pareilles méprises. Tout a ses convenances et ses rapports dans la nature : aux fleurs les zéphyrs, aux hivers les tempêtes, au cœur de l'homme la douleur. Les plus habiles pilotes manqueront longtemps le port désiré, avant que le poisson se trompe sur la longitude du moindre des écueils de l'abîme : la Providence est son étoile polaire ; et, quelque part qu'il se dirige, il aperçoit toujours cet astre qui ne se couche jamais.

L'univers est comme une immense hôtellerie, où tout est sans cesse en mouvement. On en voit sortir, on y voit entrer une multitude de voyageurs. Il n'y a peut-être rien de plus beau, dans les migrations des quadrupèdes, que les voyages des bisons à travers les savanes de la Louisiane et du Nouveau-Mexique. Quand le temps de changer de climat est venu, pour aller porter l'abondance à des peuples sauvages, quelque buffle, conducteur des troupeaux du désert, appelle autour de lui ses fils et ses filles. Le rendez-vous est au bord du Meschacébé ; l'instant de la marche est fixé vers la fin du jour. La troupe s'assemble, le moment arrive. Le chef, secouant sa crinière, qui pend de toutes parts sur ses yeux et ses cornes recourbées, salue le soleil couchant en baissant la tête, et en élevant son dos comme une montagne ; un bruit sourd, signal du départ, sort en même temps de sa profonde poitrine, et tout à coup il plonge dans les vagues écumantes, suivi de la multitude des génisses et des taureaux qui mugissent d'amour après lui.

Tandis que cette puissante famille de quadrupèdes traverse à grand bruit les fleuves et les forêts, une flotte paisible, sur un lac solitaire, vogue en silence à la faveur des zéphyrs, et à la clarté des étoiles. De petits écureuils noirs, après avoir dépouillé les noyers du voisinage, se sont résolus à chercher fortune, et à s'embarquer pour une autre forêt. Aussitôt élevant leurs queues, et déployant au vent cette voile de soie, la race hardie tente fièrement l'inconstance des ondes, pirates imprudents, que l'amour des richesses transporte. La tempête se lève, la flotte va périr. Elle essaie de gagner le havre prochain ; mais quelquefois une armée de castors s'oppose à la descente, dans la crainte que ces étrangers ne viennent piller les moissons. En vain les légers escadrons débarqués sur la rive se sauvent en montant sur les arbres, et insultent du haut de ces remparts à la marche pesante des ennemis. Le génie l'emporte sur la ruse : des sapeurs s'avancent, minent le chêne, et le font tomber avec tous ses écureuils, comme une tour chargée de soldats, abattue par le bélier antique.

Il arrive bien d'autres malheurs à nos aventuriers, qui s'en consolent avec quelques fruits et quelques jeux : Athènes, prise par les Lacédémoniens, n'en fut ni moins aimable ni moins frivole. En remontant la rivière du nord, sur le paquebot de New-York à Albany, nous vîmes un de ces infortunés qui essayait inutilement de traverser le fleuve. On le retira de l'eau demi-noyé ; il était charmant, d'un noir d'ébène, et sa queue avait deux fois la longueur de son corps ; il fut rendu à la vie, mais il perdit la liberté : une jeune passagère en fit son esclave.

Les rennes du nord de l'Europe, les caribous et les orignaux de l'Amérique septentrionale ont leur temps de migrations, toujours correspondant aux besoins de l'homme. Il n'y a pas jusqu'aux ours blancs de Terre-Neuve, dont la fourrure est si nécessaire aux Esquimaux, qui ne soient envoyés à ces Sauvages par une Providence miraculeuse. Ces monstres marins abordent aux côtes du Labrador, sur des glaces flottantes, ou sur des débris de navires, où ils se tiennent comme de forts matelots sauvés du naufrage.

Les éléphants voyagent aussi en Asie ; la terre tremble sous leurs pas ; et cependant il n'y a rien à craindre : chaste, intelligent, sensible, Behmot est doux, parce qu'il est fort, paisible parce qu'il est puissant. Premier serviteur de l'homme, et non son esclave, il tient le second rang dans l'ordre de la création : après la chute originelle, les animaux s'éloignèrent du toit de l'homme ; mais on pourrait croire que les éléphants, naturellement généreux, se retirèrent avec le plus de regret, car ils sont toujours restés aux environs du berceau du monde. Ils sortent de temps en temps de leur désert, et s'avancent vers un pays habité, afin de remplacer leurs compagnons morts, sans se reproduire, au service des fils d'Adam [1].

CHAPITRE X.

AMPHIBIES ET REPTILES.

On trouve au pied des monts Apalaches, dans les Florides, des fontaines qu'on appelle *puits naturels*. Chaque puits est creusé au centre d'un monticule planté d'orangers, de chênes-verts et de catalpas. Ce monticule s'ouvre en forme de croissant, du côté de la savane, et un courant d'eau sort du puits par cette ouverture. Les arbres, en s'inclinant sur la fontaine, rendent sa surface toute noire au-dessous; mais à l'endroit où le courant d'eau s'échappe de la base du cône, un rayon du jour pénétrant par le lit du canal, tombe sur un seul point du miroir de la fontaine, qui imite l'effet de la glace dans la *chambre obscure* du peintre. Cette charmante retraite est ordinairement habitée par un énorme crocodile qui se tient immobile au milieu du bassin [2] : à son écaille verdoyante, à ses larges naseaux qui lancent les ondes en deux ellipses colorées, vous le prendriez pour un dragon de bronze dans quelque grotte des bosquets de Versailles.

Les crocodiles ou caïmans des Florides ne vivent pas toujours solitaires. Dans certain temps de l'année, ils s'assemblent en troupes et se mettent en embuscade pour attaquer des voyageurs qui doivent arriver de l'Océan. Lorsque ceux-ci ont remonté les fleuves, que l'eau manque à leur multitude, qu'ils meu-

[1] Les plumes éloquentes qui ont décrit les mœurs de ces animaux nous dispensent de nous étendre sur ce sujet. Nous dirons seulement que les éléphants ne nous paraissent d'une structure si étrange que parce que nous les voyons séparés des végétaux, des sites, des eaux, des montagnes, des couleurs, de la lumière, des ombres et des cieux qui leur sont propres. Les productions de nos latitudes, mesurées sur une petite échelle, les formes généralement rondes des objets, la finesse de nos herbes, la dentelure légère de nos feuillages, l'élégance du port de nos arbres, nos jours trop pâles, nos nuits trop fraîches, les teintes trop fuyardes de nos verdures, enfin la couleur même, le vêtement, l'architecture de l'Européen, n'ont aucune concordance avec l'éléphant. Si les voyageurs observaient plus exactement, nous saurions comment ce quadrupède se marie à la nature qui le produit. Pour nous, nous croyons entrevoir quelques-unes de ces relations. La trompe de l'éléphant, par exemple, a des rapports marqués avec les cierges, les aloès, les lianes, les rotins, et, dans le règne animal, avec les longs serpents des Indes; ses oreilles sont taillées comme les feuilles du figuier oriental; sa peau est écailleuse, molle, et pourtant rigide comme la bourre qui enveloppe une partie du tronc du palmier, ou plutôt comme la filasse ligneuse du coco; beaucoup de plantes grasses des tropiques s'appuient sur la terre comme ses pieds, et en ont la forme lourde et carrée; son cri est à la fois grêle et fort comme celui du Cafre, ou comme le cri de guerre du Cipaye. Lorsque couvert de riches tapis, chargé d'une tour, semblable aux minarets d'une pagode, l'éléphant apporte quelque pieux monarque aux débris de ces temples qu'on trouve dans la presqu'île des Indes, la colonne de ses pieds, sa figure irrégulière, sa pompe barbare, s'allient avec cette architecture colossale formée de quartiers de roches entassés les uns sur les autres : la bête et le monument en ruine semblent être deux restes du temps des géants.

[2] Voyez BARTRAM, *Voyage dans les Carolines et dans les Florides*.

rent échoués sur les rivages et menacent de répandre la peste dans l'air, la Providence les livre tout à coup à une armée de quatre ou cinq mille crocodiles. Les monstres, poussant un cri et faisant claquer leurs mâchoires, fondent sur les étrangers. Bondissant de toutes parts, les combattants se joignent, se saisissent, s'entrelacent. Ils se plongent au fond des gouffres, se roulent dans les limons, remontent à la surface de l'eau. Le fleuve taché de sang se couvre de corps mutilés et d'entrailles fumantes. Rien ne peut donner une idée de ces scènes extraordinaires, décrites par les voyageurs, et que le lecteur est toujours tenté à prendre pour de vaines exagérations [1].

Rompues, dispersées, pleines d'épouvante, les légions étrangères, poursuivies jusqu'à l'Océan, sont forcées de rentrer dans les abîmes, afin que, désormais utiles à nos besoins, elles nous servent sans nous nuire [2].

Ces espèces de monstres ont quelquefois révolté la sagesse de l'athée ; ils sont pourtant nécessaires dans le plan général. Ils n'habitent que les déserts où l'absence de l'homme commande leur présence ; ils y sont placés pour détruire, jusqu'à l'arrivée du grand destructeur. Aussitôt que nous apparaissons sur une côte, ils nous cèdent l'empire, certains qu'un seul de nous fera plus de ravages que dix mille d'entre eux [3].

Et pourquoi Dieu fait-il des êtres superflus qui obligent ensuite à des destructions? Par la raison que Dieu n'agit pas comme nous d'une manière bornée; il se contente de dire : *Croissez et multipliez;* et l'infini est dans ces deux mots. Dorénavant, pour être sage, il faudra peut-être que la Divinité soit médiocre; l'infini sera un attribut que nous lui retrancherons : tout ce qui sera immense sera rejeté. Nous dirons : « Cela est de trop dans la nature, » parce que notre esprit ne pourra le comprendre. Et que si Dieu s'avise de placer plus d'un certain nombre de soleils dans la voûte céleste, nous tiendrons l'excédant comme non avenu ; et, en conséquence de cette prodigalité d'univers, nous déclarerons le Créateur convaincu de folie et d'impuissance.

Considérés en eux-mêmes, quelle que soit la difformité de ces êtres que nous appelons des monstres, on peut encore reconnaître, sous leurs horribles traits, quelques marques de la bonté divine. Un crocodile, un serpent, ne sont pas moins tendres pour leurs petits qu'un rossignol, une colombe. C'est d'abord un contraste miraculeux et touchant de voir un crocodile bâtir un nid et pondre un œuf comme une poule, et un petit monstre sortir d'une coquille comme un poussin. La femelle du crocodile montre ensuite pour sa famille la plus tendre sollicitude. Elle se promène entre les nids de ses sœurs, qui forment des cônes d'œufs et d'argile, et qui sont rangés comme les tentes d'un camp au bord d'un fleuve. L'amazone fait une garde vigilante, et laisse agir les feux du jour; car, si la délicate affection de la mère est comme représentée par l'œuf du cro-

[1] Voyez BARTRAM, au *Voyage* cité.

[2] Les immenses avantages que l'homme tire des migrations des poissons sont si connus que nous ne nous y arrêtons pas.

[3] On a observé que dans les Carolines, où les caïmans ont été détruits, les rivières sont souvent infectées par la multitude des poissons qui remontent de l'Océan, et qui meurent, faute d'eau, pendant les jours caniculaires.

codile, la force et les mœurs de ce puissant animal se peignent, pour ainsi dire, dans le soleil qui couve cet œuf et dans le limon qui lui sert de levain. Aussitôt qu'une des meules a germé, la femelle prend sous sa protection les monstres naissants : ce ne sont pas toujours ses propres fils ; mais elle fait, par ce moyen, l'apprentissage de la maternité, et rend son habileté égale à ce que sera sa tendresse. Quand enfin sa famille vient à éclore, elle la conduit au fleuve, la lave dans une eau pure, lui apprend à nager, pêche pour elle de petits poissons et la protége contre les mâles qui veulent souvent la dévorer.

Un Espagnol des Florides nous a conté qu'ayant enlevé la couvée d'un crocodile, et la faisant emporter dans un panier par des nègres, la femelle le suivit avec des cris pitoyables. On posa deux des petits à terre : la mère aussitôt se mit à les pousser avec ses mains et son museau, tantôt se tenant derrière eux pour les défendre, tantôt marchant à leur tête pour leur montrer le chemin. Les petits se traînaient, en gémissant, sur les traces de leur mère, et ce reptile énorme, qui naguère ébranlait le rivage de ses rugissements, faisait alors entendre une sorte de bêlement aussi doux que celui d'une chèvre qui allaite ses chevreaux. Le serpent à sonnettes le dispute au crocodile en affection maternelle : ce reptile, qui donne aux hommes des leçons de générosité [1], leur en donne encore de tendresse. Quand sa famille est poursuivie, il la reçoit dans sa gueule [2] : peu content des lieux où il la pourrait cacher, il la fait rentrer en lui, ne trouvant point pour des enfants d'asile plus sûr que le sein d'une mère. Exemple d'un dévouement sublime, il ne survit point à la perte de ses petits ; car, pour les lui ravir, il faut les arracher de ses entrailles.

Parlerons-nous du poison de ce serpent, toujours plus violent au temps où il a une famille? Raconterons-nous la tendresse de l'ours, qui, semblable à la femme sauvage, pousse l'amour maternel jusqu'à allaiter ses enfants après leur mort [3] ?

Qu'on suive ces prétendus monstres dans leurs instincts ; qu'on étudie leurs formes, leurs armures ; qu'on fasse attention à l'anneau qu'ils occupent dans la chaîne de la création ; qu'on les examine dans leurs propres rapports et dans ceux qu'ils ont avec l'homme, nous osons assurer que les causes finales sont peut-être plus visibles dans cette classe d'êtres qu'elles ne le sont dans les espèces plus favorisées de la nature : de même que dans un ouvrage barbare les traits de génie brillent davantage au milieu des ombres qui les environnent.

L'objection que l'on fait contre les lieux que ces monstres habitent ne nous paraît pas mieux fondée. Les marais, tout nuisibles qu'ils semblent, ont cependant de grandes utilités. Ce sont les urnes des fleuves dans les pays de plaine, et les réservoirs des pluies dans les contrées éloignées de la mer. Leur limon et les cendres de leurs herbes fournissent des engrais aux laboureurs ; leurs roseaux donnent le feu et le toit à de pauvres familles ; frêle couverture, en harmonie avec la vie de l'homme, et qui ne dure pas plus que nos jours.

Ces lieux ont même une certaine beauté qui leur est propre : frontière de la

---

[1] Il n'attaque jamais le premier. — [2] Voyez les *Voyages de Carver* (*Carver's Travels*) dans le Canada. — [3] Voyez les *Voyages de Cook*.

terre et de l'eau, ils ont des végétaux, des sites et des habitants particuliers : tout y participe du mélange des deux éléments. Les glaïeuls tiennent le milieu entre l'herbe et l'arbuste, entre le poireau des mers et la plante terrestre ; quelques-uns des insectes fluviatiles ressemblent à de petits oiseaux : quand la *demoiselle*, avec son corsage bleu et ses ailes transparentes, se repose sur la fleur du nénuphar blanc, on croirait voir l'oiseau-mouche des Florides sur une rose de magnolia. En automne, ces marais sont plantés de joncs desséchés qui donnent à la stérilité même l'air des plus opulentes moissons ; au printemps, ils présentent des bataillons de lances verdoyantes. Un bouleau, un saule isolé où la brise a suspendu quelques flocons de plumes, domine ces mouvantes campagnes ; le vent glissant sur ces roseaux incline tour à tour leurs cimes : l'une s'abaisse, tandis que l'autre se relève ; puis soudain, toute la forêt venant à se courber à la fois, on découvre ou le butor doré, ou le héron blanc, qui se tient immobile sur une longue patte comme sur un épieu.

CHAPITRE XI.

DES PLANTES ET DE LEURS MIGRATIONS.

Nous entrons à présent dans ce règne où les merveilles de la nature prennent un caractère plus riant et plus doux. En s'élevant dans les airs et sur le sommet des monts, on dirait que les plantes empruntent quelque chose du ciel, dont elles se rapprochent. On voit souvent par un profond calme, au lever de l'aurore, les fleurs d'une vallée immobiles sur leurs tiges ; elles se penchent de diverses manières et regardent tous les points de l'horizon. Dans ce moment même où il semble que tout est tranquille, un mystère s'accomplit : la nature conçoit ; et ces plantes sont autant de jeunes mères tournées vers la région mystérieuse d'où leur doit venir la fécondité. Les sylphes ont des sympathies moins aériennes, des communications moins invisibles : le narcisse livre aux ruisseaux sa race virginale, la violette confie aux zéphyrs sa modeste postérité, une abeille cueille du miel de fleurs en fleurs, et, sans le savoir, féconde toute une prairie ; un papillon porte un peuple entier sur son aile. Cependant les amours des plantes ne sont pas également tranquilles ; il en est d'orageuses comme celles des hommes : il faut des tempêtes pour marier sur des hauteurs inaccessibles le cèdre du Liban au cèdre du Sinaï, tandis qu'au bas de la montagne, le plus doux vent suffit pour établir entre le fleuve un commerce de volupté. N'est-ce pas ainsi que le souffle des passions agite les rois de la terre sur leurs trônes, tandis que les bergers vivent heureux à leurs pieds ?

La fleur donne le miel : elle est la fille du matin, le charme du printemps, la source des parfums, la grâce des vierges, l'amour des poëtes : elle passe vite comme l'homme, mais elle rend doucement ses feuilles à la terre. Chez les anciens, elle couronnait la coupe du banquet et les cheveux blancs du sage ; les premiers chrétiens en couvraient les martyrs et l'autel des catacombes ; aujourd'hui, et en mémoire de ces antiques jours, nous la mettons dans nos temples. Dans le monde, nous attribuons nos affections à ses couleurs : l'espérance à sa verdure, l'innocence à sa blancheur, la pudeur à ses teintes de rose : il y a des nations entières où elle est l'interprète des sentiments ; livre charmant qui ne renferme aucune erreur dangereuse, et ne garde que l'histoire fugitive des révolutions du cœur !

En mettant les sexes sur des individus différents dans plusieurs familles de plantes, la Providence a multiplié les mystères et les beautés de la nature. Par là la loi des migrations se reproduit dans un règne qui semblait dépourvu de toute faculté de se mouvoir. Tantôt c'est la graine ou le fruit, tantôt c'est une portion de la plante ou même la plante entière qui voyage. Les cocotiers croissent souvent sur des rochers au milieu de la mer : quand la tempête survient, les fruits tombent, et les flots les roulent à des côtes habitées, où ils se transforment en beaux arbres ; symbole de la vertu qui s'élève sur des écueils exposés aux orages : plus elle est battue des vents, plus elle prodigue de trésors aux hommes.

On nous a montré au bord de l'*Yar*, petite rivière du comté de Suffolk en Angleterre, une espèce de cresson fort curieux : il change de place et s'avance comme par bonds et par sauts. Il porte plusieurs chevelus dans ses cimes ; lorsque ceux qui se trouvent à l'une des extrémités de la masse sont assez longs pour atteindre au fond de l'eau, ils y prennent racine. Tirées par l'action de la plante qui s'abaisse sur son nouveau pied, les griffes du côté opposé lâchent prise, et la cressonnière, tournant sur son pivot, se déplace de toute la longueur de son banc. Le lendemain on cherche la plante dans l'endroit où on l'a laissée la veille, et on l'aperçoit plus haut ou plus bas sur le cours de l'onde, formant, avec le reste des familles fluviatiles, de nouveaux effets et de nouvelles harmonies. Nous n'avons vu ni la floraison ni la fructification de ce cresson singulier, que nous avons nommé MIGRATOR, *voyageur*, à cause de nos propres destinées.

Les plantes marines sont sujettes à changer de climat ; elles semblent partager l'esprit d'aventure de ces peuples insulaires, que leur position géographique a rendus commerçants. Le *fucus giganteus* sort des antres du Nord, avec les tempêtes ; il s'avance sur la mer, en enfermant dans ses bras des espaces immenses. Comme un filet tendu de l'un à l'autre rivage de l'Océan, il entraîne avec lui les moules, les phoques, les raies, les tortues qu'il prend sur sa route. Quelquefois, fatigué de nager sur les vagues, il allonge un pied au fond de l'abîme, et s'arrête debout ; puis, recommençant sa navigation avec un vent favorable, après avoir flotté sous mille latitudes diverses, il vient tapisser les côtes du Canada des guirlandes enlevées aux rochers de la Norwège.

Les migrations des plantes marines, qui, au premier coup d'œil, ne paraissent que de simples jeux du hasard, ont cependant des relations touchantes avec l'homme.

En nous promenant un soir à Brest, au bord de la mer, nous aperçûmes une pauvre femme qui marchait courbée entre des rochers ; elle considérait attentivement les débris d'un naufrage, et surtout les plantes attachées à ces débris, comme si elle eût cherché à deviner, par leur plus ou moins de vieillesse, l'époque certaine de son malheur. Elle découvrit sous des galets une de ces boîtes de matelot qui servent à mettre des flacons. Peut-être l'avait-elle remplie elle-même autrefois, pour son époux, de cordiaux achetés du fruit de ses épargnes : du moins nous le jugeâmes ainsi, car elle se prit à essuyer ses larmes avec le coin de son tablier. Des mousserons de mer remplaçaient maintenant ces présents de sa tendresse. Ainsi, tandis que le bruit du canon apprend aux grands le naufrage des grands du monde, la Providence, annonçant aux mêmes bords quelque deuil aux petits et aux faibles, leur dépêche secrètement quelques brins d'herbe et un débris.

CHAPITRE XII.

DEUX PERSPECTIVES DE LA NATURE.

Ce que nous venons de dire des animaux et des plantes nous mène à considérer les tableaux de la nature sous un rapport plus général. Tâchons de faire parler ensemble ces merveilles, qui, prises séparément, nous ont déjà dit tant de choses de la Providence.

Nous présenterons aux lecteurs deux perspectives de la nature, l'une marine et l'autre terrestre ; l'une au milieu des mers Atlantiques, l'autre dans les forêts du Nouveau-Monde, afin qu'on ne puisse attribuer la majesté de ces scènes aux monuments des hommes.

Le vaisseau sur lequel nous passions en Amérique s'étant élevé au-dessus du gisement des terres, bientôt l'espace ne fut plus tendu que du double azur de la mer et du ciel, comme une toile préparée pour recevoir les futures créations de quelque grand peintre. La couleur des eaux devint semblable à celle du verre liquide. Une grosse houle venait du couchant, bien que le vent soufflât de l'est ; d'énormes ondulations s'étendaient du nord au midi, et ouvraient dans leurs vallées de longues échappées de vue sur les déserts de l'Océan. Ces mobiles paysages changeaient d'aspect à toute minute : tantôt une multitude de tertres verdoyants représentaient des sillons de tombeaux dans un cimetière immense ; tantôt des lames, en faisant moutonner leurs cimes, imitaient des troupeaux blancs répandus sur des bruyères : souvent l'espace semblait borné faute de point de comparaison : mais si une vague venait à se lever, un flot à se courber comme une côte lointaine, un escadron de chiens de mer à passer à l'horizon, l'espace s'ouvrait subitement devant nous. On avait surtout l'idée de l'étendue lorsqu'une brume légère rampait à la surface de la mer, et semblait accroître l'immensité même. Oh ! qu'alors les aspects de l'Océan sont grands et tristes ! Dans quelles rêveries ils vous plongent, soit que l'imagination s'enfonce sur les mers du Nord au milieu des frimas et des tempêtes, soit qu'elle aborde sur les mers du Midi à des îles de repos et de bonheur !

Il nous arrivait souvent de nous lever au milieu de la nuit et d'aller nous asseoir sur le pont, où nous ne trouvions que l'officier de quart et quelques matelots qui fumaient leur pipe en silence. Pour tout bruit on entendait le froissement de la proue sur les flots, tandis que les étincelles de feu couraient

avec une blanche écume le long des flancs du navire. Dieu des chrétiens !
c'est surtout dans les eaux de l'abîme et dans les profondeurs des cieux que tu
as gravé bien fortement les traits de ta toute-puissance ! Des millions d'étoiles
rayonnant dans le sombre azur du dôme céleste, la lune au milieu du firmament, une mer sans rivage, l'infini dans le ciel et sur les flots ! Jamais tu ne
m'as plus troublé de ta grandeur que dans ces nuits où, suspendu entre les
astres et l'Océan, j'avais l'immensité sur ma tête et l'immensité sous mes pieds!

Je ne suis rien ; je ne suis qu'un simple solitaire ; j'ai souvent entendu les savants disputer sur le premier Être, et je ne les ai point compris : mais j'ai toujours remarqué que c'est à la vue des grandes scènes de la nature que cet Être
inconnu se manifeste au cœur de l'homme. Un soir (il faisait un profond calme)
nous nous trouvions dans ces belles mers qui baignent les rivages de la Virginie, toutes les voiles étaient pliées ; j'étais occupé sous le pont, lorsque j'entendis la cloche qui appelait l'équipage à la prière : je me hâtai d'aller mêler
mes vœux à ceux de mes compagnons de voyage. Les officiers étaient sur le
château de poupe avec les passagers ; l'aumônier, un livre à la main, se tenait
un peu en avant d'eux ; les matelots étaient répandus pêle-mêle sur le tillac :
nous étions tous debout, le visage tourné vers la proue du vaisseau, qui regardait l'occident.

Le globe du soleil, prêt à se plonger dans les flots, apparaissait entre les
cordages du navire au milieu des espaces sans bornes. On eût dit, par les balancements de la poupe, que l'astre radieux changeait à chaque instant d'horizon. Quelques nuages étaient jetés sans ordre dans l'orient, où la lune montait
avec lenteur ; le reste du ciel était pur : vers le nord, formant un glorieux
triangle avec l'astre du jour et celui de la nuit, une trombe, brillante des couleurs du prisme, s'élevait de la mer comme un pilier de cristal supportant la
voûte du ciel.

Il eût été bien à plaindre, celui qui, dans ce spectacle, n'eût point reconnu
la beauté de Dieu. Des larmes coulèrent malgré moi de mes paupières, lorsque
mes compagnons, ôtant leurs chapeaux goudronnés, vinrent à entonner d'une
voix rauque leur simple cantique à *Notre-Dame de Bon Secours*, patronne des
mariniers. Qu'elle était touchante, la prière de ces hommes qui, sur une planche
fragile, au milieu de l'Océan, contemplaient le soleil couchant sur les flots !
Comme elle allait à l'âme, cette invocation du pauvre matelot à la mère de Douleur ! La conscience de notre petitesse à la vue de l'infini, nos chants s'étendant
au loin sur les vagues, la nuit s'approchant avec ses embûches, la merveille de
notre vaisseau au milieu de tant de merveilles, un équipage religieux saisi d'admiration et de crainte, un prêtre auguste en prières, Dieu penché sur l'abîme,
d'une main retenant le soleil aux portes de l'occident, de l'autre élevant la lune
dans l'orient, et prêtant, à travers l'immensité, une oreille attentive à la voix de
sa créature : voilà ce qu'on ne saurait peindre, et ce que tout le cœur de l'homme
suffit à peine pour sentir.

Passons à la scène terrestre.

Un soir je m'étais égaré dans une forêt, à quelque distance de la cataracte
de Niagara ; bientôt je vis le jour s'éteindre autour de moi, et je goûtai, dans

toute sa solitude, le beau spectacle d'une nuit dans les déserts du Nouveau-Monde.

Une heure après le coucher du soleil, la lune se montra au-dessus des arbres à l'horizon opposé. Une brise embaumée, que cette reine des nuits amenait de l'orient avec elle, semblait la précéder dans les forêts comme sa fraîche haleine. L'astre solitaire monta peu à peu dans le ciel : tantôt il suivait paisiblement sa course azurée; tantôt il reposait sur des groupes de nues qui ressemblaient à la cime de hautes montagnes couronnées de neige. Ces nues, ployant et déployant leurs voiles, se déroulaient en zones diaphanes de satin blanc, se dispersaient en légers flocons d'écume, ou formaient dans les cieux des bancs d'une ouate éblouissante, si doux à l'œil, qu'on croyait ressentir leur mollesse et leur élasticité.

La scène sur la terre n'était pas moins ravissante : le jour bleuâtre et velouté de la lune descendait dans les intervalles des arbres, et poussait des gerbes de lumière jusque dans l'épaisseur des plus profondes ténèbres. La rivière qui coulait à mes pieds tour à tour se perdait dans le bois, tour à tour reparaissait brillante des constellations de la nuit, qu'elle répétait dans son sein. Dans une savane, de l'autre côté de la rivière, la clarté de la lune dormait sans mouvement sur les gazons : des bouleaux agités par les brises et dispersés çà et là formaient des îles d'ombres flottantes sur cette mer immobile de lumière. Auprès, tout aurait été silence et repos, sans la chute de quelques feuilles, le passage d'un vent subit, le gémissement de la hulotte; au loin, par intervalles, on entendait les sourds mugissements de la cataracte de Niagara, qui, dans le calme de la nuit, se prolongeaient de désert en désert, et expiraient à travers les forêts solitaires.

La grandeur, l'étonnante mélancolie de ce tableau, ne sauraient s'exprimer dans les langues humaines, les plus belles nuits en Europe ne peuvent en donner une idée. En vain dans nos champs cultivés l'imagination cherche à s'étendre; elle rencontre de toutes parts les habitations des hommes : mais dans ces régions sauvages l'âme se plaît à s'enfoncer dans un océan de forêts, à planer sur le gouffre des cataractes, à méditer au bord des lacs et des fleuves, et, pour ainsi dire, à se trouver seule devant Dieu.

CHAPITRE XIII.

L'HOMME PHYSIQUE.

Pour achever ces vues des causes finales, ou des preuves de l'existence de Dieu, tirées des merveilles de la nature, il ne nous reste plus qu'à considérer l'homme *physique*. Nous laisserons parler les maîtres qui ont approfondi cette matière.

Cicéron décrit ainsi le corps de l'homme :

A l'égard des sens [1], par qui les objets extérieurs viennent à la connaissance de l'âme, leur structure répond merveilleusement à leur destination, et ils ont

---

[1] *De Nat. Deor.*, II, 56, 57 et 58, trad. de d'Olivet.

leur siége dans la tête comme dans un lieu fortifié. Les yeux, ainsi que des sentinelles, occupent la place la plus élevée, d'où ils peuvent, en découvrant les objets, faire leur charge. Un lieu éminent convenait aux oreilles, parce qu'elles sont destinées à recevoir le son, qui monte naturellement. Les narines devaient être dans la même situation, parce que l'odeur monte aussi; et il les fallait près de la bouche, parce qu'elles nous aident beaucoup à juger du boire et du manger. Le goût, qui doit nous faire sentir la qualité de ce que nous prenons, réside dans cette partie de la bouche par où la nature donne passage au solide et au liquide. Pour le tact, il est généralement répandu dans tout le corps, afin que nous ne puissions recevoir aucune impression, ni être attaqués du froid ou du chaud sans le sentir. Et comme un architecte ne mettra point sous les yeux ni sous le nez du maître les égouts d'une maison, de même la nature a éloigné de nos sens ce qu'il y a de semblable à cela dans le corps humain.

Mais quel autre ouvrier que la nature, dont l'adresse est incomparable, pourrait avoir si artistement formé nos sens? Elle a entouré les yeux de tuniques fort minces, transparentes en avant, afin que l'on pût voir à travers; fermes dans leur tissure, afin de tenir les yeux en état. Elle les a faits glissants et mobiles pour leur donner le moyen d'éviter ce qui pourrait les offenser, et de porter aisément leurs regards où ils veulent. La prunelle, où se réunit ce qui fait la force de la vision, est si petite, qu'elle se dérobe sans peine à ce qui serait capable de lui faire mal. Les paupières, qui sont les couvertures des yeux, ont une surface polie et douce pour ne point les blesser. Soit que la peur de quelque accident oblige à les fermer, soit qu'on veuille les ouvrir, les paupières sont faites pour s'y prêter, et l'un ou l'autre de ces mouvements ne leur coûte qu'un instant; elles sont, pour ainsi dire, fortifiées d'une palissade de poils qui leur sert à repousser ce qui viendrait attaquer les yeux quand ils sont ouverts, et à les envelopper, afin qu'ils reposent paisiblement, quand le sommeil les ferme et nous les rend inutiles. Nos yeux ont, de plus, l'avantage d'être cachés et défendus par des éminences; car, d'un côté, pour arrêter la sueur qui coule de la tête et du front, ils ont le haut des sourcils; et de l'autre, pour se garantir par le bas, ils ont les joues, qui avancent un peu. Le nez est placé entre les deux comme un mur de séparation.

Quant à l'ouïe, elle demeure toujours ouverte, parce que nous en avons toujours besoin, même en dormant. Si quelque son la frappe alors, nous en sommes réveillés. Elle a des conduits tortueux, de peur que, s'ils étaient droits et unis, quelque chose ne s'y glissât...

Mais nos mains, de quelle commodité ne sont-elles pas, et de quelle utilité dans les arts? Les doigts s'allongent ou se plient sans la moindre difficulté, tant leurs jointures sont flexibles. Avec leur secours, les mains usent du pinceau et du ciseau; elles jouent de la lyre, de la flûte : voilà pour l'agréable. Pour le nécessaire, elles cultivent les champs, bâtissent des maisons, font des étoffes, des habits, travaillent en cuivre, en fer. L'esprit invente, les sens examinent, la main exécute; tellement que si nous sommes logés, si nous sommes vêtus et à couvert, si nous avons des villes, des murs, des habitations, des temples, c'est aux mains que nous les devons, etc.

Il faut convenir que la matière seule n'a pas plus fait le corps de l'homme pour tant de fins admirables, que ce beau discours de l'orateur romain n'a été composé par un écrivain sans éloquence et sans art [1].

Plusieurs auteurs ont prouvé, et en particulier le médecin Nieuwentyt [2], que les bornes dans lesquelles nos sens sont renfermés sont les véritables limites qui leur conviennent, et que nous serions exposés à une foule d'inconvénients et de dangers si ces sens avaient plus ou moins d'étendue (12). Galien, saisi d'admiration au milieu d'une analyse anatomique du corps humain, laisse échapper le scalpel et s'écrie :

O toi qui nous as faits! en composant un discours si saint, je crois chanter un véritable hymne à ta gloire! Je t'honore plus en découvrant la beauté de tes ouvrages qu'en te sacrifiant des hécatombes entières de taureaux, ou en faisant fumer tes temples de l'encens le plus précieux. La véritable piété consiste à me connaître moi-même, ensuite à enseigner aux autres quelle est la grandeur de ta bonté, de ton pouvoir, de ta sagesse. Ta bonté se montre dans l'égale distribution de tes présents, ayant réparti à chaque homme les organes qui lui sont nécessaires ; ta sagesse se voit dans l'excellence de tes dons, et ta puissance dans l'exécution de tes desseins [3].

CHAPITRE XIV.

INSTINCT DE LA PATRIE.

De même que nous avons considéré les instincts des animaux, il nous faut dire quelque chose de ceux de l'homme *physique ;* mais comme il réunit en lui les sentiments des diverses races de la création, tels que la tendresse paternelle, etc., il faut en choisir un qui lui soit particulier.

Or, cet instinct affecté à l'homme, le plus beau, le plus moral des instincts, c'est *l'amour de la patrie*. Si cette loi n'était soutenue par un miracle toujours subsistant, et auquel, comme à tant d'autres, nous ne faisons aucune attention, les hommes se précipiteraient dans les zones tempérées, en laissant le reste du globe désert. On peut se figurer quelles calamités résulteraient de cette réunion du genre humain sur un seul point de la terre. Afin d'éviter ces malheurs, la Providence a, pour ainsi dire, attaché les pieds de chaque homme à son sol natal par un aimant invincible : les glaces de l'Islande et les sables embrasés de l'Afrique ne manquent point d'habitants.

Il est même digne de remarque que plus le sol d'un pays est ingrat, plus le climat en est rude, ou, ce qui revient au même, plus on a souffert de persécutions dans ce pays, plus il a de charmes pour nous. Chose étrange et sublime,

---

[1] Cicéron a pris dans Aristote ce qu'il dit du service de la main. En combattant la philosophie d'Anaxagore, le Stagyrite observe, avec sa sagacité accoutumée, que l'homme n'est pas supérieur aux animaux parce qu'il a une main, mais qu'il a une main parce qu'il est supérieur aux animaux. (*De Part. Anim.*, lib. III, cap. x.) Platon cite aussi la structure du corps humain comme une preuve de l'intelligence divine (*in Tim.*), et Job a quelques versets sublimes sur le même sujet.

[2] *Exist. de Dieu*, liv. I, ch. XIII, pag. 131. — [3] GAL., *de Usu part.*, lib. III, cap. x.

qu'on s'attache par le malheur, et que l'homme qui n'a perdu qu'une chaumière soit celui-là même qui regrette davantage le toit paternel ! La raison de ce phénomène, c'est que la prodigalité d'une terre trop fertile détruit, en nous enrichissant, la simplicité des liens naturels qui se forment de nos besoins ; quand on cesse d'aimer ses parents, parce qu'ils ne nous sont plus nécessaires, on cesse en effet d'aimer sa patrie.

Tout confirme la vérité de cette remarque. Un Sauvage tient plus à sa hutte qu'un prince à son palais, et le montagnard trouve plus de charme à sa montagne que l'habitant de la plaine à son sillon. Demandez à un berger écossais s'il voudrait changer son sort contre le premier potentat de la terre. Loin de sa tribu chérie, il en garde partout le souvenir ; partout il redemande ses troupeaux, ses torrents, ses nuages. Il n'aspire qu'à manger du pain d'orge, à boire le lait de la chèvre, à chanter dans la vallée ces ballades que chantaient aussi ses aïeux. Il dépérit s'il ne retourne au lieu natal. C'est une plante de la montagne, il faut que sa racine soit dans le rocher ; elle ne peut prospérer si elle n'est battue des vents et des pluies : la terre, les abris et le soleil de la plaine la font mourir.

Avec quelle joie il reverra son toit de bruyère ! comme il visitera les saintes reliques de son indigence !

> Doux trésors ! se dit-il, chers gages, qui jamais
> N'attirâtes sur vous l'envie et le mensonge,
> Je vous reprends : sortons de ces riches palais,
> Comme l'on sortirait d'un songe.

Qu'y a-t-il de plus heureux que l'Esquimau dans son épouvantable patrie ? Que lui font les fleurs de nos climats auprès des neiges du Labrador, nos palais auprès de son trou enfumé ? Il s'embarque au printemps avec son épouse sur quelque glace flottante [1]. Entraîné par les courants, il s'avance en pleine mer sur ce trône du Dieu des tempêtes. La montagne balance sur les flots ses sommets lumineux et ses arbres de neige ; les loups marins se livrent à l'amour dans ses vallées, et les baleines accompagnent ses pas sur l'Océan. Le hardi Sauvage, dans les abris de son écueil mobile, presse sur son cœur la femme que Dieu lui a donnée, et trouve avec elle des joies inconnues dans ce mélange de volupté et de périls.

Ce barbare a d'ailleurs de fort bonnes raisons pour préférer son pays et son état aux nôtres. Toute dégradée que nous paraisse sa nature, on reconnaît, soit en lui, soit dans les arts qu'il pratique, quelque chose qui décèle encore la dignité de l'homme. L'Européen se perd tous les jours sur un vaisseau, chef-d'œuvre de l'industrie humaine, au même bord où l'Esquimau, flottant dans une peau de veau marin, se rit de tous les dangers. Tantôt il entend gronder l'Océan, qui le couvre, à cent pieds au-dessus de sa tête ; tantôt il assiége les cieux sur la cime des vagues : il se joue dans son outre au milieu des flots, comme un enfant se balance sur des branches unies, dans les paisibles profondeurs d'une forêt. En plaçant cet homme dans la région des orages, Dieu lui a mis une marque de royauté : « Va, lui a-t-il crié du milieu du tourbillon,

---

[1] Voyez CHARLEVOIX, *Hist. de la Nouv. France.*

je te jette nu sur la terre; mais afin que, tout misérable que tu es, on ne puisse méconnaître tes destinées, tu dompteras les monstres de la mer avec un roseau, et tu mettras les tempêtes sous tes pieds. »

Ainsi, en nous attachant à la patrie, la Providence justifie toujours ses voies, et nous avons pour notre pays mille raisons d'amour. L'Arabe n'oublie point le puits du chameau, la gazelle, et surtout le cheval, compagnon de ses courses; le nègre se rappelle toujours sa case, sa zagaie, son bananier, et le sentier du zèbre et de l'éléphant.

On raconte qu'un mousse anglais avait conçu un tel attachement pour un vaisseau à bord duquel il était né, qu'il ne pouvait souffrir d'en être séparé un moment. Quand on voulait le punir, on le menaçait de l'envoyer à terre; il courait alors se cacher à fond de cale, en poussant des cris. Qu'est-ce qui avait donné à ce matelot cette tendresse pour une planche battue des vents? Certes, ce n'était pas des convenances purement locales et physiques. Était-ce quelques conformités morales entre les destinées de l'homme et celles du vaisseau ? ou plutôt trouvait-il un charme à concentrer ses joies et ses peines, pour ainsi dire, dans son berceau? Le cœur aime naturellement à se resserrer; moins il se montre au dehors, moins il offre de surface aux blessures : c'est pourquoi les hommes très-sensibles, comme le sont en général les infortunés, se complaisent à habiter de petites retraites. Ce que le sentiment gagne en force, il le perd en étendue : quand la république romaine finissait au mont Aventin, ses enfants mouraient avec joie pour elle; ils cessèrent de l'aimer lorsque ses limites atteignirent les Alpes et le Taurus. C'était sans doute quelque raison de cette espèce qui nourrissait chez le mousse anglais cette prédilection pour son vaisseau paternel. Passager inconnu sur l'océan de la vie, il voyait s'élever les mers entre lui et nos douleurs : heureux de n'apercevoir que de loin les tristes rivages du monde!

Chez les peuples civilisés l'amour de la patrie a fait des prodiges. Dans les desseins de Dieu il y a toujours une suite; il a fondé sur la nature l'affection pour le lieu natal, et l'animal partage en quelque degré cet instinct avec l'homme; mais l'homme le pousse plus loin, et transforme en vertu ce qui n'était qu'un sentiment de convenance universelle : ainsi, les lois physiques et morales de l'univers se tiennent par une chaîne admirable. Nous doutons qu'il soit possible d'avoir une seule vraie vertu, un seul véritable talent, sans amour de la patrie. A la guerre, cette passion fait des prodiges : dans les lettres, elle a formé Homère et Virgile. Le poëte aveugle peint de préférence les mœurs de l'Ionie, où il reçut le jour, et le Cygne de Mantoue ne s'entretient que des souvenirs de son lieu natal. Né dans une cabane, et chassé de l'héritage de ses aïeux, ces deux circonstances semblent avoir singulièrement influé sur son génie : elles lui ont donné cette teinte de tristesse qui en fait un des principaux charmes; il rappelle sans cesse ces événements, et l'on voit qu'*il se souvient toujours de cet Argos*, où il passa sa jeunesse :

Et dulces moriens reminiscitur Argos [1].

[1] *Æn.*, lib. x, 782.

Mais la religion chrétienne est encore venue rendre à l'amour de la patrie sa véritable mesure. Ce sentiment a produit des crimes chez les anciens, parce qu'il était poussé à l'excès. Le christianisme en a fait un amour *principal*, et non pas un amour *exclusif* : avant tout, il nous ordonne d'être justes ; il veut que nous chérissions la famille d'Adam, puisqu'elle est la nôtre, quoique nos concitoyens aient le premier droit à notre attachement. Cette morale était inconnue avant la mission du Législateur des chrétiens ; c'est à tort qu'on a prétendu qu'il voulait anéantir les passions : Dieu ne détruit point son ouvrage. L'Évangile n'est point la mort du cœur ; il en est la règle. Il est à nos sentiments ce que le goût est aux arts ; il en retranche ce qu'ils peuvent avoir d'exagéré, de faux, de commun, de trivial : il leur laisse ce qu'ils ont de beau, de vrai, de sage. La religion chrétienne bien entendue n'est que la nature primitive lavée de la tache originelle.

C'est lorsque nous sommes éloignés de notre pays que nous sentons surtout l'instinct qui nous y attache. Au défaut de réalité, on cherche à se repaître de songes ; le cœur est expert en tromperies ; quiconque a été nourri au sein de la femme a bu à la coupe des illusions. Tantôt c'est une cabane qu'on aura disposée comme le toit paternel ; tantôt c'est un bois, un vallon, un coteau, à qui l'on fera porter quelques-unes de ces douces appellations de la patrie. Andromaque donne le nom de *Simoïs* à un *ruisseau*. Et quelle touchante vérité dans ce *petit ruisseau* qui retrace un *grand fleuve* de la terre natale ! Loin des bords qui nous ont vus naître, la nature est comme diminuée, et ne nous paraît plus que l'ombre de celle que nous avons perdue.

Une autre ruse de l'instinct de la patrie, c'est de mettre un grand prix à un objet en lui-même de peu de valeur, mais qui vient de notre pays, et que nous avons emporté dans l'exil. L'âme semble se répandre jusque sur les choses inanimées qui ont partagé nos destins : une partie de notre vie reste attachée à la couche où reposa notre bonheur et surtout à celle où veilla notre infortune.

Pour peindre cette langueur d'âme qu'on éprouve hors de sa patrie, le peuple dit : *Cet homme a le mal du pays*. C'est véritablement un mal, et qui ne peut se guérir que par le retour. Mais pour peu que l'absence ait été de quelques années, que retrouve-t-on aux lieux qui nous ont vus naître ? Combien existe-t-il d'hommes, de ceux que nous y avons laissés pleins de vie ? Là sont des tombeaux où étaient des palais ; là des palais où étaient des tombeaux ; le champ paternel est livré aux ronces ou à une charrue étrangère, et l'arbre sous lequel on fut nourri est abattu.

Il y avait à la Louisiane une négresse et une sauvage, esclaves chez deux colons voisins. Ces deux femmes avaient chacune un enfant : la négresse une fille de deux ans, et l'Indienne un garçon du même âge : celui-ci vint à mourir. Les deux mères étant convenues d'un endroit au désert s'y rendirent pendant trois nuits de suite. L'une apportait son enfant mort, l'autre son enfant vivant ; l'une son *Manitou*, l'autre sa *Fétiche* ; elles ne s'étonnaient point de se trouver ainsi la même religion, étant toutes deux misérables. L'Indienne faisait les honneurs de la solitude : « C'est l'arbre de mon pays, disait-elle à son amie ; assieds-toi pour pleurer. » Ensuite, selon l'usage des funérailles chez les Sauvages, elles suspendaient leurs enfants aux branches d'un érable ou d'un sassafras, et les balançaient en chantant des airs de leurs pays.

Ces jeux maternels, qui souvent endormaient l'innocence, ne pouvaient réveiller la mort! Ainsi se consolaient ces deux femmes, dont l'une avait perdu son enfant et sa liberté, l'autre sa liberté et sa patrie : on se console par les larmes.

On dit qu'un Français, obligé de fuir pendant la terreur, avait acheté de quelques deniers qui lui restaient une barque sur le Rhin; il s'y était logé avec sa femme et ses deux enfants. N'ayant point d'argent, il n'y avait point pour lui d'hospitalité. Quand on le chassait d'un rivage, il passait, sans se plaindre, à l'autre bord; souvent poursuivi sur les deux rives, il était obligé de jeter l'ancre au milieu du fleuve. Il pêchait pour nourrir sa famille, mais les hommes lui disputaient encore les secours de la Providence. La nuit il allait cueillir des herbes sèches pour faire un peu de feu, et sa femme demeurait dans de mortelles angoisses jusqu'à son retour. Obligée de se faire sauvage entre quatre nations civilisées, cette famille n'avait pas sur le globe un seul coin de terre où elle osât mettre le pied : toute sa consolation était, en errant dans le voisinage de la France, de respirer quelquefois un air qui avait passé sur son pays. Si l'on nous demandait quelles sont donc ces fortes attaches par qui nous sommes enchaînés au lieu natal, nous aurions de la peine à répondre. C'est peut-être le sourire d'une mère, d'un père, d'une sœur; c'est peut-être le souvenir du vieux précepteur qui nous éleva, des jeunes compagnons de notre enfance; c'est peut-être les soins que nous avons reçus d'une nourrice, d'un *domestique* âgé, partie si essentielle de la maison (*domus*); enfin ce sont les circonstances les plus simples, si l'on veut même, les plus triviales : un chien qui aboyait la nuit dans la campagne, un rossignol qui revenait tous les ans dans le verger, le nid de l'hirondelle à la fenêtre, le clocher de l'église qu'on voyait au-dessus des arbres, l'if du cimetière, le tombeau gothique : voilà tout; mais ces petits moyens démontrent d'autant mieux la réalité d'une Providence, qu'ils ne pourraient être la source de l'amour de la patrie et des grandes vertus que cet amour fait naître, si une volonté suprême ne l'avait ordonné ainsi.

LIVRE SIXIÈME.

Immortalité de l'âme prouvée par la morale et le sentiment.

CHAPITRE PREMIER.

DÉSIR DE BONHEUR DANS L'HOMME.

Quand il n'y aurait d'autres preuves de l'existence de Dieu que les merveilles de la nature, ces preuves sont si fortes qu'elles suffiraient pour convaincre tout homme qui ne cherche que la vérité. Mais si ceux qui nient la Providence ne peuvent expliquer sans elle les miracles de la création, ils sont encore plus embarrassés pour répondre aux objections de leur propre cœur. En renonçant à l'Être suprême ils sont obligés de renoncer à une autre vie, et cependant leur âme les agite; elle se présente pour ainsi dire devant eux, et les force, en dépit des sophistes, à confesser son existence et son immortalité.

Qu'on nous dise d'abord, si l'âme s'éteint au tombeau, d'où nous vient ce désir de bonheur qui nous tourmente. Nos passions ici-bas se peuvent aisément rassasier : l'amour, l'ambition, la colère, ont une plénitude assurée de jouissance ; le besoin de félicité est le seul qui manque de satisfaction comme d'objet, car on ne sait ce que c'est que cette félicité qu'on désire. Il faut convenir que, si tout est *matière*, la *nature* s'est ici étrangement trompée : elle a fait un sentiment qui ne s'applique à rien.

Il est certain que notre âme demande éternellement ; à peine a-t-elle obtenu l'objet de sa convoitise, qu'elle demande encore : l'univers entier ne la satisfait point. L'infini est le seul champ qui lui convienne ; elle aime à se perdre dans les nombres, à concevoir les plus grandes comme les plus petites dimensions. Enfin, gonflée et non rassasiée de ce qu'elle a dévoré, elle se précipite dans le sein de Dieu, où viennent se réunir les idées de l'infini, en perfection, en temps et en espace; mais elle ne se plonge dans la Divinité que parce que cette Divinité est pleine de ténèbres, *Deus absconditus*[1]. Si elle en obtenait une vue distincte, elle la dédaignerait, comme tous les objets qu'elle mesure. On pourrait même dire que ce serait avec quelque raison ; car si l'âme s'expliquait bien le principe éternel, elle serait ou supérieure à ce principe, ou du moins son égale. Il n'en est pas de l'ordre des choses divines comme de l'ordre des choses humaines ; un homme peut comprendre la puissance d'un roi sans être un roi; mais un homme qui comprendrait Dieu serait Dieu.

Or les animaux ne sont point troublés par cette espérance que manifeste le cœur de l'homme; ils atteignent sur-le-champ à leur suprême bonheur : un peu d'herbe satisfait l'agneau, un peu de sang rassasie le tigre. Si l'on soutenait, d'après quelques philosophes, que la diverse conformation des organes fait la seule différence entre nous et la brute, on pourrait tout au plus admettre ce raisonnement pour les actes purement matériels; mais qu'importe ma main à ma pensée lorsque, dans le calme de la nuit, je m'élance dans les espaces pour y trouver l'Ordonnateur de tant de mondes? Pourquoi le bœuf ne fait-il pas comme moi? Ses yeux lui suffisent; et quand il aurait mes pieds ou mes bras, ils lui seraient pour cela fort inutiles. Il peut se coucher sur la verdure, lever la tête vers les cieux, et appeler par ses mugissements l'Être inconnu qui remplit cette immensité. Mais non : préférant le gazon qu'il foule, il n'interroge point, au haut du firmament, ces soleils qui sont la grande évidence de l'existence de Dieu. Il est insensible au spectacle de la nature, sans se douter qu'il est jeté lui-même sous l'arbre où il repose, comme une petite preuve de l'intelligence divine.

[1] Is. XLV, 15.

Donc la seule créature qui cherche au dehors et qui n'est pas à soi-même son tout, c'est l'homme. On dit que le peuple n'a point cette inquiétude : il est sans doute moins malheureux que nous; car il est distrait de ses désirs par ses travaux; il éteint dans ses sueurs sa soif de félicité. Mais quand vous le voyez se consumer six jours de la semaine pour jouir de quelques plaisirs du septième; quand toujours espérant le repos et ne le trouvant jamais, il arrive à la mort sans cesser de désirer, direz-vous qu'il ne partage pas la seconde aspiration de tous les hommes à un bien-être inconnu? Que si l'on prétend que ce souhait est du moins borné pour lui aux choses de la terre, cela n'est rien moins que certain : donnez à l'homme le plus pauvre les trésors du monde, suspendez ses travaux, satisfaites ses besoins, avant que quelques mois se soient écoulés il en sera encore aux ennuis et à l'espérance.

D'ailleurs est-il vrai que le peuple, même dans son état de misère, ne connaisse pas ce désir de bonheur qui s'étend au delà de la vie? D'où vient cet instinct mélancolique qu'on remarque dans l'homme champêtre? Souvent le dimanche et les jours de fêtes, lorsque le village était allé prier, ce Moissonneur qui sépare *le bon grain de l'ivraie*, nous avons vu quelque paysan resté seul à la porte de sa chaumière : il prêtait l'oreille au son de la cloche, son attitude était pensive, il n'était distrait ni par les passereaux de l'aire voisine ni par les insectes qui bourdonnaient autour de lui. Cette noble figure de l'homme, plantée comme la statue d'un dieu sur le seuil d'une chaumière, ce front sublime, bien que chargé de soucis, ces épaules ombragées d'une noire chevelure, et qui semblaient encore s'élever comme pour soutenir le ciel, quoique courbées sous le fardeau de la vie, tout cet être si majestueux, bien que misérable, ne pensait-il à rien, ou songeait-il seulement aux choses d'ici-bas? Ce n'était pas l'expression de ces lèvres entr'ouvertes, de ce corps immobile, de ce regard attaché à la terre : le souvenir de Dieu était là avec le son de la cloche religieuse.

S'il est impossible de nier que l'homme espère jusqu'au tombeau, s'il est certain que les biens de la terre, loin de combler nos souhaits, ne font que creuser l'âme et en augmenter le vide, il faut en conclure qu'il y a quelque chose au delà du temps. *Vincula hujus mundi*, dit saint Augustin, *asperitatem habent veram, jucunditatem falsam, certum dolorem, incertam voluptatem, durum laborem, timidam quietem, rem plenam miseriæ, spem beatitudinis inanem.* « Le monde a des liens pleins d'une véritable âpreté et d'une fausse douceur, des douleurs certaines, des plaisirs incertains, un travail dur, un repos inquiet, des choses pleines de misère, et une espérance vide de bonheur[1]. » Loin de nous plaindre que le désir de félicité ait été placé dans ce monde et son but dans l'autre, admirons en cela la bonté de Dieu. Puisqu'il faut tôt ou tard sortir de la vie, la Providence a mis au delà du terme un charme qui nous attire, afin de diminuer nos terreurs du tombeau : quand une mère veut faire franchir une barrière à son enfant, elle lui tend de l'autre côté un objet agréable, pour l'engager à passer.

---

[1] *Epist.* 30.

CHAPITRE II.

DU REMORDS ET DE LA CONSCIENCE.

La conscience fournit une seconde preuve de l'immortalité de notre âme. Chaque homme a au milieu du cœur un tribunal où il commence par se juger soi-même, en attendant que l'Arbitre souverain confirme la sentence. Si le vice n'est qu'une conséquence physique de notre organisation, d'où vient cette frayeur qui trouble les jours d'une prospérité coupable? Pourquoi le remords est-il si terrible, qu'on préfère de se soumettre à la pauvreté et à toute la rigueur de la vertu, plutôt que d'acquérir des biens illégitimes? Pourquoi y a-t-il une voix dans le sang, une parole dans la pierre? Le tigre déchire sa proie, et dort; l'homme devient homicide, et veille. Il cherche les lieux déserts, et cependant la solitude l'effraye : il se traîne autour des tombeaux, et cependant il a peur des tombeaux. Son regard est mobile et inquiet; il n'ose regarder le mur de la salle du festin, dans la crainte d'y lire des caractères funestes. Ses sens semblent devenir meilleurs pour le tourmenter : il voit, au milieu de la nuit, des lueurs menaçantes; il est toujours environné de l'odeur du carnage, il découvre le goût du poison dans les mets qu'il a lui-même apprêté; son oreille, d'une étrange subtilité, trouve le bruit où tout le monde trouve le silence; et sous les vêtements de son ami, lorsqu'il l'embrasse, il croit sentir un poignard caché.

O conscience! ne serais-tu qu'un fantôme de l'imagination, ou la peur des châtiments des hommes? Je m'interroge; je me fais cette question : Si tu pouvais par un seul désir tuer un homme à la Chine et hériter de sa fortune en Europe, avec la conviction surnaturelle qu'on n'en saurait jamais rien, consentirais-tu à former ce désir? J'ai beau m'exagérer mon indigence, j'ai beau vouloir atténuer cet homicide en supposant que, par mon souhait, le Chinois meurt tout à coup sans douleur, qu'il n'a point d'héritier, que même à sa mort ses biens seront perdus pour l'État; j'ai beau me figurer cet étranger comme accablé de maladies et de chagrins; j'ai beau me dire que la mort est un bien pour lui, qu'il l'appelle lui-même, qu'il n'a plus qu'un instant à vivre ; malgré mes vains subterfuges, j'entends au fond de mon cœur une voix qui crie si fortement contre la seule pensée d'une telle supposition, que je ne puis douter un instant de la réalité de la conscience.

C'est donc une triste nécessité que d'être obligé de nier le remords pour nier l'immortalité de l'âme et l'existence d'un Dieu vengeur. Toutefois nous n'ignorons pas que l'athéisme, poussé à bout, a recours à cette dénégation honteuse. Le sophiste, dans le paroxysme de la goutte, s'écriait: O douleur! je n'avouerai jamais que tu sois un mal! » Et quand il serait vrai qu'il se trouvât des hommes assez infortunés pour étouffer le cri du remords, qu'en résulterait-il? Ne jugeons point celui qui a l'usage de ses membres par le paralytique qui ne se sert plus des siens; le crime, à son dernier degré, est un poison qui cautérise la conscience : en renversant la religion, on a détruit le seul remède qui pouvait rétablir la sensibilité dans les parties mortes du cœur. Cette étonnante religion du Christ était une sorte de supplément à ce qui manquait aux hommes. Devenait-on coupable *par excès*, par trop de prospérité, par violence de caractère, elle était là pour nous avertir de l'inconstance de la fortune et du danger des emportements. Était-ce, au contraire, *par défaut* qu'on était exposé, par indigence de biens, par indifférence d'âme, elle nous apprenait à mépriser les richesses en même temps qu'elle réchauffait nos glaces, et nous donnait, pour ainsi dire, des passions. Avec le criminel surtout, sa charité était inépuisable : il n'y avait point d'homme si souillé qu'elle n'admît à repentir, point de lépreux si dégoûtant qu'elle ne touchât de ses mains pures. Pour le passé, elle ne demandait qu'un remords ; pour l'avenir, qu'une vertu : *Ubi autem abundavit delictum*, disait-elle, *superabundavit gratia;* « La grâce a surabondé où avait abondé le crime[1]. » Toujours prêt à avertir le pécheur, le Fils de Dieu avait établi sa religion comme une seconde conscience pour le coupable qui aurait eu le malheur de perdre la conscience naturelle, conscience évangélique, pleine de pitié et de douceur, et à laquelle Jésus-Christ avait accordé le droit de faire grâce, que n'a pas la première.

Après avoir parlé du remords qui suit le crime, il serait inutile de parler de la satisfaction qui accompagne la vertu. Le contentement intérieur qu'on éprouve en faisant une bonne œuvre n'est pas plus une combinaison de la matière, que le reproche de la conscience, lorsqu'on commet une méchante action, n'est la crainte des lois.

Si des sophistes soutiennent que la vertu n'est qu'un amour-propre déguisé, et que la pitié n'est qu'un amour de soi-même, ne leur demandons point s'ils n'ont jamais rien senti dans leurs entrailles après avoir soulagé un malheureux, ou si c'est la crainte de retomber en enfance qui les attendrit sur l'innocence du nouveau-né. La vertu et les larmes sont pour les hommes la source de l'espérance et la base de la foi : or, comment croirait-il en Dieu, celui qui ne croit ni à la réalité de la vertu ni à la vérité des larmes ?

Nous penserions faire injure aux lecteurs en nous arrêtant à montrer comment l'immortalité de l'âme et l'existence de Dieu se prouvent par cette voix intérieure appelée conscience. « Il y a dans l'homme, dit Cicéron[2], une puissance qui porte au bien et détourne du mal, non-seulement antérieure à la naissance des peuples et des villes, mais aussi ancienne que ce Dieu par qui le ciel et la terre subsistent et sont gouvernés : car la raison est un attribut essentiel de l'intelligence divine ; et cette raison, qui est en Dieu, détermine nécessairement ce qui est vice ou vertu. »

[1] *Rom.*, cap. v, 20. — [2] *Ad. Attic.*, XII, 28, trad. de D'OLIVET.

CHAPITRE III.

QU'IL N'Y A POINT DE MORALE S'IL N'Y A POINT D'AUTRE VIE.

PRÉSOMPTION EN FAVEUR DE L'AME, TIRÉE DU RESPECT DE L'HOMME POUR LES TOMBEAUX.

La morale est la base de la société; mais si tout est matière en nous, il n'y a réellement ni vice ni vertu, et conséquemment plus de morale. Nos lois, toujours *relatives* et *changeantes*, ne peuvent servir de point d'appui à la morale, toujours *absolue* et *inaltérable;* il faut donc qu'elle ait sa source dans un monde plus stable que celui-ci, et des garants plus sûrs que des récompenses précaires, ou des châtiments passagers. Quelques philosophes ont cru que la religion avait été *inventée* pour la soutenir; ils ne se sont pas aperçus qu'ils prenaient l'effet pour la cause. Ce n'est pas la religion qui découle de la morale, c'est la morale qui naît de la religion, puisqu'il est certain, comme nous venons de le dire, que la morale ne peut avoir son principe dans l'homme *physique* ou la *simple matière;* puisqu'il est certain que quand les hommes perdent l'idée de Dieu, ils se précipitent dans tous les crimes en dépit des lois et des bourreaux.

Une religion qui a voulu s'élever sur les ruines du christianisme, et qui a cru mieux faire que l'Évangile, a déroulé dans nos églises ce précepte du Décalogue: *Enfants, honorez vos pères et mères.* Pourquoi les *théophilanthropes* ont-ils retranché la dernière partie du précepte, *afin de vivre longuement?* C'est qu'une misère secrète leur a appris que l'homme qui n'a rien ne peut rien donner. Comment aurait-il promis des années, celui qui n'est pas assuré de vivre deux moments? Tu me fais présent de la vie, lui aurait-on dit, et tu ne vois pas que tu tombes en poussière! Comme Jéhovah, tu m'assures une longue existence; et as-tu, comme lui, l'éternité pour y puiser des jours? Imprudent! l'heure où tu vis n'est pas même à toi : tu ne possèdes en propre que la mort; que tireras-tu donc du fond de ton sépulcre, hors le néant, pour récompenser ma vertu?

Enfin, il y a une autre preuve morale de l'immortalité de l'âme, sur laquelle il faut insister : c'est la vénération des hommes pour les tombeaux. Là, par un charme invincible, la vie est attachée à la mort; là, la nature humaine se montre supérieure au reste de la création, et déclare ses hautes destinées. La bête connaît-elle le cercueil, et s'inquiète-t-elle de ses cendres? Que lui font les ossements de son père? ou plutôt sait-elle quel est son père, après que les besoins de l'enfance sont passés? D'où nous vient donc la puissante idée que nous avons du trépas? Quelques grains de poussière mériteraient-ils nos hommages? Non sans doute : nous respectons les cendres de nos ancêtres parce qu'une voix nous dit que tout n'est pas éteint en eux. Et c'est cette voix qui consacre le culte funèbre chez tous les peuples de la terre : tous sont également persuadés que le sommeil n'est pas durable, même au tombeau, et que la mort n'est qu'une transfiguration glorieuse.

CHAPITRE IV.

DE QUELQUES OBJECTIONS.

Sans entrer trop avant dans les preuves métaphysiques, que nous avons pris soin d'écarter, nous tâcherons pourtant de répondre à quelques objections qu'on reproduit éternellement.

Cicéron ayant avancé, d'après Platon, qu'il n'y a point de peuples chez lesquels on n'ait trouvé quelque notion de la Divinité, ce consentement universel des nations, que les anciens philosophes regardaient comme une loi de nature, a été nié par les incrédules modernes; ils ont soutenu que certains Sauvages n'ont aucune connaissance de Dieu.

Les athées se tourmentent en vain pour couvrir la faiblesse de leur cause : il résulte de leurs arguments que leur système n'est fondé que sur des *exceptions*, tandis que le déisme suit la *règle générale*. Si l'on dit que le genre humain croit en Dieu, l'incrédule vous oppose d'abord tels Sauvages, ensuite telle personne, et quelquefois lui-même. Soutient-on que le hasard n'a pu former le monde, parce qu'il n'y aurait eu qu'une seule chance favorable contre d'incalculables impossibilités, l'incrédule en convient; mais il répond que *cette chance existait :* c'est en tout la même manière de raisonner. De sorte que, d'après l'athée, la nature est un livre où la vérité se trouve toujours dans la note, et jamais dans le texte, une langue dont les barbarismes forment seuls l'essence et le génie.

Quand on vient d'ailleurs à examiner ces prétendues exceptions, on découvre, ou qu'elles tiennent à des causes locales, ou qu'elles rentrent même dans la loi établie. Ici, par exemple, il est faux qu'il y ait des Sauvages qui n'aient aucune notion de la Divinité. Les voyageurs qui avaient avancé ce fait ont été démentis par d'autres voyageurs mieux instruits. Parmi les incrédules *des bois* on avait cité les hordes canadiennes: eh bien! nous les avons vus, ces sophistes *de la hutte*, qui devaient avoir appris dans le livre de la nature, comme nos philosophes dans les leurs, qu'il n'y a ni Dieu ni avenir pour l'homme; ces Indiens sont d'absurdes barbares, qui voient l'âme d'un enfant dans une colombe ou dans une touffe de sensitives. Les mères, chez eux, sont assez insensées pour épancher leur lait sur le tombeau de leurs fils, et elles donnent à l'homme, au sépulcre, la même attitude qu'il avait dans le sein maternel. Elles prétendent enseigner ainsi que la mort n'est qu'une seconde mère qui nous enfante à une autre vie. L'athéisme ne fera jamais rien de ces peuples qui doivent à la Providence le logement, l'habit et la nourriture; et nous conseillons aux incrédules de se défier de ces alliés corrompus qui reçoivent secrètement des présents de l'ennemi.

Autre objection.

« Puisque l'esprit croît et décroît avec l'âge, puisqu'il suit les altérations de la matière, il est donc lui-même de nature matérielle, conséquemment divisible et sujet à périr. »

Ou l'esprit et le corps sont deux êtres différents, ou ils ne sont que le même être. S'ils sont *deux*, il vous faut convenir que l'esprit est renfermé dans le corps; il en résulte qu'aussi longtemps que durera cette union, l'esprit sera en quelques degrés soumis aux liens qui le pressent. Il paraîtra s'élever ou s'abaisser dans les proportions de son enveloppe.

L'objection ne subsiste donc plus, dans l'hypothèse où l'esprit et le corps sont considérés comme *deux substances distinctes*.

Dans celle où vous supposez qu'ils ne sont qu'*un et tout*, partageant même vie et même mort, *vous êtes tenus à prouver l'assertion*. Or, il est depuis longtemps démontré que l'esprit est essentiellement différent du *mouvement* et des autres propriétés de la matière, n'étant ni *étendue*, ni *divisible*.

Ainsi l'objection se renverse de fond en comble, puisque tout se réduit à savoir si la matière et la pensée sont *une et même chose;* ce qui ne se peut soutenir sans absurdité.

Au surplus, il ne faut pas s'imaginer qu'en employant la prescription pour écarter cette difficulté, il soit impossible de l'attaquer par le fond. On peut prouver qu'alors même que l'esprit semble suivre les accidents du corps, il conserve les caractères distinctifs de son essence. Les athées, par exemple, produisent en triomphe la folie, les blessures au cerveau, les fièvres délirantes : afin d'étayer leur système, ces hommes sont obligés d'enrôler, pour auxiliaires dans leur cause, les malheurs de l'humanité. Eh bien donc ces fièvres, cette folie (que l'athéisme, c'est-à-dire le génie du mal, a raison d'appeler en preuve de sa réalité), que démontrent-elles après tout? Je vois une *imagination* déréglée, mais un *entendement réglé*. Le fou et le malade aperçoivent des objets qui *n'existent pas;* mais raisonnent-ils *faux* sur ces objets? Ils tirent d'une cause infirme des conséquences saines.

Pareille chose arrive à l'homme attaqué de la fièvre : son âme est offusquée dans la partie où se réfléchissent les images, parce que l'imbécillité des sens ne lui transmet que des notions trompeuses; mais la région des idées reste entière et inaltérable. Et de même qu'un feu allumé dans une vile matière n'en est pas moins un feu pur, quoique nourri d'impurs aliments, ainsi la pensée, flamme céleste, s'élance incorruptible et immortelle du milieu de la corruption et de la mort.

Quant à l'influence des climats sur l'esprit, qui a été alléguée comme une preuve de la matérialité de la pensée, nous prions nos lecteurs de faire quelque attention à notre réponse; car, au lieu de résoudre une objection, nous allons tirer de la chose même qu'on nous oppose une preuve de l'immortalité de l'âme.

On a remarqué que la nature se montre plus forte au septentrion et au midi : c'est entre les tropiques que se trouvent les plus grands quadrupèdes, les plus grands reptiles, les plus grands oiseaux, les plus grands fleuves, les plus hautes montagnes; c'est dans les régions du nord que vivent les puissants cétacées, qu'on rencontre l'énorme fucus et le *pin gigantesque*. Si tout est effet de matière, combinaison d'éléments, force de soleil, résultat du froid et du chaud, du sec et de l'humide, pourquoi l'homme seul est-il excepté de la loi générale? Pourquoi sa capacité physique et morale ne se dilate-t-elle pas avec celle de l'éléphant sous la ligne, et de la baleine sous le pôle? Dira-t-on qu'il est, comme le bœuf, un animal de tous les pays? Mais le bœuf conserve son *instinct* en tout climat ; et nous voyons par rapport à l'homme une chose bien différente.

Loin de suivre la loi générale des êtres, loin de se fortifier là où la matière est supposée plus active, l'homme, au contraire, s'affaiblit en raison de l'accroissement de la création animale autour de lui. L'Indien, le Péruvien, le Nègre au midi, l'Esquimau, le Lapon au nord, en sont la preuve. Il y a plus: l'Amérique, où le mélange des limons et des eaux donne à la végétation la vigueur d'une terre primitive, l'Amérique est pernicieuse aux races d'hommes, quoiqu'elle le devienne moins chaque jour, en raison de l'affaiblissement du principe matériel. L'homme n'a toute son énergie que dans les régions où les éléments moins vifs laissent un plus libre cours à la pensée; où cette pensée, pour ainsi dire dépouillée de son vêtement terrestre, n'est gênée dans aucun de ses mouvements, dans aucune de ses facultés.

Il faut donc reconnaître ici quelque chose en opposition directe avec la nature passive : or, cette chose est notre âme immortelle. Elle répugne aux opérations de la matière ; elle est malade, elle languit quand elle est trop touchée. Cet état de langueur de l'âme produit à son tour la débilité du corps ; le corps qui, s'il eût été seul, eût profité sous les feux du soleil, est contrarié par l'abattement de l'esprit. Que si l'on disait que c'est, au contraire, le corps qui, ne pouvant supporter les extrémités du froid et du chaud, fait dégénérer l'âme en dégénérant lui-même, ce serait une seconde fois prendre l'effet pour la cause. Ce n'est pas le vase qui agit sur la liqueur, c'est la liqueur qui tourmente le vase, et ces prétendus effets du corps sur l'âme sont les effets de l'âme sur le corps.

La double débilité mentale et physique des peuples du nord et du midi, la mélancolie dont ils semblent frappés, ne peuvent donc, selon nous, être attribuées à une fibre trop relâchée ou trop tendue, puisque les mêmes accidents ne produisent pas le même effet dans les zones tempérées. Cette affection plaintive des habitants du pôle et des tropiques est une véritable tristesse intellectuelle, produite par la position de l'âme et par ses combats contre les forces de la matière. Ainsi, non-seulement Dieu a marqué sa sagesse par les avantages que le globe retire de la diversité des latitudes ; mais en plaçant l'homme sur cette échelle, il nous a démontré presque mathématiquement l'immortalité de notre essence, puisque l'âme se fait le plus sentir là où la matière agit le moins, et que l'homme diminue où la brute augmente.

Touchons une dernière objection :

« Si l'idée de Dieu est naturellement empreinte dans nos âmes, elle doit devancer l'éducation, prévenir le raisonnement, se montrer dès l'enfance : or, les enfants n'ont point l'idée de Dieu ; donc, etc. »

Dieu étant *esprit*, et ne pouvant être entendu que par l'*esprit*, un enfant chez qui la pensée n'est pas encore développée ne saurait concevoir le souverain Être. Ne demandons point au cœur sa fonction la plus noble lorsqu'il n'est pas achevé, lorsque le merveilleux ouvrage est encore entre les mains de l'ouvrier.

Mais d'ailleurs on peut soutenir que l'enfant a du moins l'*instinct* de son Créateur. Nous en prenons à témoin ses petites rêveries, ses inquiétudes, ses craintes dans la nuit, son penchant à lever les yeux vers le ciel. Un enfant joint ses deux mains innocentes, et répète après sa mère une prière au *bon Dieu* : pourquoi ce jeune ange de la terre balbutie-t-il avec tant d'amour et de pureté le nom de ce souverain Être qu'il ne connaît pas ?

Voyez ce nouveau-né qu'une nourrice porte dans ses bras. Qu'a-t-il pour donner tant de joie à ce vieillard, à cet homme fait, à cette femme? deux ou trois syllabes à demi formées, que personne n'a comprises : et voilà des êtres raisonnables transportés d'allégresse, depuis l'aïeul, qui sait toutes les choses de la vie, jusqu'à la jeune mère qui les ignore encore! Qui donc a mis cette puissance dans le verbe de l'homme? Pourquoi le son d'une voix humaine vous remue-t-il si impérieusement? Ce qui vous subjugue ici est un mystère qui tient à des causes plus relevées qu'à l'intérêt qu'on peut prendre à l'âge de cet enfant : quelque chose vous dit que ces paroles inarticulées sont les premiers bégayements d'une pensée immortelle.

CHAPITRE V.

DANGER ET INUTILITÉ DE L'ATHÉISME.

Il y a deux sortes d'athées bien distinctes : les premiers, conséquents dans leurs principes, déclarent, sans hésiter, qu'il n'y a point de Dieu, par conséquent point de différence essentielle entre le bien et le mal ; que le monde appartient aux plus forts et aux plus habiles, etc. Les seconds sont les honnêtes gens de l'athéisme, les hypocrites de l'incrédulité : absurdes personnages, qui, avec une douceur feinte, se porteraient à tous les excès pour soutenir leur système ; ils vous appelleraient *mon frère* en vous égorgeant ; les mots de morale et d'humanité sont incessamment dans leur bouche : ils sont triplement méchants, car ils joignent aux vices de l'athée l'intolérance du sectaire et l'amour-propre de l'auteur.

Ces hommes prétendent que l'athéisme ne détruit ni le bonheur ni la vertu, et qu'il n'y a point de condition où il ne soit aussi profitable d'être incrédule que d'être religieux : c'est ce qu'il convient d'examiner.

Si une chose doit être estimée en raison de son plus ou moins d'utilité, l'athéisme est bien méprisable, car il n'est bon à personne.

Parcourons la vie humaine ; commençons par les pauvres et les infortunés, puisqu'ils font la majorité sur la terre. Eh bien ! innombrable famille des misérables, est-ce à vous que l'athéisme est utile ? Répondez. Quoi ! pas une voix ! pas une seule voix ! J'entends un cantique d'espérance, et des soupirs qui montent vers le Seigneur ! Ceux-ci croient : passons aux heureux.

Il nous semble que l'homme heureux n'a aucun intérêt à être athée. Il est si doux pour lui de songer que ses jours se prolongeront au delà de la vie ! Avec quel désespoir ne quitterait-il pas ce monde, s'il croyait se séparer pour toujours du bonheur ! En vain tous les biens du siècle s'accumuleraient sur sa tête ; ils ne serviraient qu'à lui rendre le néant plus affreux. Le riche peut aussi se tenir assuré que la religion augmentera ses plaisirs, en y mêlant une tendresse ineffable ; son cœur ne s'endurcira point ; il ne sera point rassasié par la jouissance, inévitable écueil des longues prospérités. La religion prévient la sécheresse de l'âme; c'est ce que voulait dire cette huile sainte, avec laquelle le christianisme consacrait la royauté, la jeunesse et la mort, pour les empêcher d'être stériles.

Le guerrier s'avance au combat : sera-t-il athée, cet enfant de la gloire? Celui qui cherche une vie sans fin consentira-t-il à finir? Paraissez sur vos nues tonnantes, innombrables soldats, antiques légions de la patrie! Fameuses milices de la France, et maintenant milices du ciel, paraissez! Dites aux héros de notre âge, du haut de la Cité sainte, que le brave n'est pas tout entier au tombeau, et qu'il reste après lui quelque chose de plus qu'une vaine renommée.

Les grands capitaines de l'antiquité ont été remarquables par leur religion : Épaminondas, libérateur de sa patrie, passait pour le plus religieux des hommes; Xénophon, ce guerrier philosophe, était le modèle de la piété; Alexandre, éternel exemple des conquérants, se disait fils de Jupiter; chez les Romains, les anciens consuls de la république, Cincinnatus, Fabius, Papirius Cursor, Paul Émile, Scipion, ne mettaient leur espérance que dans la divinité du Capitole; Pompée marchait aux combats en invoquant l'assistance divine; César voulait descendre d'une race céleste; Caton, son rival, était convaincu de l'immortalité de l'âme; Brutus, son assassin, croyait aux puissances surnaturelles; et Auguste, son successeur, ne régna qu'au nom des dieux.

Parmi les nations modernes, était-ce un incrédule que ce fier Sicambre, vainqueur de Rome et des Gaules, qui tombant aux pieds d'un prêtre, jetait les fondements de l'empire français? Était-ce un incrédule que ce saint Louis, arbitre des rois, et révéré même des infidèles? Duguesclin, dont le cercueil prenait des villes; Bayard, chevalier sans peur et sans reproche; le vieux connétable de Montmorency, qui disait son chapelet au milieu des camps : étaient-ils des hommes sans foi? O temps plus merveilleux encore, où un Bossuet ramenait un Turenne dans le sein de l'Église!

Il n'est point de caractère plus admirable que celui du héros chrétien : le peuple qu'il défend le regarde comme son père; il protége le laboureur et les moissons; il écarte les injustices : c'est une espèce d'ange de la guerre que Dieu envoie pour adoucir ce fléau. Les villes ouvrent leurs portes au seul bruit de sa justice; les remparts tombent devant ses vertus; il est l'amour du soldat et l'idole des nations; il mêle au courage du guerrier la charité évangélique; sa conversation touche et instruit, ses paroles ont une grâce de simplicité parfaite; on est étonné de trouver tant de douceur dans un homme accoutumé à vivre au milieu des périls : ainsi le miel se cache sous l'écorce d'un chêne qui a bravé les orages.

Concluons que, sous aucun rapport, l'athéisme n'est bon au guerrier.

Nous ne voyons pas qu'il soit plus utile dans les états de la nature que dans les conditions de la société. Si la morale porte tout entière sur le dogme de l'existence de Dieu et de l'immortalité de l'âme, un père, un fils, des époux, n'ont aucun intérêt à être incrédules. Eh! comment, par exemple, concevoir qu'une femme puisse être athée? Qui appuiera ce roseau, si la religion n'en soutient la fragilité? Être le plus faible de la nature, toujours à la veille de la mort ou de la perte de ses charmes, qui le soutiendra, cet être qui sourit et qui meurt, si son espoir n'est point au delà d'une existence éphémère? Par le seul intérêt de sa beauté, la femme doit être pieuse. Douceur, soumission, aménité, tendresse, sont une partie des charmes que le Créateur prodigua à notre première mère, et la philosophie est mortelle à cette sorte d'attraits.

La femme, qui a naturellement l'instinct du mystère; qui prend plaisir à se voiler; qui ne découvre jamais qu'une moitié de ses grâces et de sa pensée; qui peut être devinée, mais non connue; qui, comme mère et comme vierge, est pleine de secrets; qui séduit surtout par son ignorance; qui fut formée pour la vertu et le sentiment le plus mystérieux, la pudeur et l'amour; cette femme, renonçant au doux instinct de son sexe, ira d'une main faible et téméraire chercher à soulever l'épais rideau qui couvre la Divinité! A qui pense-t-elle plaire par cet effort sacrilége? Croit-elle, en joignant ses ridicules blasphèmes et sa frivole métaphysique aux imprécations des Spinosa et aux sophismes des Bayle, nous donner une grande idée de son génie? Sans doute elle n'a pas dessein de se choisir un époux : quel homme de bon sens voudrait s'associer à une compagne impie?

L'épouse incrédule a rarement l'idée de ses devoirs; elle passe ses jours ou à raisonner sur la vertu sans la pratiquer, ou à suivre ses plaisirs dans le tourbillon du monde. Sa tête est vide, son âme creuse; l'ennui la dévore; elle n'a ni Dieu, ni soins domestiques, pour remplir l'abîme de ses moments.

Le jour vengeur approche; le Temps arrive, menant la Vieillesse par la main. Le spectre aux cheveux blancs, aux épaules voûtées, aux mains de glace, s'assied sur le seuil du logis de la femme incrédule; elle l'aperçoit et pousse un cri. Mais qui peut entendre sa voix? Est-ce un époux? Il n'y en a plus pour elle : depuis longtemps il s'est éloigné du théâtre de son déshonneur. Sont-ce des enfants? Perdus par une éducation impie et par l'exemple maternel, se soucient-ils de leur mère? Si elle regarde dans le passé, elle n'aperçoit qu'un désert où ses vertus n'ont point laissé de traces. Pour la première fois, sa triste pensée se tourne vers le ciel; elle commence à croire qu'il eût été plus doux d'avoir une religion. Regret inutile! la dernière punition de l'athéisme dans ce monde est de désirer la foi sans pouvoir l'obtenir. Quand, au bout de sa carrière, on reconnaît les mensonges d'une fausse philosophie; quand le néant, comme un astre funeste, commence à se lever sur l'horizon de la mort, on voudrait revenir à Dieu, et il n'est plus temps : l'esprit abruti par l'incrédulité rejette toute conviction. Oh! qu'alors la solitude est profonde, lorsque la Divinité et les hommes se retirent à la fois! Elle meurt, cette femme, elle expire entre les bras d'une garde payée, ou d'un homme dégoûté par ses souffrances, qui trouve qu'elle a résisté au mal bien des jours. Un chétif cercueil renferme toute l'infortunée : on ne voit à ses funérailles ni une fille échevelée, ni des gendres et des petits-fils en pleurs; digne cortége qui, avec la bénédiction du peuple et le chant des prêtres, accompagne au tombeau la mère de famille. Peut-être seulement un fils inconnu, qui ignore le honteux secret de sa naissance, rencontre par hasard le convoi; il s'étonne de l'abandon de cette bière, et demande le nom du mort à ceux qui vont jeter aux vers le cadavre qui leur fut promis par la femme athée.

Que différent est le sort de la femme religieuse ! Ses jours sont environnés de joie, sa vie est pleine d'amour : son époux, ses enfants, ses domestiques la respectent et la chérissent : tous reposent en elle une aveugle confiance, parce qu'ils croient fermement à la fidélité de celle qui est fidèle à son Dieu. La foi de cette chrétienne se fortifie par son bonheur, et son bonheur par sa foi ; elle croit en Dieu parce qu'elle est heureuse, et elle est heureuse parce qu'elle croit en Dieu.

Il suffit qu'une mère voie sourire son enfant, pour être convaincue de la réalité d'une félicité suprême. La bonté de la Providence se montre tout entière dans le berceau de l'homme. Quels accords touchants ! ne seraient-ils que les effets d'une insensible matière ? L'enfant naît, la mamelle est pleine ; la bouche du jeune convive n'est point armée, de peur de blesser la coupe du banquet maternel ; il croît, le lait devient plus nourrissant ; on le sèvre, la merveilleuse fontaine tarit. Cette femme si faible a tout à coup acquis des forces qui lui font surmonter des fatigues que ne pourrait supporter l'homme le plus robuste. Qu'est-ce qui la réveille au milieu de la nuit, au moment même où son fils va demander le repas accoutumé ? D'où lui vient cette adresse qu'elle n'avait jamais eue ? Comme elle touche cette tendre fleur sans la briser ! Ses soins semblent être le fruit de l'expérience de toute sa vie, et cependant c'est là son premier-né ! Le moindre bruit épouvantait la vierge : où sont les armées, les foudres, les périls, qui feront pâlir la mère ? Jadis il fallait à cette femme une nourriture délicate, une robe fine, une couche molle ; le moindre souffle de l'air l'incommodait : à présent un pain grossier, un vêtement de bure, une poignée de paille, la pluie et les vents, ne lui importent guère, tandis qu'elle a dans sa mamelle une goutte de lait pour nourrir son fils, et dans ses haillons un coin de manteau pour l'envelopper.

Tout étant ainsi, il faudrait être bien obstiné pour ne pas embrasser le parti où non-seulement la raison trouve le plus grand nombre de preuves, mais où la morale, le bonheur, l'espérance, l'instinct même et les désirs de l'âme nous portent naturellement ; car s'il était vrai, comme il est faux, que l'esprit tînt la balance égale entre Dieu et l'athéisme, encore est-il certain qu'elle pencherait beaucoup du côté du premier : outre la moitié de sa raison, l'homme met de plus dans le bassin de Dieu tout le poids de son cœur.

On sera convaincu de cette vérité, si l'on examine la manière dont l'athéisme et la religion procèdent dans leurs démonstrations.

La religion ne se sert que de preuves générales ; elle ne juge que sur l'ordonnance des cieux, sur les lois de l'univers ; elle ne voit que les grâces de la nature, les instincts charmants des animaux et leurs convenances avec l'homme.

L'athéisme ne vous apporte que de honteuses exceptions ; il n'aperçoit que des désordres, des marais, des volcans, des bêtes nuisibles ; et, comme s'il cherchait à se cacher dans la boue, il interroge les reptiles et les insectes, pour lui fournir des preuves contre Dieu.

La religion ne parle que de la grandeur et de la beauté de l'homme.

L'athéisme a toujours la lèpre et la peste à vous offrir.

La religion tire ses raisons de la sensibilité de l'âme, des plus doux attachements de la vie, de la piété filiale, de l'amour conjugal, de la tendresse maternelle :

L'athéisme réduit tout à l'instinct de la bête ; et pour premier argument de son système, il vous étale un cœur que rien ne peut toucher.

Enfin, dans le culte du chrétien, on nous assure que nos maux auront un terme : on nous console, on essuie nos pleurs, on nous promet une autre vie :

Dans le culte de l'athée, les douleurs humaines font fumer l'encens, la mort est le sacrificateur, l'autel un cercueil, et le néant la divinité.

CHAPITRE VI.

FIN DES DOGMES DU CHRISTIANISME.

ÉTAT DES PEINES ET DES RÉCOMPENSES DANS UNE AUTRE VIE. ÉLYSÉE ANTIQUE, ETC.

L'existence d'un Être suprême une fois reconnue, et l'immortalité de l'âme accordée, il n'y a plus, quant au fond, de difficulté à admettre un état de récompense et de châtiments après cette vie : les deux premiers dogmes entraînent de nécessité le troisième. Il ne s'agit donc que de faire voir combien celui-ci est moral et poétique dans les opinions chrétiennes, et combien la religion évangélique se montre encore ici supérieure à tous les cultes de la terre.

Dans l'Élysée des anciens on ne trouve que des héros et des hommes qui avaient été heureux ou éclatants dans le monde ; les enfants, et apparemment les esclaves et les hommes obscurs (c'est-à-dire l'infortune et l'innocence), étaient relégués aux enfers. Et quelles récompenses pour la vertu, que ces banquets et ces danses dont l'éternelle durée suffirait pour en faire un des tourments du Tartare ?

Mahomet promet d'autres jouissances. Son paradis est une terre de musc et de la plus pure farine de froment, qu'arrosent le fleuve de vie, et l'Acawtar, rivière qui prend sa source sous les racines du *Tuba*, ou l'arbre du bonheur. Des fontaines dont les grottes sont d'ambre gris, et les bords d'aloès, murmurent sous des palmiers d'or. Sur les rives d'un lac quadrangulaire, reposent mille coupes faites d'étoiles, dont les âmes prédestinées se servent pour puiser l'onde. Les élus assis sur des tapis de soie, à l'entrée de leurs tentes, mangent le globe de la terre, transformé par Allah en un merveilleux gâteau. Des eunuques et soixante-douze filles aux yeux noirs leur servent dans trois cents plats d'or le poisson Nun, et les côtes du buffle Bâlam. L'ange Israfil chante de beaux cantiques ; les houris mêlent leurs voix à ses concerts ; et les âmes des poëtes vertueux, retirées dans la *glotte* de certains oiseaux qui voltigent sur l'*arbre du bonheur*, accompagnent le chœur céleste. Cependant des cloches de cristal, suspendues aux palmiers d'or, sont mélodieusement agitées par un vent sorti du trône de Dieu [1].

Les joies du ciel des Scandinaves étaient sanglantes ; mais il y avait de la grandeur dans les plaisirs attribués aux ombres guerrières ; elles assemblaient les orages et dirigeaient les tourbillons : ce paradis était le résultat du genre de vie que menait le barbare du Nord. Errant sur des grèves sauvages et prêtant

---

[1] Le *Coran* et les poëtes arabes.

l'oreille à cette voix qui sort de l'Océan, il tombait peu à peu dans la rêverie; égaré de pensée en pensée, comme les flots de murmure en murmure, dans le vague de ses désirs, il se mêlait aux éléments, montait sur les nues fugitives, balançait les forêts dépouillées, et volait sur les mers avec les tempêtes.

Les enfers des nations infidèles sont aussi capricieux que leur ciel : nous parlerons du Tartare dans la partie littéraire de notre ouvrage, où nous allons entrer à l'instant. Quoi qu'il en soit, les récompenses que le christianisme promet à la vertu, et les châtiments qu'il annonce au crime, se font reconnaître au premier coup d'œil pour les véritables. Le ciel et l'enfer des chrétiens ne sont point imaginés d'après les mœurs particulières d'un peuple, mais ils sont fondés sur des idées générales qui conviennent à toutes les nations et à toutes les classes de la société. Écoutez ce qu'il y a de plus simple et de plus sublime en quelques mots : — Le bonheur du juste consistera, dans l'autre vie, à posséder Dieu avec plénitude ; — le malheur de l'impie sera de connaître les perfections de Dieu, et d'en être à jamais privé.

On dira peut-être que le christianisme ne fait que répéter ici les leçons des écoles de Platon et de Pythagore. On convient donc au moins que la religion chrétienne n'est pas la religion des *petits esprits*, puisqu'on avoue que ses dogmes sont ceux des *sages*?

En effet, les gentils reprochaient aux premiers fidèles de n'être qu'une secte de philosophes; mais, fût-il certain, ce qui n'est pas prouvé, que l'antiquité eût, touchant un état futur, les mêmes notions que le christianisme, autre est toutefois une vérité renfermée dans un petit cercle de disciples choisis, autre une vérité qui est devenue la manne commune du peuple. Ce que les beaux génies de la Grèce ont trouvé par un dernier effort de la raison, s'enseigne publiquement aux carrefours de nos cités; et le manœuvre peut acheter, pour quelques deniers, dans le catéchisme de ses enfants, les secrets les plus sublimes des sectes antiques.

Nous ne dirons rien à présent du purgatoire, parce que nous le considérons ailleurs sous ses rapports moraux et poétiques. Quant au principe qui établit ce lieu d'expiation, il est fondé sur la raison même, puisqu'il y a un état de tiédeur entre le vice et la vertu qui ne mérite ni les peines de l'enfer ni les récompenses du ciel.

CHAPITRE VII.

JUGEMENT DERNIER.

Les Pères ont été de différentes opinions sur l'état immédiat de l'âme du juste, après sa séparation d'avec le corps. Saint Augustin pense qu'elle va dans un séjour de paix, en attendant qu'elle se réunisse à sa chair incorruptible [1]. Saint Bernard croit qu'elle est reçue dans le ciel, où elle contemple l'humanité de Jésus-Christ, mais non sa divinité, dont elle ne jouira qu'après sa résurrec-

---

[1] *De Trinit.*, lib. xv, cap. xxv.

tion[1] ; dans quelques autres endroits de ses sermons, il assure qu'elle entre immédiatement dans la plénitude du bonheur céleste[2] : c'est le sentiment que l'Église paraît avoir adopté.

Mais comme il est juste que le corps et l'âme qui ont commis ou pratiqué ensemble, ou la faute, ou la vertu, souffrent ou soient récompensés ensemble, la religion nous enseigne que celui qui nous tira de la poussière, nous en rappellera une seconde fois pour comparaître à son tribunal. L'école stoïque croyait, ainsi que les chrétiens, à l'enfer, au paradis, au purgatoire, et à la résurrection des corps[3], et l'idée confuse de ce dernier dogme était répandue chez les mages[4]. Les Égyptiens espéraient revivre après avoir passé mille ans dans la tombe[5] ; les vers sibyllins parlent de la résurrection, du jugement dernier[6], etc.

Pline, en se moquant de Démocrite, nous apprend quelle était l'opinion de ce philosophe touchant une résurrection : *Similis et de asservandis corporibus hominum, ac reviviscendi promissa à Democrito vanitas, qui non vixit ipse*[7].

La résurrection est clairement exprimée dans ces vers de Phocylide, sur la cendre des morts :

> Οὐ καλὸν ἁρμονίην ἀναλυέμεν ἀνθρώποιο.
> Καί τάχα δ' ἐκ γαίης ἐλπίζομεν ἐς φάος ἐλθεῖν.
> Λείψαν' ἀποιχομένων, ὀπίσω τε θεοὶ τελέθονται.

« Il est impie de disperser les restes de l'homme, car la cendre et les ossements des morts retourneront à la lumière, et deviendront semblables aux Dieux. »

Virgile parle obscurément du dogme de la résurrection dans le sixième livre de l'Énéide.

Mais comment des atomes dispersés dans les éléments pourront-ils se réunir pour former les mêmes corps? Il y a longtemps que cette objection a été faite, et la plupart des Pères y ont répondu[8]. « Explique-moi comment tu es, dit Tertullien, et je te dirai comment tu seras[9]. »

Rien n'est plus frappant et plus formidable que ce moment de la fin des siècles annoncé par le christianisme.

En ce temps-là des signes se manifesteront dans les cieux : le puits de l'abîme s'ouvrira ; les sept anges verseront les sept coupes pleines de la colère, les peuples s'entre-tueront ; les mères entendront leurs fruits se plaindre dans leur sein, et la Mort parcourra les royaumes sur son cheval pâle[10].

Cependant la terre chancelle sur ses bases, la lune se couvre d'un voile

---

[1] *Serm. in Sanct. Omn.* 1, 2, 3. *De Considerat.*, lib. v, cap. iv.
[2] *Serm.* ii *de S. Malac.*, n° 5. *Serm. de S. Vict.*, n° 4.
[3] Senec., *Epist.* xc ; *Id. ad Marc.* ; Laert., lib. vii ; Plut. *in Resig. Stoïc. et in fac. lun.*
[4] Hyde, *Relig. Pers.* ; Plut., *de Is. et Osir.* — [5] Diod. et Herod.
[6] Bocchus, *in Solin.*, cap. viii ; Lact., lib. vii, cap. xxix ; lib. iv, cap. xv, xviii et xix. —
[7] Lib. vii, cap. lv.
[8] S. Cyrille, évêque de Jérusalem, *Catech.* xviii ; S. Greg. Nys., *Orat. pro Res. carn.* ; S. August., *de Civ. Dei*, lib. xx ; S. Chrys., *Homel. in Resur. carn.* ; S. Greg., pap., *Dial.* iv ; S. Ambr., *Serm. in Fid. res.* ; S. Epiph. Ancyrot., pag. 38.
[9] *In Apologet.* — [10] *Apoc.*, cap. vi, 8.

sanglant, les astres pendent à demi détachés de leur voûte : l'agonie du monde commence. Tout à coup l'heure fatale vient à frapper ; Dieu suspend les flots de la création, et le monde a passé comme un fleuve tari.

Alors se fait entendre la trompette de l'ange du jugement ; il crie : *Morts, levez-vous !* SURGITE, MORTUI ! Les sépulcres se fendent, le genre humain sort du tombeau, et les races s'assemblent dans Josaphat.

Le Fils de l'Homme apparaît sur les nuées ; les puissances de l'enfer remontent du fond de l'abîme pour assister au dernier arrêt prononcé sur les siècles ; les boucs et les brebis sont séparés ; les méchants s'enfoncent dans le gouffre ; les justes montent dans les cieux ; Dieu rentre dans son repos, et partout règne l'éternité.

CHAPITRE VIII.

BONHEUR DES JUSTES.

On demande quelle est cette plénitude de bonheur céleste promise à la vertu par le christianisme ; on se plaint de sa trop grande mysticité : « Du moins dans le système mythologique, dit-on, on pouvait se former une image des plaisirs des ombres heureuses ; mais comment comprendre la félicité des élus ? »

Fénelon l'a cependant devinée, cette félicité, lorsqu'il fait descendre Télémaque au séjour des mânes : son Elysée est visiblement un paradis chrétien. Comparez sa description à l'Élysée de l'Énéide, et vous verrez quels progrès le christianisme a fait faire à la raison et au cœur de l'homme.

« Une lumière pure et douce se répand autour du corps de ces hommes justes, et les environne de ses rayons comme d'un vêtement : cette lumière n'est point semblable à la lumière sombre qui éclaire les yeux des misérables mortels, et qui n'est que ténèbres ; c'est plutôt une gloire céleste qu'une lumière : elle pénètre plus subtilement les corps les plus épais que les rayons du soleil ne pénètrent le plus pur cristal : elle n'éblouit jamais ; au contraire, elle fortifie les yeux et porte dans le fond de l'âme je ne sais quelle sérénité : c'est d'elle seule que les hommes bienheureux sont nourris ; elle sort d'eux et elle y entre : elle les pénètre, et s'incorpore à eux comme les aliments s'incorporent à nous. Ils la voient, ils la sentent, ils la respirent ; elle fait naître en eux une source intarissable de paix et de joie : ils sont plongés dans cet abîme de délices comme les poissons dans la mer ; ils ne veulent plus rien ; ils ont tout sans rien avoir ; car le goût de lumière pure apaise la faim de leur cœur. . . . .
. . . .
Une jeunesse éternelle, une félicité sans fin, une gloire toute divine est peinte sur leur visage ; mais leur joie n'a rien de folâtre ni d'indécent : c'est une joie douce, noble, pleine de majesté : c'est un goût sublime de la vérité et de la vertu qui les transporte : ils sont sans interruption, à chaque moment, dans le même saisissement de cœur où est une mère qui revoit son cher fils qu'elle avait

cru mort; et cette joie, qui échappe bientôt à la mère, ne s'enfuit jamais du cœur de ces hommes[1]. »

Les plus belles pages du *Phédon* sont moins divines que cette peinture; et cependant Fénelon, resserré dans les bornes de sa fiction, n'a pu attribuer aux ombres tout le bonheur qu'il eût retracé dans les véritables élus[2].

Le plus pur de nos sentiments dans ce monde, c'est l'admiration; mais cette admiration terrestre est toujours mêlée de faiblesse, soit dans l'objet qui admire, soit dans l'objet admiré. Qu'on imagine donc un être parfait, source de tous les êtres, en qui se voit clairement et saintement tout ce qui fut, est et sera; que l'on suppose en même temps une âme exempte d'envie et de besoins, incorruptible, inaltérable, infatigable, capable d'une attention sans fin; qu'on se la figure contemplant le Tout-Puissant, découvrant sans cesse en lui de nouvelles connaissances et de nouvelles perfections, passant d'admiration en admiration, et ne s'apercevant de son existence que par le sentiment prolongé de cette admiration même; concevez de plus Dieu comme souveraine beauté, comme principe universel d'amour; représentez-vous toutes les amitiés de la terre venant se perdre ou se réunir dans cet abîme de sentiments, ainsi que des gouttes d'eau dans la mer, de sorte que l'âme fortunée aime Dieu uniquement, sans pourtant cesser d'aimer les amis qu'elle eut ici-bas; persuadez-vous enfin que le prédestiné a la conviction intime que son bonheur ne finira point[3] : alors vous aurez une idée, à la vérité très-imparfaite, de la félicité des justes; alors vous comprendrez que tout ce que le chœur des bienheureux peut faire entendre, c'est ce cri : *Saint ! Saint ! Saint !* qui meurt et renaît éternellement dans l'extase éternelle des cieux.

SECONDE PARTIE.

POÉTIQUE DU CHRISTIANISME.

LIVRE PREMIER.

Vue générale des Épopées chrétiennes.

CHAPITRE PREMIER.

QUE LA POÉTIQUE DU CHRISTIANISME SE DIVISE EN TROIS BRANCHES : POÉSIE, BEAUX-ARTS, LITTÉRATURE.

QUE LES SIX LIVRES DE CETTE SECONDE PARTIE TRAITENT SPÉCIALEMENT DE LA POÉSIE.

Le bonheur des élus, chanté par l'Homère chrétien, nous mène naturellement à parler des effets du christianisme dans la poésie. En traitant du génie de cette religion, comment pourrions-nous oublier son influence sur les lettres et sur

---

[1] Liv. XIX. — [2] Voyez aussi le *Sermon sur le ciel*, par l'abbé Poulle. — [3] Saint Augustin.

les arts? influence qui a, pour ainsi dire, changé l'esprit humain, et créé dans l'Europe moderne des peuples tout différents des peuples antiques.

Les lecteurs aimeront peut-être à s'égarer sur Oreb et Sinaï, sur les sommets de l'Ida et du Taygète, parmi les fils de Jacob et de Priam, au milieu des dieux et des bergers. Une voix poétique s'élève des ruines qui couvrent la Grèce et l'Idumée, et crie de loin au voyageur : « Il n'est que deux belles sortes de noms et de souvenirs dans l'histoire, ceux des Israélites et des Pélasges. »

Les douze livres que nous avons consacrés à ces recherches littéraires composent, comme nous l'avons dit, la seconde et la troisième partie de notre ouvrage, et séparent les six livres du *dogme* des six livres du *culte*.

Nous jetterons d'abord un coup d'œil sur les poëmes où la religion chrétienne tient la place de la mythologie, parce que l'épopée est la première des compositions poétiques. Aristote, il est vrai, a prétendu que le poëme épique est tout entier dans la tragédie; mais ne pourrait-on pas croire, au contraire, que c'est le drame qui est tout entier dans l'épopée? Les adieux d'Hector et d'Andromaque, Priam dans la tente d'Achille, Didon à Carthage, Énée chez Évandre, ou renvoyant le corps du jeune Pallas; Tancrède et Herminie, Adam et Ève, sont de véritables tragédies, où il ne manque que la division des scènes et le nom des interlocuteurs. D'ailleurs la tragédie même n'est-elle pas née de l'*Iliade*, comme la comédie est sortie du *Margitès*? Mais si Calliope emprunte les ornements de Melpomène, la première a des charmes que la seconde ne peut imiter : le *merveilleux*, les *descriptions*, les *épisodes*, ne sont point du ressort dramatique. Toute espèce de ton, même le ton comique, toute harmonie poétique, depuis la lyre jusqu'à la trompette, peuvent se faire entendre dans l'épopée. L'épopée a donc des parties qui manquent au drame; elle demande donc un talent plus universel : elle est donc une œuvre plus complète que la tragédie. En effet, on peut avancer, avec quelque vraisemblance, qu'il est moins difficile de faire les cinq actes d'un *OEdipe Roi* que de créer les vingt-quatre livres d'une *Iliade*. Autre chose est de produire un ouvrage de quelques mois de travail, autre chose est d'élever un monument qui demande les labeurs de toute une vie. Sophocle et Euripide étaient sans doute de beaux génies; mais ont-ils obtenu dans les siècles cette admiration, cette hauteur de renommée dont jouissent si justement Homère et Virgile? Enfin, si le drame est la première des compositions, et que l'épopée ne soit que la seconde, comment se fait-il que, depuis les Grecs jusqu'à nous, on ne compte que cinq ou six poëmes épiques, tandis qu'il n'y a pas de nations qui ne se vantent de posséder plusieurs bonnes tragédies?

CHAPITRE II.

VUE GÉNÉRALE DES POEMES OU LE MERVEILLEUX DU CHRISTIANISME REMPLACE LA MYTHOLOGIE.

L'ENFER DU DANTE. LA JÉRUSALEM DÉLIVRÉE.

Posons d'abord quelques principes.

Dans toute épopée les hommes et leurs passions sont faits pour occuper la première et la plus grande place.

Ainsi, tout poëme où une religion est employée comme *sujet* et non comme *accessoire*, où le *merveilleux* est le *fond* et non l'*accident* du tableau, pèche essentiellement par la base.

Si Homère et Virgile avaient établi leurs scènes dans l'Olympe, il est douteux, malgré leur génie, qu'ils eussent pu soutenir jusqu'au bout l'intérêt dramatique. D'après cette remarque, il ne faut plus attribuer au christianisme la langueur qui règne dans le poëme dont les principaux personnages sont des êtres surnaturels ; cette langueur tient au vice même de la composition. Nous verrons, à l'appui de cette vérité, que plus le poëte, dans l'épopée, garde un juste milieu entre les choses divines et les choses humaines, plus il devient *divertissant*, pour parler comme Despréaux. *Divertir* afin d'*enseigner* est la première qualité requise en poésie.

Sans rechercher quelques poëmes écrits dans un latin barbare, le premier ouvrage qui s'offre à nous est la *Divina Commedia* du Dante. Les beautés de cette production bizarre découlent presque entièrement du christianisme ; ses défauts tiennent au siècle et au mauvais goût de l'auteur. Dans le pathétique et dans le terrible, le Dante a peut-être égalé les plus grands poëtes. Nous reviendrons sur les détails.

Il n'y a dans les temps modernes que deux beaux sujets de poëme épique, les *Croisades* et la *Découverte du Nouveau-Monde* : Malfilâtre se proposait de chanter la dernière ; les muses regrettent encore que ce jeune poëte ait été surpris par la mort avant d'avoir exécuté son dessein. Toutefois ce sujet a, pour un Français, le défaut d'être étranger. Or, c'est un autre principe de toute vérité, qu'il faut travailler sur un fonds antique, ou si l'on choisit une histoire moderne, qu'il faut chanter sa nation.

Les croisades rappellent la *Jérusalem délivrée* : ce poëme est un modèle parfait de composition. C'est là qu'on peut apprendre à mêler les sujets sans les confondre : l'art avec lequel le Tasse vous transporte d'une bataille à une scène d'amour, d'une scène d'amour à un conseil, d'une procession à un palais magique, d'un palais magique à un camp, d'un assaut à la grotte d'un solitaire, du tumulte d'une cité assiégée à la cabane d'un pasteur ; cet art, disons-nous, est admirable. Le dessin des caractères n'est pas moins savant : la férocité d'Argant est opposée à la générosité de Tancrède, la grandeur de Soliman à l'éclat de Renaud, la sagesse de Godefroi à la ruse d'Aladin ; il n'y a pas jusqu'à l'ermite Pierre, comme l'a remarqué Voltaire, qui ne fasse un beau contraste avec l'enchanteur Ismen. Quant aux femmes, la coquetterie est peinte dans Armide, la sensibilité dans Herminie, l'indifférence dans Clorinde. Le Tasse eût parcouru le cercle entier des caractères de femmes s'il eût représenté *la mère*. Il faut peut-être chercher la raison de cette omission dans la nature de son talent, qui avait plus d'enchantement que de vérité, et plus d'éclat que de tendresse.

Homère semble avoir été particulièrement doué de génie, Virgile de sentiment, le Tasse d'imagination. On ne balancerait pas sur la place que le poëte italien doit occuper s'il faisait quelquefois rêver sa muse, en imitant les soupirs du Cygne de Mantoue. Mais le Tasse est presque toujours faux quand il fait parler le cœur; et comme les traits de l'âme sont les véritables beautés, il demeure nécessairement au-dessous de Virgile.

Au reste, si la *Jérusalem* a une fleur de poésie exquise, si l'on y respire l'âge tendre, l'amour et les plaisirs du grand homme infortuné qui composa ce chef-d'œuvre dans sa jeunesse, on y sent aussi les défauts d'un âge qui n'était pas assez mûr pour la haute entreprise d'une épopée. L'octave du Tasse n'est presque jamais pleine; et son vers, trop vite fait, ne peut être comparé au vers de Virgile, cent fois retrempé au feu des Muses. Il faut encore remarquer que les idées du Tasse ne sont pas d'une aussi belle *famille* que celles du poëte latin. Les ouvrages des anciens se font reconnaître nous dirions presque à leur *sang*. C'est moins chez eux, ainsi que parmi nous, quelques pensées éclatantes, au milieu de beaucoup de choses communes, qu'une belle troupe de pensées qui se conviennent et qui ont toutes comme un air de parenté : c'est le groupe des enfants de Niobé, nus, simples, pudiques, rougissants, se tenant par la main avec un doux sourire, et portant, pour seul ornement, dans leurs cheveux une couronne de fleurs.

D'après la *Jérusalem* on sera du moins obligé de convenir qu'on peut faire quelque chose d'excellent sur un sujet chrétien. Et que serait-ce donc si le Tasse eût osé employer les grandes machines du christianisme? Mais on voit qu'il a manqué de hardiesse. Cette timidité l'a forcé d'user des petits ressorts de la magie, tandis qu'il pouvait tirer un parti immense du tombeau de Jésus-Christ qu'il nomme à peine, et d'une terre consacrée par tant de prodiges. La même timidité l'a fait échouer dans son *Ciel*. Son *Enfer* a plusieurs traits de mauvais goût. Ajoutons qu'il ne s'est pas assez servi du mahométisme, dont les rites sont d'autant plus curieux qu'ils sont peu connus. Enfin il aurait pu jeter un regard sur l'ancienne Asie, sur cette Égypte si fameuse, sur cette grande Babylone, sur cette superbe Tyr, sur les temps de Salomon et d'Isaïe. On s'étonne que sa muse ait oublié la harpe de David en parcourant Israël. N'entend-on plus sur le sommet du Liban la voix des prophètes? Leurs ombres n'apparaissent-elles pas quelquefois sous les cèdres et parmi les pins? Les anges ne chantent-ils plus sur Golgotha, et le torrent de Cédron a-t-il cessé de gémir? On est fâché que le Tasse n'ait pas donné quelque souvenir aux patriarches : le berceau du monde, dans un petit coin de la *Jérusalem*, ferait un assez bel effet.

CHAPITRE III.

PARADIS PERDU.

On peut reprocher au *Paradis perdu* de Milton, ainsi qu'à l'*Enfer* du Dante, le défaut dont nous avons parlé : le *merveilleux* est le *sujet* et non la *machine* de l'ouvrage; mais on y trouve des beautés supérieures, qui tiennent essentiellement à notre religion.

L'ouverture du poëme se fait aux enfers, et pourtant ce début n'a rien qui choque la règle de simplicité prescrite par Aristote. Pour un édifice si étonnant il fallait un portique extraordinaire, afin d'introduire le lecteur dans ce monde inconnu, dont il ne devait plus sortir.

Milton est le premier poëte qui ait conclu l'épopée par le malheur du principal personnage, contre la règle généralement adoptée. Qu'on nous permette de penser qu'il y a quelque chose de plus intéressant, de plus grave, de plus semblable à la condition humaine, dans un poëme qui aboutit à l'infortune, que dans celui qui se termine au bonheur. On pourrait même soutenir que la catastrophe de l'*Iliade* est tragique. Car si le fils de Pélée atteint le but de ses désirs, toutefois la conclusion du poëme laisse un sentiment profond de tristesse[1] : on vient de voir les funérailles de Patrocle, Priam rachetant le corps d'Hector, la douleur d'Hécube et d'Andromaque, et l'on aperçoit dans le lointain la mort d'Achille et la chute de Troie.

Le berceau de Rome chanté par Virgile est un grand sujet, sans doute; mais que dire du sujet d'un poëme qui peint une catastrophe dont nous sommes nous-mêmes les victimes, qui ne nous montre pas le fondateur de telle ou telle société, mais le père du genre humain? Milton ne vous entretient ni de batailles, ni de jeux funèbres, ni de camps, ni de villes assiégées; il retrace la première pensée de Dieu, manifestée dans la création du monde, et les premières pensées de l'homme au sortir des mains du Créateur.

Rien de plus auguste et de plus intéressant que cette étude des premiers mouvements du cœur de l'homme. Adam s'éveille à la vie; ses yeux s'ouvrent : il ne sait d'où il sort. Il regarde le firmament; par un mouvement de désir, il veut s'élancer vers cette voûte, et il se trouve debout, la tête levée vers le ciel. Il touche ses membres; il court, il s'arrête; il veut parler, et il parle. Il nomme naturellement ce qu'il voit, et s'écrie : « *O toi, soleil, et vous, arbres,* « *forêts, collines, vallées, animaux divers!* » et les noms qu'il donne sont les vrais noms des êtres. Et pourquoi Adam s'adresse-t-il au soleil, aux arbres? « *Soleil, arbres*, dit-il, *savez-vous le nom de celui qui m'a créé?* » Ainsi, le premier sentiment que l'homme éprouve est le sentiment de l'existence de l'Être suprême; le premier besoin qu'il manifeste est le besoin de Dieu! Que Milton est sublime dans ce passage! Mais se fût-il élevé à ces pensées s'il n'eût connu la religion de Jésus-Christ?

Dieu se manifeste à Adam; la créature et le Créateur s'entretiennent ensemble : *ils parlent de la solitude*. Nous supprimons les réflexions. La solitude ne *vaut rien à l'homme*. Adam s'endort; Dieu tire du sein même de notre premier père une nouvelle créature, et la lui présente à son réveil : « La grâce est dans sa démarche, le ciel dans ses yeux, et la dignité de l'amour dans tous ses mouvements. Elle s'appelle la *femme;* elle est née de l'homme. L'homme quit-

---

[1] Ce sentiment vient peut-être de l'intérêt qu'on prend à Hector. Hector est autant le héros du poëme qu'Achille : c'est le défaut de l'*Iliade*. Il est certain que l'amour des lecteurs se porte sur les Troyens, contre l'intention du poëte, parce que les scènes dramatiques se passent toutes dans les murs d'Ilion. Ce vieux monarque, dont le seul crime est d'aimer trop un fils coupable ; ce généreux Hector, qui connaît la faute de son frère, et qui cependant défend son frère; cette Andromaque, cet Astyanax, cette Hécube, attendrissent le cœur, tandis que le camp des Grecs n'offre qu'avarice, perfidie et férocité : peut-être aussi le souvenir de l'*Énéide* agit-il secrètement sur le lecteur moderne, et l'on se range sans le vouloir du côté des héros chantés par Virgile.

tera pour elle son père et sa mère. » Malheur à celui qui ne sentirait pas là dedans la Divinité !

Le poëte continue à développer ces grandes vues de la nature humaine, cette sublime raison du christianisme. Le caractère de la femme est admirablement tracé dans la fatale chute. Ève tombe par amour-propre : elle se vante d'être assez forte pour s'exposer seule; elle ne veut pas qu'Adam l'accompagne dans le lieu où elle cultive des fleurs. Cette belle créature, qui se croit invincible en raison même de sa faiblesse, ne sait pas qu'un seul mot peut la subjuguer. L'Écriture nous peint toujours la femme esclave de sa vanité. Quand Isaïe menace les filles de Jérusalem : « Vous perdrez, leur dit-il, vos boucles d'oreilles, vos bagues, vos bracelets, vos voiles. » On a remarqué de nos jours un exemple frappant de ce caractère. Telles femmes, pendant la révolution, ont donné des preuves multipliées d'héroïsme ; et leur vertu est venue depuis échouer contre un bal, une parure, une fête. Ainsi s'explique une de ces mystérieuses vérités cachées dans les Écritures : en condamnant la femme à enfanter avec douleur, Dieu lui a donné une très-grande force contre la peine; mais en même temps, et en punition de sa faute, il l'a laissée faible contre le plaisir. Aussi Milton appelle-t-il la femme *fair defect of nature*, « beau défaut de la nature. »

La manière dont le poëte anglais a conduit la chute de nos premiers pères mérite d'être examinée. Un esprit ordinaire n'aurait pas manqué de renverser le monde au moment où Ève porte à sa bouche le fruit fatal; Milton s'est contenté de faire pousser un soupir à la terre qui vient d'enfanter la mort : on est beaucoup plus surpris, parce que cela est beaucoup moins surprenant. Quelles calamités cette tranquillité présente de la nature ne fait-elle point entrevoir dans l'avenir! Tertullien, cherchant pourquoi l'univers n'est point dérangé par les crimes des hommes, en apporte une raison sublime : cette raison, c'est la PATIENCE de Dieu.

Lorsque la mère du genre humain présente le fruit de science à son époux, notre premier père ne se roule point dans la poudre, ne s'arrache point les cheveux, ne jette point de cris. Un tremblement le saisit, il reste muet, la bouche entr'ouverte, et les yeux attachés sur son épouse. Il aperçoit l'énormité du crime : d'un côté, s'il désobéit il devient sujet à la mort; de l'autre, s'il reste fidèle il garde son immortalité, mais il perd sa compagne, désormais condamnée au tombeau. Il peut refuser le fruit; mais peut-il vivre sans Ève? le combat n'est pas long : tout un monde est sacrifié à l'amour. Au lieu d'accabler son épouse de reproches, Adam la console, et prend de sa main la pomme fatale. A cette consommation du crime rien ne s'altère encore dans la nature : les passions seulement font gronder leurs premiers orages dans le cœur du couple malheureux.

Adam et Ève s'endorment : mais ils n'ont plus cette innocence qui rend les songes légers. Bientôt ils sortent de ce sommeil agité, comme on sortirait d'une pénible insomnie (*as from unrest*). C'est alors que leur péché se présente à eux. « *Qu'avons-nous fait?* s'écrie Adam ; *pourquoi es-tu nue? Couvrons-nous, de peur qu'on ne nous voie dans cet état.* » Le vêtement ne cache point une nudité dont on s'est aperçu.

Cependant la faute est connue au ciel, une sainte tristesse saisit les anges, mais *that sadness mixt with pity, did not alter their bliss*; « cette tristesse, mêlée *à la pitié*, n'altéra point leur bonheur; » mot chrétien et d'une tendresse sublime. Dieu envoie son Fils pour juger les coupables; le juge descend; il appelle Adam : « Où es-tu? » lui dit-il. Adam se cache. — « Seigneur, je n'ose me montrer à vous, parce que je suis nu. » — « Comment sais-tu que tu es nu? Aurais-tu mangé du fruit de science? » Quel dialogue! cela n'est point d'invention humaine. Adam confesse son crime; Dieu prononce la sentence : « Homme! tu mangeras ton pain à la sueur de ton front; tu déchireras péniblement le sein de la terre; sorti de la poudre, tu retourneras en poudre. — Femme, tu enfanteras avec douleur. » Voilà l'histoire du genre humain en quelques mots. Nous ne savons pas si le lecteur est frappé comme nous; mais nous trouvons dans cette scène de la Genèse quelque chose de si extraordinaire et de si grand, qu'elle se dérobe à toutes les explications du critique; l'admiration manque de termes, et l'art rentre dans le néant.

Le Fils de Dieu remonte au ciel, après avoir laissé des vêtements aux coupables. Alors commence ce fameux drame entre Adam et Ève, dans lequel on prétend que Milton a consacré un événement de sa vie, un raccommodement entre lui et sa première femme. Nous sommes persuadé que les grands écrivains ont mis leur histoire dans leurs ouvrages. On ne peint bien que son propre cœur, en l'attribuant à un autre; et la meilleure partie du génie se compose de souvenirs.

Adam s'est retiré seul pendant la nuit sous un ombrage : la nature de l'air est changée; des vapeurs froides, des nuages épais obscurcissent les cieux; la foudre a embrasé les arbres; les animaux fuient à la vue de l'homme; le loup commence à poursuivre l'agneau, le vautour à déchirer la colombe. Adam tombe dans le désespoir; il désire de rentrer dans le sein de la terre. Mais un doute le saisit... s'il avait en lui quelque chose d'immortel? si ce souffle de vie qu'il a reçu de Dieu ne pouvait périr? si la mort ne lui était d'aucune ressource? s'il était condamné à être éternellement malheureux? La philosophie ne peut demander un genre de beautés plus élevées et plus graves. Non-seulement les poëtes antiques n'ont jamais fondé un désespoir sur de pareilles bases, mais les moralistes eux-mêmes n'ont rien d'aussi grand.

Ève a entendu les gémissements de son époux : elle s'avance vers lui; Adam la repousse; Ève se jette à ses pieds, les baigne de larmes. Adam est touché; il relève la mère des hommes. Ève lui propose de vivre dans la continence, ou de se donner la mort, pour sauver sa postérité. Ce désespoir, si bien attribué à une femme, tant par son excès que par sa générosité, frappe notre premier père. Que va-t-il répondre à son épouse? « Ève, l'espoir que tu fondes sur le tombeau, et ton mépris pour la mort, me prouvent que tu portes en toi quelque chose qui n'est pas soumis au néant. »

Le couple infortuné se décide à prier Dieu et à se recommander à la miséricorde éternelle. Il se prosterne et élève un cœur et une voix humiliés vers celui qui pardonne. Ces accents montent au séjour céleste, et le Fils se charge lui-même de les présenter à son Père. On admire avec raison dans l'*Iliade* les

Prières boiteuses, qui suivent l'*Injure* pour réparer les maux qu'elle a faits. Cependant Milton lutte ici sans trop de désavantage contre cette fameuse allégorie : ces premiers soupirs d'un cœur contrit, qui trouvent la route que tous les soupirs du monde doivent bientôt suivre ; ces humbles vœux qui viennent se mêler à l'encens qui fume devant le Saint des saints ; ces larmes pénitentes qui réjouissent les esprits célestes, ces larmes qui sont offertes à l'Éternel par le Rédempteur du genre humain, ces larmes qui touchent Dieu lui-même, (tant a de puissance la première prière de l'homme repentant et malheureux !) toutes ces beautés réunies ont en soi quelque chose de si moral, de si solennel, de si attendrissant, qu'elles ne sont peut-être point effacées par les *Prières* du chantre d'Ilion.

Le Très-Haut se laisse fléchir et accorde le salut final de l'homme. Milton s'est emparé avec beaucoup d'art de ce premier mystère des Écritures ; il a mêlé partout l'histoire d'un Dieu qui, dès le commencement des siècles, se dévoue à la mort pour racheter l'homme de la mort. La chute d'Adam devient plus puissante et plus tragique quand on la voit envelopper dans ses conséquences jusqu'au Fils de l'Éternel.

Outre ces beautés qui appartiennent au fond du *Paradis perdu*, il y a une foule de beautés de détail dont il serait trop long de rendre compte. Milton a surtout le mérite de l'expression. On connaît *les ténèbres visibles*, *le silence ravi*, etc. Ces hardiesses, lorsqu'elles sont bien sauvées, comme les dissonances en musique, font un effet très-brillant ; elles ont un faux air de génie : mais il faut prendre garde d'en abuser ; quand on les recherche elles ne deviennent plus qu'un jeu de mots puéril, pernicieux à la langue et au goût.

Nous observerons encore que le chantre d'Éden, à l'exemple du chantre de l'Ausonie, est devenu original en s'appropriant des richesses étrangères : l'écrivain original n'est pas celui qui n'imite personne, mais celui que personne ne peut imiter.

Cet art de s'emparer des beautés d'un autre temps pour les accommoder aux mœurs du siècle où l'on vit a surtout été connu du poëte de Mantoue. Voyez, par exemple, comme il a transporté à la mère d'Euryale les plaintes d'Andromaque sur la mort d'Hector : Homère, dans ce morceau, a quelque chose de plus naïf que Virgile, auquel il a fourni d'ailleurs tous les traits frappants, tels que l'ouvrage échappant des mains d'Andromaque, l'évanouissement, etc. (et il en a quelques autres qui ne sont point dans l'*Énéide*, comme le pressentiment du malheur, et cette tête qu'Andromaque échevelée avance à travers les créneaux). Mais aussi l'épisode d'Euryale est plus pathétique et plus tendre. Cette mère qui, seule de toutes les Troyennes, a voulu suivre les destinées d'un fils ; ces habits devenus inutiles, dont elle occupait son amour maternel, son exil, sa vieillesse et sa solitude, au moment même où l'on promenait la tête du jeune homme sous les remparts du camp, ce *femineo ululatu*, sont des choses qui n'appartiennent qu'à l'âme de Virgile. Les plaintes d'Andromaque, plus étendues, perdent de leur force ; celles de la mère d'Euryale, plus resserrées, tombent, avec tout leur poids, sur le cœur. Cela prouve qu'une grande différence existait déjà entre les temps de Virgile et ceux d'Homère, et qu'au siècle du premier tous les arts, même celui d'aimer, avaient acquis plus de perfection.

CHAPITRE IV.

DE QUELQUES POËMES FRANÇAIS ET ÉTRANGERS.

Quand le christianisme n'aurait donné à la poésie que le *Paradis perdu;* quand son génie n'aurait inspiré ni la *Jérusalem délivrée*, ni *Polyeucte*, ni *Esther*, ni *Athalie*, ni *Zaïre*, ni *Alzire*, on pourrait encore soutenir qu'il est favorable aux muses. Nous placerons dans ce chapitre, entre le *Paradis perdu* et la *Henriade*, quelques poëmes français et étrangers dont nous n'avons qu'un mot à dire.

Les morceaux remarquables répandus dans le *Saint Louis* du père Lemoine ont été si souvent cités, que nous ne les répéterons point ici. Ce poëme informe a pourtant quelques beautés qu'on chercherait en vain dans la *Jérusalem*. Il y règne une sombre imagination, très-propre à la peinture de cette Égypte pleine de souvenirs et de tombeaux, et qui vit passer tour à tour les Pharaons, les Ptolémées, les solitaires de la Thébaïde, et les soudans des barbares.

La *Pucelle* de Chapelain, le *Moïse sauvé* de Saint-Amand, et le *David* de Coras, ne sont plus connus que par les vers de Boileau. On peut cependant tirer quelque fruit de la lecture de ces ouvrages : le *David* surtout mérite d'être parcouru.

Le prophète Samuel raconte à David l'histoire des rois d'Israël.

> Jamais, dit le grand saint, la fière tyrannie
> Devant le Roi des rois ne demeure impunie :
> Et de nos derniers chefs le juste châtiment
> En fournit à toute heure un triste monument.
> . . . .
> Contemple donc Héli, le chef du tabernacle,
> Que Dieu fit de son peuple et le juge et l'oracle;
> Son zèle à sa patrie eût pu servir d'appui,
> S'il n'eût produit deux fils trop peu dignes de lui.
> . . . .
> Mais Dieu fait sur ces fils, dans le vice obstinés,
> Tonner l'arrêt des coups qui leur sont destinés ;
> Et par un saint héros, dont la voix les menace,
> Leur annonce leur perte et celle de leur race.
> O ciel! quand tu lanças ce terrible décret,
> Quel ne fut point d'Héli le deuil et le regret!
> Mes yeux furent témoins de toutes ses alarmes,
> Et mon front bien souvent fut mouillé de ses larmes.

Ces vers sont remarquables, parce qu'ils sont assez beaux comme *vers*. Le mouvement qui les termine pourrait être avoué d'un grand poëte.

L'épisode de Ruth, raconté dans la grotte sépulcrale où sont ensevelis les anciens patriarches, a de la simplicité :

On ne sait qui des deux, ou l'épouse ou l'époux,
Eut l'âme la plus pure et le sort le plus doux.
. . . .

Enfin Coras réussit quelquefois dans le vers *descriptif*. Cette image du soleil à son midi est pittoresque.

Cependant le soleil, couronné de splendeur,
Amoindrissant sa forme, augmentait son ardeur.

Saint-Amand, presque vanté par Boileau, qui lui accorde du génie, est néanmoins inférieur à Coras. La composition du *Moïse sauvé* est languissante, le vers lâche et prosaïque, le style plein d'antithèses et de mauvais goût. Cependant on y remarque quelques morceaux d'un sentiment vrai, et c'est sans doute ce qui avait adouci l'humeur du chantre de l'*Art poétique*.

Il serait inutile de nous arrêter à l'*Araucana*, avec ses trois parties et ses trente-cinq chants originaux, sans oublier les chants supplémentaires de *Don Diego de Santistevan Ojozio*. Il n'y a point de *merveilleux chrétien* dans cet ouvrage; c'est une narration historique de quelques faits arrivés dans les montagnes du Chili. La chose la plus intéressante du poëme est d'y voir figurer Ercilla lui-même, qui se bat et qui écrit. L'*Araucana* est mesuré en octaves, comme l'*Orlando* et la *Jérusalem*. La littérature italienne donnait alors le ton aux diverses littératures de l'Europe. Ercilla chez les Espagnols, et Spencer chez les Anglais, ont fait des stances et imité l'Arioste, jusque dans son exposition. Ercilla dit :

No las damas, amor, no gentilezas,
De cavalleros canto enamorados,
Ni las muestras, regalos y ternezas
De amorosos afectos y cuydados :
Mas el valor, los hechos, las proezas
De aquelos Espanoles esforçados,
Que a la cerviz de Arauco no domada
Pusieron duro yugo por la espada.

C'était encore un bien riche sujet d'épopée que celui de la *Lusiade*. On a de la peine à concevoir comment un homme du génie du Camoëns n'en a pas su tirer un plus grand parti. Mais enfin il faut se rappeler que ce poëte fut le premier poëte épique moderne, qu'il vivait dans un siècle barbare, qu'il y a des choses touchantes[1], et quelquefois sublimes dans ses vers, et qu'après tout il fut le plus infortuné des mortels. C'est un sophisme digne de la dureté de notre siècle, d'avoir avancé que les bons ouvrages se font dans le malheur : il n'est pas vrai qu'on puisse bien écrire quand on souffre. Les hommes qui se consacrent au culte des muses se laissent plus vite submerger à la douleur que les esprits vulgaires : un génie puissant use bientôt le corps qui le renferme : les grandes âmes, comme les grands fleuves, sont sujettes à dévaster leurs rivages.

[1] Néanmoins nous différons encore ici des critiques; l'épisode d'Inès nous semble pur, touchant, mais bien loin d'avoir les développements dont il était susceptible.

Le mélange que le Camoëns a fait de la Fable et du christianisme nous dispense de parler du *merveilleux* de son poëme.

Klopstock est tombé dans le défaut d'avoir pris le *merveilleux* du christianisme pour *sujet* de son poëme. Son premier personnage est un Dieu : cela seul suffirait pour détruire l'intérêt tragique. Toutefois il y a de beaux traits dans le *Messie*. Les deux amants ressuscités par le Christ offrent un épisode charmant que n'auraient pu fournir les fables mythologiques. Nous ne nous rappelons point de personnages arrachés au tombeau, chez les anciens, si ce n'est Alceste, Hippolyte et Hérès de Pamphylie[1].

L'abondance et la grandeur caractérisent le merveilleux du *Messie*. Ces globes habités par des êtres différents de l'homme, cette profusion d'anges, d'esprits de ténèbres, d'âmes à naître, ou d'âmes qui ont déjà passé sur la terre, jettent l'esprit dans l'immensité. Le caractère d'Abbadona, l'ange repentant, est une conception heureuse. Klopstock a aussi créé une sorte de séraphins mystiques inconnus avant lui.

Gessner nous a laissé dans la *Mort d'Abel* un ouvrage plein d'une tendre majesté. Malheureusement il est gâté par cette teinte doucereuse de l'idylle, que les Allemands répandent presque toujours sur les sujets tirés de l'Écriture. Leurs poëtes pèchent contre une des plus grandes lois de l'épopée, *la vraisemblance des mœurs*, et transforment en innocents bergers d'Arcadie les rois pasteurs de l'Orient.

Quant à l'auteur du poëme de *Noé*, il a succombé sous la richesse de son sujet. Pour une imagination vigoureuse, c'était pourtant une belle carrière à parcourir qu'un monde antédiluvien. On n'était pas même obligé de créer toutes les merveilles : en fouillant le Critias, les chronologies d'Eusèbe, quelques traités de Lucien et de Plutarque, on eût trouvé une ample moisson. Scaliger cite un fragment de Polyhistor, touchant certaines tables écrites avant le déluge, et conservées à *Sippary*, la même vraisemblablement que la *Sipphara* de Ptolémée[2]. Les Muses parlent et entendent toutes les langues : que de choses ne pouvaient-elles pas lire sur ces tables !

---

[1] Dans le dixième livre de la *République* de PLATON.

Voilà ce que portait la première édition. Depuis ce temps, l'un de nos meilleurs philologues, aussi savant que poli, M. Boissonade, m'a envoyé la note suivante des hommes ressuscités dans l'antiquité païenne par le secours des dieux ou de l'art d'Esculape :

« Esculape, qui ressuscita Hippolyte, avait fait d'autres miracles. Apollodore (*Bibl.* III, 10, « 3.), dit, sur le témoignage de différents auteurs, qu'il rendit la vie à Capanée, à Lycurgue, « à Tyndare, à Hyménéus, à Glaucus. Télésarque, cité par le scoliaste d'Euripide (*Alc.* 2), « parle encore de la résurrection d'Orion tentée par Esculape. Voyez les notes de MM. Heyne « et Clavier sur le passage d'Apollodore, et celles de M. Walckenaër sur l'*Hippolyte* d'Eu- « ripide, pag. 318. »

[2] A moins qu'on ne fasse venir *Sippary* du mot hébreu *Sepher*, qui signifie bibliothèque. JOSÈPHE, liv. I, ch. II, *de Antiq. Jud.*, parle de deux colonnes, l'une de brique et l'autre de pierre, sur lesquelles les enfants de Seth avaient gravé les sciences humaines, afin qu'elles ne périssent point au déluge qui avait été prédit par Adam. Ces deux colonnes subsistèrent longtemps après Noé.

CHAPITRE V.

LA HENRIADE.

Si un plan sage, une narration vive et pressée, de beaux vers, une diction élégante, un goût pur, un style correct, sont les seules qualités nécessaires à l'épopée, la *Henriade* est un poëme achevé ; mais cela ne suffit pas : il faut encore une action héroïque et surnaturelle. Et comment Voltaire eût-il fait un usage heureux du *merveilleux* du christianisme, lui dont les efforts tendaient sans cesse à détruire ce merveilleux? Telle est néanmoins la puissance des idées religieuses, que l'auteur de la *Henriade* doit au culte même qu'il a persécuté les morceaux les plus frappants de son poëme épique, comme il lui doit les plus belles scènes de ses tragédies.

Une philosophie modérée, une morale froide et sérieuse, conviennent à la Muse de l'histoire ; mais cet esprit de sévérité, transporté à l'épopée, est peut-être un contre-sens. Ainsi, lorsque Voltaire s'écrie, dans l'invocation de son poëme :

> Descends du haut des cieux, auguste *Vérité!*

il est tombé, ce nous semble, dans une méprise. La poésie épique

> Se soutient par la fable, et vit de fiction.

Le Tasse, qui traitait un sujet chrétien, a fait ces vers charmants, d'après Platon et Lucrèce [1] :

> Sai, che là torre in mondo, ove più versi
> Di sue dolcezze il lusinghier Parnaso, etc.

Là il n'y a point de poésie où il n'y a point de menterie, dit Plutarque [2].

Est-ce que cette France à demi barbare n'était plus assez couverte de forêts, pour qu'on n'y rencontrât pas quelques-uns de ces châteaux du vieux temps, avec des machicoulis, des souterrains, des tours verdies par le lierre, et pleines d'histoires merveilleuses? Ne pouvait-on trouver quelque temple gothique dans une vallée, au milieu des bois? Les montagnes de la Navarre n'avaient-elles point encore quelque druide, qui, sous le chêne, au bord du torrent, au murmure de la tempête, chantait les souvenirs des Gaules, et pleurait sur la tombe des héros? Je m'assure qu'il y avait quelque chevalier du règne de François Iᵉʳ qui regret-

---

[1] « Comme le médecin qui, pour sauver le malade, mêle à des breuvages flatteurs les remèdes propres à le guérir, et jette au contraire des drogues amères dans les aliments qui lui sont nuisibles, etc. » PLAT. *de Leg.*, lib. I, *Ac veluti pueris absinthia tetra medentes*, etc. LUCRET., lib. V.

[2] Si l'on disait que le Tasse a aussi invoqué la Vérité, nous répondrions qu'il ne l'a pas fait comme Voltaire. La Vérité du Tasse est une muse, un ange, je ne sais quoi jeté dans le vague, quelque chose qui n'a pas de nom, *un être chrétien*, et non pas la *Vérité directement personnifiée*, comme celle de la *Henriade.*

tait dans son manoir les tournois de la vieille cour, et ces temps où la France s'en allait en guerre contre les mécréants et les infidèles. Que de choses à tirer de cette révolution des Bataves, voisine, et, pour ainsi dire, sœur de la Ligue! Les Hollandais s'établissaient aux Indes, et Philippe recueillait les premiers trésors du Pérou : Coligny même avait envoyé une colonie dans la Caroline; le chevalier de Gourgue offrait à l'auteur de la *Henriade* l'épisode le plus touchant : une épopée doit renfermer l'univers.

L'Europe, par le plus heureux des contrastes, présentait au poëte le peuple pasteur en Suisse, le peuple commerçant en Angleterre, et le peuple des arts en Italie : la France se trouvait à son tour à l'époque la plus favorable pour la poésie épique; époque qu'il faut toujours choisir, comme Voltaire l'avait fait, à la fin d'un âge, et à la naissance d'un autre âge, entre les anciennes mœurs et les mœurs nouvelles. La barbarie expirait, l'aurore du siècle de Louis commençait à poindre; Malherbe était venu, et ce héros, à la fois barde et chevalier, pouvait conduire les Français au combat en chantant des hymnes à la victoire.

On convient que les *caractères* dans la *Henriade* ne sont que des *portraits*, et l'on a peut-être trop vanté cet art de peindre dont Rome en décadence a donné les premiers modèles. Le *portrait* n'est point épique; il ne fournit que des beautés sans action et sans mouvement.

Quelques personnes doutent aussi que la *vraisemblance des mœurs* soit poussée assez loin dans la *Henriade*. Les héros de ce poëme débitent de beaux vers qui servent à développer les principes philosophiques de Voltaire; mais représentent-ils bien les guerriers tels qu'ils étaient au seizième siècle? Si les discours des ligueurs respirent l'esprit du temps, ne pourrait-on pas se permettre de penser que c'étaient les actions des personnages, encore plus que leurs paroles, qui devaient déceler cet esprit? Du moins, le chantre d'Achille n'a pas mis l'*Iliade* en harangues.

Quant au *merveilleux*, il est, sauf erreur, à peu près nul dans la *Henriade*. Si l'on ne connaissait le malheureux système qui glaçait le génie poétique de Voltaire, on ne comprendrait pas comment il a préféré des divinités allégoriques au *merveilleux* du christianisme.

Il n'a répandu quelque chaleur dans ses inventions qu'aux endroits même où il cesse d'être philosophe pour devenir chrétien : aussitôt qu'il a touché à la religion, source de toute poésie, la source a abondamment coulé.

Le serment des Seize dans le souterrain, l'apparition du fantôme de Guise qui vient armer Clément d'un poignard, sont des machines fort épiques, et puisées dans les superstitions mêmes d'un siècle ignorant et malheureux.

Le poëte ne s'est-il pas encore un peu trompé lorsqu'il a transporté la philosophie dans le ciel? Son *Éternel* est sans doute un dieu fort équitable, qui juge avec impartialité le bonze et le derviche, le juif et le mahométan; mais était-ce bien cela qu'on attendait de sa muse? Ne lui demandait-on pas de la *poésie*, un *ciel chrétien*, des cantiques, Jéhovah, enfin le *mens divinior*, la religion?

Voltaire a donc brisé lui-même la corde la plus harmonieuse de sa lyre en refusant de chanter cette milice sacrée, cette armée des martyrs et des anges, dont ses talents auraient pu tirer un parti admirable. Il eût trouvé parmi nos saintes des puissances aussi grandes que celles des déesses antiques, et des noms aussi doux que ceux des Grâces. Quel dommage qu'il n'ait rien voulu dire de ces bergères transformées par leurs vertus en bienfaisantes divinités; de ces Geneviève qui, du haut du ciel, protégent, avec une houlette, l'empire de Clovis et de Charlemagne ! Il nous semble qu'il y a quelque enchantement pour les muses à voir le peuple le plus spirituel et le plus brave consacré par la religion à la fille de la simplicité et de la paix. De qui la *Gaule* tiendrait-elle ses troubadours, son esprit naïf et son penchant aux grâces, si ce n'était du chant pastoral, de l'innocence et de la beauté de sa patronne.

Des critiques judicieux ont observé qu'il y a deux hommes dans Voltaire : l'un plein de goût, de savoir, de raison ; l'autre qui pèche par les défauts contraires à ces qualités. On peut douter que l'auteur de la *Henriade* ait eu autant de génie que Racine, mais il avait peut-être un esprit plus varié et une imagination plus flexible. Malheureusement la mesure de ce que nous pouvons n'est pas toujours la mesure de ce que nous faisons. Si Voltaire eût été animé par la religion comme l'auteur d'*Athalie;* s'il eût étudié comme lui les Pères et l'antiquité; s'il n'eût pas voulu embrasser tous les genres et tous les sujets, sa poésie fût devenue plus nerveuse, et sa prose eût acquis une décence et une gravité qui lui manquent trop souvent. Ce grand homme eut le malheur de passer sa vie au milieu d'un cercle de littérateurs médiocres, qui, toujours prêts à l'applaudir, ne pouvaient l'avertir de ses écarts. On aime à se le représenter dans la compagnie des Pascal, des Arnauld, des Nicole, des Boileau, des Racine : c'est alors qu'il eût été forcé de changer de ton. On aurait été indigné à Port-Royal des plaisanteries et des blasphèmes de Ferney ; on y détestait les ouvrages faits à la hâte ; on y travaillait avec loyauté, et l'on n'eût pas voulu, pour tout au monde, tromper le public en lui donnant un poëme qui n'eût pas coûté au moins douze bonnes années de labeur. Et ce qu'il y avait de très-merveilleux, c'est qu'au milieu de tant d'occupations, ces excellents hommes trouvaient encore le secret de remplir les plus petits devoirs de leur religion, et de porter dans la société l'urbanité de leur grand siècle.

C'était une telle école qu'il fallait à Voltaire. Il est bien à plaindre d'avoir eu ce double génie qui force à la fois à l'admirer et à le haïr. Il édifie et renverse ; il donne les exemples et les préceptes les plus contraires ; il élève aux nues le siècle de Louis XIV et attaque ensuite en détail la réputation des grands hommes de ce siècle : tour à tour il encense et dénigre l'antiquité ; il poursuit, à travers soixante-dix volumes, ce qu'il appelle l'*infâme;* et les morceaux les plus beaux de ses écrits sont inspirés par la *religion.* Tandis que son imagination vous ravit, il fait luire une fausse raison qui détruit le merveilleux, rapetisse l'âme et borne la vue. Excepté dans quelques-uns de ses chefs-d'œuvre, il n'aperçoit que le côté ridicule des choses et des temps, et montre, sous un jour hideusement gai, l'homme à l'homme. Il charme et fatigue par sa mobilité ; il vous enchante et vous dégoûte ; on ne sait quelle est la forme qui lui est propre : il serait insensé s'il n'était si sage, et méchant si sa vie n'était remplie de traits de bienfaisance. Au milieu de ses impiétés, on peut remarquer qu'il haïssait les sophistes (13). Il aimait naturellement les beaux-arts, les lettres et la grandeur, et il n'est pas rare de le surprendre dans une sorte d'admiration pour la cour de Rome. Son amour-propre lui fit jouer toute sa vie un rôle pour lequel il n'était point fait, et auquel il était fort supérieur. Il n'avait rien en effet de commun avec MM. Diderot, Raynal et d'Alembert. L'élégance de ses mœurs, ses belles manières, son goût pour la société, et surtout son humanité, l'auraient vraisemblablement rendu un des plus grands ennemis du régime révolutionnaire. Il est très-décidé en faveur de l'ordre social, sans s'apercevoir qu'il le sape par les fondements en attaquant l'ordre religieux. Ce qu'on peut dire sur lui de plus raisonnable, c'est que son incrédulité l'a empêché d'atteindre à la hauteur où l'appelait la nature, et que ses ouvrages, excepté ses poésies fugitives, sont demeurés au-dessous de son véritable talent : exemple qui doit à jamais effrayer quiconque suit la carrière des lettres. Voltaire n'a flotté parmi tant d'erreurs, tant d'inégalités de style et de jugement, que parce qu'il a manqué du grand contre-poids de la religion : il a prouvé que des mœurs graves et une pensée pieuse sont encore plus nécessaires dans le commerce des muses qu'un beau génie.

LIVRE SECOND.

Poésie dans ses rapports avec les hommes. Caractères.

CHAPITRE PREMIER.

CARACTÈRES NATURELS.

Passons de cette vue générale des épopées aux détails des compositions poétiques. Avant d'examiner les caractères *sociaux*, tels que ceux du prêtre et du guerrier, considérons les caractères *naturels*, tels que ceux de l'époux, du père, de la mère, etc., et partons d'abord d'un principe incontestable.

Le christianisme est une religion pour ainsi dire double : s'il s'occupe de la nature de l'être intellectuel, il s'occupe aussi de notre propre nature ; il fait marcher de front les mystères de la Divinité et les mystères du cœur humain : en dévoilant le véritable Dieu, il dévoile le véritable homme.

Une telle religion doit être plus favorable à la peinture des *caractères* qu'un culte qui n'entre point dans le secret des passions. La plus belle moitié de la poésie, la moitié dramatique, ne recevait aucun secours du polythéisme ; la morale était séparée de la mythologie (14). Un dieu montait sur son char, un prêtre offrait un sacrifice ; mais ni le dieu ni le prêtre n'enseignaient ce que c'est que l'homme, d'où il vient, où il va, quels sont ses penchants, ses vices, ses fins dans cette vie, ses fins dans l'autre.

Dans le christianisme, au contraire, la religion et la morale sont une seule et même chose. L'Écriture nous apprend notre origine, nous instruit de notre nature; les mystères chrétiens nous regardent : c'est nous qu'on voit de toutes parts; c'est pour nous que le Fils de Dieu s'est immolé. Depuis Moïse jusqu'à Jésus-Christ, depuis les apôtres jusqu'aux derniers Pères de l'Église, tout offre le tableau de l'homme intérieur, tout tend à dissiper la nuit qui le couvre : et c'est un des caractères distinctifs du christianisme d'avoir toujours mêlé l'homme à Dieu, tandis que les fausses religions ont séparé le Créateur de la créature.

Voilà donc un avantage incalculable que les poëtes auraient dû remarquer dans la religion chrétienne, au lieu de s'obstiner à la décrier. Car, si elle est aussi belle que le polythéisme dans le *merveilleux* ou dans les rapports des *choses surnaturelles*, comme nous essaierons de le montrer dans la suite, elle a de plus une partie dramatique et morale que le polythéisme n'avait pas.

Appuyons cette vérité sur des exemples, faisons des rapprochements qui servent à nous attacher à la religion de nos pères par les charmes du plus divin de tous les arts.

Nous commencerons l'étude des *caractères naturels* par celui des *époux*, et nous opposerons à l'amour conjugal d'Ève et d'Adam l'amour conjugal d'Ulysse et de Pénélope. On ne nous accusera pas de choisir exprès des sujets médiocres dans l'antiquité pour faire briller les sujets chrétiens.

CHAPITRE II.

SUITE DES ÉPOUX.

ULYSSE ET PÉNÉLOPE.

Les princes ayant été tués par Ulysse, Euryclée va réveiller Pénélope, qui refuse longtemps de croire les merveilles que sa nourrice lui raconte. Cependant elle se lève ; et, *descendant les degrés, elle franchit le seuil de pierre, et va s'asseoir à la lueur du feu, en face d'Ulysse, qui était lui-même assis au pied d'une colonne, les yeux baissés, attendant ce que lui dirait son épouse. Mais elle demeurait muette, et l'étonnement avait saisi son cœur* [1].

Télémaque accuse sa mère de froideur; Ulysse sourit et excuse Pénélope. La princesse doute encore; et, pour éprouver son époux, elle ordonne de préparer la couche d'Ulysse hors de la chambre nuptiale. Aussitôt le héros s'écrie : « *Qui donc a déplacé ma couche ?... N'est-elle plus attachée au tronc de l'olivier autour duquel j'avais moi-même bâti une salle dans ma cour ?* etc. »

$$\Omega_{\varsigma} \; \varphi\acute{\alpha}\tau o\cdot \; \tau\tilde{\eta}\varsigma \; \delta'. \; . \; . \; . \; . \; .$$
$$. \; . \; . \; . \; . \; . \; . \; . \; . \; . \; . \; .$$
$$. \; . \; . \; . \; . \; \mu\epsilon\lambda\epsilon\delta\acute{\eta}\mu\alpha\tau\alpha \; \theta\upsilon\mu o\tilde{\upsilon} \; [2].$$

Il dit, et soudain le cœur et les genoux de Pénélope lui manquent à la fois; elle reconnaît Ulysse à cette marque certaine. Bientôt, courant à lui tout en larmes, elle suspend ses bras au cou de son époux; elle baise sa tête sacrée

---

[1] *Odyss.*, lib. xxiii, v. 205. — [2] *Ibid.*

elle s'écrie : « Ne sois point irrité, toi qui fus toujours le plus prudent des hommes ! . . . . . . Ne sois point irrité, ne t'indigne point, si j'ai hésité à me jeter dans tes bras. Mon cœur frémissait de crainte qu'un étranger ne vînt surprendre ma foi par des paroles trompeuses. . . . . Mais à présent j'ai une preuve manifeste de toi-même, par ce que tu viens de dire de notre couche : aucun autre homme que toi ne l'a visitée : elle n'est connue que de nous deux et d'une seule esclave, Actoris, que mon père me donna lorsque je vins en Ithaque, et qui garde les portes de notre chambre nuptiale. Tu rends la confiance à ce cœur devenu défiant par le chagrin. »

Elle dit, et Ulysse, pressé du besoin de verser des larmes, pleure sur cette chaste et prudente épouse, en la serrant contre son cœur. Comme des matelots contemplent la terre désirée, lorsque Neptune a brisé leur rapide vaisseau, jouet des vents et des vagues immenses; un petit nombre, flottant sur l'antique mer, nage, et tout couvert d'une écume salée, aborde, plein de joie, sur les grèves, en échappant à la mort : ainsi Pénélope attache ses regards charmés sur Ulysse; elle ne peut arracher ses beaux bras du cou du héros; et l'Aurore aux doigts de rose aurait vu les larmes de ces époux, si Minerve n'eût retenu le soleil dans la mer. . . . .

. . . .

Cependant Eurynome, un flambeau à la main, précédant les pas d'Ulysse et de Pénélope, les conduit à la chambre nuptiale. . . . .

. . . . Les deux époux, après s'être livrés aux premiers transports de leur tendresse, s'enchantèrent par le récit mutuel de leurs peines. . . . .

Ulysse achevait à peine les derniers mots de son histoire, qu'un sommeil bienfaisant se glissa dans ses membres fatigués, et vint suspendre les soucis de son âme [1].

---

[1] Madame Dacier a trop altéré ce morceau. Elle paraphrase des vers tels que ceux-ci :

Ὣς φάτο· τῆς δ' αὐτοῦ λύτο γούνατα καὶ φίλον ἦτορ, etc.

A ces mots, la reine tomba presque évanouie; les genoux et le cœur lui manquent à la fois, elle ne doute plus que ce ne soit son cher Ulysse. Enfin, revenue de sa faiblesse, elle court à lui le visage baigné de pleurs, en l'embrassant avec toutes les marques d'une véritable tendresse, etc. Elle ajoute des choses dont il n'y a pas un mot dans le texte; enfin elle supprime quelquefois les idées d'Homère, et les remplace par ses propres idées, et c'est ainsi qu'elle change ces vers charmants :

Τὼ δ' ἐπεὶ οὖν φιλότητος ἐταρπήτην ἐρατεινῆς,
Τερπέσθην μύθοισι, πρὸς ἀλλήλους ἐνέποντε.

Elle dit : *Ulysse et Pénélope, à qui le plaisir de se retrouver ensemble après une si longue absence, tenait lieu de sommeil, se racontèrent réciproquement leurs peines.* Mais ces fautes, si ce sont des fautes, ne conduisent qu'à des réflexions qui nous remplissent de plus en plus d'une profonde estime pour ces laborieux hellénistes du siècle des Lefebvre et des Pétau. Madame Dacier a tant de peur de faire injure à Homère, que si le vers implique plusieurs sens renfermés dans le sens principal, elle retourne, commente, paraphrase, jusqu'à ce qu'elle ait épuisé le mot grec, à peu près comme dans un dictionnaire on donne

Cette reconnaissance d'Ulysse et de Pénélope est peut-être une des plus belles compositions du génie antique. Pénélope assise en silence, Ulysse immobile au pied d'une colonne, la scène éclairée à la flamme du foyer : voilà d'abord un tableau tout fait pour un peintre, et où la grandeur égale la simplicité du dessin. Et comment se fera la reconnaissance? par une circonstance rappelée du lit nuptial! C'est encore une autre merveille que ce lit fait de la main d'un *roi* sur le tronc d'un olivier, arbre de paix et de sagesse, digne d'être le fondement de cette couche qu'aucun *autre homme qu'Ulysse n'a visitée*. Les transports qui suivent la reconnaissance des deux époux ; cette comparaison si touchante d'une veuve qui retrouve son époux, à un matelot qui découvre la terre au moment du naufrage ; le couple conduit au flambeau dans son appartement ; les plaisirs de l'amour, suivis des *joies de la douleur* ou de la confidence des peines passées ; la double volupté du bonheur présent et du malheur en souvenir ; le sommeil qui vient par degrés fermer les yeux et la bouche d'Ulysse tandis qu'il raconte ses aventures à Pénélope attentive, ce sont autant de traits du grand maître ; on ne les saurait trop admirer.

Il y aurait une étude intéressante à faire : ce serait de tâcher de découvrir comment un auteur moderne aurait rendu tel morceau des ouvrages d'un auteur ancien. Dans le tableau précédent, par exemple, on peut soupçonner que la scène, au lieu de se passer en action entre Ulysse et Pénélope, eût été racontée par le poëte. Il n'aurait pas manqué de semer son récit de réflexions philosophiques, de vers frappants, de mots heureux. Au lieu de cette manière brillante et laborieuse, Homère vous présente deux époux qui se retrouvent après vingt ans d'absence, et qui, sans jeter de grands cris, ont l'air de s'être à peine quittés de la veille. Où est donc la beauté de la peinture? dans la vérité.

Les modernes sont en général plus savants, plus délicats, plus déliés, souvent même plus intéressants dans leurs compositions que les anciens ; mais ceux-ci sont plus simples, plus augustes, plus tragiques, plus abondants et surtout plus vrais que les modernes. Ils ont un goût plus sûr, une imagination plus noble : ils ne savent travailler que l'ensemble, et négligent les ornements ; un berger qui se plaint, un vieillard qui raconte, un héros qui combat, voilà pour eux tout un poëme, et l'on ne sait comment il arrive que ce poëme, où il n'y a rien, est cependant mieux rempli que nos romans chargés d'incidents et de personnages. L'art d'écrire semble avoir suivi l'art de la peinture : la palette du poëte moderne se couvre d'une variété infinie de teintes et de nuances : le poëte antique compose ses tableaux avec les trois couleurs de Polygnote. Les

---

toutes les acceptions dans lesquelles un mot peut être pris. Les autres défauts de la traduction de cette savante dame tiennent pareillement à une loyauté d'esprit, à une candeur de mœurs, à une sorte de simplicité particulière à ces temps de notre littérature. Ainsi, trouvant qu'Ulysse reçoit trop froidement les caresses de Pénélope, elle ajoute, avec une grande naïveté, qu'*il répondait à ces marques d'amour avec toutes les marques de la plus grande tendresse*. Il faut admirer de telles infidélités. S'il fut jamais un siècle propre à fournir des traducteurs d'Homère, c'était sans doute celui-là, où non-seulement l'esprit et le goût, mais encore le cœur, étaient *antiques*, et où les mœurs de l'âge d'or ne s'altéraient point en passant par l'âme de leurs interprètes.

Latins, placés entre la Grèce et nous, tiennent à la fois des deux manières : à la Grèce, par la simplicité des fonds; à nous, par l'art des détails. C'est peut-être cette heureuse harmonie des deux goûts qui fait la perfection de Virgile.

Voyons maintenant le tableau des amours de nos premiers pères : Ève et Adam, par l'aveugle d'Albion, feront un assez beau pendant à Ulysse et Pénélope, par l'aveugle de Smyrne.

CHAPITRE III.

SUITE DES ÉPOUX.

ADAM ET ÈVE.

Satan a pénétré dans le paradis terrestre. Au milieu des animaux de la création,

He saw
Two of far nobler aspect erect and tall
. . . .
. . . . of daughters, Eve [1].

Il *aperçoit* deux êtres d'une forme plus noble, d'une stature droite et élevée, comme celle des esprits immortels. Dans tout l'honneur primitif de leur naissance, une majestueuse nudité les couvre : on les prendrait pour les souverains de ce nouvel univers, et ils semblent dignes de l'être. A travers leurs regards divins brillent les attributs de leur glorieux Créateur : la vérité, la sagesse, la sainteté rigide et pure, vertu dont émane l'autorité réelle de l'homme. Toutefois ces créatures célestes diffèrent entre elles, ainsi que leurs sexes le déclarent : Il est créé pour la contemplation et la valeur; Elle est formée pour la mollesse et les grâces : Lui pour Dieu seulement, Elle pour Dieu en Lui. Le front ouvert, l'œil sublime du premier, annoncent la puissance absolue : ses cheveux d'hyacinthe, se partageant sur son front, pendent noblement en boucles des deux côtés, mais sans flotter au-dessous de ses larges épaules. Sa compagne, au contraire, laisse descendre comme un voile d'or ses longues tresses sur sa ceinture, où elles forment de capricieux anneaux : ainsi la vigne courbe ses tendres ceps autour d'un fragile appui; symbole de la sujétion où est née notre mère; sujétion à un sceptre bien léger; obéissance accordée par Elle et reçue par Lui plutôt qu'exigée; empire cédé volontairement, et pourtant à regret; cédé avec un modeste orgueil, et je ne sais quels amoureux délais, pleins de craintes et de charmes! Ni vous non plus, mystérieux ouvrages de la nature, vous n'étiez point cachés alors; alors toute honte coupable, toute honte criminelle était inconnue. Fille du péché, Pudeur impudique, combien n'avez-vous point troublé les jours de l'homme par une vaine apparence de pureté! Ah! vous avez banni de votre vie ce qui seul est la véritable vie, la simplicité et l'innocence.

---

[1] *Par. lost.*, book IV, v. 288-314; un vers de passé; Glasc., édit. 1776.

Ainsi marchent nus ces deux grands époux dans Éden solitaire. Ils n'évitent ni l'œil de Dieu ni les regards des anges, car ils n'ont point la pensée du mal. Ainsi passe, en se tenant par la main, le plus superbe couple qui s'unit jamais dans les embrassements de l'amour; Adam, le meilleur de tous les hommes qui furent sa postérité; Ève, la plus belle de toutes les femmes entre celles qui naquirent ses filles.

Nos premiers pères se retirent sous l'ombrage, au bord d'une fontaine. Ils prennent leur repas du soir, au milieu des animaux de la création, qui se jouent autour de leur roi et de leur reine. Satan, caché sous la forme d'une de ces bêtes, contemple les deux époux, et se sent presque attendri par leur beauté, leur innocence, et par la pensée des maux qu'il va faire succéder à tant de bonheur: trait admirable. Cependant Adam et Ève conversent doucement auprès de la fontaine, et Ève parle ainsi à son époux:

> That day I often remember, when from sleep
> . . . . her silver mantle threw [1].

Je me rappelle souvent ce jour où, sortant du premier sommeil, je me trouvai couchée parmi les fleurs, sous l'ombrage, ne sachant où j'étais, qui j'étais, quand et comment j'avais été amenée en ces lieux. Non loin de là une onde murmurait dans le creux d'une roche. Cette onde, se déployant en nappe humide, fixait bientôt ses flots, purs comme les espaces du firmament. Je m'avançai vers ce lieu, avec une pensée timide; je m'assis sur la rive verdoyante, pour regarder dans le lac transparent, qui semblait un autre ciel. A l'instant où je m'inclinais sur l'onde, une ombre parut dans la glace humide, se penchant vers moi, comme moi vers elle. Je tressaillis, elle tressaillit; j'avançai la tête de nouveau, et la douce apparition revint aussi vite, avec des regards de sympathie et d'amour. Mes yeux seraient encore attachés sur cette image, je m'y serais consumée d'un vain désir, si une voix dans le désert: « L'objet que tu vois, belle créature, est toi-même; avec toi il fuit, il revient. Suis-moi, je te conduirai où une ombre vaine ne trompera point tes embrassements, où tu trouveras celui dont tu es l'image; à toi il sera pour toujours, tu lui donneras une multitude d'enfants semblables à toi-même, et tu seras appelée *la Mère du genre humain*. »

Que pouvais-je faire après ces paroles? Obéir et marcher invisiblement conduite! Bientôt je t'entrevis sous un platane. Oh! que tu me parus grand et beau! et pourtant je trouvai je ne sais quoi de moins beau, de moins tendre, que le gracieux fantôme enchaîné dans le repli de l'onde. Je voulus fuir; tu me suivis, et élevant la voix, tu t'écrias: « Retourne, belle Ève! sais-tu qui tu fuis? Tu es la chair et les os de celui que tu évites. Pour te donner l'être, j'ai puisé dans mon flanc la vie la plus près de mon cœur, afin de t'avoir ensuite éternellement à mon côté. O moitié de mon âme, je te cherche! ton autre moitié te réclame. » En parlant ainsi, ta douce main saisit la mienne: je cédai, et,

---

[1] *Par. lost*, book IV, v.449-502 inclusivement; ensuite, depuis le 594e vers jusqu'au 609e.

depuis ce temps, j'ai connu combien la grâce est surpassée par une mâle beauté, et par la sagesse, qui seule est véritablement belle.

Ainsi parla la mère des hommes. Avec des regards pleins d'amour, et dans un tendre abandon, elle se penche, embrassant à demi notre premier père. La moitié de son sein, qui se gonfle, vient mystérieusement, sous l'or de ses tresses flottantes, toucher de sa voluptueuse nudité la nudité du sein de son époux. Adam, ravi de sa beauté et de ses grâces soumises, sourit avec un supérieur amour : tel est le sourire que le ciel laisse au printemps tomber sur les nuées, et qui fait couler la vie dans ces nuées grosses de la semence des fleurs. Adam presse ensuite d'un baiser pur les lèvres fécondes de la mère des hommes . . . .
. . . .

Cependant le soleil était tombé au-dessous des Açores ; soit que ce premier orbe du ciel, dans son incroyable vitesse, eût roulé vers ces rivages, soit que la terre, moins rapide, se retirant dans l'orient, par un plus court chemin, eût laissé l'astre du jour à la gauche du monde. Il avait déjà revêtu de pourpre et d'or les nuages qui flottent autour de son trône occidental ; le soir s'avançait tranquille, et par degrés un doux crépuscule enveloppait les objets de son ombre uniforme. Les oiseaux du ciel reposaient dans leurs nids, les animaux de la terre sur leur couche ; tout se taisait, hors le rossignol, amant des veilles : il remplissait la nuit de ses plaintes amoureuses, et le Silence était ravi. Bientôt le firmament étincela de vivants saphirs : l'étoile du soir, à la tête de l'armée des astres, se montra longtemps la plus brillante ; mais enfin la reine des nuits, se levant avec majesté à travers les nuages répandit sa tendre lumière, et jeta son manteau d'argent sur le dos des ombres [1].

Adam et Ève se retirent au berceau nuptial, après avoir offert leur prière à l'Éternel. Ils pénètrent dans l'obscurité du bocage, et se couchent sur un lit de fleurs. Alors le poëte, resté comme à la porte du berceau, entonne, à la face du firmament et du pôle chargé d'étoiles, un cantique à l'Hymen. Il commence ce magnifique épithalame, sans préparation et par un mouvement inspiré, à la manière antique :

>Hail, wedded love, mysterious law, true source
>Of human offspring...

« Salut, amour conjugal, loi mystérieuse, source de la postérité ! » C'est ainsi que l'armée des Grecs chante tout à coup, après la mort d'Hector :

>Ἠράμεθα μέγα κῦδος, ἐπέφνομεν Ἕκτορα δῖον, etc.

Nous avons remporté une gloire signalée ! nous avons tué le divin Hector ;

---

[1] Ceux qui savent l'anglais sentiront combien la traduction de ce morceau est difficile. On nous pardonnera la hardiesse des tours dont nous nous sommes servi, en faveur de la lutte contre le texte. Nous avons fait aussi disparaître quelques traits de mauvais goût, en particulier de la comparaison *allégorique* du sourire de Jupiter, que nous avons remplacée par son sens *propre.*

c'est de même que les Saliens, célébrant la fête d'Hercule, s'écrient brusquement dans Virgile : *Tu nubigenas, invicte, bimembres,* etc. « C'est toi qui domptas « les deux centaures, fils d'une nuée, etc. »

Cet hymen met le dernier trait au tableau de Milton, et achève la peinture des amours de nos premiers pères [1].

Nous ne craignons pas qu'on nous reproche la longueur de cette citation. « Dans tous les autres poëmes, dit Voltaire, l'amour est regardé comme une faiblesse; dans Milton seul il est une vertu. Le poëte a su lever d'une main chaste le voile qui couvre ailleurs les plaisirs de cette passion. Il transporte le lecteur dans le jardin des délices. Il semble lui faire goûter les voluptés pures dont Adam et Ève sont remplis. Il ne s'élève pas au-dessus de la nature humaine, mais au-dessus de la nature humaine corrompue; et comme il n'y a pas d'exemple d'un pareil amour, il n'y en a point d'une pareille poésie [2]. »

Si l'on compare les amours d'Ulysse et de Pénélope à celles d'Adam et d'Ève, on trouve que la simplicité d'Homère est plus ingénue, celle de Milton plus magnifique. Ulysse, bien que roi et héros, a toutefois quelque chose de rustique ; ses ruses, ses attitudes, ses paroles ont un caractère agreste et naïf. Adam, quoiqu'à peine né et sans expérience, est déjà le parfait modèle de l'homme : on sent qu'il n'est point sorti des entrailles infirmes d'une femme, mais des mains vivantes de Dieu. Il est noble, majestueux, et tout à la fois plein d'innocence et de génie ; il est tel que le peignent les livres saints, digne d'être respecté par les anges, et de se promener dans la solitude avec son Créateur.

Quant aux deux épouses, si Pénélope est plus réservée, et ensuite plus tendre que notre première mère, c'est qu'elle a été éprouvée par le malheur, et que le malheur rend défiant et sensible. Ève, au contraire, s'abandonne ; elle est communicative et séduisante ; elle a même un léger degré de coquetterie. Et pourquoi serait-elle sérieuse et prudente comme Pénélope? Tout ne lui sourit-il pas? Si le chagrin ferme l'âme, la félicité la dilate : dans le premier cas, on n'a pas assez de déserts où cacher ses peines ; dans le second, pas assez de cœurs à qui raconter ses plaisirs. Cependant Milton n'a pas voulu peindre son Ève parfaite ; il l'a représentée irrésistible par les charmes, mais un peu indiscrète et amante de paroles, afin qu'on prévît le malheur où ce défaut va l'entraîner. Au reste, les amours de Pénélope et d'Ulysse sont pures et sévères comme doivent l'être celles de deux époux.

C'est ici le lieu de remarquer que, dans la peinture des voluptés, la plupart des poëtes antiques ont à la fois une nudité et une chasteté qui étonnent. Rien de plus pudique que leur pensée, rien de plus libre que leur expression : nous, au contraire, nous bouleversons les sens en ménageant les yeux et les oreilles. D'où naît cette magie des anciens, et pourquoi une Vénus de Praxitèle toute nue charme-t-elle plus notre esprit que nos regards? C'est qu'il y a un beau idéal

---

[1] Il y a encore un autre passage où ces amours sont décrites : c'est au VIIIe livre, lorsque Adam raconte à Raphaël les premières sensations de sa vie, ses conversations avec Dieu sur la solitude, la formation d'Ève, et sa première entrevue avec elle. Ce morceau n'est point inférieur à celui que nous venons de citer, et doit aussi sa beauté à une religion sainte et pure.

[2] *Essai sur la poésie épique,* chap. IX.

qui touche plus à l'âme qu'à la matière. Alors le génie seul, et non le corps, devient amoureux; c'est lui qui brûle de s'unir étroitement au chef-d'œuvre. Toute ardeur terrestre s'éteint et est remplacée par une tendresse divine : l'âme échauffée se replie autour de l'objet aimé, et spiritualise jusqu'aux termes grossiers dont elle est obligée de se servir pour exprimer sa flamme.

Mais ni l'amour de Pénélope et d'Ulysse, ni celui de Didon pour Énée, ni celui d'Alceste pour Admète, ne peut être comparé au sentiment qu'éprouvent l'un pour l'autre les deux nobles personnages de Milton : la vraie religion a pu seule donner le caractère d'une tendresse aussi sainte, aussi sublime. Quelle association d'idées! l'univers naissant, les mers s'épouvantant pour ainsi dire de leur propre immensité, les soleils hésitant comme effrayés dans leurs nouvelles carrières, les anges attirés par ces merveilles, Dieu regardant encore son récent ouvrage, et deux êtres, moitié esprit, moitié argile, étonnés de leurs corps, plus étonnés de leurs âmes, faisant à la fois l'essai de leurs premières pensées et l'essai de leurs premières amours.

Pour rendre le tableau parfait, Milton a eu l'art d'y placer l'esprit de ténèbres comme une grande ombre. L'ange rebelle épie les deux époux : il apprend de leurs bouches le fatal secret; il se réjouit de leur malheur à venir; et toute cette peinture de la félicité de nos pères n'est réellement que le premier pas vers d'affreuses calamités. Pénélope et Ulysse rappellent un malheur passé; Ève et Adam annoncent des maux près d'éclore. Tout drame pèche essentiellement par la base, s'il offre des joies sans mélange de chagrins inouïs ou de chagrins à naître. Un bonheur absolu nous ennuie; un malheur absolu nous repousse : le premier est dépouillé de souvenirs et de pleurs, le second d'espérances et de sourires. Si vous remontez de la douleur au plaisir, comme dans la scène d'Homère, vous serez plus touchant, plus mélancolique, parce que l'âme ne fait que rêver au passé et se repose dans le présent; si vous descendez, au contraire, de la prospérité aux larmes, comme dans la peinture de Milton, vous serez plus triste, plus poignant, parce que le cœur s'arrête à peine dans le présent et anticipe les maux qui le menacent. Il faut donc toujours, dans nos tableaux, unir le bonheur à l'infortune, et faire la somme des maux un peu plus forte que celle des biens, comme dans la nature. Deux liqueurs sont mêlées dans la coupe de la vie, l'une douce et l'autre amère : mais, outre l'amertume de la seconde, il y a encore la lie que les deux liqueurs déposent également au fond du vase.

CHAPITRE IV.

LE PÈRE.

PRIAM.

Du caractère de l'*époux* passons à celui du *père*; considérons la paternité dans les deux positions les plus sublimes et les plus touchantes de la vie, la vieillesse et le malheur. Priam, ce monarque tombé du sommet de la gloire, et dont les grands de la terre avaient recherché les faveurs *dum fortuna fuit;*

Priam, les cheveux souillés de cendres, le visage baigné de pleurs, seul au milieu de la nuit, a pénétré dans le camp des Grecs. Humilié aux genoux de l'impitoyable Achille, baisant les mains terribles, les mains dévorantes (ἀνδροφόνους, *qui dévorent les hommes*) qui fumèrent tant de fois du sang de ses fils, il redemande le corps de son Hector :

$$\text{Μνῆσαι πατρὸς σοῖο}, \ldots \ldots$$
$$\ldots \ldots \ldots \ldots \ldots \ldots$$
$$\ldots \ldots \text{ποτὶ στόμα χεῖρ' ὀρέγεσθαι.}$$

« Souvenez-vous de votre père; ô Achille semblable aux dieux ! il est courbé, comme moi sous le poids des années, et comme moi il touche au dernier terme de la vieillesse. Peut-être en ce moment même est-il accablé par de puissants voisins, sans avoir auprès de lui personne pour le défendre. Et cependant, lorsqu'il apprend que vous vivez, il se réjouit dans son cœur; chaque jour il espère revoir son fils de retour de Troie. Mais moi, le plus infortuné des pères, de tant de fils que je comptais dans la grande Ilion, je ne crois pas qu'un seul me soit resté. J'en avais cinquante quand les Grecs descendirent sur ces rivages; dix-neuf étaient sortis des mêmes entrailles; différentes captives m'avaient donné les autres; la plupart ont fléchi sous le cruel Mars. Il y en avait un qui, seul, défendait ses frères et Troie. Vous venez de le tuer, combattant pour sa patrie... Hector, c'est pour lui que je viens à la flotte des Grecs; je viens racheter son corps, et je vous apporte une immense rançon. Respectez les dieux, ô Achille ! Ayez pitié de moi; souvenez-vous de votre père. Oh ! combien je suis malheureux ! nul infortuné n'a jamais été réduit à cet excès de misère : je baise les mains qui ont tué mes fils ! »

Que de beautés dans cette prière ! quelle scène étalée aux yeux du lecteur ! la nuit, la tente d'Achille, ce héros pleurant Patrocle auprès du fidèle Automédon, Priam apparaissant au milieu des ombres, et se précipitant aux pieds du fils de Pélée ! Là sont arrêtés, dans les ténèbres, les chars qui apportent les présents du souverain de Troie; et, à quelque distance, les restes défigurés du généreux Hector sont abandonnés, sans honneur, sur le rivage de l'Hellespont.

Étudiez le discours de Priam : vous verrez que le second mot prononcé par l'infortuné monarque est celui de *père*, πατρὸς; la seconde pensée, dans le même vers, est un éloge pour l'orgueilleux Achille, θεοῖς ἐπιείκελ' Ἀχιλλεῦ, *Achille semblable aux dieux*. Priam doit se faire une grande violence pour parler ainsi au meurtrier d'Hector : il y a une profonde connaissance du cœur humain dans tout cela.

Le souvenir le plus tendre que l'on pût offrir au fils de Pélée, après lui avoir rappelé son père, était sans doute l'âge de ce même père. Jusque-là Priam n'a pas encore osé dire un mot de lui-même; mais soudain se présente un rapport qu'il saisit avec une simplicité touchante : *comme moi*, dit-il, *il touche au dernier terme de la vieillesse*. Ainsi Priam ne parle encore de lui qu'en se confondant avec Pélée : il force Achille à ne voir que son propre père dans un roi suppliant et malheureux. L'image du délaissement du vieux monarque, *peut-*

être accablé par de puissants voisins pendant l'absence de son fils; la peinture de ses chagrins soudainement oubliés, lorsqu'il apprend que ce fils est *plein de vie;* enfin cette comparaison des peines passagères de Pélée avec les maux irréparables de Priam, offrent un mélange admirable de douleur, d'adresse, de bienséance et de dignité.

Avec quelle respectable et sainte habileté le vieillard d'Ilion n'amène-t-il pas ensuite le superbe Achille jusqu'à écouter paisiblement l'éloge même d'Hector! D'abord il se garde bien de nommer le héros troyen; il dit seulement : *il y en avait un :* et il ne nomme Hector à son vainqueur qu'après lui avoir dit qu'il *l'a tué, combattant pour la patrie;*

Τὸν σὺ πρώην κτεῖνας, ἀμυνόμενον περὶ πάτρης :

il ajoute alors le simple mot *Hector,* Ἕκτορα. Il est remarquable que ce nom isolé n'est pas même compris dans la période poétique; il est rejeté au commencement d'un vers, où il coupe la mesure, suspend l'esprit et l'oreille, forme un sens complet; il ne tient en rien à ce qui suit :

Τὸν σὺ πρώην κτεῖνας ἀμυνόμενον περὶ πάτρης,
Ἕκτορα.

Ainsi le fils de Pélée se souvient de sa vengeance avant de se rappeler son ennemi. Si Priam eût d'abord nommé Hector, Achille eût songé à Patrocle; mais ce n'est plus Hector qu'on lui présente, c'est un cadavre déchiré, ce sont de misérables restes livrés aux chiens et aux vautours; encore ne les lui montre-t-on qu'avec une excuse : *Il combattait pour la patrie,* ἀμυνόμενον περὶ πάτρης L'orgueil d'Achille est satisfait d'avoir triomphé d'un héros qui seul défendait *ses frères et les murs de Troie.*

Enfin Priam, après avoir parlé des hommes au fils de Thétis, lui rappelle les *justes* dieux, et il le ramène une dernière fois au souvenir de Pélée. Le trait qui termine la prière du monarque d'Ilion est du plus haut sublime dans le genre pathétique.

CHAPITRE V.

SUITE DU PÈRE.

LUSIGNAN.

Nous trouverons dans *Zaïre* un père à opposer à *Priam.* A la vérité, les deux scènes ne se peuvent comparer, ni pour la composition, ni pour la force du dessin, ni pour la beauté de la poésie; mais le triomphe du christianisme n'en sera que plus grand, puisque lui seul, par le charme de ses souvenirs, peut lutter contre tout le génie d'Homère. Voltaire lui-même ne se défend pas d'avoir cherché son succès dans la puissance de ce charme, puisqu'il écrit, en parlant de *Zaïre* : « *Je tâcherai de jeter dans cet ouvrage tout ce que la reli-*

gion chrétienne semble avoir de plus pathétique et de plus intéressant [1]. » Un antique croisé, chargé de malheur et de gloire, le vieux Lusignan, resté fidèle à sa religion au fond des cachots, supplie une jeune fille amoureuse d'écouter la voix du Dieu de ses pères : scène merveilleuse, dont le ressort gît tout entier dans la morale évangélique et dans les sentiments chrétiens :

>Mon Dieu ! j'ai combattu soixante ans pour ta gloire :
>J'ai vu tomber ton temple, et périr ta mémoire ;
>Dans un cachot affreux abandonné vingt ans,
>Mes larmes t'imploraient pour mes tristes enfants :
>Et lorsque ma famille est par toi réunie,
>Quand je trouve une fille, elle est ton ennemie !
>Je suis bien malheureux ! — C'est ton père, c'est moi,
>C'est ma seule prison qui t'a ravi ta foi...
>Ma fille, tendre objet de mes dernières peines,
>Songe au moins, songe au sang qui coule dans tes veines :
>C'est le sang de vingt rois, tous chrétiens comme moi ;
>C'est le sang des héros, défenseurs de ma loi ;
>C'est le sang des martyrs. — O fille encor trop chère !
>Connais-tu ton destin ? Sais-tu quelle est ta mère ?
>Sais-tu bien qu'à l'instant que son flanc mit au jour
>Ce triste et dernier fruit d'un malheureux amour,
>Je la vis massacrer par la main forcenée,
>Par la main des brigands à qui tu t'es donnée ?
>Tes frères, ces martyrs égorgés à mes yeux,
>T'ouvrent leurs bras sanglants, tendus du haut des cieux.
>Ton Dieu que tu trahis, ton Dieu que tu blasphèmes,
>Pour toi, pour l'univers, est mort en ces lieux mêmes,
>En ces lieux où mon bras le servit tant de fois,
>En ces lieux où son sang te parle par ma voix.
>Vois ces murs, vois ce temple envahi par tes maîtres :
>Tout annonce le Dieu qu'ont vengé tes ancêtres.
>Tourne les yeux : sa tombe est près de ce palais ;
>C'est ici la montagne où, lavant nos forfaits,
>Il voulut expirer sous les coups de l'impie ;
>C'est là que de sa tombe il rappela sa vie.
>Tu ne saurais marcher dans cet auguste lieu,
>Tu n'y peux faire un pas sans y trouver ton Dieu ;
>Et tu n'y peux rester sans renier ton père...

Une religion qui fournit de pareilles beautés à son ennemi mériterait pourtant d'être entendue avant d'être condamnée. L'antiquité ne présente rien de cet intérêt, parce qu'elle n'avait pas un pareil culte. Le polythéisme, ne s'opposant point aux passions, ne pouvait amener ces combats intérieurs de l'âme, si communs sous la loi évangélique, et d'où naissent les situations les plus touchantes. Le caractère pathétique du christianisme accroît encore puissamment le charme de la tragédie de Zaïre. Si Lusignan ne rappelait à sa fille que des dieux heureux, les banquets et les joies de l'Olympe, cela serait d'un faible

---

[1] Œuvres complètes de Voltaire ; tom. LXXVIII, *Corresp. gén.* ; let. LVII, p. 449, édit. 1785.

intérêt pour elle, et ne formerait qu'un dur contre-sens avec les tendres émotions que le poëte cherche à exciter. Mais les malheurs de Lusignan, mais son sang, mais ses souffrances se mêlent aux malheurs, au sang et aux souffrances de Jésus-Christ. Zaïre pourrait-elle renier son Rédempteur au lieu même où il s'est sacrifié pour elle? La cause d'un père et celle d'un Dieu se confondent; les vieux ans de Lusignan, les tourments des martyrs, deviennent une partie même de l'autorité de la religion : la Montagne et le Tombeau crient; ici tout est tragique, les lieux, l'homme et la Divinité.

CHAPITRE VI.

LA MÈRE.

ANDROMAQUE.

Vox in Rama auditá est, dit Jérémie [1], *ploratus et ululatus multus ; Rachel plorans filios suos, et noluit consolari quia non sunt.* « Une voix a été entendue sur la montagne, avec des pleurs et beaucoup de gémissements : c'est Rachel pleurant ses fils, et elle n'a pas voulu être consolée *parce qu'ils ne sont plus.* Comme ce *quia non sunt* est beau [2] ! Une religion qui a consacré un pareil mot connaît bien le cœur maternel.

Le culte de la Vierge et l'amour de Jésus-Christ pour les enfants prouvent assez que l'esprit du christianisme a une tendre sympathie avec le génie des mères. Ici nous proposons d'ouvrir un nouveau sentier à la critique; nous chercherons dans les sentiments d'une mère *païenne*, peinte par un auteur *moderne*, les traits *chrétiens* que cet auteur a pu répandre dans son tableau, sans s'en apercevoir lui-même. Pour démontrer l'influence d'une institution morale ou religieuse sur le cœur de l'homme, il n'est pas nécessaire que l'exemple rapporté soit pris à la racine même de cette institution; il suffit qu'il en décèle le génie : c'est ainsi que l'*Élysée*, dans le *Télémaque*, est visiblement un *paradis chrétien*.

Or, les sentiments les plus touchants de l'Andromaque de Racine émanent pour la plupart d'un poëte *chrétien*. L'Andromaque de l'*Iliade* est plus épouse que mère; celle d'Euripide a un caractère à la fois rampant et ambitieux, qui détruit le caractère maternel; celle de Virgile est tendre et triste, mais c'est moins encore la mère que l'épouse : la veuve d'Hector ne dit pas : *Astyanax ubi est?* mais, *Hector ubi est?*

L'Andromaque de Racine est plus sensible, plus intéressante que l'Andromaque antique. Ce vers si simple et si aimable :

> Je ne l'ai point encore embrassé d'aujourd'hui,

[1] Cap. XXXI, 15. — [2] Nous avons suivi le latin de l'évangile de saint Mathieu (cap. XI, 18.) Nous ne voyons pas pourquoi Sacy a traduit *rama* par *Rama*, une ville. *Rama* hébreu (d'où le mot ῥάδαμνος des Grecs), se dit d'une branche d'arbre, d'un bras de mer; d'une chaîne de montagnes. Ce dernier sens est celui de l'hébreu, et la Vulgate le dit dans Jérémie, *vox in excelso*.

est le mot d'une femme chrétienne : cela n'est point dans le goût des Grecs, et encore moins des Romains. L'Andromaque d'Homère gémit sur les malheurs futurs d'Astyanax, mais elle songe à peine à lui dans le présent ; la mère, sous notre culte, plus tendre, sans être moins prévoyante, oublie quelquefois ses chagrins, en donnant un baiser à son fils. Les anciens n'arrêtaient pas longtemps les yeux sur l'enfance; il semble qu'ils trouvaient quelque chose de trop naïf dans le langage du berceau. Il n'y a que le Dieu de l'Évangile qui ait osé nommer sans rougir les *petits enfants*[1] (*parvuli*), et qui les ait offerts en exemple aux hommes :

Et accipiens puerum, statuit eum in medio eorum : quem cum complexus esset, ait aliis :

« Quisquis unum ex hujusmodi pueris receperit in nomine meo me recipit. »

Et ayant pris un petit enfant, il l'assit au milieu d'eux, et l'ayant embrassé, il leur dit :

« Quiconque reçoit en mon nom un petit enfant me reçoit[2]. »

Lorsque la veuve d'Hector dit à Céphise dans Racine :

Qu'il ait de ses aïeux un souvenir modeste;
Il est du sang d'Hector, mais il en est le reste :

qui ne reconnaît la chrétienne? C'est le *deposuit potentes de sede*. L'antiquité ne parle pas de la sorte, car elle n'imite que les sentiments *naturels :* or, les sentiments exprimés dans ces vers de Racine *ne sont point purement dans la nature;* ils contredisent au contraire la voix du cœur. Hector ne conseille point à son fils d'avoir *de ses aïeux un souvenir modeste;* en élevant Astyanax vers le ciel, il s'écrie :

Ζεῦ, ἄλλοι τε θεοί, δότε δὴ καὶ τόνδε γενέσθαι,
Παῖδ' ἐμὸν, ὡς καὶ ἐγώ περ, ἀριπρεπέα Τρώεσσιν
Ὧδε βίην τ' ἀγαθὸν, καὶ Ἰλίου ἶφι ἀνάσσειν.
Καί ποτέ τις εἴπῃσι, « Πατρὸς δ' ὅγε πολλὸν ἀμείνων, »
Ἐκ πολέμου ἀνιόντα, etc.[3]

« O Jupiter, et vous tous, dieux de l'Olympe, que mon fils règne, comme moi, sur Ilion; faites qu'il obtienne l'empire entre les guerriers ; qu'en le voyant revenir chargé des dépouilles de l'ennemi, on s'écrie : Celui-ci est encore plus vaillant que son père ! »

Énée dit à Ascagne :

. . . . . Et te, animo repetentem exempla tuorum,
Et pater Æneas, et avunculus excitet Hector[4].

A la vérité l'Andromaque moderne s'exprime à peu près comme Virgile sur les aïeux d'Astyanax. Mais, après ce vers :

Dis-lui par quels exploits leurs noms ont éclaté,

---

[1] Matth., cap. xviii, 3. — [2] Marc., cap. ix, 35, 36. — [3] *Iliade*, lib. vi, v. 476. — [4] *Æn.*, lib. xii, v. 439, 440.

elle ajoute :

<small>Plutôt ce qu'ils ont fait que ce qu'ils ont été.</small>

Or, de tels préceptes sont directement opposés au cri de l'orgueil : on y voit la nature corrigée, la nature plus belle, la nature évangélique. Cette humilité que le christianisme a répandue dans les sentiments, et qui a changé pour nous le rapport des passions, comme nous le dirons bientôt, perce à travers tout le rôle de la moderne Andromaque. Quand la veuve d'Hector, dans l'*Iliade*, se représente la destinée qui attend son fils, la peinture qu'elle fait de la future misère d'Astyanax a quelque chose de bas et de honteux; l'humilité, dans notre religion, est bien loin d'avoir un pareil langage : elle est aussi noble qu'elle est touchante. Le chrétien se soumet aux conditions les plus dures de la vie : mais on sent qu'il ne cède que par un principe de vertu; qu'il ne s'abaisse que sous la main de Dieu, et non sous celle des hommes; il conserve sa dignité dans les fers : fidèle à son maître sans lâcheté, il méprise des chaînes qu'il ne doit porter qu'un moment, et dont la mort viendra bientôt le délivrer; il n'estime les choses de la vie que comme des songes, et supporte sa condition sans se plaindre, parce que la liberté et la servitude, la prospérité et le malheur, le diadème et le bonnet de l'esclave, sont peu différents à ses yeux.

CHAPITRE VII.

LE FILS.

GUZMAN.

Voltaire va nous fournir encore le modèle d'un autre caractère chrétien, le caractère du *fils*. Ce n'est ni le docile Télémaque avec Ulysse, ni le fougueux Achille avec Pélée : c'est un jeune homme passionné, dont la religion combat et subjugue les penchants.

Alzire, malgré le peu de vraisemblance des mœurs, est une tragédie fort attachante; on y plane au milieu de ces régions de la morale chrétienne, qui, s'élevant au-dessus de la morale vulgaire, est d'elle-même une divine poésie. La paix qui règne dans l'âme d'Alvarez n'est point la seule paix de la nature. Supposez que Nestor cherche à modérer les passions d'Antiloque, il citera d'abord des exemples de jeunes gens qui se sont perdus pour n'avoir pas voulu écouter leurs pères; puis joignant à ces exemples quelques maximes connues sur l'indocilité de la jeunesse et sur l'expérience des vieillards, il couronnera ses remontrances par son propre éloge, et par un regret sur les jours du vieux temps.

L'autorité qu'emploie Alvarez est d'une autre espèce : il met en oubli son âge et son pouvoir paternel, pour ne parler qu'au nom de la religion. Il ne cherche pas à détourner Guzman d'un crime *particulier;* il lui conseille une vertu *générale*, la *charité*, sorte d'humanité céleste, que le Fils de l'Homme a fait descendre sur la terre, et qui n'y habitait point avant l'établissement du christianisme [1]. Enfin Alvarez, commandant à son fils comme *père*, et lui obéissant comme *sujet*, est un de ces traits de haute morale aussi supérieure à la morale des anciens, que les évangiles surpassent les dialogues de Platon, pour l'enseignement des vertus.

Achille mutile son ennemi, et l'insulte après l'avoir abattu. Guzman est aussi fier que le fils de Pélée : percé de coups par la main de Zamore, expirant à la fleur de l'âge, perdant à la fois une épouse adorée et le commandement d'un vaste empire, voici l'arrêt qu'il prononce sur son rival et son meurtrier, triomphe éclatant de la religion et de l'exemple paternel sur un *fils chrétien.*

(*A Alvarez.*)

Le ciel qui veut ma mort et qui l'a suspendue,
Mon père, en ce moment, m'amène à votre vue.
Mon âme fugitive et prête à me quitter
S'arrête devant vous... mais pour vous imiter.
Je meurs, le voile tombe, un nouveau jour m'éclaire :
Je ne me suis connu qu'au bout de ma carrière.
J'ai fait, jusqu'au moment qui me plonge au cercueil,
Gémir l'humanité du poids de mon orgueil.
Le ciel venge la terre : il est juste, et ma vie
Ne peut payer le sang dont ma main s'est rougie.
Le bonheur m'aveugla, la mort m'a détrompé ;
Je pardonne à la main par qui Dieu m'a frappé :
J'étais maître en ces lieux, seul j'y commande encore,
Seul je puis faire grâce, et la fais à Zamore.
Vis, superbe ennemi ; sois libre, et te souviens
Quel fut et le devoir et la mort d'un chrétien.

(*A Montèze, qui se jette à ses pieds.*)

Montèze, Américains, qui fûtes mes victimes,
Songez que ma clémence a surpassé mes crimes ;
Instruisez l'Amérique, apprenez à ses rois
Que les chrétiens sont nés pour leur donner des lois.

(*A Zamore.*)

Des dieux que nous servons connais la différence :
Les tiens t'ont commandé le meurtre et la vengeance,
Et le mien, quand ton bras vient de m'assassiner,
M'ordonne de te plaindre et de te pardonner.

A quelle religion appartiennent cette morale et cette mort? Il règne ici un *idéal de vérité* au-dessus de tout *idéal poétique.* Quand nous disons un *idéal de vérité*, ce n'est point une exagération; on sait que ces vers :

Des dieux que nous servons connais la différence, etc.,

[1] Les anciens eux-mêmes devaient à leur culte le peu d'humanité qu'on remarque chez eux : l'hospitalité, le respect pour les suppliants et pour les malheureux, tenaient à des idées religieuses. Pour que le misérable trouvât quelque pitié sur la terre, il fallait que Jupiter s'en déclarât le protecteur ; tant l'homme est féroce sans la religion!

sont les paroles mêmes de François de Guise [1]. Quant au reste de la tirade, c'est la substance de la morale évangélique :

> Je ne me suis connu qu'au bout de ma carrière.
> J'ai fait, jusqu'au moment qui me plonge au cercueil,
> Gémir l'humanité du poids de mon orgueil.
> . . . .

Un trait seul n'est pas chrétien dans ce morceau :

> Instruisez l'Amérique, apprenez à ses rois
> Que les chrétiens sont nés pour leur donner des lois.

Le poëte a voulu faire reparaître ici la nature et le caractère orgueilleux de Guzman : l'intention dramatique est heureuse; mais, prise comme beauté *absolue*, le sentiment exprimé dans ce vers est bien petit, au milieu des hauts sentiments dont il est environné ! Telle se montre toujours la *pure nature* auprès de la *nature chrétienne*. Voltaire est bien ingrat d'avoir calomnié un culte qui lui a fourni ses plus beaux titres à l'immortalité. Il aurait toujours dû se rappeler ce vers, qu'il avait fait, sans doute, par un mouvement involontaire d'admiration :

> Quoi donc ! les vrais chrétiens auraient tant de vertu !

Ajoutons tant de *génie*.

CHAPITRE VIII.

LA FILLE.

IPHIGÉNIE.

Iphigénie et Zaïre offrent, pour le caractère de la *fille*, un parallèle intéressant. L'une et l'autre, sous le joug de l'autorité paternelle, se dévouent à la religion de leur pays. Agamemnon, il est vrai, exige d'Iphigénie le double sacrifice de son amour et de sa vie, et Lusignan ne demande à Zaïre que d'oublier son amour; mais pour une femme passionnée, vivre, et renoncer à l'objet de ses vœux, c'est peut-être une condition plus douloureuse que la mort. Les deux situations peuvent donc se balancer, quant à l'intérêt *naturel :* voyons s'il en est ainsi de l'intérêt *religieux*.

Agamemnon, en obéissant aux dieux, ne fait, après tout, qu'immoler sa fille à son ambition. Pourquoi la jeune Grecque se dévouerait-elle à Neptune? N'est-ce pas un tyran qu'elle doit détester? Le spectateur prend parti pour Iphi-

---

[1] On ignore assez généralement que Voltaire ne s'est servi des paroles de François de Guise qu'en les empruntant d'un autre poëte; Rowe en avait fait usage avant lui dans son *Tamerlan;* et l'auteur d'*Alzire* s'est contenté de traduire mot pour mot le tragique anglais :

> Now learn the difference, with thy faith and mine...
> Thine bids thee lif thy dagger to my throat ;
> Mine can forgive the wrong, and bid thee live:

génie contre le ciel. La pitié et la terreur s'appuient donc uniquement, dans cette situation, sur l'intérêt *naturel;* et si vous pouviez retrancher la religion de la pièce, il est évident que l'effet théâtral resterait le même.

Mais dans *Zaïre*, si vous touchez à la religion, tout est détruit, Jésus-Christ n'a pas soif de sang; il ne veut pas le sacrifice d'une passion. A-t-il le droit de le demander, ce sacrifice? Eh! qui pourrait en douter? N'est-ce pas pour racheter Zaïre qu'il a été attaché à une croix, qu'il a supporté l'insulte, les dédains et les injustices des hommes; qu'il a bu jusqu'à la lie le calice d'amertume? Et Zaïre irait donner son cœur et sa main à ceux qui ont persécuté cet Dieu charitable! à ceux qui tous les jours immolent les chrétiens! à ceux qui retiennent dans les fers ce successeur de Bouillon, ce défenseur de la foi; ce *père* de Zaïre! Certes, la religion n'est pas inutile ici; et qui la supprimerait anéantirait la pièce.

Au reste, il nous semble que *Zaïre*, comme *tragédie*, est encore plus intéressante qu'*Iphigénie*, pour une raison que nous essaierons de développer. Ceci nous oblige de remonter au principe de l'art.

Il est certain qu'on ne doit élever sur le cothurne que les personnages pris dans les hauts rangs de la société. Cela tient à certaines convenances, que les beaux-arts, d'accord avec le cœur humain, savent découvrir. Le tableau des infortunes que nous éprouvons nous-mêmes nous afflige sans nous instruire. Nous n'avons pas besoin d'aller au spectacle pour y apprendre les secrets de notre famille; la fiction ne peut nous plaire, quand la triste réalité habite sous notre toit. Aucune morale ne se rattache, d'ailleurs, à une pareille imitation : bien au contraire, car, en voyant le tableau de notre état, ou nous tombons dans le désespoir, ou nous envions un état qui n'est pas le nôtre. Conduisez le peuple au théâtre : ce ne sont pas des hommes sous le chaume; et des représentations de sa propre indigence qu'il lui faut : il vous demande des grands sur la pourpre; son oreille veut être remplie de noms éclatants, et son œil occupé de malheurs de rois.

La morale, la curiosité, la noblesse de l'art, la pureté du goût, et peut-être la nature envieuse de l'homme, obligent donc de prendre les acteurs de la tragédie dans une condition élevée. Mais si la personne doit être *distinguée*, sa douleur doit être *commune*, c'est-à-dire d'une nature à être sentie de *tous*. Or, c'est en ceci que Zaïre nous paraît plus touchante qu'Iphigénie.

Que la fille d'Agamemnon meure pour faire partir une flotte, le spectateur ne peut guère s'intéresser à ce motif. Mais la raison presse dans Zaïre, et chacun peut éprouver le combat d'une passion contre un devoir. De là dérive cette règle dramatique : qu'il faut, autant que possible, fonder l'intérêt de la tragédie non sur une *chose*, mais sur un *sentiment*, et que le personnage doit être *éloigné* du spectateur par *son rang*, mais *près* de lui par *son malheur*.

Nous pourrions maintenant chercher dans le sujet d'*Iphigénie*, traité par Racine, les traits du pinceau chrétien; mais le lecteur est sur la voie de ces études, et il peut la suivre : nous ne nous arrêterons plus que pour faire une observation.

Le père Brumoy a remarqué qu'Euripide, en donnant à Iphigénie la frayeur de la mort et le désir de se sauver, a mieux parlé selon la nature que Racine, dont l'Iphigénie semble trop résignée. L'observation est bonne en soi ; mais ce que le père Brumoy n'a pas vu, c'est que l'Iphigénie moderne est la *fille chrétienne*. Son père et le ciel ont parlé, il ne reste plus qu'à obéir. Racine n'a donné ce courage à son héroïne que par l'impulsion secrète d'une institution religieuse qui a changé le fond des idées et de la morale. Ici le christianisme va plus loin que la nature, et par conséquent est plus d'accord avec la belle poésie, qui agrandit les objets et aime un peu l'exagération. La fille d'Agamemnon, étouffant sa passion et l'amour de la vie, intéresse bien davantage qu'Iphigénie pleurant son trépas. Ce ne sont pas toujours les choses purement naturelles qui touchent : il est naturel de craindre la mort, et cependant une victime qui se lamente sèche les pleurs qu'on versait pour elle. Le cœur humain veut plus qu'il ne peut ; il veut surtout admirer : il a en soi-même un élan vers une beauté inconnue, pour laquelle il fut créé dans son origine.

La religion chrétienne est si heureusement formée, qu'elle est elle-même une sorte de poésie, puisqu'elle place les caractères dans le beau idéal : c'est ce que prouvent nos martyrs chez nos peintres, les chevaliers chez nos poëtes, etc. Quant à la peinture du vice, elle peut avoir dans le christianisme la même vigueur que celle de la vertu, puisqu'il est vrai que le crime augmente en raison du plus grand nombre de liens que le coupable a rompus. Ainsi les muses, qui haïssent le genre médiocre et tempéré, doivent s'accommoder infiniment d'une religion qui montre toujours ses personnages au-dessus ou au-dessous de l'homme.

Pour achever le cercle des caractères *naturels*, il faudrait parler de l'amitié fraternelle, mais ce que nous avons dit du *fils* et de la *fille* s'applique également à deux *frères*, ou à un *frère* et à une *sœur*. Au reste, c'est dans l'Écriture qu'on trouve l'histoire de Caïn et d'Abel, cette grande et première tragédie qu'ait vue le monde : nous parlerons ailleurs de Joseph et de ses frères.

En un mot, le christianisme n'enlève rien au poëte des caractères *naturels*, tels que pouvait les représenter l'antiquité, et il lui offre, de plus, son *influence* sur ces mêmes caractères. Il augmente donc nécessairement la *puissance*, puisqu'il augmente le *moyen*, et multiplie les *beautés* dramatiques, en multipliant les *sources* dont elles émanent.

CHAPITRE IX.

CARACTÈRES SOCIAUX.

LE PRÊTRE.

Ces caractères, que nous avons nommés *sociaux*, se réduisent à deux pour le poëte, ceux du *prêtre* et du *guerrier*.

Si nous n'avions pas consacré à l'histoire du clergé et de ses bienfaits la quatrième partie de notre ouvrage, il nous serait aisé de faire voir à présent combien le caractère du prêtre, dans notre religion, offre plus de variété et de grandeur que le même caractère dans le polythéisme. Que de tableaux à tracer depuis le pasteur du hameau jusqu'au pontife qui ceint la triple couronne pastorale; depuis le curé de la ville jusqu'à l'anachorète du rocher; depuis le chartreux et le trappiste jusqu'au docte bénédictin; depuis le missionnaire et cette foule de religieux consacrés aux maux de l'humanité, jusqu'au prophète de l'antique Sion! L'ordre des vierges n'est ni moins varié ni moins nombreux : ces filles hospitalières qui consument leur jeunesse et leurs grâces au service de nos douleurs, ces habitantes du cloître qui élèvent à l'abri des autels les épouses futures des hommes, en se félicitant de porter elles-mêmes les chaînes du plus doux des époux, toute cette innocente famille sourit agréablement aux neuf Sœurs de la Fable. Un grand-prêtre, un devin, une vestale, une sibylle, voilà tout ce que l'antiquité fournissait au poëte; encore ces personnages n'étaient-ils mêlés qu'accidentellement au sujet, tandis que le prêtre chrétien peut jouer un des rôles les plus importants de l'épopée.

M. de La Harpe a montré dans sa *Mélanie* ce que peut devenir le caractère d'un simple curé, traité par un habile écrivain. Shakespeare, Richardson, Goldsmith, ont mis le prêtre en scène avec plus ou moins de bonheur. Quant aux pompes extérieures, nulle religion n'en offrit jamais de plus magnifiques que les nôtres. La Fête-Dieu, Noël, Pâques, la Semaine-Sainte, la fête des Morts, les Funérailles, la Messe et mille autres cérémonies fournissent un sujet inépuisable de description [1]. Certes, les muses modernes qui se plaignent du christianisme n'en connaissent pas les richesses. Le Tasse a décrit une procession dans la *Jérusalem*, et c'est un des plus beaux tableaux de son poëme. Enfin, le sacrifice antique n'est pas même banni du sujet chrétien; car il n'y a rien de plus facile, au moyen d'un épisode, d'une comparaison ou d'un souvenir, que de rappeler un sacrifice de l'ancienne loi.

CHAPITRE X.

SUITE DU PRÊTRE.

LA SIBYLLE. — JOAD.

PARALLÈLE DE VIRGILE ET DE RACINE.

Énée va consulter la sibylle : arrêté au soupirail de l'antre, il attend les paroles de la prophétesse.

. . . . Cum virgo : Poscere fata, etc.

« Alors la vierge : il est temps d'interroger le destin. Le dieu! voilà le dieu! Elle dit, etc. »

Énée adresse sa prière à Apollon; la sibylle lutte encore; enfin le dieu la dompte, les cent portes de l'antre s'ouvrent en mugissant, et ces paroles se répandent dans les airs : *Ferunt responsa per auras :*

O tandem magnis pelagi defuncte periclis!

[1] Nous parlerons de toutes ces fêtes dans la partie du *Culte*.

« Ils ne sont plus, les périls de la mer; mais quel danger sur la terre, etc. »
Remarquez la rapidité de ces mouvements : *Deus , ecce deus!* La sibylle touche, saisit l'esprit, elle en est surprise : *Le dieu! voilà le dieu!* c'est son cri. Ces expressions : *Non vultus, non color unus*, peignent excellemment le trouble de la prophétesse. Les tours *négatifs* sont particuliers à Virgile, et l'on peut remarquer, en général, qu'ils sont fort multipliés chez les écrivains d'un génie mélancolique. Ne serait-ce point que les âmes tendres et tristes sont naturellement portées à se plaindre, à désirer, à douter, à exprimer avec une sorte de timidité, et que la plainte, le désir, le doute et la timidité, sont des *privations* de quelque chose ? L'homme que l'adversité a rendu sensible aux peines d'autrui ne dit pas avec assurance : *Je connais les maux*, mais il dit, comme Didon : *Non ignara mali.* Enfin les images favorites des poëtes enclins à la rêverie sont presque toutes empruntées d'objets *négatifs*, tels que le silence des nuits, l'ombre des bois, la solitude des montagnes, la paix des tombeaux, qui ne sont que l'absence du bruit, de la lumière, des hommes, et des inquiétudes de la vie [1].

Quelle que soit la beauté des vers de Virgile, la poésie chrétienne nous offre encore quelque chose de supérieur. Le grand-prêtre des Hébreux, prêt à couronner Joas, est saisi de l'esprit divin dans le temple de Jérusalem :

> Voilà donc quels vengeurs s'arment pour ta querelle!
> Des prêtres, des enfants!... ô Sagesse éternelle!
> Mais si tu les soutiens, qui peut les ébranler?
> Du tombeau, quand tu veux, tu sais nous rappeler;
> Tu frappes et guéris, tu perds et ressuscites.
> Ils ne s'assurent point en leurs propres mérites,
> Mais en ton nom, sur eux invoqué tant de fois,
> En tes serments jurés au plus saint de leurs rois,
> En ce temple où tu fais ta demeure sacrée,
> Et qui doit du soleil égaler la durée.
> Mais d'où vient que mon cœur frémit d'un saint effroi?
> Est-ce l'esprit divin qui s'empare de moi?
> C'est lui-même : il m'échauffe; il parle; mes yeux s'ouvrent

---

[1] Ainsi Euryale, en parlant de sa mère, dit :

> . . . . Genitrix. . . . .
> . . . . quam miseram tenuit non Ilia tellus
> Mecum excedentem, non mœnia regis Acestæ. »

« Ma mère infortunée qui a suivi mes pas, et que n'ont pu retenir *ni* les rivages de la patrie, *ni* les murs du roi Aceste. »

Il ajoute un instant après :

> . . . . Nequeam lacrymas perferre parentis.

« Je ne pourrais pas résister aux larmes de ma mère. »

Volscens va percer Euryale : Nisus s'écrie :

> Me, me : adsum qui feci : . . . .
> . . . . . . mea fraus omnis : *nihil* iste *nec* ausus,
> *Nec* potuit. . . . .

Le mouvement qui termine cet admirable épisode est aussi de nature négative.

> Et les siècles obscurs devant moi se découvrent.
> ....
> Cieux, écoutez ma voix ; Terre, prête l'oreille :
> Ne dis plus, ô Jacob, que ton Seigneur sommeille ;
> Pécheurs, disparaissez ; le Seigneur se réveille.
> ....
> Comment en un plomb vil l'or pur s'est-il changé ?
> Quel est dans le lieu saint ce pontife égorgé ?...
> Pleure, Jérusalem, pleure, cité perfide,
> Des prophètes divins malheureuse homicide ;
> De son amour pour toi ton Dieu s'est dépouillé ;
> Ton encens à ses yeux est un encens souillé...
> ..... Où menez-vous ces enfants et ces femmes,
> Le Seigneur a détruit la reine des cités ;
> Ses prêtres sont captifs ; ses rois sont rejetés :
> Dieu ne veut plus qu'on vienne à ses solennités.
> Temple, renverse-toi ; cèdres, jetez des flammes.
> Jérusalem, objet de ma douleur,
> Quelle main en un jour t'a ravi tous tes charmes ?
> Qui changera mes yeux en deux sources de larmes,
> Pour pleurer ton malheur ?

Il n'est pas besoin de commentaire.

Puisque Virgile et Racine reviennent si souvent dans notre critique, tâchons de nous faire une idée juste de leur talent et de leur génie. Ces deux grands poëtes ont tant de ressemblance, qu'ils pourraient tromper jusqu'aux yeux de la Muse ; comme ces jumeaux de l'*Enéide*, qui causaient de douces méprises à leur mère.

Tous deux polissent leurs ouvrages avec le même soin, tous deux sont pleins de goût, tous deux hardis, et pourtant naturels dans l'expression, tous deux sublimes dans la peinture de l'amour ; et, comme s'ils s'étaient suivis pas à pas, Racine fait entendre dans *Esther* je ne sais quelle suave mélodie, dont Virgile a pareillement rempli sa seconde églogue, mais toutefois avec la différence qui se trouve entre la voix de la jeune fille et celle de l'adolescent, entre les soupirs de l'innocence et ceux d'une passion criminelle.

Voilà peut-être en quoi Virgile et Racine se ressemblent ; voici peut-être en quoi ils diffèrent.

Le second est, en général, supérieur au premier dans l'invention des caractères : Agamemnon, Achille, Oreste, Mithridate, Acomat, sont fort au-dessus des héros de l'*Enéide*. Énée et Turnus ne sont beaux que dans deux ou trois moments ; Mézence seul est fièrement dessiné.

Cependant, dans les peintures douces et tendres, Virgile retrouve son génie : Évandre, ce vieux roi d'Arcadie, qui vit sous le chaume, et que défendent deux chiens de berger, au même lieu où les césars, entourés de prétoriens, habiteront un jour leur palais ; le jeune Pallas, le beau Lausus, Nisus et Euryale, sont des personnages divins.

Dans les caractères de femmes, Racine reprend la supériorité : Agrippine est plus ambitieuse qu'Amate, Phèdre plus passionnée que Didon.

Nous ne parlons point d'*Athalie*, parce que Racine, dans cette pièce, ne peut être comparé à personne : c'est l'œuvre le plus parfait du génie inspiré par la religion.

Mais, d'un autre côté, Virgile a pour certains lecteurs un avantage sur Racine : sa voix, si nous osons nous exprimer ainsi, est plus gémissante et sa lyre plus plaintive. Ce n'est pas que l'auteur de *Phèdre* n'eût été capable de trouver cette sorte de mélodie des soupirs ; le rôle d'Andromaque, *Bérénice* tout entière, quelques stances des cantiques imités de l'Écriture, plusieurs strophes des chœurs d'*Esther* et d'*Athalie*, montrent ce qu'il aurait pu faire dans ce genre ; mais il vécut trop à la ville, pas assez dans la solitude. La cour de Louis XIV, en lui donnant la majesté des formes et en épurant son langage, lui fut peut-être nuisible sous d'autres rapports ; elle l'éloigna trop des champs et de la nature.

Nous avons déjà remarqué[1] qu'une des premières causes de la mélancolie de Virgile fut sans doute le sentiment des malheurs qu'il éprouva dans sa jeunesse. Chassé du toit paternel, il garda toujours le souvenir de sa Mantoue ; mais ce n'était plus le Romain de la république, aimant son pays à la manière dure et âpre des Brutus : c'était le Romain de la monarchie d'Auguste, le rival d'Homère, et le nourrisson des Muses.

Virgile cultiva ce germe de tristesse en vivant seul au milieu des bois. Peut-être faut-il encore ajouter à cela des accidents particuliers. Nos défauts moraux ou physiques influent beaucoup sur notre humeur, et sont souvent la cause du tour particulier que prend notre caractère. Virgile avait une difficulté de prononciation[2] ; il était faible de corps, rustique d'apparence. Il semble avoir eu dans sa jeunesse des passions vives, auxquelles ces imperfections naturelles purent mettre des obstacles. Ainsi des chagrins de famille, le goût des champs, un amour-propre en souffrance, et des passions non satisfaites, s'unirent pour lui donner cette rêverie qui nous charme dans ses écrits.

On ne trouve point dans Racine le *Diis aliter visum*, le *dulces moriens reminiscitur Argos*, le *Disce, puer, virtutem ex me — fortunam ex aliis*, le *Lyrnessi domus alta : sola Laurente sepulcrum*. Il n'est peut-être pas inutile d'observer que ces mots attendrissants se trouvent presque tous dans les six derniers livres de l'*Énéide*, ainsi que les épisodes d'Évandre et de Pallas, de Mézence et de Lausus, de Nisus et d'Euryale. Il semble qu'en approchant du tombeau, le Cygne de Mantoue met dans ses accents quelque chose de plus céleste, comme les cygnes de l'Eurotas, consacrés aux Muses, qui, avant d'expirer, avaient, selon Pythagore, une vision de l'Olympe, et témoignaient leur ravissement par des chants harmonieux.

Virgile est l'ami du solitaire, le compagnon des heures secrètes de la vie. Racine est peut-être au-dessus du poëte latin, parce qu'il a fait *Athalie* ; mais le dernier a quelque chose qui remue plus doucement le cœur. On admire plus l'un, on aime plus l'autre ; le premier a des douleurs trop royales, le second parle davantage à tous les rangs de la société. En parcourant les tableaux des

---

[1] Part. I, liv. v, avant-dernier chapitre. — [2] *Sermone tardissimum, ac pene indocto similem.... Facis rusticana*, etc. DONAT., *de P. Virgilii Maronis Vita*.

vicissitudes humaines tracés par Racine, on croit errer dans les parcs abandonnés de Versailles : ils sont vastes et tristes; mais à travers leur solitude, on distingue la main régulière des arts, et les vestiges des grandeurs :

> Je ne vois que des tours que la cendre a couvertes,
> Un fleuve teint de sang, des campagnes désertes.

Les tableaux de Virgile, sans être moins nobles, ne sont pas bornés à de certaines perspectives de la vie; ils représentent toute la nature : ce sont les profondeurs des forêts, l'aspect des montagnes, les rivages de la mer, où des femmes exilées *regardent, en pleurant, l'immensité des flots* :

> . . . Cunctæque profundum
> Pontum adspectabant flentes.

CHAPITRE XI.

LE GUERRIER.

DÉFINITION DU BEAU IDÉAL.

Les siècles héroïques sont favorables à la poésie, parce qu'ils ont cette vieillesse et cette incertitude de tradition que demandent les Muses, naturellement un peu menteuses. Nous voyons chaque jour se passer sous nos yeux des choses extraordinaires sans y prendre aucun intérêt; mais nous aimons à entendre raconter des faits obscurs qui sont déjà loin de nous. C'est qu'au fond les plus grands événements de la terre sont petits en eux-mêmes : notre âme, qui sent ce vice des affaires humaines, et qui tend sans cesse à l'immensité, tâche de ne les voir que dans le vague, pour les agrandir.

Or, l'esprit des siècles héroïques se forme du mélange d'un état civil encore grossier, et d'un état religieux porté à son plus haut point d'influence. La barbarie et le polythéisme ont produit les héros d'Homère; la barbarie et le christianisme ont enfanté les chevaliers du Tasse.

Qui, des *héros* ou des *chevaliers* méritent la préférence, soit en morale, soit en poésie? C'est ce qu'il convient d'examiner.

En faisant abstraction du génie particulier des deux poëtes et ne comparant qu'homme à homme, il nous semble que les personnages de la *Jérusalem* sont supérieurs à ceux de l'*Iliade*.

Quelle différence, en effet, entre des chevaliers si francs, si désintéressés, si humains, et des guerriers perfides, avares, cruels, insultant aux cadavres de leurs ennemis, poétiques enfin par leurs vices, comme les premiers le sont par leurs vertus!

Si par héroïsme on entend un effort contre les passions en faveur de la vertu, c'est sans doute Godefroi, et non pas Agamemnon, qui est le véritable héros. Or, nous demandons pourquoi le Tasse, en peignant les chevaliers, a tracé le modèle du parfait guerrier, tandis qu'Homère, en représentant les hommes des temps héroïques, n'a fait que des espèces de monstres? C'est que le christianisme a fourni, dès sa naissance, *le beau idéal moral* ou *le beau idéal des caractères*, et que le polythéisme n'a pu donner cet avantage au chantre d'Ilion. Nous arrêterons un peu le lecteur sur ce sujet; il importe trop au fond de notre ouvrage pour hésiter à le mettre dans tout son jour.

Il y a deux sortes de *beau idéal*, le beau idéal *moral*, et le beau idéal *physique :* l'un et l'autre sont nés de la société.

L'homme très-près de la nature, tel que le Sauvage, ne le connaît pas; il se contente, dans ses chansons, de rendre fidèlement ce qu'il voit. Comme il vit au milieu des déserts, ses tableaux sont nobles et simples; on n'y trouve point de mauvais goût, mais aussi ils sont monotones, et les actions qu'ils expriment ne vont pas jusqu'à l'héroïsme.

Le siècle d'Homère s'éloignait déjà de ces premiers temps. Qu'un Canadien perce un chevreuil de ses flèches; qu'il le dépouille au milieu des forêts; qu'il étende la victime sur les charbons d'un chêne embrasé : tout est poétique dans ces mœurs. Mais dans la tente d'Achille il y a déjà des *bassins*, des *broches*, des *vases;* quelques détails de plus, et Homère tombait dans la bassesse des descriptions, ou bien il entrait dans la route du beau idéal en commençant à *cacher* quelque chose.

Ainsi, à mesure que la société multiplia les besoins de la vie, les poëtes apprirent qu'il ne fallait plus, comme par le passé, peindre tout aux yeux, mais voiler certaines parties du tableau.

Ce premier pas fait, ils virent encore qu'il fallait *choisir;* ensuite que la chose choisie était susceptible d'une forme plus belle, ou d'un plus bel effet dans telle ou telle position.

Toujours *cachant* et *choisissant, retranchant* ou *ajoutant*, ils se trouvèrent peu à peu dans des formes qui n'étaient plus naturelles, mais qui étaient plus parfaites que la nature; les artistes appelèrent ces formes *le beau idéal*.

On peut donc définir *le beau idéal* l'art *de choisir et de cacher*.

Cette définition s'applique également au beau idéal *moral* et au beau idéal *physique*. Celui-ci se forme en cachant avec adresse la partie infirme des objets; l'autre, en dérobant à la vue certains côtés faibles de l'âme : l'*âme* a ses besoins honteux et ses bassesses comme le corps.

Et nous ne pouvons nous empêcher de remarquer qu'il n'y a que l'homme qui soit susceptible d'être représenté plus parfait que nature et comme approchant de la Divinité. On ne s'avise pas de peindre le *beau idéal* d'un cheval, d'un aigle, d'un lion. Ceci nous fait entrevoir une preuve merveilleuse de la grandeur de nos fins et de l'immortalité de notre âme.

La société où la morale parvint le plus tôt à son développement dut atteindre le plus vite au *beau idéal moral*, ou, ce qui revient au même, au *beau idéal des caractères;* or, c'est ce qui distingue éminemment les sociétés formées dans la religion chrétienne. Il est étrange, et cependant rigoureusement vrai, que, tandis que nos pères étaient des barbares pour tout le reste, la morale, au moyen de l'Évangile, s'était élevée chez eux à son dernier point de perfection:

de sorte que l'on vit des hommes, si nous osons parler ainsi, à la fois sauvages par le corps et civilisés par l'âme.

C'est ce qui fait la beauté des temps chevaleresques, et ce qui leur donne la supériorité tant sur les temps héroïques que sur les siècles tout à fait modernes.

Car, si vous entreprenez de peindre les premiers âges de la Grèce, autant la simplicité des mœurs vous offrira des choses agréables, autant la barbarie des caractères vous choquera; le polythéisme ne fournit rien pour changer la nature sauvage et l'insuffisance des vertus primitives.

Si au contraire vous chantez l'âge moderne, vous serez obligé de bannir la vérité de votre ouvrage, et de vous jeter à la fois dans le beau idéal *moral* et dans le beau idéal *physique*. Trop loin de la nature et de la religion sous tous les rapports, on ne peut représenter fidèlement l'intérieur de nos ménages, et moins encore le fond de nos cœurs.

La chevalerie seule offre le beau mélange de la *vérité* et de la *fiction*.

D'une part, vous pouvez offrir le tableau des mœurs dans toute sa naïveté : un vieux château, un large foyer, des tournois, des joutes, des chasses, le son du cor, le bruit des armes, n'ont rien qui heurte le goût, rien qu'on doive ou *choisir* ou *cacher*.

Et, d'un autre côté, le poëte chrétien, plus heureux qu'Homère, n'est point forcé de ternir sa peinture en y plaçant l'homme barbare ou l'homme *naturel;* le christianisme lui donne le parfait héros.

Ainsi, tandis que le Tasse est dans la nature relativement aux objets physiques, il est au-dessus de cette nature par rapport aux objets moraux.

Or le *vrai* et l'*idéal* sont les deux sources de l'intérêt poétique : le *touchant* et le *merveilleux*.

CHAPITRE XII.

SUITE DU GUERRIER.

Montrons à présent que ces vertus du chevalier, qui élèvent son caractère jusqu'au *beau idéal*, sont des vertus véritablement chrétiennes.

Si elles n'étaient que de simples vertus morales imaginées par le poëte, elles seraient sans mouvement et sans ressort. On en peut juger par Énée, dont Virgile a fait un héros philosophe.

Les vertus purement morales sont froides par essence : ce n'est pas quelque chose d'ajouté à l'âme, c'est quelque chose de retranché de la nature; c'est l'absence du vice plutôt que la présence de la vertu.

Les vertus religieuses ont des ailes, elles sont passionnées. Non contentes de s'abstenir du mal, elles veulent faire le bien : elles ont l'activité de l'amour, et se tiennent dans une région supérieure et un peu exagérée. Telles étaient les vertus des chevaliers.

La foi ou la fidélité était leur première vertu; la fidélité est pareillement la première vertu du christianisme.

Le chevalier ne mentait jamais. — Voilà le chrétien.

Le chevalier était pauvre et le plus désintéressé des hommes. — Voilà le disciple de l'Évangile.

Le chevalier s'en allait à travers le monde, secourant la veuve et l'orphelin. — Voilà la charité de Jésus-Christ.

Le chevalier était tendre et délicat. Qui lui aurait donné cette douceur, si ce n'était une religion humaine qui porte toujours au respect pour la faiblesse? Avec quelle bénignité Jésus-Christ lui-même ne parle-t-il pas aux femmes dans l'Évangile!

Agamemnon déclare brutalement qu'il aime autant Briséis que son épouse, parce qu'elle fait d'aussi beaux ouvrages.

Un chevalier ne parle pas ainsi.

Enfin le christianisme a produit l'honneur ou la bravoure des héros modernes, si supérieure à celle des héros antiques.

La véritable religion nous enseigne que ce n'est pas par la force du corps que l'homme se doit mesurer, mais par la grandeur de l'âme. D'où il résulte que le plus faible des chevaliers ne tremble jamais devant un ennemi; et, fût-il certain de recevoir la mort, il n'a pas même la pensée de la fuite.

Cette haute valeur est devenue si commune, que le moindre de nos fantassins est plus courageux que les Ajax, qui fuyaient devant Hector, qui fuyait à son tour devant Achille. Quant à la clémence du chevalier chrétien envers les vaincus, qui peut nier qu'elle découle du christianisme?

Les poëtes modernes ont tiré une foule de traits nouveaux du caractère chevaleresque. Dans la *tragédie*, il suffit de nommer Bayard, Tancrède, Nemours, Coucy : Nérestan apporte la rançon de ses frères d'armes et se vient rendre prisonnier parce qu'il ne peut satisfaire à la somme nécessaire pour se racheter lui-même. Les belles mœurs chrétiennes! Et qu'on ne dise pas que c'est une pure invention poétique; il y a cent exemples de chrétiens qui se sont remis entre les mains des infidèles ou pour délivrer d'autres chrétiens, ou parce qu'ils ne pouvaient compter l'argent qu'ils avaient promis.

On sait combien le caractère chevaleresque est favorable à l'épopée. Qu'ils sont aimables, tous ces chevaliers de la *Jérusalem*, ce Renaud si brillant, ce Tancrède si généreux, ce vieux Raymond de Toulouse, toujours abattu et toujours relevé! On est avec eux sous les murs de Solyme; on croit entendre le jeune Bouillon s'écrier, au sujet d'Armide : « Que dira-t-on à la cour de France quand on saura que nous avons refusé notre bras à la beauté? » Pour juger de la différence qui se trouve entre les héros d'Homère et ceux du Tasse, il suffit de jeter les yeux sur le camp de Godefroi et sur les remparts de Sion. D'un côté sont les *chevaliers*, et de l'autre les *héros antiques*. Soliman même n'a tant d'éclat que parce que le poëte lui a donné quelques traits de la générosité du chevalier : ainsi le principal héros infidèle emprunte lui-même sa majesté du christianisme.

Mais c'est dans Godefroi qu'il faut admirer le chef-d'œuvre du caractère héroïque. Si Énée veut échapper à la séduction d'une femme, il tient les yeux baissés : *Immota tenebat lumina;* il cache son trouble; il répond des choses vagues : « Reine, je ne nie point tes bontés, je me souviendrai d'Élise, » *Meminisse Elisæ.*

Ce n'est pas de cet air que le capitaine chrétien repousse les adresses d'Armide : il résiste, car il connaît les fragiles appas du monde ; il continue son vol vers le ciel, *comme l'oiseau rassasié qui ne s'abat point où une nourriture trompeuse l'appelle.*

> Qual saturo augel, che non si cali,
> Ove il cibo mostrando, altri l' invita.

Faut-il combattre, délibérer, apaiser une sédition, Bouillon est partout grand, partout auguste. Ulysse frappe Thersite de son sceptre (σκήπτρῳ δὲ μετάφρενον, ἠδὲ καὶ ὤμω πλῆξεν), et arrête les Grecs prêts à rentrer dans leurs vaisseaux : ces mœurs sont naïves et pittoresques. Mais voyez Godefroi se montrant seul à un camp furieux qui l'accuse d'avoir fait assassiner un héros. Quelle beauté noble et touchante dans la prière de ce capitaine plein de la conscience de sa vertu ! comme cette prière fait ensuite éclater l'intrépidité du général, qui, désarmé et tête nue, se présente à une soldatesque effrénée !

Au combat, une sainte et majestueuse valeur, inconnue aux guerriers d'Homère et de Virgile, anime le guerrier chrétien. Énée, couvert de ses armes divines, et debout sur la poupe de sa galère qui approche du rivage Rutule, est dans une attitude héroïque ; Agamemnon, semblable au Jupiter foudroyant, présente une image pleine de grandeur : cependant Godefroi n'est inférieur ni au père des Césars, ni au chef des Atrides, dans le dernier chant de la *Jérusalem.*

Le soleil vient de se lever : les armées sont en présence ; les bannières se déroulent aux vents ; les plumes flottent sur les casques ; les habits, les franges, les harnais, les armes, les couleurs, l'or et le fer étincellent aux premiers feux du jour. Monté sur un coursier rapide, Godefroi parcourt les rangs de son armée ; il parle, et son discours est un modèle d'éloquence guerrière. Sa tête rayonne, son visage brille d'un éclat inconnu, l'ange de la victoire le couvre invisiblement de ses ailes. Bientôt il se fait un profond silence ; les légions se prosternent en adorant celui qui fit tomber Goliath par la main d'un jeune berger. Soudain la trompette sonne, les soldats chrétiens se relèvent, et, pleins de la fureur du Dieu des armées, ils se précipitent sur les bataillons ennemis.

LIVRE TROISIÈME.

Suite de la Poésie dans ses rapports avec les hommes. — Passions.

CHAPITRE PREMIER.

QUE LE CHRISTIANISME A CHANGÉ LES RAPPORTS DES PASSIONS EN CHANGEANT LES BASES DU VICE ET DE LA VERTU.

De l'examen des *caractères* nous venons à celui des *passions*. On sent qu'en traitant des premiers il nous a été impossible de ne pas toucher un peu aux secondes ; mais ici nous nous proposons d'en parler plus amplement.

S'il existait une religion qui s'occupât sans cesse de mettre un frein aux passions de l'homme, cette religion augmenterait nécessairement le jeu des passions dans le drame et dans l'épopée; elle serait plus favorable à la peinture des sentiments que toute institution religieuse qui, ne connaissant point les délits du cœur, n'agirait sur nous que par des scènes extérieures. Or, c'est ici le grand avantage de notre culte sur les cultes de l'antiquité : la religion chrétienne est un vent céleste qui enfle les voiles de la vertu, et multiplie les orages de la conscience autour du vice.

Les bases de la morale ont changé parmi les hommes, du moins parmi les hommes chrétiens, depuis la prédication de l'Évangile. Chez les anciens, par exemple, l'humilité passait pour bassesse, et l'orgueil pour grandeur : chez les chrétiens, au contraire, l'orgueil est le premier des vices, et l'humilité une des premières vertus. Cette seule transmutation de principes montre la nature humaine sous un jour nouveau, et nous devons découvrir dans les passions des rapports que les anciens n'y voyaient pas.

Donc, pour nous, la racine du mal est la *vanité*, et la racine du bien la *charité;* de sorte que les passions vicieuses sont toujours un composé d'orgueil, et les passions vertueuses un composé d'amour.

Faites l'application de ce principe, vous en reconnaîtrez la justesse. Pourquoi les passions qui tiennent au courage sont-elles plus belles chez les modernes que chez les anciens? pourquoi avons-nous donné d'autres proportions à la valeur, et transformé un mouvement brutal en une vertu? C'est par le mélange de la vertu chrétienne directement opposée à ce mouvement, l'*humilité*. De ce mélange est née la *magnanimité* ou la *générosité poétique*, sorte de passion (car les chevaliers l'ont poussée jusque-là) totalement inconnue des anciens.

Un de nos plus doux sentiments, et peut-être le seul qui appartienne absolument à l'âme (les autres ont quelque mélange des sens dans leur nature ou dans leur but), c'est l'amitié. Et combien le christianisme n'a-t-il point encore augmenté les charmes de cette passion céleste, en lui donnant pour fondement la *charité?* Jésus-Christ dormit dans le sein de Jean; et sur la croix, avant d'expirer, l'amitié l'entendit prononcer ce mot digne d'un Dieu : *Mater, ecce filius tuus; discipule, ecce mater tua*[1]. « Mère, voilà ton fils; disciple, voilà ta mère. »

Le christianisme, qui a révélé notre double nature et montré les contradictions de notre être; qui a fait voir le haut et le bas de notre cœur; qui lui-même est plein de contrastes comme nous, puisqu'il nous présente un Homme-Dieu, un Enfant maître des mondes, le créateur de l'univers sortant du sein d'une créature; le christianisme, disons-nous, vu sous ce jour des contrastes, est encore, par excellence, la religion de l'amitié. Ce sentiment se fortifie autant par les oppositions que par les ressemblances. Pour que deux hommes soient parfaits amis, ils doivent s'attirer et se repousser sans cesse par quelque endroit; il faut qu'ils aient des génies d'une même force, mais d'une différente espèce: des opinions opposées, des principes semblables; des haines et des amours diverses, mais au fond la même sensibilité; des humeurs tranchantes, et pourtant

---

[1] Joan., *Evang.*, cap. xix, v. 26 et 27.

des goûts pareils; en un mot, de grands contrastes de caractère et de grandes harmonies de cœur.

Cette chaleur que la *charité* répand dans les passions vertueuses leur donne un caractère divin. Chez les hommes de l'antiquité l'avenir des sentiments ne passait pas le tombeau, où il venait faire naufrage. Amis, frères, époux, se quittaient aux portes de la mort, et sentaient que leur séparation était éternelle; le comble de la félicité pour les Grecs et pour les Romains se réduisait à mêler leurs cendres ensemble : mais combien elle devait être douloureuse, une urne qui ne renfermait que des souvenirs! le polythéisme avait établi l'homme dans les régions du passé; le christianisme l'a placé dans les champs de l'espérance. La jouissance des sentiments honnêtes sur la terre n'est que l'avant-goût des délices dont nous serons comblés. Le principe de nos amitiés n'est point dans ce monde : deux êtres qui s'aiment ici-bas sont seulement dans la route du ciel, où ils arriveront ensemble, si la vertu les dirige : de manière que cette forte expression des poëtes, *exhaler son âme dans celle de son ami*, est littéralement vraie pour deux chrétiens. En se dépouillant de leurs corps, ils ne font que se dégager d'un obstacle qui s'opposait à leur union intime, et leurs âmes vont se confondre dans le sein de l'Éternel.

Ne croyons pas toutefois qu'en nous découvrant les bases sur lesquelles reposent les passions, le christianisme ait désenchanté la vie. Loin de flétrir l'imagination, en lui faisant tout toucher et tout connaître, il a répandu le doute et les ombres sur les choses inutiles à nos fins; supérieur en cela à cette imprudente philosophie qui cherche trop à pénétrer la nature de l'homme et à trouver le fond partout. Il ne faut pas toujours laisser tomber la sonde dans les abîmes du cœur : les vérités qu'il contient sont du nombre de celles qui demandent le demi-jour et la perspective. C'est une imprudence que d'appliquer sans cesse son jugement à la partie aimante de son être, de porter l'esprit raisonnable dans les passions. Cette curiosité conduit peu à peu à douter des choses généreuses; elle dessèche la sensibilité, et tue pour ainsi dire l'âme; les mystères du cœur sont comme ceux de l'antique Égypte; le profane qui cherchait à les découvrir, sans y être initié par la religion, était subitement frappé de mort.

CHAPITRE II.

AMOUR PASSIONNÉ.

DIDON.

Ce que nous appelons proprement amour parmi nous est un sentiment dont l'antiquité a ignoré jusqu'au nom. Ce n'est que dans les siècles modernes qu'on a vu se former ce mélange des sens et de l'âme, cette espèce d'amour dont l'amitié est la partie morale. C'est encore au christianisme que l'on doit ce sentiment perfectionné; c'est lui qui, tendant sans cesse à épurer le cœur, est parvenu à jeter de la spiritualité jusque dans le penchant qui en paraissait le moins susceptible. Voilà donc un nouveau moyen de situations poétiques que cette religion si dénigrée a fourni aux auteurs même qui l'insultent : on peut voir dans une foule de romans les beautés qu'on a tirées de cette passion demi-chrétienne. Le caractère de Clémentine [1], par exemple, est un chef-d'œuvre dont la Grèce n'offre point de modèle. Mais pénétrons dans ce sujet; et, avant de parler de l'*amour champêtre*, considérons l'*amour passionné*.

Cet amour n'est ni aussi saint que la piété conjugale, ni aussi gracieux que le sentiment des bergers; mais, plus poignant que l'un et l'autre, il dévaste les âmes où il règne. Ne s'appuyant point sur la gravité du mariage, ou sur l'innocence des mœurs champêtres, ne mêlant aucun autre prestige au sien, il est à soi-même sa propre illusion, sa propre folie, sa propre substance. Ignoré de l'artisan trop occupé et du laboureur trop simple, cette passion n'existe que dans ces rangs de la société où l'oisiveté nous laisse surchargés du poids de notre cœur, avec son immense amour-propre et ses éternelles inquiétudes.

Il est si vrai que le christianisme jette une éclatante lumière dans l'abîme de nos passions, que ce sont les orateurs de l'Église qui ont peint les désordres du cœur humain avec le plus de force et de vivacité. Quel tableau Bourdaloue ne fait-il point de l'ambition! Comme Massillon a pénétré dans les replis de nos âmes, et exposé au jour nos penchants et nos vices! « C'est le caractère de cette passion, dit cet homme éloquent en parlant de l'amour, de remplir le cœur tout entier, etc. : on ne peut plus s'occuper que d'elle; on en est possédé, enivré : on la retrouve partout; tout en retrace les funestes images; tout en réveille les injustes désirs : le monde, la solitude, la présence, l'éloignement, les objets les plus indifférents, les occupations les plus sérieuses, le temple saint lui-même, les autels sacrés, les mystères terribles en rappellent le souvenir [2]. »

« C'est un désordre, s'écrie le même orateur dans la *Pécheresse* [3], d'aimer pour lui-même ce qui ne peut être ni notre bonheur, ni notre perfection, ni par conséquent notre repos : car aimer, c'est chercher la félicité dans ce qu'on aime; c'est vouloir trouver dans l'objet aimé tout ce qui manque à notre cœur; c'est l'appeler au secours de ce vide affreux que nous sentons en nous-mêmes, et nous flatter qu'il sera capable de le remplir; c'est le regarder comme la ressource de tous nos besoins, le remède de tous nos maux, l'auteur de tous nos biens [4].... Mais cet amour des créatures est suivi des plus cruelles incertitudes : on doute toujours si l'on est aimé comme l'on aime; on est ingénieux à se rendre malheureux et à former à soi-même des craintes, des soupçons, des jalousies; plus on est de bonne foi, plus on souffre; on est le martyr de ses propres défiances : vous le savez, et ce n'est pas à moi à venir vous parler ici le langage de vos passions insensées [5]. »

Cette maladie de l'âme se déclare avec fureur aussitôt que paraît l'objet qui doit en développer le germe. Didon s'occupe encore des travaux de sa cité naissante : la tempête s'élève et apporte un héros. La reine se trouble, un *feu secret* coule dans ses veines : les imprudences commencent; les plaisirs suivent;

---

[1] RICHARDSON. — [2] MASSILLON, l'*Enfant prodigue*, première partie, tom. II. — [3] Première partie. — [4] *Id.*, *ibid*, seconde partie. — [5] *Id.*, *ibid*.

le désenchantement et le remords viennent après eux. Bientôt Didon est abandonnée; elle regarde avec horreur autour d'elle, et ne voit que des abîmes. Comment s'est-il évanoui cet édifice de bonheur, dont une imagination exaltée avait été l'amoureux architecte? palais de nuages que dore quelques instants un soleil prêt à s'éteindre! Didon vole, cherche, appelle Énée :

Dissimulare etiam sperasti? etc.[1].

Perfide! espérais-tu me cacher tes desseins et t'échapper clandestinement de cette terre? Ni notre amour, ni cette main que je t'ai donnée, ni Didon prête à étaler de cruelles funérailles, ne peuvent arrêter tes pas! etc.

Quel trouble, quelle passion, quelle vérité dans l'éloquence de cette femme trahie! Les sentiments se pressent tellement dans son cœur, qu'elle les produit en désordre, incohérents et séparés, tels qu'ils s'accumulent sur ses lèvres. Remarquez les autorités qu'elle emploie dans ses prières. Est-ce au nom des dieux, au nom d'un sceptre, qu'elle parle? Non: elle ne fait pas même valoir *Didon dédaignée*; mais plus humble et plus aimante, elle n'implore le fils de Vénus que par des larmes, que par la propre main du perfide. Si elle y joint le souvenir de l'amour, ce n'est encore qu'en l'étendant sur Énée : *par notre hymne, par notre union commencée*, dit-elle :

Per connubia nostra, per inceptos hymenæos [2].

Elle atteste aussi les lieux témoins de son bonheur, car c'est une coutume des malheureux d'associer à leurs sentiments les objets qui les environnent; abandonnés des hommes, ils cherchent à se créer des appuis en animant de leurs douleurs les êtres insensibles autour d'eux. Ce toit, ce foyer hospitalier, où naguère elle accueillit l'ingrat, sont donc les vrais dieux pour Didon. Ensuite, avec l'adresse d'une femme, et d'une femme amoureuse, elle rappelle tour à tour le souvenir de Pygmalion et celui de Iarbe, afin de réveiller ou la générosité ou la jalousie du héros troyen. Bientôt, pour dernier trait de passion et de misère, la superbe souveraine de Carthage va jusqu'à souhaiter qu'un *petit Énée, parvulus Æneas* [3], reste au moins auprès d'elle pour consoler sa douleur, même en portant témoignage à sa honte! Elle s'imagine que tant de larmes, tant d'imprécations, tant de prières, sont des raisons auxquelles Énée ne pourra résister : dans ces moments de folie, les passions, incapables de plaider leur cause

---

[1] *Æneid.*, lib. IV, v. 305.
[2] *Æneid.*, lib. IV, v. 316.
[3] *Ibid.*, v. 328 et 329. Le vieux *Loïs des Masures, Tournisien*, qui nous a laissé les quatre premiers livres de l'*Enéide* en *carmes français*, a traduit ainsi ce morceau :

. . . . Si d'un petit Énée,
Avec ses yeux m'estoit faveur donnée,
Qui seulement te reassemblast de vis,
Point ne serois du tout à mon advis,
Prinse, et de toi laissée entièrement.

avec succès, croient faire usage de tous leurs moyens, lorsqu'elles ne font entendre que tous leurs accents.

CHAPITRE III.

SUITE DU PRÉCÉDENT.

LA PHÈDRE DE RACINE.

Nous pourrions nous contenter d'opposer à Didon la Phèdre de Racine, plus passionnée que la reine de Carthage; elle n'est en effet qu'une *épouse chrétienne*. La crainte des flammes vengeresses et de l'éternité formidable de notre enfer perce à travers le rôle de cette femme criminelle [1], et surtout dans la scène de la jalousie, qui, comme on le sait, est de l'invention du poëte moderne. L'inceste n'était pas une chose si rare et si monstrueuse chez les anciens pour exciter de pareilles frayeurs dans le cœur du coupable. Sophocle fait mourir Jocaste, il est vrai, au moment où elle apprend son crime; mais Euripide la fait vivre longtemps après. Si nous en croyons Tertullien, les malheurs d'OEdipe [2] n'excitaient chez les Macédoniens que les plaisanteries des spectateurs. Virgile ne place pas Phèdre aux Enfers, mais seulement dans ces bocages de myrtes, dans ces *champs des pleurs*, LUGENTES CAMPI, où vont errant ces amantes *qui, même dans la mort, n'ont pas perdu leurs soucis :*

. . . . curæ non ipsa in morte relinquunt [3].

Aussi la Phèdre d'Euripide, comme celle de Sénèque, craint-elle plus Thésée que le Tartare. Ni l'une ni l'autre ne parle comme la Phèdre de Racine :

> Moi jalouse! et Thésée est celui que j'implore!
> Mon époux est vivant; et moi je brûle encore!
> Pour qui? quel est le cœur où prétendent mes vœux?
> Chaque mot sur mon front fait dresser mes cheveux.
> Mes crimes désormais ont comblé la mesure :
> Je respire à la fois l'inceste et l'imposture;
> Mes homicides mains, promptes à me venger,
> Dans le sang innocent brûlent de se plonger.
> Misérable! et je vis! et je soutiens la vue
> De ce sacré soleil dont je suis descendue!
> J'ai pour aïeul le père et le maître des dieux;
> Le ciel, tout l'univers est plein de mes aïeux :
> Où me cacher? Fuyons dans la nuit infernale.
> Mais que dis-je! mon père y tient l'urne fatale;
> Le sort, dit-on, l'a mise en ses sévères mains :
> Minos juge aux enfers tous les pâles humains.
> Ah! combien frémira son ombre épouvantée,
> Lorsqu'il verra sa fille à ses yeux présentée,

---

[1] Cette crainte du Tartare est faiblement indiquée dans EURIPIDE. — [2] TERTULL., *Apolog.* — [3] *Æneid.*, lib. VI, v. 444.

> Contrainte d'avouer tant de forfaits divers,
> Et des crimes peut-être inconnus aux Enfers!
> Que diras-tu, mon père, à ce spectacle horrible?
> Je crois voir, de ta main tomber l'urne terrible;
> Je crois te voir cherchant un supplice nouveau;
> Toi-même de ton sang devenir le bourreau.
> Pardonne. Un dieu cruel a perdu ta famille:
> Reconnais sa vengeance aux fureurs de ta fille.
> Hélas! du crime affreux dont la honte me suit,
> Jamais mon triste cœur n'a recueilli le fruit.

Cet incomparable morceau offre une gradation de sentiments, une science de la tristesse, des angoisses et des transports de l'âme que les anciens n'ont jamais connus. Chez eux on trouve pour ainsi dire des ébauches de sentiments, mais rarement un sentiment achevé; ici, c'est tout le cœur :

> C'est Vénus tout entière à sa proie attachée!

et le cri le plus énergique que la passion ait jamais fait entendre, est peut-être celui-ci :

> Hélas! du crime affreux dont la honte me suit,
> Jamais mon triste cœur n'a recueilli le fruit.

Il y a là dedans un mélange des sens et de l'âme, de désespoir et de fureur amoureuse, qui passe toute expression. Cette femme, qui se *consolerait d'une éternité de souffrance*, si elle avait joui *d'un instant de bonheur*, cette femme n'est pas dans le *caractère antique*; c'est la *chrétienne réprouvée*, c'est la pécheresse tombée vivante dans les mains de Dieu; son mot est le mot du damné.

CHAPITRE IV.

SUITE DES PRÉCÉDENTS.

JULIE D'ÉTANGE; CLÉMENTINE.

Nous changeons de couleurs : l'amour passionné, terrible dans la Phèdre *chrétienne*, ne fait plus entendre chez la *dévote* Julie que de mélodieux soupirs : c'est une voix troublée qui sort du sanctuaire de paix, un cri d'amour que prolonge, en l'adoucissant, l'écho religieux des tabernacles.

Le pays des chimères est en ce monde le seul digne d'être habité; et tel est le néant des choses humaines, que, hors l'être existant par lui-même, il n'y a rien de beau que ce qui n'est pas.. . . . .
Une langueur secrète s'insinue au fond de mon cœur; je le sens vide et gonflé, comme vous disiez autrefois du vôtre; l'attachement que j'ai pour ce qui m'est cher ne suffit pas pour l'occuper : il lui reste une force inutile dont il ne sait que faire. Cette peine est bizarre, j'en conviens, mais elle n'est pas moins réelle. Mon ami, je suis trop heureuse, le bonheur m'ennuie. . . . .
. . . .

Ne trouvant donc rien ici-bas qui lui suffise, mon âme avide cherche ailleurs de quoi la remplir ; en s'élevant à la source du sentiment et de l'être, elle y perd sa sécheresse et sa langueur : elle y renaît, elle s'y ranime, elle y trouve un nouveau ressort, elle y puise une nouvelle vie ; elle y prend une autre existence qui ne tient plus aux passions du corps, ou plutôt elle n'est plus en moi-même, elle est toute dans l'être immense qu'elle contemple ; et, dégagée un moment de ses entraves, elle se console d'y rentrer, par cet essai d'un état plus sublime qu'elle espère être un jour le sien. . . . .

En songeant à tous les bienfaits de la Providence, j'ai honte d'être sensible à de si faibles chagrins, et d'oublier de si grandes grâces. . . . .

Quand la tristesse m'y suit malgré moi (*dans son oratoire*), quelques pleurs versés devant celui qui console soulagent mon cœur à l'instant. Mes réflexions ne sont jamais amères ni douloureuses, mon repentir même est exempt d'alarmes, mes fautes me donnent moins d'effroi que de honte : j'ai des regrets et non des remords.

Le Dieu que je sers est un Dieu clément, un père ; ce qui me touche, c'est sa bonté : elle efface à mes yeux tous ses autres attributs ; elle est le seul que je conçois. Sa puissance m'étonne, son immensité me confond, sa justice... Il a fait l'homme faible ; puisqu'il est juste, il est clément. Le Dieu vengeur est le Dieu des méchants. Je ne puis ni le craindre pour moi, ni l'implorer contre un autre. O Dieu de paix, Dieu de bonté ! c'est toi que j'adore : c'est de toi, je le sens, que je suis l'ouvrage ; et j'espère te retrouver au jugement dernier tel que tu parles à mon cœur durant la vie.

Comme l'amour et la religion sont heureusement mêlés dans ce tableau ! Ce style, ces sentiments n'ont point de modèle dans l'antiquité[1]. Il faudrait être insensé pour repousser un culte qui fait sortir du cœur des accents si tendres, et qui a, pour ainsi dire, ajouté de nouvelles cordes à l'âme.

Voulez-vous un autre exemple de ce nouveau langage des passions, inconnu sous le polythéisme ? Écoutez parler Clémentine ; ses expressions sont peut-être encore plus naturelles, plus touchantes et plus sublimement naïves que celles de Julie :

Je consens, monsieur, du fond de mon cœur (c'est très-sérieusement, comme vous voyez), que vous n'ayez que de la haine, du mépris, de l'horreur pour la malheureuse Clémentine ; mais je vous conjure, pour l'intérêt de votre âme immortelle, de vous attacher à la véritable Église. Eh bien ! monsieur, que me répondez-vous (en suivant de son charmant visage le mien que je tenais encore tourné, car je ne me sentais pas la force de la regarder) ? Dites, monsieur, que vous y consentez, je vous ai toujours cru le cœur honnête et sensible : dites qu'il se rend à la vérité. Ce n'est pas pour moi que je vous sollicite ; je vous ai déclaré que je prends les mépris pour mon partage ; il ne sera pas dit que vous vous serez rendu aux instances d'une femme ; non, monsieur, votre

---

[1] Il y a toutefois dans ce morceau un mélange vicieux d'expressions métaphysiques et de langage naturel. *Dieu*, le *Tout-Puissant*, le *Seigneur*, vaudraient beaucoup mieux que la *source de l'être*, etc.

seule conscience en aura l'honneur. Je ne vous cacherai point ce que je médite pour moi-même. Je demeurerai dans une paix profonde (elle se leva ici avec un air de dignité, que l'esprit de religion semblait encore augmenter); et lorsque l'ange de la mort paraîtra, je lui tendrai la main : Approche, lui dirai-je, ô toi, ministre de paix! je te suis au rivage où je brûle d'arriver, et j'y vais retenir une place pour l'homme à qui je ne la souhaite pas de longtemps, mais auprès duquel je veux être éternellement assise.

Ah! le christianisme est surtout un baume pour nos blessures quand les passions, d'abord soulevées dans notre sein, commencent à s'apaiser, ou par l'infortune, ou par la durée. Il endort la douleur, il fortifie la résolution chancelante, il prévient les rechutes, en combattant, dans une âme à peine guérie, le dangereux pouvoir des souvenirs : il nous environne de paix et de lumière : il rétablit pour nous cette harmonie des choses célestes que Pythagore entendait dans le silence de ses passions. Comme il promet toujours une récompense pour un sacrifice, on croit ne rien lui céder en lui cédant tout; comme il offre à chaque pas un objet plus beau à nos désirs, il satisfait à l'inconstance naturelle de nos cœurs : on est toujours avec lui dans le ravissement d'un amour qui commence; et cet amour a cela d'ineffable, que ses mystères sont ceux de l'innocence et de la pureté.

CHAPITRE V.

SUITE DES PRÉCÉDENTS.

HÉLOÏSE ET ABAILARD.

Julie a été ramenée à la religion par des malheurs ordinaires : elle est restée dans le monde; et, contrainte de lui cacher sa passion, elle se réfugie en secret auprès de Dieu, sûre qu'elle est de trouver dans ce père indulgent une pitié que lui refuseraient les hommes. Elle se plaît à se confesser au tribunal suprême, parce que lui seul la peut absoudre, et peut-être aussi (reste involontaire de faiblesse!) parce que c'est toujours parler de son amour.

Si nous trouvons tant de charmes à révéler nos peines à quelque homme supérieur, à quelque conscience tranquille qui nous fortifie et nous fasse participer au calme dont elle jouit, quelles délices n'est-ce pas de parler de passions à l'Être impassible que nos confidences ne peuvent troubler, de faiblesse à l'Être tout-puissant qui peut nous donner un peu de sa force! On conçoit les transports de ces hommes saints, qui, retirés sur le sommet des montagnes, mettaient toute leur vie aux pieds de Dieu, perçaient à force d'amour les voûtes de l'éternité, et parvenaient à contempler la lumière primitive. Julie, sans le savoir, approche de sa fin, et les ombres du tombeau, qui commencent à s'entr'ouvrir pour elle, laissent éclater à ses yeux un rayon de l'excellence divine. La voix de cette femme mourante est douce et triste; ce sont les derniers bruits du vent qui va quitter les forêts, les derniers murmures d'une mer qui déserte ses rivages.

La voix d'Héloïse a plus de force. Femme d'Abailard, elle vit, et elle vit pour Dieu. Ses malheurs ont été aussi imprévus que terribles. Précipitée du monde au désert, elle est entrée soudaine, et avec tous ses feux, dans les glaces monastiques. La religion et l'amour exercent à la fois leur empire sur son cœur : c'est la nature rebelle saisie toute vivante par la grâce, et qui se débat vainement dans les embrassements du ciel. Donnez Racine pour interprète à Héloïse, et le tableau de ses souffrances va mille fois effacer celui des malheurs de Didon par l'effet tragique, le lieu de la scène, et je ne sais quoi de formidable que le christianisme imprime aux objets où il mêle sa grandeur.

> Hélas! tels sont les lieux où, captive, enchaînée,
> Je traîne dans les pleurs ma vie infortunée.
> Cependant, Abailard, dans cet affreux séjour,
> Mon cœur s'enivre encor du poison de l'amour.
> Je n'y dois mes vertus qu'à ta funeste absence ;
> Et j'ai maudit cent fois ma pénible innocence.
> . . . .
> O funeste ascendant ! ô joug impérieux !
> Quels sont donc mes devoirs, et qui suis-je en ces lieux?
> Perfide ! de quel nom veux-tu que l'on te nomme ?
> Toi, l'épouse d'un Dieu, tu brûles pour un homme !
> Dieu cruel, prends pitié du trouble où tu me vois.
> A mes sens mutinés ose imposer tes lois.
> . . . .
> Le pourras-tu? grand Dieu ! Mon désespoir, mes larmes,
> Contre un cher ennemi te demandent des armes ;
> Et cependant, livrée à de contraires vœux,
> Je crains plus tes bienfaits que l'excès de mes feux [1].

Il était impossible que l'antiquité fournît une pareille scène, parce qu'elle n'avait pas une pareille religion. On aura beau prendre pour héroïne une vestale grecque ou romaine, jamais on n'établira ce combat entre la chair et l'esprit, qui fait le merveilleux de la position d'Héloïse, et qui appartient au dogme et à la morale du christianisme. Souvenez-vous que vous voyez ici réunies la plus fougueuse des passions et une religion menaçante qui n'entre jamais en traité avec nos penchants. Héloïse aime, Héloïse brûle; mais là s'élèvent des murs glacés ; là tout s'éteint sous des marbres insensibles ; là des flammes éternelles ou des récompenses sans fin attendent sa chute ou son triomphe. Il n'y a point d'accommodement à espérer : la créature et le Créateur ne peuvent habiter ensemble dans la même âme. Didon ne perd qu'un amant ingrat. Oh! qu'Héloïse est travaillée d'un tout autre soin ! il faut qu'elle choisisse entre Dieu et un amant fidèle dont elle a causé les malheurs ! Et qu'elle ne croie pas pouvoir détourner secrètement au profit d'Abailard la moindre partie de son cœur; le Dieu de Sinaï est un Dieu jaloux, un Dieu qui veut être aimé de préférence ; il punit jusqu'à l'ombre d'une pensée, jusqu'au songe qui s'adresse à d'autres qu'à lui.

[1] COLARD., Épit. d'Hél.

Nous nous permettrons de relever ici une erreur de Colardeau, parce qu'elle tient de l'esprit de son siècle, et qu'elle peut jeter quelque lumière sur le sujet que nous traitons. Son épître d'Héloïse a une teinte philosophique qui n'est point dans l'original de Pope. Après le morceau que nous avons cité, on lit ces vers :

> Chères sœurs, de mes fers compagnes innocentes,
> Sous ces portiques saints, colombes gémissantes,
> Vous qui ne connaissez que ces *faibles* vertus
> Que la religion donne... et que je n'ai plus ;
> Vous qui, dans les *langueurs d'un esprit monastique*,
> Ignorez de l'amour l'empire tyrannique ;
> Vous enfin qui, n'ayant que Dieu seul pour amant,
> Aimez par *habitude*, et non par sentiment,
> Que vos cœurs sont heureux, puisqu'ils sont insensibles !
> Tous vos jours sont sereins, toutes vos nuits paisibles ;
> Le cri des passions n'en trouble point le cours.
> Ah ! qu'Héloïse envie et vos nuits et vos jours !

Ces vers, qui d'ailleurs ne manquent point d'abandon et de mollesse, ne sont point de l'auteur anglais. On en découvre à peine quelques traces dans ce passage, que nous traduisons mot à mot :

Heureuse la vierge sans tache qui oublie le monde et que le monde oublie ! L'éternelle joie de son âme est de sentir que toutes ses prières sont exaucées, tous ses vœux résignés. Le travail et le repos partagent également ses jours ; son sommeil facile cède sans effort aux pleurs et aux veilles. Ses désirs sont réglés, ses goûts toujours les mêmes ; elle s'enchante par ses larmes, et ses soupirs sont pour le ciel. La grâce répand autour d'elle ses rayons les plus sereins : des anges lui *soufflent*[1] tout bas les plus beaux songes. Pour elle l'époux prépare l'anneau nuptial ; pour elle, de blanches vestales entonnent des chants d'hyménée : c'est pour elle que fleurit la rose d'Éden, qui ne se fane jamais, et que les séraphins répandent les parfums de leurs ailes. Elle meurt enfin au son des harpes célestes, et s'évanouit dans les visions d'un jour éternel.

Nous sommes encore à comprendre comment un *poëte* a pu se tromper au point de substituer à cette description un lieu commun sur les *langueurs monastiques*. Qui ne sent combien elle est belle et dramatique, cette opposition que Pope a voulu faire entre les chagrins et l'amour d'Héloïse, et le calme et la chasteté de la vie religieuse ? Qui ne sent combien cette transition repose agréablement l'âme agitée par les passions, et quel nouveau prix elle donne ensuite aux mouvements renaissants de ces mêmes passions ? Si la philosophie est bonne à quelque chose, ce n'est sûrement pas au tableau des troubles du cœur, puisqu'elle est directement inventée pour les apaiser. Héloïse, philosophant sur les *faibles* vertus de la religion, ne parle ni comme la vérité, ni comme son siècle, ni comme la femme, ni comme l'amour : on ne voit que le poëte, et, ce qui est pire encore, l'âge des sophismes et la déclamation.

C'est ainsi que l'esprit irréligieux détruit la vérité et gâte les mouvements

---

[1] L'anglais, *prompt*.

de la nature. Pope, qui touchait à de meilleurs temps, n'est pas tombé dans la faute de Colardeau. Il conservait la bonne tradition du siècle de Louis XIV, dont le siècle de la reine Anne ne fut qu'une espèce de prolongement ou de reflet. Revenons aux idées religieuses, si nous attachons quelque prix aux œuvres du génie : la religion est la vraie philosophie des beaux-arts, parce qu'elle ne sépare point, comme la sagesse humaine, la poésie de la morale et la tendresse de la vertu.

Au reste, il y aurait d'autres observations intéressantes à faire sur Héloïse, par rapport à la maison solitaire où la scène se trouve placée. Ces cloîtres, ces voûtes, ces tombeaux, ces mœurs austères en contraste avec l'amour, en doivent augmenter la force et la tristesse. Autre chose est de consumer promptement sa vie sur un bûcher, comme la reine de Carthage; autre chose de se brûler avec lenteur, comme Héloïse, sur l'autel de la religion. Mais, comme dans la suite nous parlerons beaucoup des monastères, nous sommes forcé, pour éviter les répétitions, de nous arrêter ici.

CHAPITRE VI.

AMOUR CHAMPÊTRE.

LE CYCLOPE ET GALATÉE.

Nous prendrons pour objet de comparaison chez les anciens, dans les amours champêtres, l'idylle du Cyclope et de Galatée. Ce poëme est un des chefs-d'œuvre de Théocrite; celui de la *Magicienne* lui est peut-être supérieur par l'ardeur de la passion, mais il est moins pastoral.

Le Cyclope, assis sur un rocher, au bord des mers de Sicile, chante ainsi ses déplaisirs, en promenant ses yeux sur les flots :

Ὦ λευκὰ Γαλάτεια, etc.[1] . . . . . .

Charmante Galatée, pourquoi repousser les soins d'un amant, toi dont le visage est blanc comme le lait pressé dans mes corbeilles de jonc; toi qui es plus tendre que l'agneau, plus voluptueuse que la génisse, plus fraîche que la grappe non encore amollie par les feux du jour? Tu te glisses sur ces rivages, lorsque le doux sommeil m'enchaîne; tu fuis, lorsque le doux sommeil me fuit : tu me redoutes, comme l'agneau craint le loup blanchi par les ans. Je n'ai cessé de t'adorer depuis le jour que tu vins avec ma mère ravir les jeunes hyacinthes à la montagne : c'était moi qui te traçais le chemin. Depuis ce moment, après ce moment, et encore aujourd'hui, vivre sans toi m'est impossible. Et cependant te soucies-tu de ma peine? au nom de Jupiter, te soucies-tu de ma peine?... Mais tout hideux que je suis, j'ai pourtant mille brebis dont ma main presse les riches mamelles, et dont je bois le lait écumant. L'été, l'automne et l'hiver trouvent toujours des fromages dans ma grotte; mes réseaux

[1] THEOCR., idyl. XI, v. 19 et seq.

en sont toujours pleins. Nul Cyclope ne pourrait aussi bien que moi te chanter sur la flûte, ô vierge nouvelle! Nul ne saurait avec autant d'art, la nuit, durant les orages, célébrer tous tes attraits.

Pour toi je nourris onze biches, qui sont prêtes à donner leurs faons. J'élève aussi quatre oursins, enlevés à leurs mères sauvages : viens, tu posséderas ces richesses. Laisse la mer se briser follement sur ses grèves; tes nuits seront plus heureuses si tu les passes à mes côtés, dans mon antre. Des lauriers et des cyprès allongés y murmurent; le lierre noir et la vigne chargée de grappes en tapissent l'enfoncement obscur : tout auprès coule une onde fraîche, source que l'Etna blanchi verse de ses sommets de neiges et de ses flancs couverts de brunes forêts. Quoi! préférerais-tu encore les mers et leurs mille vagues! Si ma poitrine hérissée blesse ta vue, j'ai du bois de chêne, et des restes de feux épandus sous la cendre; brûle même (tout me sera doux de ta main), brûle, si tu le veux, mon œil unique, cet œil qui m'est plus cher que la vie. Hélas! que ma mère ne m'a-t-elle donné, comme au poisson, des rames légères pour fendre les ondes! Oh! comme je descendrais vers ma Galatée! comme je baiserais sa main, si elle me refusait ses lèvres! Oui, je te porterais ou des lis blancs, ou de tendres pavots à feuilles de pourpre: les premiers croissent en été, et les autres fleurissent en hiver; ainsi je ne pourrais te les offrir en même temps....

C'était de la sorte que Polyphème appliquait sur la blessure de son cœur le dictame immortel des Muses, soulageant ainsi plus doucement sa vie que par tout ce qui s'achète au poids de l'or.

Cette idylle respire la passion. Le poëte ne pouvait faire un choix de mots plus délicats ni plus harmonieux. Le dialecte dorique ajoute encore à ces vers un ton de simplicité qu'on ne peut faire passer dans notre langue. Par le jeu d'une multitude d'*A*, et d'une prononciation large et ouverte, on croirait sentir le calme des tableaux de la nature, et entendre le parler naïf d'un pasteur[1].

---

[1] On peut remarquer que la première voyelle de l'alphabet se trouve dans presque tous les mots qui peignent les scènes de la campagne, comme dans *charrue*, *vache*, *cheval*, *labourage*, *vallée*, *montagne*, *arbre*, *pâturage*, *laitage*, etc., et dans les épithètes qui accompagnent ordinairement ces mots, telles que *pesante*, *champêtre*, *laborieux*, *grasse*, *agreste*, *frais*, *délectable*, etc. Cette observation tombe avec la même justesse sur tous les idiomes connus. La lettre *A* ayant été découverte la première, comme étant la première émission naturelle de la voix, les hommes, alors pasteurs, l'ont employée dans les mots qui composaient le simple dictionnaire de leur vie. L'égalité de leurs mœurs, et le peu de variété de leurs idées nécessairement teintes des images des champs, devaient aussi rappeler le retour des mêmes sons dans le langage. Le son de l'*A* convient au calme d'un cœur champêtre et à la paix des tableaux rustiques. L'accent d'une âme passionnée est aigu, sifflant, précipité, l'*A* est trop long pour elle : il faut une bouche pastorale, qui puisse prendre le temps de le prononcer avec lenteur. Mais toutefois il entre fort bien encore dans les plaintes, dans les larmes amoureuses, et dans les naïfs *hélas* d'un chevrier. Enfin, la nature fait entendre cette lettre rurale dans ses bruits, et une oreille attentive peut la reconnaître diversement accentuée, dans les murmures de certains ombrages, comme dans celui du tremble et du lierre, dans la première voix, ou dans la finale du bêlement des troupeaux, et la nuit, dans les aboiements du chien rustique.

Observez ensuite le naturel des plaintes du Cyclope. Polyphème parle du cœur, et l'on ne se doute pas un moment que ses soupirs ne sont que l'imitation d'un poëte. Avec quelle naïveté passionnée le malheureux amant ne fait-il point la peinture de sa propre laideur! Il n'y a pas jusqu'à cet œil effroyable dont Théocrite n'ait su tirer un trait touchant; tant est vraie la remarque d'Aristote, si bien rendue par ce Despréaux, qui eut du génie à force d'avoir de la raison :

> D'un pinceau délicat l'artifice agréable
> Du plus affreux objet fait un objet aimable.

On sait que les modernes, et surtout les Français, ont peu réussi dans le genre pastoral¹. Cependant Bernardin de Saint-Pierre nous semble avoir surpassé les bucoliastes de l'Italie et de la Grèce. Son roman, ou plutôt son poëme de *Paul et Virginie* est du petit nombre de ces livres qui deviennent assez antiques en peu d'années pour qu'on ose les citer sans craindre de compromettre son jugement.

CHAPITRE VII.

SUITE DU PRÉCÉDENT.

PAUL ET VIRGINIE ².

Le vieillard, assis sur la montagne, fait l'histoire des deux familles exilées; il raconte les travaux, les amours, les soucis de leur vie :

Paul et Virginie n'avaient ni horloges, ni almanachs, ni livres de chronologie, d'histoire et de philosophie. Les périodes de leur vie se réglaient sur celles de la nature. Ils connaissaient les heures du jour par l'ombre des arbres; les saisons, par les temps où elles donnent leurs fleurs ou leurs fruits; et les années, par le nombre de leurs récoltes. Ces douces images répandaient les plus grands charmes dans leurs conversations. « Il est temps de dîner, disait Virginie à la famille, les ombres des bananiers sont à leurs pieds, » ou bien : « La nuit s'approche, les tamarins ferment leurs feuilles. — Quand viendrez-vous nous voir? lui disaient quelques amies du voisinage. — Aux cannes de sucre, répondait Virginie. — Votre visite nous sera encore plus douce et plus agréable, » reprenaient ces jeunes filles. Quand on l'interrogeait sur son âge et sur celui de Paul : « Mon frère, disait-elle, est de l'âge du grand cocotier de la fontaine, et moi de celui du plus petit. Les manguiers ont donné douze fois leurs fruits, et

---

¹ La révolution nous a enlevé un homme qui promettait un rare talent dans l'églogue : c'était M. André Chénier (15). Nous avons vu de lui un recueil d'idylles manuscrites, où l'on trouve des choses dignes de Théocrite. Cela explique le mot de cet infortuné jeune homme sur l'échafaud; il disait, en se frappant le front : *Mourir! j'avais quelque chose là!* C'était la Muse qui lui révélait son talent au moment de la mort.

² Il eût été peut-être plus exact de comparer *Daphnis et Chloé* à *Paul et Virginie*; mais ce roman est trop libre pour être cité.

les orangers vingt-quatre fois leurs fleurs depuis que je suis au monde. » Leur vie semblait attachée à celle des arbres, comme celle des faunes et des dryades. Ils ne connaissaient d'autres époques historiques que celles de la vie de leurs mères, d'autre chronologie que celle de leurs vergers, et d'autre philosophie que de faire du bien à tout le monde, et de se résigner à la volonté de Dieu...

. . . .
Quelquefois, seul avec elle (*Virginie*), il (*Paul*) lui disait au retour de ses travaux : « Lorsque je suis fatigué, ta vue me délasse. Quand, du haut de la montagne, je t'aperçois au fond de ce vallon, tu me parais, au milieu de nos vergers, comme un bouton de rose. . . . .
Quoique je te perde de vue à travers les arbres, je n'ai pas besoin de te voir pour te retrouver : quelque chose de toi que je ne puis dire reste pour moi dans l'air où tu passes, sur l'herbe où tu t'assieds. . . . .
Dis-moi par quel charme tu as pu m'enchanter. Est-ce par ton esprit? Mais nos mères en ont plus que nous deux. Est-ce par tes caresses? Mais elles m'embrassent plus souvent que toi. Je crois que c'est par ta bonté. Tiens, ma bien-aimée, prends cette branche fleurie de citronnier, que j'ai cueillie dans la forêt. Tu la mettras la nuit près de ton lit. Mange ce rayon de miel, je l'ai pris pour toi au haut d'un rocher ; mais auparavant repose-toi sur mon sein, et je serai délassé. »
Virginie lui répondait : « O mon frère? les rayons de soleil au matin, au haut de ces rochers, me donnent moins de joie que ta présence. . . . .
. . . .
Tu me demandes pourquoi tu m'aimes? mais tout ce qui a été élevé ensemble s'aime. Vois nos oiseaux : élevés dans les mêmes nids, ils s'aiment comme nous; ils sont toujours ensemble comme nous. Écoute comme ils s'appellent et se répondent d'un arbre à un autre. De même, quand l'écho me fait entendre les airs que tu joues sur ta flûte, j'en répète les paroles au fond de ce vallon. . . . . . .
. . . .
Je prie Dieu tous les jours pour ma mère, pour la tienne, pour toi, pour nos pauvres serviteurs; mais quand je prononce ton nom, il me semble que ma dévotion augmente. Je demande si instamment à Dieu qu'il ne t'arrive pas de mal! Pourquoi vas-tu si loin et si haut me chercher des fruits et des fleurs? N'en avons-nous pas assez dans le jardin! Comme te voilà fatigué! tu es tout en nage. » Et avec son petit mouchoir blanc elle lui essuyait le front et les joues, et elle lui donnait plusieurs baisers.

Ce qu'il nous importe d'examiner dans cette peinture, ce n'est pas pourquoi elle est supérieure au tableau de *Galatée* (supériorité trop évidente pour n'être pas reconnue de tout le monde), mais pourquoi elle doit son excellence à la religion, et, en un mot, comment elle est chrétienne.

L'est certain que le charme de *Paul et Virginie* consiste en une certaine morale mélancolique, qui brille dans l'ouvrage, et qu'on pourrait comparer à cet éclat uniforme que la lune répand sur une solitude parée de fleurs. Or, quiconque a médité l'Évangile doit convenir que ses préceptes divins ont précisément ce caractère triste et tendre. Bernardin de Saint-Pierre, qui, dans ses

Études de la nature, cherche à justifier les voies de Dieu, et à prouver la beauté de la religion, a dû nourrir son génie de la lecture des livres saints. Son églogue n'est si touchante que parce qu'elle représente deux familles chrétiennes exilées, vivant sous les yeux du Seigneur, entre sa parole dans la Bible, et ses ouvrages dans le désert. Joignez-y l'indigence et ces infortunes de l'âme dont la religion est le seul remède, et vous aurez tout le sujet du poëme. Les personnages sont aussi simples que l'intrigue : ce sont deux beaux enfants dont on aperçoit le berceau et la tombe, deux fidèles esclaves et deux pieuses maîtresses. Ces honnêtes gens ont un historien digne de leur vie : un vieillard demeuré seul dans la montagne, et qui survit à ce qu'il aima, raconte à un voyageur les malheurs de ses amis, sur les débris de leurs cabanes.

Ajoutons que ces bucoliques australes sont pleines du souvenir des Écritures. Là c'est Ruth, là Séphora, ici Éden et nos premiers pères : ces sacrées réminiscences vieillissent pour ainsi dire les mœurs du tableau, en y mêlant les mœurs de l'antique Orient. La messe, les prières, les sacrements, les cérémonies de l'Église, que l'auteur rappelle à tous moments, augmentent aussi les beautés religieuses de l'ouvrage. Le songe de madame de La Tour n'est-il pas essentiellement lié à ce que nos dogmes ont de plus grand et de plus attendrissant? On reconnaît encore le chrétien dans ces préceptes de résignation à la volonté de Dieu, d'obéissance à ses parents, de charité envers les pauvres, en un mot, dans cette douce théologie que respire le poëme de Bernardin de Saint-Pierre. Il y a plus ; c'est en effet la religion qui détermine la catastrophe : Virginie meurt pour conserver une des premières vertus recommandées par l'Évangile. Il eût été absurde de faire mourir une Grecque pour ne vouloir pas dépouiller ses vêtements. Mais l'amante de Paul est une vierge *chrétienne*, et le dénoûment, ridicule sous une croyance moins pure, devient ici sublime.

Enfin, cette pastorale ne ressemble ni aux idylles de Théocrite, ni aux églogues de Virgile, ni tout à fait aux grandes scènes rustiques d'Hésiode, d'Homère et de la Bible : mais elle rappelle quelque chose d'ineffable, comme la parabole du *bon Pasteur*, et l'on sent qu'il n'y a qu'un chrétien qui ait pu soupirer les évangéliques amours de Paul et de Virginie.

On nous fera peut-être une objection : on dira que ce n'est pas le charme emprunté des livres saints qui donne à Bernardin de Saint-Pierre la supériorité sur Théocrite, mais son talent pour peindre la nature. Eh bien ! nous répondrons qu'il doit encore ce talent, ou du moins le développement de ce talent, au christianisme; car cette religion, chassant de petites divinités des bois et des eaux, a seule rendu au poëte la liberté de représenter les déserts dans leur majesté primitive. C'est ce que nous essaierons de prouver quand nous traiterons de la mythologie; à présent nous allons continuer notre examen des passions.

CHAPITRE VIII.

LA RELIGION CHRÉTIENNE CONSIDÉRÉE ELLE-MÊME COMME PASSION.

Non contente d'augmenter le jeu des passions dans le drame et dans l'épopée, la religion chrétienne est elle-même une sorte de passion qui a ses transports, ses ardeurs, ses soupirs, ses joies, ses larmes, ses amours du monde et du désert. Nous savons que le siècle appelle cela le *fanatisme;* nous pourrions lui répondre par ces paroles de Rousseau : « Le fanatisme, quoique *sanguinaire et cruel*[1], est pourtant une passion grande et forte, qui élève le cœur de l'homme et qui lui fait mépriser la mort; qui lui donne un ressort prodigieux, et qu'il ne faut que mieux diriger pour entirer les plus sublimes vertus; au lieu que l'*irréligion,* et en général l'esprit *raisonneur et philosophique* attache à la vie, efféminé, avilit les âmes, concentre toutes les passions dans la bassesse de l'intérêt particulier, dans l'abjection du moi humain, et sape ainsi à petit bruit les vrais fondements de toute société : car ce que les intérêts particuliers ont de commun est si peu de chose qu'il ne balancera jamais ce qu'ils ont d'opposé[2]. »

Mais ce n'est pas encore là la question : il ne s'agit à présent que d'effets dramatiques. Or, le christianisme, considéré lui-même comme passion, fournit des trésors immenses au poëte. Cette passion religieuse est d'autant plus énergique, qu'elle est en contradiction avec toutes les autres, et que, pour subsister, il faut qu'elle les dévore. Comme toutes les grandes affections, elle a quelque chose de sérieux et de triste; elle nous traîne à l'ombre des cloîtres et sur les montagnes. La beauté que le chrétien adore n'est pas une beauté périssable : c'est cette éternelle beauté, pour qui les disciples de Platon se hâtaient de quitter la terre. Elle ne se montre à ses amants ici-bas que voilée; elle s'enveloppe dans les replis de l'univers comme dans un manteau; car, si un seul de ses regards tombait directement sur le cœur de l'homme, il ne pourrait le soutenir : il se fendrait de délices.

Pour arriver à la jouissance de cette beauté suprême, les chrétiens prennent une autre route que les philosophes d'Athènes : ils restent dans ce monde afin de multiplier les sacrifices, et de se rendre plus dignes, par une longue purification, de l'objet de leurs désirs.

Quiconque, selon l'expression des Pères, n'eut avec son corps que le moins de commerce possible et descendit vierge au tombeau, celui-là, délivré de ses craintes et de ses doutes, s'envole au *lieu de vie,* où il contemple à jamais ce qui est vrai, toujours le même, et au-dessus de l'opinion. Que de martyrs cette espérance de posséder Dieu n'a-t-elle point faits! Quelle solitude n'a point entendu les soupirs de ces rivaux qui se disputaient entre eux l'objet des adorations des séraphins et des anges! Ici, c'est un Antoine qui élève un autel au désert, et qui, pendant quarante ans, s'immole inconnu des hommes; là, c'est un saint Jérôme, qui quitte Rome, traverse les mers, et va, comme Élie, chercher une retraite au bord du Jourdain. L'enfer ne l'y laisse pas tranquille, et la figure de Rome, avec tous ses charmes, lui apparaît pour le tourmenter. Il soutient des assauts terribles, il combat corps à corps avec ses passions. Ses armes sont les pleurs, les jeûnes, l'étude, la pénitence, et surtout l'amour. Il se précipite aux pieds de la beauté divine, il lui demande de le secourir. Quelquefois, comme un forçat, il charge ses épaules d'un lourd fardeau, pour

[1] La *philosophie* l'est-elle moins?
[2] *Émile,* tom. III, pag. 493, liv. IV, note.

dompter une chair révoltée, et éteindre dans les sueurs les infidèles désirs qui s'adressent à la créature.

Massillon, peignant cet amour, s'écrie : « Le Seigneur tout seul [1] lui paraît bon, véritable, fidèle, constant dans ses promesses, aimable dans ses ménagements, magnifique dans ses dons, réel dans sa tendresse, indulgent même dans sa colère, seul assez grand pour remplir toute l'immensité de notre cœur, seul assez puissant pour en satisfaire tous les désirs, seul assez généreux pour en adoucir toutes les peines, seul immortel, et qu'on aimera toujours; enfin le seul qu'on ne se repent jamais que d'avoir aimé trop tard. »

« L'auteur de l'*Imitation de Jésus-Christ* a recueilli chez saint Augustin, et dans les autres Pères, ce que le langage de l'amour divin a de plus mystique et de plus brûlant [2].

« Certes, l'amour est une grande chose, l'amour est un bien admirable, puisque lui seul rend léger ce qui est pesant, et qu'il souffre avec une égale tranquillité les divers accidents de cette vie : il porte sans peine ce qui est pénible, et il rend doux et agréable ce qui est amer.

« L'amour de Dieu est généreux, il pousse les âmes à de grandes actions, et les excite à désirer ce qu'il y a de plus parfait.

« L'amour tend toujours en haut, et il ne souffre point d'être retenu par les choses basses.

« L'amour veut être libre et dégagé des affections de la terre, de peur que sa lumière intérieure ne se trouve offusquée, et qu'il ne se trouve ou embarrassé dans les biens, ou abattu par les maux du monde.

« Il n'y a rien, ni dans le ciel ni sur la terre, qui soit ou plus doux, ou plus fort, ou plus élevé, ou plus étendu, ou plus agréable, ou plus plein, ou meilleur que l'amour, parce que l'amour est né de Dieu, et que s'élevant au-dessus de toutes les créatures, il ne peut se reposer qu'en Dieu.

« Celui qui aime est toujours dans la joie : il court, il vole; il est libre, et rien ne le retient; il donne tout pour tous, et possède tout en tous, parce qu'il se repose dans ce bien unique et souverain qui est au-dessus de tout, et d'où découlent et procèdent tous les biens.

« Il ne s'arrête jamais aux dons qu'on lui fait; mais il s'élève de tout son cœur vers celui qui les lui donne.

« Il n'y a que celui qui aime qui puisse comprendre les cris de l'amour, et ces paroles de feu, qu'une âme vivement touchée de Dieu lui adresse, lorsqu'elle lui dit : Vous êtes mon Dieu, vous êtes mon amour, vous êtes tout à moi, et je suis tout à vous.

« Entendez mon cœur afin qu'il vous aime davantage, et que j'apprenne, par un goût intérieur et spirituel, combien il est doux de vous aimer, de nager et de se perdre, pour ainsi dire, dans cet océan de votre amour.

« Celui qui aime généreusement, ajoute l'auteur de l'*Imitation*, demeure ferme dans les tentations, et ne se laisse point surprendre aux persuasions artificieuses de son ennemi. »

[1] Le jeudi de la Passion, la *Pécheresse*, première partie. — [2] *Imitation de Jésus-Christ*, liv. III, chap. v.

Et c'est cette passion chrétienne, c'est cette querelle immense entre les amours de la terre et les amours du ciel, que Corneille a peint dans cette scène de *Polyeucte*[1] (car ce grand homme, moins délicat que les esprits du jour, n'a pas trouvé le christianisme au-dessous de son génie) :

POLYEUCTE.

. . . .
. . . .
Si mourir pour son prince est un illustre sort,
Quand on meurt pour son Dieu, quelle sera la mort!

PAULINE.

Quel Dieu?

POLYEUCTE.

Tout beau, Pauline, il entend vos paroles;
Et ce n'est pas un Dieu comme vos dieux frivoles,
Insensibles et sourds, impuissants, mutilés,
De bois, de marbre ou d'or, comme vous le voulez;
C'est le Dieu des chrétiens, c'est le mien, c'est le vôtre;
Et la terre et le ciel n'en connaissent point d'autre.

PAULINE.

Adorez-le dans l'âme, et n'en témoignez rien.

POLYEUCTE.

Que je sois tout ensemble idolâtre et chrétien

PAULINE.

Ne feignez qu'un moment, laissez partir Sévère,
Et donnez lieu d'agir aux bontés de mon père.

POLYEUCTE.

Les bontés de mon Dieu sont bien plus à chérir.
Il m'ôte des dangers que j'aurais pu courir;
Et sans me laisser lieu de tourner en arrière,
Sa faveur me couronne entrant dans la carrière;
Du premier coup de vent il me conduit au port,
Et, sortant du baptême, il m'envoie à la mort.
Si vous pouviez comprendre et le peu qu'est la vie,
Et de quelles douceurs cette mort est suivie!

. . . .
Seigneur, de vos bontés il faut que je l'obtienne,
Elle a trop de vertu pour n'être pas chrétienne;
Avec trop de mérite il vous plut la former
Pour ne vous pas connaître et ne vous pas aimer,
Pour vivre des enfers esclave infortunée,
Et sous leur triste joug mourir comme elle est née!

PAULINE.

Que dis-tu, malheureux! qu'oses-tu souhaiter?

POLYEUCTE.

Ce que de tout mon sang je voudrais acheter.

PAULINE.

Que plutôt!..

POLYEUCTE.

C'est en vain qu'on se met en défense;

---

[1] Acte IV, scène III.

Ce Dieu touche les cœurs lorsque moins on y pense.
Ce bienheureux moment n'est pas encore venu ;
Il viendra ; mais le temps ne m'en est pas connu.
PAULINE.
Quittez cette chimère, et m'aimez.
POLYEUCTE.
Je vous aime
Beaucoup moins que mon Dieu, mais bien plus que moi-même.
PAULINE.
Au nom de cet amour, ne m'abandonnez pas.
POLYEUCTE.
Au nom de cet amour, daignez suivre mes pas.
PAULINE.
C'est peu de me quitter, tu veux donc me séduire ?
POLYEUCTE.
C'est peu d'aller au ciel, je veux vous y conduire.
PAULINE.
Imaginations !
POLYEUCTE.
Célestes vérités !
PAULINE.
Étrange aveuglement !
POLYEUCTE.
Éternelles clartés !
PAULINE.
Tu préfères la mort à l'amour de Pauline !
POLYEUCTE.
Vous préférez le monde à la bonté divine, etc., etc.

Voilà ces admirables dialogues, à la manière de Corneille, où la franchise de la repartie, la rapidité du tour et la hauteur des sentiments ne manquent jamais de ravir le spectateur. Que Polyeucte est sublime dans cette scène ! Quelle grandeur d'âme, quel divin enthousiasme, quelle dignité ! La gravité et la noblesse du caractère chrétien sont marqués jusque dans ces *vous* opposés aux *tu* de la fille de Félix : cela seul met déjà tout un monde entre le martyr Polyeucte et la païenne Pauline.

Enfin, Corneille a déployé la puissance de la passion chrétienne dans ce *dialogue admirable et toujours applaudi*, comme parle Voltaire.

Félix propose à Polyeucte de sacrifier aux faux dieux ; Polyeucte le refuse.

FÉLIX.
Enfin ma bonté cède à ma juste fureur :
Adore-les, ou meurs.
POLYEUCTE.
Je suis chrétien.
FÉLIX.
Impie !
Adore-les, te dis-je, ou renonce à la vie.
POLYEUCTE.
Je suis chrétien.
FÉLIX.
Tu l'es ? O cœur trop obstiné !

Soldats, exécutez l'ordre que j'ai donné.
PAULINE.
Où le conduisez-vous?
FÉLIX.
A la mort.
POLYEUCTE.
A la gloire [1].

Ce mot, *je suis chrétien*, deux fois répété, égale les plus beaux mots des *Horaces*. Corneille, qui se connaissait si bien en sublime, a senti que l'amour pour la religion pouvait s'élever au dernier degré d'enthousiasme, puisque le chrétien aime Dieu comme la souveraine beauté, et le ciel comme sa patrie.

Qu'on essaie maintenant de donner à un idolâtre quelque chose de l'ardeur de Polyeucte. Sera-ce pour une déesse impudique qu'il se passionnera, ou puor un dieu abominable qu'il courra à la mort? Les religions qui peuvent échaffer les âmes sont celles qui se rapprochent plus ou moins du dogme de l'unité d'un Dieu; autrement, le cœur et l'esprit, partagés entre une multitude de divinités, ne peuvent aimer fortement ni les unes ni les autres. Il ne peut, en outre, y avoir d'amour durable que pour la vertu : la passion dominante de l'homme sera toujours la vérité; quand il aime l'erreur, c'est que cette erreur, au moment qu'il y croit, est pour lui comme une chose vraie. Nous ne chérissons pas le mensonge, bien que nous y tombions sans cesse; cette faiblesse ne nous vient que de notre dégradation originelle; nous avons perdu la puissance en conservant le désir, et notre cœur cherche encore la lumière que nos yeux n'ont plus la force de supporter.

La religion chrétienne, en nous rouvrant, par les mérites du Fils de l'Homme, les routes éclatantes que la mort avait couvertes de ses ombres, nous a rappelés à nos primitives amours. Héritier des bénédictions de Jacob, le chrétien brûle d'entrer dans cette Sion céleste, vers qui montent ses soupirs. Et c'est cette passion que nos poëtes peuvent chanter, à l'exemple de Corneille; source de beautés, que les anciens temps n'ont point connue, et que n'auraient pas négligée les Sophocle et les Euripide.

CHAPITRE IX.

DU VAGUE DES PASSIONS.

Il reste à parler de l'état de l'âme qui, ce nous semble, n'a pas encore été bien observé : c'est celui qui précède le développement des passions, lorsque nos facultés, jeunes, actives, entières, mais renfermées, ne se sont exercées que sur elles-mêmes, sans but et sans objet. Plus les peuples avancent en civilisation, plus cet état du *vague* des passions augmente; car il arrive alors une chose fort triste : le grand nombre d'exemples qu'on a sous les yeux, la multitude de livres qui traitent de l'homme et de ses sentiments, rendent habile sans expérience. On est détrompé sans avoir joui; il reste encore des désirs, et l'on n'a

[1] Acte v, scène III.

plus d'illusions. L'imagination est riche, abondante et merveilleuse; l'existence pauvre, sèche et désenchantée. On habite, avec un cœur plein, un monde vide; et sans avoir usé de rien, on est désabusé de tout.

L'amertume que cet état de l'âme répand sur la vie est incroyable; le cœur se retourne et se replie en cent manières, pour employer des forces qu'il sent lui être inutiles. Les anciens ont peu connu cette inquiétude secrète, cette aigreur des passions étouffées qui fermentent toutes ensemble : une grande existence politique, les jeux du gymnase et du Champ de Mars, les affaires du Forum et de la place publique, remplissaient leurs moments, et ne laissaient aucune place aux ennuis du cœur.

D'une autre part, ils n'étaient pas enclins aux exagérations, aux espérances, aux craintes sans objet, à la mobilité des idées et des sentiments, à la perpétuelle inconstance, qui n'est qu'un dégoût constant: dispositions que nous acquérons dans la société des femmes. Les femmes, indépendamment de la passion directe qu'elles font naître chez les peuples modernes, influent encore sur les autres sentiments. Elles ont dans leur existence un certain abandon qu'elles font passer dans la nôtre; elles rendent notre caractère d'homme moins décidé; et nos passions, amollies par le mélange des leurs, prennent à la fois quelque chose d'incertain et de tendre.

Enfin, les Grecs et les Romains, n'étendant guère leurs regards au delà de la vie, et ne soupçonnant point des plaisirs plus parfaits que ceux de ce monde, n'étaient point portés, comme nous, aux méditations et aux désirs par le caractère de leur culte. Formée pour nos misères et pour nos besoins, la religion chrétienne nous offre sans cesse le double tableau des chagrins de la terre et des joies célestes; et, par ce moyen, elle fait dans le cœur une source de maux présents et d'espérances lointaines, d'où découlent d'inépuisables rêveries. Le chrétien se regarde toujours comme un voyageur qui passe ici-bas dans une vallée de larmes, et qui ne se repose qu'au tombeau. Le monde n'est point l'objet de ses vœux, car il sait que l'*homme vit peu de jours,* et que cet objet lui échapperait vite.

Les persécutions qu'éprouvèrent les premiers fidèles augmentèrent en eux ce dégoût des choses de la vie. L'invasion des barbares y mit le comble, et l'esprit humain en reçut une impression de tristesse, et peut-être même une teinte de misanthropie qui ne s'est jamais bien effacée. De toutes parts s'élevèrent des couvents, où se retirèrent des malheureux trompés par le monde, et des âmes qui aimaient mieux ignorer certains sentiments de la vie que de s'exposer à les voir cruellement trahis. Mais, de nos jours, quand les monastères ou la vertu qui y conduit ont manqué à ces âmes ardentes, elles se sont trouvées étrangères au milieu des hommes. Dégoûtées par leur siècle, effrayées par leur religion, elles sont restées dans le monde sans se livrer au monde : alors elles sont devenues la proie de mille chimères; alors on a vu naître cette coupable mélancolie qui s'engendre au milieu des passions, lorsque ces passions, sans objet, se consument d'elles-mêmes dans un cœur solitaire [1].

---

[1] Ici se trouvait l'épisode de *René*, formant le quatrième livre de la seconde partie du *Génie du Christianisme.*

LIVRE QUATRIÈME.

Du Merveilleux, ou de la Poésie dans ses rapports avec les êtres surnaturels.

CHAPITRE PREMIER.

QUE LA MYTHOLOGIE RAPETISSAIT LA NATURE; QUE LES ANCIENS N'AVAIENT POINT DE POÉSIE PROPREMENT DITE DESCRIPTIVE.

Nous avons fait voir dans les livres précédents que le christianisme, en se mêlant aux affections de l'âme, a multiplié les ressorts dramatiques. Encore une fois, le polythéisme ne s'occuppait point des vices et des vertus; il était totalement séparé de la morale. Or, voilà un côté immense que la religion chrétienne embrasse de plus que l'idolâtrie. Voyons si dans ce qu'on appelle le *merveilleux* elle ne le dispute point en beauté à la mythologie même.

Nous ne nous dissimulons pas que nous avons à combattre ici un des plus anciens préjugés de l'école. Les autorités sont contre nous, et l'on peut nous citer vingt vers de l'*Art poétique* qui nous condamnent :

> Et quel objet enfin à présenter aux yeux, etc.
> C'est donc bien vainement que nos auteurs déçus, etc.

Quoi qu'il en soit, il n'est pas impossible de soutenir que la mythologie si vantée, loin d'embellir la nature, en détruit les véritables charmes, et nous croyons que plusieurs littérateurs distingués sont à présent de cet avis.

Le plus grand et le premier vice de la mythologie était d'abord de rapetisser la nature et d'en bannir la vérité. Une preuve incontestable de ce fait, c'est que la poésie que nous appelons *descriptive* a été inconnue de l'antiquité (16); les poëtes même qui ont chanté la nature, comme Hésiode, Théocrite et Virgile, n'en ont point fait de *description* dans le sens que nous attachons à ce mot. Ils nous ont sans doute laissé d'admirables peintures des travaux, des mœurs et du bonheur de la vie rustique ; mais quant à ces tableaux des campagnes, des saisons, des accidents du ciel, qui ont enrichi la muse moderne, on en trouve à peine quelques traits dans leurs écrits.

Il est vrai que ce peu de traits est excellent comme le reste de leurs ouvrages. Quand Homère a décrit la grotte du Cyclope, il ne l'a pas tapissée de *lilas* et de *roses*; il y a planté, comme Théocrite, des *lauriers* et de *longs pins*. Dans les jardins d'Alcinoüs, il fait couler des fontaines et fleurir des arbres utiles; il parle ailleurs de la colline *battue des vents et couverte de figuiers*, et il représente la fumée des palais de Circé s'élevant au-dessus d'une forêt de chênes.

Virgile a mis la même vérité dans ses peintures. Il donne au pin l'épithète d'*harmonieux*, parce qu'en effet le pin a une sorte de doux gémissement quand il est faiblement agité ; les nuages, dans les *Géorgiques*, sont comparés à des flocons de laine roulés par les vents ; et les hirondelles, dans l'*Énéide*, gazouillent sous le chaume du roi Évandre, ou rasent les portiques des palais. Horace, Tibulle, Properce, Ovide, ont aussi crayonné quelques vues de la nature ; mais ce n'est jamais qu'un ombrage favorisé de Morphée, un vallon où Cythérée doit descendre, une fontaine où Bacchus repose dans le sein des naïades.

L'âge philosophique de l'antiquité ne changea rien à cette manière. L'Olympe, auquel on ne croyait plus, se réfugia chez les poëtes, qui protégèrent à leur tour les dieux qui les avaient protégés. Stace et Silius Italicus n'ont pas été plus loin qu'Homère et Virgile en poésie descriptive ; Lucain seul avait fait quelque progrès dans cette carrière, et l'on trouve dans la *Pharsale* la peinture d'une forêt et d'un désert qui rappelle les couleurs modernes [1].

Enfin les naturalistes furent aussi sobres que les poëtes, et suivirent à peu près la même progression. Ainsi Pline et Columelle, qui vinrent les derniers, se sont plus attachés à décrire la nature qu'Aristote. Parmi les historiens et les philosophes, Xénophon, Tacite, Plutarque, Platon et Pline le Jeune [2] se font remarquer par quelques beaux tableaux.

On ne peut guère supposer que des hommes aussi sensibles que les anciens eussent manqué d'yeux pour voir la nature, et de talent pour la peindre, si quelque cause puissante ne les avait aveuglés. Or cette cause était la mythologie, qui, peuplant l'univers d'élégants fantômes, ôtait à la création sa gravité, sa grandeur et sa solitude. Il a fallu que le christianisme vînt chasser ce peuple de faunes, de satyres et de nymphes, pour rendre aux grottes leur silence, et aux bois leur rêverie. Les déserts ont pris sous notre culte un caractère plus triste, plus grave, plus sublime ; le dôme des forêts s'est exhaussé ; les fleuves ont brisé leurs petites urnes, pour ne plus verser que les eaux de l'abîme du sommet des montagnes : le vrai Dieu, en rentrant dans ses œuvres, a donné son immensité à la nature.

Le spectacle de l'univers ne pouvait faire sentir aux Grecs et aux Romains les émotions qu'il porte à notre âme. Au lieu de ce soleil couchant, dont le rayon allongé tantôt illumine une forêt, tantôt forme une tangente d'or sur l'arc roulant des mers ; au lieu de ces accidents de lumière qui nous retracent chaque matin le miracle de la création, les anciens ne voyaient partout qu'une uniforme machine d'opéra.

Si le poëte s'égarait dans les vallées du Taygète, au bord du Sperchius, sur le Ménale aimé d'Orphée, ou dans les campagnes d'Élore, malgré la douceur de ces dénominations, il ne rencontrait que des faunes, il n'entendait que des dryades : Priape était là sur un tronc d'olivier, et Vertumne avec les zéphyrs menait des danses éternelles. Des sylvains et des naïades peuvent frap-

---

[1] Cette description est pleine d'enflure et de mauvais goût ; mais il ne s'agit ici que du genre, et non de l'exécution du morceau.

[2] Voyez, dans XÉNOPHON, la *Retraite des Dix Mille* et le *Traité de la chasse* ; dans TACITE, la description du camp abandonné où Varus fut massacré avec ses légions (*Annal.*, liv. I.) ; dans PLUTARQUE, la *Vie de Brutus* et *de Pompée* ; dans PLATON, l'ouverture du *Dialogue des lois* ; dans PLINE, la description de son jardin.

per agréablement l'imagination, pourvu qu'ils ne soient pas sans cesse reproduits; nous ne voulons point

> . . . . . . Chasser les tritons de l'empire des eaux,
> Ôter à Pan sa flûte, aux Parques leurs ciseaux....

Mais enfin, qu'est-ce que tout cela laisse au fond de l'âme? qu'en résulte-t-il pour le cœur? quel fruit peut en tirer la pensée? Oh! que le poëte chrétien est plus favorisé dans la solitude où Dieu se promène avec lui! Libres de ce troupeau de dieux ridicules qui les bornaient de toutes parts, les bois se sont remplis d'une Divinité immense. Le don de prophétie et de sagesse, le mystère et la religion, semblent résider éternellement dans leurs profondeurs sacrées.

Pénétrez dans ces forêts américaines aussi vieilles que le monde : quel profond silence dans ces retraites quand les vents reposent! quelles voix inconnues quand les vents viennent à s'élever! Êtes-vous immobile, tout est muet; faites-vous un pas, tout soupire. La nuit s'approche, les ombres s'épaississent : on entend des troupeaux de bêtes sauvages passer dans les ténèbres; la terre murmure sous vos pas; quelques coups de foudre font mugir les déserts; la forêt s'agite, les arbres tombent, un fleuve inconnu coule devant vous. La lune sort enfin de l'Orient; à mesure que vous passez au pied des arbres, elle semble errer devant vous dans leurs cimes et suivre tristement vos yeux. Le voyageur s'assied sur le tronc d'un chêne pour attendre le jour; il regarde tour à tour l'astre des nuits, les ténèbres, le fleuve; il se sent inquiet, agité, et dans l'attente de quelque chose d'inconnu; un plaisir inouï, une crainte extraordinaire, font palpiter son sein, comme s'il allait être admis à quelque secret de la Divinité : il est seul au fond des forêts; mais l'esprit de l'homme remplit aisément les espaces de la nature, et toutes les solitudes de la terre sont moins vastes qu'une seule pensée de son cœur.

Oui, quand l'homme renierait la Divinité, l'être pensant, sans cortége et sans spectateur, serait encore plus auguste au milieu des mondes solitaires que s'il y paraissait environné des petites déités de la Fable; le désert vide aurait encore quelques convenances avec l'étendue de ses idées, la tristesse de ses passions, et le dégoût même d'une vie sans illusion et sans espérance.

Il y a dans l'homme un instinct qui le met en rapport avec les scènes de la nature. Eh! qui n'a passé des heures entières assis sur le rivage d'un fleuve, à voir s'écouler les ondes! Qui ne s'est plu, au bord de la mer, à regarder blanchir l'écueil éloigné? Il faut plaindre les anciens, qui n'avaient trouvé dans l'Océan que le palais de Neptune et la grotte de Protée; il était dur de ne voir que les aventures des tritons et des néréides dans cette immensité des mers, qui semble nous donner une mesure confuse de la grandeur de notre âme; dans cette immensité qui fait naître en nous un vague désir de quitter la vie pour embrasser la nature et nous confondre avec son auteur.

CHAPITRE II.

DE L'ALLÉGORIE.

Mais quoi! dira-t-on, ne trouvez-vous rien de beau dans les allégories antiques?

Il faut faire une distinction.

L'allégorie *morale*, comme celle des *Prières* dans Homère, est belle en tout temps, en tout pays, en toute religion : le christianisme ne l'a pas bannie. Nous pouvons, autant qu'il nous plaira, placer au pied du trône du souverain Arbitre les deux tonneaux du bien et du mal. Nous aurons même cet avantage, que notre Dieu n'agira pas injustement et au hasard, comme Jupiter : il répandra les flots de la douleur sur la tête des mortels, non par caprice, mais pour une fin à lui seul connue. Nous savons que notre bonheur ici-bas est coordonné à un bonheur général dans une chaîne d'êtres et de mondes qui se dérobent à notre vue; que l'homme, en harmonie avec les globes, marche d'un pas égal avec eux à l'accomplissement d'une révolution que Dieu cache dans son éternité.

Mais si l'allégorie *morale* est toujours existante pour nous, il n'en est pas ainsi de l'allégorie *physique*. Que Junon soit l'*air*, que Jupiter soit l'*éther*, et qu'ainsi frère et sœur ils soient encore époux et épouse, où est le charme de cette personnification? Il y a plus : cette sorte d'allégorie est contre les principes du goût, et même de la saine logique.

On ne doit jamais personnifier qu'une *qualité* ou qu'une *affection* d'un être, et non pas cet *être lui-même*; autrement ce n'est plus une véritable personnification, c'est seulement avoir fait changer de nom à l'objet. Je peux faire prendre la parole à une pierre, mais que gagnerai-je à appeler cette pierre d'un nom allégorique? Or, l'âme, dont la nature est la vie, a essentiellement la faculté de produire; de sorte qu'un de ses vices, une de ses vertus, peuvent être considérés ou comme son *fils*, ou comme sa *fille*, puisqu'elle les a véritablement engendrés Cette passion, active comme sa mère, peut à son tour croître, se développer, prendre des traits, devenir un être distinct. Mais l'*objet physique*, être passif de son essence, qui n'est susceptible ni de plaisir ni de douleur, qui n'a que des *accidents* et point de *passions*, et des accidents aussi morts que lui-même, ne présente rien qu'on puisse animer. Sera-ce la *dureté* du caillou, ou la *sève* du chêne dont vous ferez un être allégorique? Remarquez même que l'esprit est moins choqué de la création des *dryades*, des *naïades*, des *zéphyrs*, des *échos*, que de celle des nymphes attachées à des objets muets et immobiles : c'est qu'il y a dans les arbres, dans l'eau et dans l'air, un mouvement et un bruit qui rappellent l'idée de la vie, et qui peuvent par conséquent fournir une allégorie comme le *mouvement* de l'âme. Mais, au reste, cette sorte de *petite allégorie* matérielle, quoiqu'un peu moins mauvaise que la *grande allégorie physique*, est toujours d'un genre médiocre, froid et incomplet; elle ressemble tout au plus aux fées des Arabes et aux génies des Orientaux.

Quant à ces dieux vagues que les anciens plaçaient dans les bois déserts et sur les sites agrestes, ils étaient d'un bel effet sans doute; mais ils ne tenaient plus au système mythologique : l'esprit humain retombait ici dans la religion naturelle. Ce que le voyageur tremblant adorait en passant dans ces solitudes, était quelque chose d'*ignoré*, quelque chose dont il ne savait point le nom, et qu'il appelait la *Divinité du lieu;* quelquefois il lui donnait le nom de Pan, et Pan était le *Dieu universel.* Ces grandes émotions qu'inspire la nature sauvage n'ont point cessé d'exister, et les bois conservent encore pour nous leur formidable divinité.

Enfin il est si vrai que l'*allégorie physique*, ou *les dieux de la Fable*, détruisaient les charmes de la nature, que les anciens n'ont point eu de vrais peintres de paysages[1], par la même raison qu'ils n'avaient point de poésie descriptive. Or, chez les autres peuples idolâtres qui ont ignoré le système mythologique, cette poésie a plus ou moins été connue; c'est ce que prouvent les poëmes sanskrits, les contes arabes, les Edda, les chansons des nègres et des Sauvages (17). Mais, comme les nations infidèles ont toujours mêlé leur fausse religion (et par conséquent leur mauvais goût) à leurs ouvrages, ce n'est que sous le christianisme qu'on a su peindre la nature dans sa vérité.

CHAPITRE III.

PARTIE HISTORIQUE DE LA POÉSIE DESCRIPTIVE CHEZ LES MODERNES.

Les apôtres avaient à peine commencé de prêcher l'Évangile au monde, qu'on vit naître la poésie descriptive. Tout rentra dans la vérité *devant celui qui tient la place de la vérité sur la terre*, comme parle saint Augustin. La nature cessa de se faire entendre par l'organe mensonger des idoles; on connut ses fins, on sut qu'elle avait été faite premièrement pour Dieu, et ensuite pour l'homme. En effet, elle ne dit jamais que deux choses : Dieu glorifié par ses œuvres, et les besoins de l'homme satisfaits.

Cette découverte fit changer de face à la création; par sa partie intellectuelle, c'est-à-dire par cette pensée de Dieu que la nature montre de toutes parts, l'âme reçut abondance de nourriture; et par la partie matérielle du monde, le corps s'aperçut que tout avait été formé pour lui. Les vains simulacres attachés aux êtres insensibles s'évanouirent, et les rochers furent bien plus réellement animés, les chênes rendirent des oracles bien plus certains, les vents et les ondes élevèrent des voix bien plus touchantes, quand l'homme eut puisé dans son propre cœur la vie, les oracles et les voix de la nature.

Jusqu'à ce moment la solitude avait été regardée comme affreuse; mais les chrétiens lui trouvèrent mille charmes. Les anachorètes écrivirent de la douceur du rocher et des délices de la contemplation : c'est le premier pas de la poésie descriptive. Les religieux qui publièrent la vie des Pères du désert, furent à leur tour obligés de faire le tableau des retraites où ces illustres inconnus avaient caché leur gloire. On voit encore dans les ouvrages de saint

---

[1] Les faits sur lesquels cette assertion est appuyée sont développés dans la note 22.

Jérôme et de saint Athanase[1] des descriptions de la nature qui prouvent qu'ils savaient observer, et faire aimer ce qu'ils peignaient.

Ce nouveau genre, introduit par le christianisme dans la littérature, se développa rapidement. Il se répandit jusque dans le style historique, comme on le remarque dans la collection appelée *la Bysantine*, et surtout dans les histoires de Procope. Il se propagea de même, mais il se corrompit, parmi les romanciers grecs du Bas-Empire, et chez quelques poëtes latins en Occident[2].

Constantinople ayant passé sous le joug des Turcs, on vit se former en Italie une nouvelle poésie descriptive, composée des débris du génie maure, grec et italien. Pétrarque, l'Arioste et le Tasse l'élevèrent à un haut degré de perfection. Mais cette description manque de vérité. Elle consiste en quelques épithètes répétées sans fin, et toujours appliquées de la même manière. Il fut impossible de sortir d'un *bois touffu*, d'un *antre frais*, ou des bords d'une *claire fontaine*.

Tout se remplit de bocages d'*orangers*, de berceaux de *jasmins* et de buissons de *roses*.

Flore revint avec sa corbeille, et les éternels *zéphyrs* ne manquèrent pas de l'accompagner; mais ils ne retrouvèrent dans les bois ni les *naïades*, ni les *faunes*; et s'ils n'eussent rencontré les *fées* et les *géants* des Maures, ils couraient risque de se perdre dans cette immense solitude de la nature chrétienne. Quand l'esprit humain fait un pas, il faut que tout marche avec lui; tout change avec ses clartés ou ses ombres : ainsi il nous fait peine à présent d'admettre de petites divinités là où nous ne voyons plus que de grands espaces. On aura beau placer l'amante de Tithon sur un char, et la couvrir de fleurs et de rosée, rien ne peut empêcher qu'elle ne paraisse disproportionnée en promenant sa faible lumière dans ces cieux infinis que le christianisme a déroulés : qu'elle laisse donc le soin d'éclairer le monde à celui qui l'a fait.

Cette poésie descriptive *italienne* passa en France, et fut favorablement accueillie de Ronsard, de Lemoine, de Coras, de Saint-Amand, et de nos vieux romanciers. Mais les grands écrivains du siècle de Louis XIV, dégoûtés de ces peintures, où ils ne voyaient aucune vérité, les bannirent de leur prose et de leurs vers, et c'est un des caractères distinctifs de leurs ouvrages, qu'on n'y trouve presque aucune trace de ce que nous appelons *poésie descriptive*[3].

Ainsi repoussée en France, la muse des champs se réfugia en Angleterre, où Spencer, Waller et Milton l'avaient déjà fait connaître. Elle y perdit par degrés ses manières affectées; mais elle tomba dans un autre excès. En ne peignant plus que la vraie nature, elle voulut tout peindre, et surchargea ses tableaux d'objets trop petits, ou de circonstances bizarres. Thomson même, dans son chant de l'*Hiver*, si supérieur aux trois autres, a des détails d'une mortelle longueur. Telle fut la seconde époque de la poésie descriptive.

---

[1] Hieron., *in Vit. Paul.*; S. Athan., *in Vit. Anton.* — [2] Boece, etc.

[3] Il faut en excepter Fénelon, La Fontaine et Chaulieu. Racine fils, père de cette nouvelle école poétique, dans laquelle M. Delille a excellé, peut être aussi regardé comme le fondateur de la poésie descriptive en France.

D'Angleterre elle revint en France avec les ouvrages de Pope et du chantre des *Saisons*. Elle eut de la peine à s'y introduire; car elle fut combattue par l'ancien genre italique, que Dorat et quelques autres avaient fait revivre : elle triompha pourtant, et ce fut à Delille et à Saint-Lambert qu'elle dut la victoire. Elle se perfectionna sous la muse française, se soumit aux règles du goût, et atteignit sa troisième époque.

Disons toutefois qu'elle s'était maintenue pure, quoique ignorée, dans les ouvrages de quelques naturalistes du temps de Louis XIV, tels que Tournefort et le père Dutertre. Celui-ci à une imagination vive joint un génie tendre et rêveur ; il se sert même, ainsi que La Fontaine, du mot de *mélancolie* dans le sens où nous l'employons aujourd'hui. Ainsi le siècle de Louis XIV n'a pas été totalement privé du véritable genre descriptif, comme on serait d'abord tenté de le croire : il était seulement relégué dans les lettres de nos missionnaires[1]. Et c'est là que nous avons puisé cette espèce de style que nous croyons si nouveau aujourd'hui.

Au reste, les tableaux répandus dans la Bible peuvent servir à prouver doublement que la poésie descriptive est née, parmi nous, du christianisme. Job, les prophètes, l'Ecclésiastique, et surtout les Psaumes, sont remplis de descriptions magnifiques. Le psaume *Benedic, anima mea*, est un chef-d'œuvre dans ce genre.

Mon âme, bénis le Seigneur ; Seigneur mon Dieu, que vous êtes grand dans vos œuvres. . . . .

Vous répandez les ténèbres, et la nuit est sur la terre : c'est alors que les bêtes des forêts marchent dans l'ombre, que les rugissements des lionceaux appellent la proie, et demandent à Dieu la nourriture promise aux animaux.

Mais le soleil s'est levé, et déjà les bêtes sauvages se sont retirées. . . . .

L'homme alors sort pour le travail du jour, et accomplit son œuvre jusqu'au soir. . . . .

. . . .

Comme elle est vaste, cette mer qui étend au loin ses bras spacieux ! des animaux sans nombre se meuvent dans son sein, les plus petits avec les plus grands, et les vaisseaux passent sur ses ondes[2].

Horace et Pindare sont restés bien loin de cette poésie.

Nous avons donc eu raison de dire que c'est au christianisme que Bernardin de Saint-Pierre doit son talent pour peindre les scènes de la solitude : il le lui doit, parce que nos dogmes, en détruisant les divinités mythologiques, ont rendu la vérité et la majesté au désert ; il le lui doit, parce qu'il a trouvé dans le système de Moïse le véritable système de la nature.

Mais ici se présente un autre avantage du poëte chrétien : si sa religion lui donne une nature *solitaire*, il peut avoir encore une nature *habitée*. Il est le maître de placer des anges à la garde des forêts, aux cataractes de l'abîme, ou de leur confier les soleils et les mondes. Ceci nous ramène aux *êtres surnaturels* ou au *merveilleux* du christianisme.

---

[1] On en verra de beaux exemples lorsque nous parlerons des missions. — [2] *Psautier français*, p. 140, in-8° ; traduction de La Harpe.

CHAPITRE IV.

SI LES DIVINITÉS DU PAGANISME ONT POÉTIQUEMENT LA SUPÉRIORITÉ SUR LES DIVINITÉS CHRÉTIENNES.

Toute chose a deux faces. Des personnes impartiales pourront nous dire : « On vous accorde que le christianisme a fourni, quant aux hommes, une partie dramatique qui manquait à la mythologie; que de plus il a produit la véritable poésie descriptive. Voilà deux avantages que nous reconnaissons, et qui peuvent, à quelques égards, justifier vos principes et balancer les beautés de la Fable. Mais à présent, si vous êtes de bonne foi, vous devez convenir que les divinités du paganisme, lorsqu'elles agissent *directement* et *pour elles-mêmes*, sont plus poétiques et plus dramatiques que les divinités chrétiennes. »

On pourrait en juger ainsi à la première vue. Les dieux des anciens partageant nos vices et nos vertus, ayant comme nous des corps sujets à la douleur, des passions irritables comme les nôtres, se mêlant à la race humaine, et laissant ici-bas une mortelle postérité; ces dieux ne sont qu'une espèce d'hommes supérieurs qu'on est libre de faire agir comme les autres hommes. On serait donc porté à croire qu'ils fournissent plus de ressources à la poésie que les divinités incorporelles et impassibles du christianisme; mais, en y regardant de plus près, on trouve que cette supériorité dramatique se réduit à peu de chose.

Premièrement, il y a toujours eu dans toute religion, pour le poëte et le philosophe, deux espèces de déités. Ainsi l'Être abstrait, dont Tertullien et saint Augustin ont fait de si belles peintures, n'est pas le *Jéhovah* de David ou d'Isaïe; l'un et l'autre sont fort supérieurs au *Theos* de Platon et au *Jupiter* d'Homère. Il n'est donc pas rigoureusement vrai que les divinités poétiques des chrétiens soient privées de toutes passions. Le Dieu de l'Écriture se repent, il est jaloux, il aime, il hait : sa colère monte comme un tourbillon : le Fils de l'Homme a pitié de nos souffrances; la Vierge, les saints et les anges sont émus par le spectacle de nos misères; en général le *Paradis* est beaucoup plus occupé des hommes que l'*Olympe*.

Il y a donc des *passions* chez nos puissances célestes, et ces passions ont cet avantage sur les passions des dieux du paganisme, qu'elles n'entraînent jamais après elles une idée de désordre et de mal. C'est une chose miraculeuse, sans doute, qu'en peignant la *colère* ou la *tristesse* du ciel chrétien, on ne puisse détruire dans l'imagination du lecteur le sentiment de la tranquillité et de la joie : tant il y a de sainteté et de justice dans le Dieu présenté par notre religion!

Ce n'est pas tout; car, si l'on voulait absolument que le Dieu des chrétiens fût un être impassible, on pourrait encore avoir des divinités passionnées aussi dramatiques et aussi méchantes que celles des anciens : l'enfer rassemble toutes les passions des hommes. Notre système théologique nous paraît plus beau, plus régulier, plus savant que la doctrine fabuleuse qui confondait hommes, dieux et démons. Le poëte trouve dans notre ciel des êtres parfaits, mais sensibles, et disposés dans une brillante hiérarchie d'amour et de pouvoir; l'abîme garde ses dieux passionnés et puissants dans le mal comme les dieux mythologiques; les hommes occupent le milieu, touchant au ciel par leurs vertus, aux enfers par leurs vices : aimés des anges, haïs des démons; objet infortuné d'une guerre qui ne doit finir qu'avec le monde.

Ces ressorts sont grands et le poëte n'a pas lieu de se plaindre. Quant aux actions des intelligences chrétiennes, il ne nous sera pas difficile de prouver bientôt qu'elles sont plus vastes et plus fortes que celles des dieux mythologiques. Le Dieu qui régit les mondes, qui crée l'univers et la lumière, qui embrasse et comprend tous les temps, qui lit dans les plus secrets replis du cœur humain; ce Dieu peut-il être comparé à un Dieu qui se promène sur un char, qui habite un palais d'or sur une montagne, et qui ne prévoit pas même clairement l'avenir? Il n'y a pas jusqu'au faible avantage de la différence des sexes et de la forme visible que nos divinités ne partagent avec celles de la Grèce, puisque nous avons des saintes et des vierges, et que les anges dans l'Écriture empruntent souvent la figure humaine.

Mais comment préférer une sainte, dont l'histoire blesse quelquefois l'élégance et le goût, à une naïade attachée aux sources d'un ruisseau? Il faut séparer la vie terrestre de la vie céleste de cette sainte : sur la terre elle ne fut qu'une femme; sa divinité ne commence qu'avec son bonheur dans les régions de la lumière éternelle. D'ailleurs il faut toujours se souvenir que la naïade détruisait la *poésie descriptive;* qu'un ruisseau, représenté dans son cours naturel, est plus agréable que dans sa peinture allégorique ; et que nous gagnons d'un côté ce que nous semblons perdre de l'autre.

Quant aux combats, ce qu'on a dit contre les anges de Milton peut se rétorquer contre les dieux d'Homère : de l'une et de l'autre part ce sont des divinités pour lesquelles on ne peut craindre, puisqu'elles ne peuvent mourir. Mars renversé, et couvrant de son corps neuf arpents, Diane donnant des soufflets à Vénus, sont aussi ridicules qu'un ange coupé en deux et qui se renoue comme un serpent. Les puissances surnaturelles peuvent encore présider aux combats de l'épopée; mais il nous semble qu'elles ne doivent plus en venir aux mains, hors dans certains cas qu'il n'appartient qu'au goût de déterminer : c'est ce que la raison supérieure de Virgile avait déjà senti il y a plus de dix-huit cents ans.

Au reste, il n'est pas tout à fait vrai que les divinités chrétiennes soient ridicules dans les batailles. Satan s'apprêtant à combattre Michel dans le paradis terrestre est superbe ; le Dieu des armées marchant dans une nuée obscure à la tête des légions fidèles n'est pas une petite image ; le glaive exterminateur se dévoilant tout à coup aux yeux de l'impie frappe d'étonnement et de terreur ; les saintes milices du ciel sapant les fondements de Jérusalem font presque un aussi grand effet que les dieux ennemis de Troie assiégeant le palais de Priam : enfin il n'est rien de plus sublime dans Homère, que le combat d'Emmanuel contre les mauvais anges dans Milton, quand, les précipitant au fond de l'abîme le Fils de l'Homme retient *à moitié sa foudre, de peur de les anéantir.*

CHAPITRE V.

CARACTÈRE DU VRAI DIEU.

C'est une chose merveilleuse que le Dieu de Jacob soit aussi le Dieu de l'Évangile; que le Dieu qui lance la foudre soit encore le Dieu de paix et d'innocence.

> Il donne aux fleurs leur aimable peinture :
> Il fait naître et mûrir les fruits,
> Et leur dispense avec mesure
> Et la chaleur des jours et la fraîcheur des nuits.

Nous croyons n'avoir pas besoin de preuves pour montrer combien le Dieu des chrétiens est *poétiquement* supérieur au Jupiter antique. A la voix du premier les fleuves rebroussent leurs cours, le ciel se roule comme un livre, les mers s'entr'ouvrent, les murs des cités se renversent, les morts ressuscitent, les pluies descendent sur les nations. En lui le sublime existe de soi-même, et il épargne le soin de le chercher. Le Jupiter d'Homère, ébranlant le ciel d'un signe de ses sourcils, est sans doute fort majestueux; mais Jéhovah descend dans le chaos, et lorsqu'il prononce le *fiat lux*, le fabuleux fils de Saturne s'abîme et rentre dans le néant.

Si Jupiter veut donner aux autres dieux une idée de sa puissance, il les menace de les enlever au bout d'une chaîne : il ne faut à Jéhovah ni chaîne ni essai de cette nature.

> Et quel besoin son bras a-t-il de nos secours?
> Que peuvent contre lui tous les rois de la terre?
> En vain ils s'uniraient pour lui faire la guerre :
> Pour dissiper leur ligue, il n'a qu'à se montrer;
> Il parle, et dans la poudre il les fait tous rentrer.
> Au seul son de sa voix la mer fuit, le ciel tremble·
> Il voit comme un néant tout l'univers ensemble;
> Et les faibles mortels, vains jouets du trépas,
> Sont tous devant ses yeux comme s'ils n'étaient pas [1].

Achille va paraître pour venger Patrocle. Jupiter déclare aux immortels qu'ils peuvent se mêler au combat et prendre parti dans la mêlée. Aussitôt l'Olympe s'ébranle :

Δεινὸν, etc [2].

« Le père des dieux et des hommes fait gronder sa foudre. Neptune, soulevant les ondes, ébranle la terre immense; l'Ida secoue ses fondements et ses cimes; ses fontaines débordent : les vaisseaux des Grecs, la ville des Troyens, chancellent sur le sol flottant. »

---

[1] RACINE, *Esther*. — [2] HOMÈRE, *Iliad.*, lib. xx, v. 56.

Pluton sort de son trône ; il pâlit, il s'écrie, etc.

Ce morceau a été cité par les critiques comme le dernier effort du sublime. Les vers grecs sont admirables ; ils deviennent tour à tour le foudre de Jupiter, le trident de Neptune et le cri de Pluton. Il semble qu'on entende les gorges de l'Ida répéter le son des tonnerres :

Δεινὸν δὲ βρόντησε πατήρ ἀνδρῶν τε θεῶν τε.

Ces *r* et ces consonnances en *on*, dont le vers est rempli, imitent le roulement de la foudre, interrompu par des espèces de silence, ῶν, τε, θε, ῶν, τε : c'est ainsi que la voix du ciel, dans une tempête, meurt et renaît tour à tour dans la profondeur des bois. Un silence subit et pénible, des images vagues et fantastiques, succèdent au tumulte des premiers mouvements : on sent, après le cri de Pluton, qu'on est entré dans la région de la mort ; les expressions d'Homère se décolorent ; elles deviennent froides, muettes et sourdes, et une multitude d'*s* sifflantes imitent le murmure de la voix inarticulée des ombres.

Où prendrons-nous le parallèle, et la poésie chrétienne a-t-elle assez de moyens pour s'élever à ces beautés ? Qu'on en juge. C'est l'Éternel qui se peint lui-même :

« Sa colère a monté comme un tourbillon de fumée ; son visage a paru comme la flamme, et son courroux comme un feu ardent. Il a abaissé les cieux, il est descendu, et les nuages étaient sous ses pieds. Il a pris son vol sur les ailes des Chérubins ; il s'est élancé sur les vents. Les nuées amoncelées formaient autour de lui un pavillon de ténèbres : l'éclat de son visage les a dissipées, et une pluie de feu est tombée de leur sein. Le Seigneur a tonné du haut des cieux. Le Très-Haut a fait entendre sa voix, sa voix a éclaté comme un orage brûlant. Il a lancé ses flèches et dissipé mes ennemis ; il a redoublé ses foudres qui les ont renversés. Alors les eaux ont été dévoilées dans leurs sources ; les fondements de la terre ont paru à découvert, parce que vous les avez menacés, Seigneur, et qu'ils ont senti le souffle de votre colère. »

« Avouons-le, dit La Harpe, dont nous empruntons la traduction, il y a aussi loin de ce sublime à tout autre sublime, que de l'esprit de Dieu à l'esprit de l'homme. On voit ici la conception du grand dans son principe : le reste n'en est qu'une ombre, comme l'intelligence créée n'est qu'une faible émanation de l'intelligence créatrice : comme la fiction, quand elle est belle, n'est encore que l'ombre de la vérité, et tire tout son mérite d'un fond de ressemblance. »

CHAPITRE VI.

DES ESPRITS DES TÉNÈBRES.

Les dieux du polythéisme, à peu près égaux en puissance, partageaient les mêmes haines et les mêmes amours. S'ils se trouvaient quelquefois opposés les uns aux autres, c'était seulement dans les querelles des mortels : ils se réconciliaient bientôt en buvant le nectar ensemble.

Le christianisme, au contraire, en nous instruisant de la vraie constitution des êtres surnaturels, nous a montré l'empire de la vertu éternellement séparé de celui du vice. Il nous a révélé des esprits de ténèbres machinant sans cesse la perte du genre humain, et des esprits de lumière uniquement occupés des moyens de le sauver. De là un combat éternel, dont l'imagination peut tirer une foule de beautés.

Ce *merveilleux*, d'un fort grand caractère, en fournit ensuite un second d'une moindre espèce, à savoir : *la magie*. Celle-ci a été connue des anciens[1] ; mais sous notre culte elle a acquis, comme machine poétique, plus d'importance et d'étendue. Toutefois on doit en user sobrement, parce qu'elle n'est pas d'un goût assez pur : elle manque surtout de grandeur ; car, en empruntant quelque chose de son pouvoir aux hommes, ceux-ci lui communiquent leur petitesse.

Un autre trait distinctif de nos êtres surnaturels, surtout chez les puissances infernales, c'est l'attribution d'un caractère. Nous verrons incessamment quel usage Milton a fait du caractère d'orgueil donné par le christianisme au prince des ténèbres. Le poëte, pouvant en outre attacher un ange du mal à chaque vice, dispose ainsi d'un essaim de divinités infernales. Il a même alors la véritable allégorie, sans avoir la sécheresse qui l'accompagne, ces esprits pervers étant en effet des êtres *réels*, et tels que la religion nous permet de les croire.

Mais si les démons se multiplient autant que les crimes des hommes, ils peuvent aussi présider aux accidents terribles de la nature ; tout ce qu'il y a de coupable et d'irrégulier dans le monde moral et dans le monde physique est également de leur ressort. Il faudra seulement prendre garde, en les mêlant aux tremblements de terre, aux volcans et aux ombres d'une forêt, de donner à ces scènes un caractère majestueux. Il faut qu'avec un goût exquis le poëte sache faire distinguer le tonnerre du Très Haut, du vain bruit que fait éclater un esprit perfide: que le foudre ne s'allume que dans la main de Dieu ; qu'il ne brille jamais dans une tempête excitée par l'enfer ; que celle-ci soit toujours sombre et sinistre ; que les nuages n'en soient point rougis par la *colère*, et poussés par le vent de la *justice*, mais que leurs teintes soient blafardes et livides comme celles du *désespoir*, et qu'ils ne se meuvent qu'au souffle impur de la *haine*. On doit sentir dans ces orages une puissance forte seulement pour détruire ; on y doit trouver cette incohérence, ce désordre, cette sorte d'énergie du mal, qui a quelque chose de disproportionné et de gigantesque comme le chaos dont elle tire son origine.

CHAPITRE VII.

DES SAINTS.

Il est certain que les poëtes n'ont pas su tirer du *merveilleux* chrétien tout ce qu'il peut fournir aux muses. On se moque des saints et des anges ; mais les

---

[1] La magie des anciens différait en ceci de la nôtre, qu'elle s'opérait par les seules vertus des plantes et des philtres, tandis que parmi nous elle découle d'une puissance surnaturelle, quelquefois bonne, mais presque toujours méchante. On sent qu'il n'est pas question ici de la partie historique et philosophique de la magie considérée comme l'*art des mages*.

anciens eux-mêmes n'avaient-ils pas leurs demi-dieux? Pythagore, Platon, Socrate recommandent le culte de ces hommes qu'ils appellent des *héros*. *Honore les héros pleins de bonté et de lumière*, dit le premier dans ses *Vers Dorés*. Et pour qu'on ne se méprenne pas à ce nom de *héros*, Hiéroclès l'interprète exactement comme le christianisme explique le nom de *saint*. « Ces héros pleins « de bonté et de lumière pensent toujours à leur Créateur, et sont tout éclatants « de la lumière qui rejaillit de la félicité dont ils jouissent en lui. » — Et plus loin : « *Héros* vient d'un mot grec qui signifie *amour*, pour marquer que, pleins « d'amour pour Dieu, les héros ne cherchent qu'à nous aider à passer de cette « vie terrestre à une vie divine, et à devenir citoyens du ciel [1]. » Les Pères de l'Église appellent à leur tour les saints des *héros* : c'est ainsi qu'ils disent que le baptême est le sacerdoce des laïques, et qu'il fait de tous les chrétiens *des rois et des prêtres de Dieu* [2].

Et sans doute ce sont des héros, ces martyrs, qui domptant les passions de leurs cœurs et bravant la méchanceté des hommes, ont mérité par ces travaux de monter au rang des puissances célestes. Sous le polythéisme, des sophistes ont paru quelquefois plus moraux que la religion de leur patrie ; mais parmi nous jamais un philosophe, si sage qu'il ait été, n'a pu s'élever au-dessus de la morale chrétienne. Tandis que Socrate honorait la mémoire des justes, le paganisme offrait à la vénération des peuples des brigands dont la force corporelle était la seule vertu, et qui s'étaient souillés de tous les crimes. Si quelquefois on accordait l'apothéose aux bons rois, Tibère et Néron avaient aussi leurs prêtres et leurs temples. Sacrés mortels, que l'Église de Jésus-Christ nous commande d'honorer, vous n'étiez ni des forts ni des puissants entre les hommes ! Nés souvent dans la cabane du pauvre, vous n'avez étalé aux yeux du monde que d'humbles jours et d'obscurs malheurs ! N'entendra-t-on jamais que des blasphèmes contre une religion qui, déifiant l'indigence, l'infortune, la simplicité et la vertu, a fait tomber à leurs pieds la richesse, le bonheur, la grandeur et le vice ?

Et qu'ont donc de si odieux à la poésie ces solitaires de la Thébaïde, avec leur bâton blanc et leur habit de feuilles de palmier ? Les oiseaux du ciel les nourrissent [3], les lions portent leurs messages [4], ou creusent leurs tombeaux [5] ; en commerce familier avec les anges, ils remplissent de miracles les déserts où fut Memphis [6]. Horeb et Sinaï, le Carmel et le Liban, le torrent de Cédron et la vallée de Josaphat, redisent encore la gloire de l'habitant de la cellule et de l'anachorète du rocher. Les Muses aiment à rêver dans ces monastères remplis des ombres d'Antoine, de Pacôme, de Benoît, de Basile. Les premiers apôtres prêchant l'Évangile aux premiers fidèles dans les catacombes ou sous le dattier de Béthanie, n'ont pas paru à Michel-Ange et à Raphaël des sujets si peu favorables au génie.

---

[1] Hierocl., *Comm. in Pyth.*; trad. de Dac., tom. II, p. 29. — [2] Hieron., *Dial. c. Lucif.*, t. II. pag. 136. — [3] Hieron., *in Vit. Paul.* — [4] Theod., *Hist. rel.*, cap. VI. — [5] Hieron., *in Vit. Paul.* — [6] Nous passerons rapidement sur ces solitaires, parce que nous en parlerons ailleurs.

Nous tairons à présent, parce que nous en parlerons dans la suite, ces bienfaiteurs de l'humanité qui fondèrent les hôpitaux et se vouèrent à la pauvreté, à la peste, à l'esclavage, pour secourir des hommes ; nous nous renfermerons dans les seules Écritures, de peur de nous égarer dans un sujet si vaste et si intéressant. Josué, Élie, Isaïe, Jérémie, Daniel, tous ces prophètes enfin qui vivent d'une éternelle vie ne pourraient-ils pas faire entendre dans un poëme leurs sublimes lamentations ? L'urne de Jérusalem ne se peut-elle encore remplir de leurs larmes ? N'y a-t-il plus de saules de Babylone pour y suspendre les harpes détendues ? Pour nous, qui à la vérité ne sommes pas poëtes, il nous semble que ces enfants de la vision feraient d'assez beaux groupes sur les nuées : nous les peindrions avec une tête flamboyante ; une barbe argentée descendrait sur leur poitrine immortelle, et l'esprit divin éclaterait dans leurs regards.

Mais quel essaim de vénérables ombres, à la voix d'une muse chrétienne, se réveille dans la caverne de Mambré ? Abraham, Isaac, Jacob, Rebecca, et vous tous, enfants de l'Orient, rois, patriarches, aïeux de Jésus-Christ, chantez l'antique alliance de Dieu et des hommes ! Redites-nous cette histoire chère au ciel, l'histoire de Joseph et de ses frères. Le chœur des saints rois, David à leur tête ; l'armée des confesseurs et des martyrs vêtus de robes éclatantes nous offriraient aussi leur *merveilleux*. Ces derniers présentent au pinceau le genre tragique dans sa plus grande élévation ; après la peinture de leurs tourments, nous dirions ce que Dieu fit pour ces victimes, et le don des miracles dont il honora leurs tombeaux.

Nous placerions auprès de ces illustres chœurs, les chœurs des vierges célestes, les Geneviève de Brabant, les Pulchérie, les Rosalie, les Cécile, les Lucile, les Isabelle, les Eulalie. Le *merveilleux* du christianisme est plein de concordances ou de contrastes gracieux. On sait comment Neptune,

> . . . . . . S'élevant sur la mer,
> D'un mot calme les flots. . . . . .

Nos dogmes fournissent un autre genre de poésie. Un vaisseau est prêt à périr : l'aumônier, par des paroles qui délient les âmes, remet à chacun la peine de ses fautes ; il adresse au ciel la prière qui, dans un tourbillon, envoie l'esprit du naufragé au Dieu des orages. Déjà l'Océan se creuse pour engloutir les matelots ; déjà les vagues, élevant leur triste voix entre les rochers, semblent commencer les chants funèbres ; tout à coup un trait de lumière perce la tempête : l'*Étoile des mers*, Marie, patronne des mariniers, paraît au milieu de la nue. Elle tient son enfant dans ses bras, et calme les flots par un sourire : charmante religion, qui oppose à ce que la nature a de plus terrible ce que le ciel a de plus doux ! aux tempêtes de l'Océan, un petit enfant et une tendre mère ?

CHAPITRE VIII.

DES ANGES.

Tel est le *merveilleux* qu'on peut tirer de nos *saints*, sans parler des diverses histoires de leur vie. On découvre ensuite dans la hiérarchie des *anges*, doctrine aussi ancienne que le monde, mille tableaux pour le poëte. Non-seulement les messagers du Très-Haut portent ses décrets d'un bout de l'univers à l'autre; non-seulement ils sont les invisibles gardiens des hommes, ou prennent pour se manifester à eux les formes les plus aimables; mais encore la religion nous permet d'attacher des anges protecteurs à la belle nature ainsi qu'aux sentiments vertueux. Quelle innombrable troupe de divinités vient donc tout à coup peupler les mondes !

Chez les Grecs le ciel finissait au sommet de l'Olympe, et leurs dieux ne s'élevaient pas plus haut que les vapeurs de la terre. Le *merveilleux* chrétien, d'accord avec la raison, les sciences et l'expansion de notre âme, s'enfonce de monde en monde, d'univers en univers, dans des espaces où l'imagination effrayée frissonne et recule. En vain les télescopes fouillent tous les coins du ciel, en vain ils poursuivent la comète au delà de notre système, la comète enfin leur échappe; mais elle n'échappe pas à l'*archange* qui la roule à son pôle inconnu, et qui, au siècle marqué, la ramènera par des voies mystérieuses jusque dans le foyer de notre soleil.

Le poëte chrétien est le seul initié au secret de ces merveilles. De globes en globes, de soleils en soleils, avec les *Séraphins*, les *Trônes*, les *Ardeurs* qui gouvernent les mondes, l'imagination fatiguée redescend enfin sur la terre comme un fleuve qui, par une cascade magnifique, épanche ses flots d'or à l'aspect d'un couchant radieux. On passe alors de la grandeur à la douceur des images : sous l'ombrage des forêts on parcourt l'empire de l'*Ange de la solitude;* on retrouve dans la clarté de la lune le *Génie des rêveries du cœur;* on entend ses soupirs dans le frémissement des bois et dans les plaintes de Philomèle. Les roses de l'aurore ne sont que la chevelure de l'*Ange du matin*. L'*Ange de la nuit* repose au milieu des cieux, où il ressemble à la lune endormie sur un nuage; ses yeux sont couverts d'un bandeau d'étoiles; ses talons et son front sont un peu rougis de la pourpre de l'aurore et de celle du crépuscule; l'*Ange du silence* le précède, et *celui du mystère* le suit. Ne faisons pas l'injure aux poëtes de penser qu'ils regardent l'*Ange des mers*, l'*Ange des tempêtes*, l'*Ange du temps*, l'*Ange de la mort*, comme des génies désagréables aux muses. C'est l'*Ange des saintes amours* qui donne aux vierges un regard céleste, et c'est l'*Ange des harmonies* qui leur fait présent des grâces : l'honnête homme doit son cœur à l'*Ange de la vertu*, et ses lèvres à *celui de la persuasion*. Rien n'empêche d'accorder à ces esprits bienfaisants des marques distinctives de leurs pouvoirs et de leurs offices : l'*Ange de l'amitié*, par exemple, pourrait porter une écharpe merveilleuse où l'on verrait fondus, par un travail divin, les consolations de l'âme, les dévouements sublimes, les paroles secrètes du cœur, les joies innocentes, les chastes embrassements, la religion, le charme des tombeaux et l'immortelle espérance.

CHAPITRE IX.

APPLICATION DES PRINCIPES ÉTABLIS DANS LES CHAPITRES PRÉCÉDENTS.

CARACTÈRE DE SATAN.

Des préceptes passons aux exemples. En reprenant ce que nous avons dit dans les précédents chapitres, nous commencerons par le caractère attribué aux mauvais anges, et nous citerons le Satan de Milton.

Avant le poëte anglais, le Danté et le Tasse avaient peint le monarque de l'enfer. L'imagination du Dante, épuisée par neuf cercles de tortures, n'a fait de Satan enclavé au centre de la terre qu'un monstre odieux; le Tasse, en lui donnant des cornes, l'a presque rendu ridicule. Entraîné par ces autorités, Milton a eu un moment le mauvais goût de mesurer son Satan; mais il se relève bientôt d'une manière sublime. Écoutez le prince des ténèbres s'écrier, du haut de la montagne de feu d'où il contemple pour la première fois son empire :

« Adieu, champs fortunés qu'habitent les joies éternelles! Horreurs! je vous salue! je vous salue, monde infernal! Abîme, reçois ton nouveau monarque. Il t'apporte un esprit que ni temps ni lieux ne changeront jamais. Du moins ici nous serons libres, ici nous régnerons : régner même aux enfers est digne de mon ambition[1]. »

Quelle manière de prendre possession des gouffres de l'enfer!

Le conseil infernal étant assemblé, le poëte représente Satan au milieu de son sénat :

« Ses formes conservaient une partie de leur primitive splendeur; ce n'était rien moins encore qu'un archange tombé, une gloire un peu obscurcie : comme lorsque le soleil levant, dépouillé de ses rayons, jette un regard horizontal à travers les brouillards du matin; ou tel que, dans une éclipse, cet astre caché derrière la lune, répand sur une moitié des peuples un crépuscule funeste, et tourmente les rois par la frayeur des révolutions. Ainsi paraissait l'archange obscurci, mais encore brillant, au-dessus des compagnons de sa chute : toutefois son visage était labouré par les cicatrices de la foudre, et les chagrins veillaient sur ses joues décolorées[2]. »

Achevons de connaître le caractère de Satan. Échappé de l'enfer, et parvenu sur la terre, il est saisi de désespoir en contemplant les merveilles de l'univers : il apostrophe le soleil (18) :

« O toi qui, couronné d'une gloire immense, laisses du haut de ta domination solitaire tomber les regards comme le Dieu de ce nouvel univers; toi, devant qui les étoiles cachent leurs têtes humiliées, j'élève une voix vers toi, mais non pas une voix amie; je ne prononce ton nom, ô soleil! que pour te dire combien je hais tes rayons. Ah! ils me rappellent de quelle hauteur je suis tombé, et combien jadis je brillais glorieux au-dessus de ta sphère! L'orgueil et l'ambi-

---

[1] *Parad. lost*, book I, v. 29, etc. — [2] *Ibid.*, v. 591, etc.

tion m'ont précipité. J'osai, dans le ciel même, déclarer la guerre au Roi du ciel. Il ne méritait pas un pareil retour, lui qui m'avait fait ce que j'étais dans un rang éminent... Élevé si haut, je dédaignai d'obéir; je crus qu'un pas de plus me porterait au rang suprême, et me déchargerait en un moment de la dette immense d'une reconnaissance éternelle... Oh! pourquoi sa volonté toute-puissante ne me créa-t-elle au rang de quelque ange inférieur! je serais encore heureux, mon ambition n'eût point été nourrie par une espérance illimitée... Misérable! où fuir une colère infinie, un désespoir infini? L'enfer est partout où je suis, moi-même je suis l'enfer... O Dieu, ralentis tes coups! N'est-il aucune voie laissée au repentir, aucune à la miséricorde, hors l'obéissance? L'obéissance! L'orgueil me défend ce mot. Quelle honte pour moi devant les esprits de l'abîme! Ce n'était pas par des promesses de soumission que je les séduisis, lorsque j'osai me vanter de subjuguer le Tout-Puissant. Ah! tandis qu'ils m'adorent sur le trône des enfers, ils savent peu combien je paie cher ces paroles superbes, combien je gémis intérieurement sous le fardeau de mes douleurs... Mais si je me repentais, si, par un acte de la grâce divine, je remontais à ma première place?... Un rang élevé rappellerait bientôt des pensées ambitieuses; les serments d'une feinte soumission seraient bientôt démentis? Le tyran le sait; il est aussi loin de m'accorder la paix, que je suis loin de demander grâce. Adieu donc, espérance, et avec toi, adieu, crainte et remords; tout est perdu pour moi. Mal, sois mon unique bien? Par toi du moins avec le Roi du ciel je partagerai l'empire: peut-être même régnerai-je sur plus d'une moitié de l'univers, comme l'homme et ce monde nouveau l'apprendront en peu de temps[1]. »

Quelle que soit notre admiration pour Homère, nous sommes obligé de convenir qu'il n'a rien de comparable à ce passage de Milton. Lorsque, avec la grandeur du sujet, la beauté de la poésie, l'élévation naturelle des personnages, on montre une connaissance aussi profonde des passions, il ne faut rien demander de plus au génie. Satan se repentant à la vue de la lumière qu'il hait parce qu'elle lui *rappelle combien il fut élevé au-dessus d'elle*, souhaitant ensuite d'avoir été créé dans un rang inférieur, puis s'endurcissant dans le crime par orgueil, par honte, par méfiance même de son caractère ambitieux; enfin, pour tout fruit de ses réflexions, et comme pour expier un moment de remords, se chargeant de l'empire du mal pendant toute une éternité: voilà, certes, si nous ne nous trompons, une des conceptions les plus sublimes et les plus pathétiques qui soient jamais sorties du cerveau d'un poëte.

Nous sommes frappé dans ce moment d'une idée que nous ne pouvons taire. Quiconque a quelque critique et un bon sens pour l'histoire pourra reconnaître que Milton a fait entrer dans le caractère de son Satan les perversités de ces hommes qui, vers le commencement du dix-septième siècle, couvrirent l'Angleterre de deuil: on y sent la même obstination, le même enthousiasme, le même orgueil, le même esprit de rébellion et d'indépendance; on retrouve dans le monarque infernal ces fameux niveleurs qui, se séparant de la religion de leur pays, avaient secoué le joug de tout gouvernement légitime, et s'étaient

---

[1] *Parad. lost*, book IV, from the 33th v. tho the 113th.

révoltés à la fois contre Dieu et contre les hommes. Milton lui-même avait partagé cet esprit de perdition ; et, pour imaginer un Satan aussi détestable, il fallait que le poëte en eût vu l'image dans ces réprouvés, qui firent si longtemps de leur patrie le vrai séjour des démons.

CHAPITRE X.

MACHINES POÉTIQUES.

VÉNUS DANS LES BOIS DE CARTHAGE. RAPHAEL AU BERCEAU D'ÉDEN.

Venons aux exemples des machines poétiques. Vénus se montrant à Énée dans les bois de Carthage est un morceau achevé dans le genre gracieux. *Cui mater media*, etc. « A travers la forêt, sa mère, suivant le même sentier, s'a-
« vance au-devant de lui. Elle avait l'air et le visage d'une vierge, et elle était
« armée à la manière des filles de Sparte, etc. »

Cette poésie est délicieuse ; mais le chantre d'Éden en a beaucoup approché lorsqu'il a peint l'arrivée de l'ange Raphaël au bocage de nos premiers pères.

« Pour ombrager ses formes divines, le Séraphin porte six ailes. Deux attachées à ses épaules sont ramenées sur son sein, comme les pans d'un manteau royal, celles du milieu se roulent autour de lui comme une écharpe étoilée... les deux dernières, teintes d'azur, battent à ses talons rapides. Il secoue ses plumes qui répandent des odeurs célestes.

« Il s'avance dans le jardin du bonheur, au travers des bocages de myrtes et des nuages de nard et d'encens ; solitudes de parfums où la nature dans sa jeunesse se livre à tous ses caprices..... Adam, assis à la porte de son berceau, aperçut le divin messager. Aussitôt il s'écrie : Ève, accours ! viens voir ce qui est digne de ton admiration ! Regarde vers l'orient, parmi ces arbres. Aperçois-tu cette forme glorieuse qui semble se diriger vers notre berceau ? On la prendrait pour une autre aurore qui se lève au milieu du jour... »

Ici Milton, presque aussi gracieux que Virgile, l'emporte sur lui par la sainteté et la grandeur. Raphaël est plus beau que Vénus, Éden plus enchanté que les bois de Carthage, et Énée est un froid et triste personnage auprès du majestueux Adam.

Voici un ange mystique de Klopstock :

. . . . . Dann eil et der thronen [1].

« Soudain le premier-né des trônes descend vers Gabriel, pour le conduire vers le Très-Haut. L'Éternel le nomme *Élu*, et le ciel *Éloa*. Plus parfait que tous les êtres créés, il occupe la première place près de l'Être infini. Une de ses pensées est belle comme l'âme entière de l'homme, lorsque, digne de son immortalité, elle médite profondément. Son regard est plus beau que le matin d'un printemps, plus doux que la clarté des étoiles, lorsque brillantes de jeunesse elles se balancèrent près du trône céleste avec tous leurs flots de lumière. Dieu

---

[1] *Messias Ers.*, ges. v. 286, etc.

le créa le premier. Il puisa dans une gloire céleste son corps aérien. Lorsqu'il naquit, tout un ciel de nuages flottait autour de lui ; Dieu lui-même le souleva dans ses bras, et lui dit en le bénissant : « *Créature, me voici.* »

Raphaël est l'ange *extérieur;* Éloa l'ange *intérieur :* les Mercure et les Apollon de la mythologie nous semblent moins divins que ces génies du christianisme.

Plusieurs fois les dieux en viennent aux mains dans Homère ; mais comme nous l'avons déjà remarqué, on ne trouve rien dans l'*Iliade* qui soit supérieur au combat que Satan s'apprête à livrer à Michel dans le paradis terrestre, ni à la déroute des légions foudroyées par Emmanuel : plusieurs fois les divinités païennes sauvent leurs héros favoris en les couvrant d'une nuée, mais cette machine a été très-heureusement transportée par le Tasse à la poésie chrétienne, lorsqu'il introduit Soliman dans Jérusalem. Ce char enveloppé de vapeurs, ce voyage invisible d'un enchanteur et d'un héros au travers du camp des chrétiens, cette porte secrète d'Hérode, ces souvenirs des temps antiques jetés au milieu d'une narration rapide, ce guerrier qui assiste à un conseil sans être vu, et qui se montre seulement pour déterminer Solyme aux combats, tout ce merveilleux, quoique du genre magique, est d'une excellence singulière.

On objectera peut-être que dans les peintures voluptueuses le paganisme doit au moins avoir la préférence. Et que ferons-nous donc d'Armide? Dirons-nous qu'elle est sans charmes, lorsque, penchée sur le front de Renaud endormi, le poignard échappe à sa main, et que sa haine se change en amour? Préférerons-nous Ascagne caché par Vénus dans les bois de Cythère au jeune héros du Tasse enchaîné avec des fleurs, et transporté sur un nuage aux îles Fortunées? ces jardins, dont le seul défaut est d'être trop enchantés ; ces amours, qui ne manquent que d'un voile, ne sont pas assurément des tableaux si sévères. On retrouve dans cet épisode jusqu'à la ceinture de Vénus, tant et si justement regrettée. Au surplus, si des critiques chagrins voulaient absolument bannir la magie, les anges des ténèbres pourraient exécuter eux-mêmes ce qu'Armide fait par leur moyen. On y est autorisé par l'histoire de quelques-uns de nos saints, et le démon des voluptés a toujours été regardé comme un des plus dangereux et des plus puissants de l'abîme.

CHAPITRE XI.

SUITE DES MACHINES POÉTIQUES.

SONGE D'ÉNÉE. SONGE D'ATHALIE.

Il ne nous reste plus qu'à parler de deux machines poétiques : *les voyages des dieux* et *les songes.*

En commençant par les derniers nous choisirons le songe d'Énée dans la nuit fatale de Troie ; le héros le raconte lui-même à Didon :

> Tempus erat, etc.

> C'était l'heure où du jour adoucissant les peines,
> Le sommeil grâce aux dieux se glisse dans nos veines ;

Tout à coup, le front pâle et chargé de douleur,
Hector, près de mon lit, a paru tout en pleurs,
Et tel qu'après son char la victoire inhumaine,
Noir de poudre et de sang, le traîna sur l'arène.
Je vois ses pieds encore et meurtris et percés
Des indignes liens qui les ont traversés.
Hélas! qu'on cet état de lui-même il diffère!
Ce n'est plus cet Hector, ce guerrier tutélaire,
Qui, des armes d'Achille orgueilleux ravisseur,
Dans les murs paternels revenait en vainqueur,
Ou courant assiéger les vingt rois de la Grèce,
Lançait sur leurs vaisseaux la flamme vengeresse.
Combien il est changé! le sang de toutes parts
Souillait sa barbe épaisse et ses cheveux épars ;
Et son sein étalait à ma vue attendrie
Tous les coups qu'il reçut autour de sa patrie.
Moi-même il me semblait qu'au plus grand des héros,
L'œil de larmes noyé, je parlais en ces mots :

« O des enfants d'Ilus la gloire et l'espérance !
Quels lieux ont si longtemps prolongé ton absence?
Oh! qu'on t'a souhaité! mais, pour nous secourir,
Est-ce ainsi qu'à nos yeux Hector devait s'offrir,
Quand à ses longs travaux Troie entière succombé!
Quand presque tous les tiens sont plongés dans la tombe!
Pourquoi ce sombre aspect, ces traits défigurés,
Ces blessures sans nombre, et ces flancs déchirés? »

Hector ne répond point ; mais du fond de son âme
Tirant un long soupir : « Fuis les Grecs et la flamme,
Fils de Vénus, dit-il, le destin t'a vaincu ;
Fuis, hâte-toi : Priam et Pergame ont vécu.
Jusqu'en leurs fondements nos murs vont disparaître ;
Ce bras nous eût sauvés si nous avions pu l'être.
Cher Énée! ah! du moins, dans ses derniers adieux,
Pergame à ton amour recommande ses dieux !
Porte au delà des mers leur image chérie,
Et fixe-toi près d'eux dans une autre patrie. »
Il dit ; et dans ses bras emporte à mes regards
La puissante Vesta qui gardait nos remparts,
Et ses bandeaux sacrés, et la flamme immortelle
Qui veillait dans son temple, et brûlait devant elle [1].

Ce songe est une espèce d'abrégé du génie de Virgile : l'on y trouve dans un cadre étroit tous les genres de beautés qui lui sont propres.

Observez d'abord le contraste entre cet effroyable songe et l'heure paisible où les dieux l'envoient à Énée. Personne n'a su marquer les temps et les lieux d'une manière plus touchante que le poëte de Mantoue. Ici, c'est un tombeau, là une aventure attendrissante, qui déterminent la limite d'un pays; une ville nouvelle porte une appellation antique ; un ruisseau étranger prend le nom

---

[1] Nous devons cette belle traduction à M. de Fontanes.

d'un fleuve de la patrie . Quant aux heures, Virgile a presque toujours fait briller la plus douce sur l'événement le plus malheureux. De ce contraste plein de tristesse résulte cette vérité, que la nature accomplit ses lois sans être troublée par les faibles révolutions des hommes.

De là nous passons à la peinture de l'ombre d'Hector. Ce fantôme qui regarde Énée en silence, ces *larges* pleurs, ces pieds *enflés*, sont les petites circonstances que choisit toujours le grand peintre, pour mettre l'objet sous les yeux. Le cri d'Énée : *quantum mutatus ab illo!* est le cri d'un héros, qui relève la dignité d'Hector. *Squalentem barbam et concretos sanguine crines.* Voilà le spectre. Mais Virgile fait soudain un retour à sa manière. *Vulnera... circum plurima muros accepit patrios.* Tout est là dedans : éloge d'Hector, souvenirs de ses malheurs et de ceux de la patrie pour laquelle il reçut *tant de blessures.* Ces locutions, *o lux Dardaniæ! Spes o fidissima Teucrum!* sont pleines de chaleur; autant elles remuent le cœur, autant elles rendent déchirantes les paroles qui suivent. *Ut te post multa tuorum funera... adspicimus!* Hélas! c'est l'histoire de ceux qui ont quitté leur patrie; à leur retour, on peut dire comme Énée à Hector : *Faut-il vous revoir après les funérailles de vos proches!* Enfin, le silence d'Hector, son soupir, suivi du *fuge, eripe flammis*, font dresser les cheveux sur la tête. Le dernier trait du tableau mêle la double poésie du songe et de la vision ; en emportant dans ses bras la statue de Vesta et le feu sacré, on croit voir le spectre emporter Troie de la terre.

Ce songe offre d'ailleurs une beauté prise dans la nature même de la chose. Énée se réjouit d'abord de voir Hector qu'il croit vivant; ensuite il parle des malheurs de Troie arrivés depuis la *mort* même du héros. L'état où il le revoit ne peut lui rappeler sa destinée; il demande au fils de Priam *d'où lui viennent ses blessures,* et il vous a dit qu'*on l'a vu ainsi le jour qu'il fut traîné autour d'Ilion.* Telle est l'incohérence des pensées, des sentiments et des images d'un songe.

Il nous est singulièrement agréable de trouver parmi les poëtes chrétiens quelque chose qui balance, et qui peut-être surpasse ce songe : poésie, religion, intérêt dramatique, tout est égal dans l'une et l'autre peinture, et Virgile s'est encore une fois reproduit dans Racine.

Athalie, sous le portique du temple de Jérusalem, raconte son rêve à Abner et à Mathan :

> C'était pendant l'horreur d'une profonde nuit ;
> Ma mère Jézabel devant moi s'est montrée,
> Comme au jour de sa mort pompeusement parée ;
> Ses malheurs n'avaient point abattu sa fierté :
> Même elle avait encor cet éclat emprunté,
> Dont elle eut soin de peindre et d'orner son visage,
> Pour réparer des ans l'irréparable outrage.
> « Tremble! m'a-t-elle dit, fille digne de moi ;
> Le cruel Dieu des Juifs l'emporte aussi sur toi :
> Je te plains de tomber dans ses mains redoutables,
> Ma fille! » En achevant ces mots épouvantables,
> Son ombre vers mon lit a paru se baisser ;
> Et moi, je lui tendais les mains pour l'embrasser ;

> Mais je n'ai plus trouvé qu'un horrible mélange
> D'os et de chairs meurtris et traînés dans la fange,
> Des lambeaux pleins de sang, et des membres affreux
> Que des chiens dévorants se disputaient entre eux.

Il serait malaisé de décider ici entre Virgile et Racine. Les deux songes sont pris également à la source des différentes religions des deux poëtes : Virgile est plus triste, Racine plus terrible : le dernier eût manqué son but, et aurait mal connu le génie sombre des dogmes hébreux, si, à l'exemple du premier, il eût amené le rêve d'Athalie dans une heure pacifique : comme il va tenir beaucoup, il promet beaucoup par ce vers :

> C'était pendant l'horreur d'une profonde nuit.

Dans Racine il y a concordance, et dans Virgile contraste d'images.

La scène annoncée par l'apparition d'Hector, c'est-à-dire la nuit fatale d'un grand peuple et la fondation de l'empire romain, serait plus magnifique que la chute d'une seule reine, si Joas, en *rallumant le flambeau de David*, ne nous montrait dans le lointain le Messie et la révolution de toute la terre.

La même perfection se remarque dans les vers des deux poëtes : toutefois la poésie de Racine nous semble plus belle. Tel Hector paraît au premier moment devant Énée, tel il se montre à la fin : mais la pompe, mais l'*éclat emprunté* de Jézabel,

> Pour réparer des ans l'irréparable outrage ;

suivi tout à coup non d'une forme entière, mais

> . . . . De lambeaux affreux
> Que des chiens dévorants se disputaient entre eux,

est une sorte de changement d'état, de péripétie, qui donne au songe de Racine une beauté qui manque à celui de Virgile. Enfin cette ombre d'une mère qui se baisse vers le lit de sa fille, comme pour s'y cacher, et qui se transforme tout à coup en *os et en chairs meurtris*, est une de ces beautés vagues, de ces circonstances effrayantes de la vraie nature du fantôme.

CHAPITRE XII.

SUITE DES MACHINES POÉTIQUES.

VOYAGE DES DIEUX HOMÉRIQUES. SATAN ALLANT A LA DÉCOUVERTE DE LA CRÉATION.

Nous touchons à la dernière des machines poétiques, c'est-à-dire aux *voyages* des êtres surnaturels. C'est une des parties du *merveilleux* dans laquelle Homère s'est montré le plus sublime. Tantôt il raconte que le char du dieu vole comme la pensée d'un voyageur qui se rappelle, en un instant, les lieux qu'il a parcourus ; tantôt il dit :

> Autant qu'un homme assis au rivage des mers
> Voit, d'un roc élevé, d'espace dans les airs,
> Autant des immortels les coursiers intrépides
> En franchissent d'un saut [1].

Quoi qu'il en soit du génie d'Homère et de la majesté de ses dieux, son *merveilleux* et sa grandeur vont encore s'éclipser devant le *merveilleux* du christianisme.

Satan arrivé aux portes de l'enfer, que le Péché et la Mort lui ont ouvertes, se prépare à aller à la découverte de la création.

> . . . . Like a furnace mouth [2].
> . . . .
> . . . . The sudden view
> Of all this world at once.

« *Les portes de l'enfer s'ouvrent...* vomissant, comme la bouche d'une fournaise, des flocons de fumée et des flammes rouges. Soudain, aux regards de Satan se dévoilent les secrets de l'antique abîme; océan sombre et sans bornes, où les temps, les dimensions et les lieux viennent se perdre, où l'ancienne Nuit et le Chaos, aïeux de la nature, maintiennent une éternelle anarchie au milieu d'une éternelle guerre, et règnent par la confusion. Satan, arrêté sur le seuil de l'enfer, regarde dans le vaste gouffre, berceau et peut-être tombeau de la Nature; il pèse en lui-même les dangers du voyage. Bientôt, déployant ses ailes et repoussant du pied le seuil fatal, il s'élève dans des tourbillons de fumée. Porté sur ce siége nébuleux, longtemps il monte avec audace; mais la vapeur, graduellement dissipée, l'abandonne au milieu du vide. Surpris, il redouble en vain le mouvement de ses ailes, et comme un poids mort, il tombe.

« L'instant où je chante verrait encore sa chute, si l'explosion d'un nuage tumultueux rempli de soufre et de flamme ne l'eût élancé à des hauteurs égales aux profondeurs où il était descendu. Jeté sur des terres molles et tremblantes, à travers les éléments épais ou subtils... il marche, il vole, il nage, il rampe. A l'aide de ses bras, de ses pieds, de ses ailes, il franchit les syrtes, les détroits, les montagnes. Enfin une universelle rumeur, des voix et des sons confus viennent avec violence assaillir son oreille. Il tourne aussitôt son vol de ce côté, résolu d'aborder l'esprit inconnu de l'abîme, qui réside dans ce bruit et d'apprendre de lui le chemin de la lumière.

« Bientôt il aperçoit le trône du Chaos, dont le sombre pavillon s'étend au loin sur le gouffre immense. La Nuit, revêtue d'une robe noire, est assise à ses côtés: fille aînée des Êtres, elle est l'épouse du Chaos. Le Hasard, le Tumulte, la Confusion, la Discorde aux mille bouches, sont les ministres de ces divinités ténébreuses. Satan paraît devant eux sans crainte.

« Esprits de l'abîme, leur dit-il, Chaos, et vous, antique Nuit, je ne viens

---

[1] Boileau, dans *Longin*, chap. vii.
[2] *Par. lost*, book ii, v. 888-1050; book iii, v. 501-544. Des vers passés çà et là.

point pour épier les secrets de vos royaumes... Apprenez-moi le chemin de la lumière, etc. »

« Le vieux Chaos répond en mugissant : « Je te connais, ô étranger !.. Un monde nouveau pend au-dessus de mon empire, du côté où tes légions tombèrent. Vole, et hâte-toi d'accomplir tes desseins. Ravages, dépouilles, ruines, vous êtes les espérances du Chaos ! »

« Il dit ; Satan plein de joie... s'élève avec une nouvelle vigueur ; il perce, comme une pyramide de feu, l'atmosphère ténébreuse... Enfin l'influence sacrée de la lumière commence à se faire sentir. Parti des murailles du ciel, un rayon pousse au loin dans le sein des ombres une douteuse et tremblante aurore; ici la nature commence, et le Chaos se retire. Guidé par ces mobiles blancheurs, Satan, comme un vaisseau longtemps battu de la tempête, reconnaît le port avec joie, et glisse plus doucement sur les vagues calmées. A mesure qu'il avance vers le jour, l'empyrée, avec ses tours d'opale et ses portes de vivants saphirs, se découvre à sa vue.

« Enfin il aperçoit au loin une haute structure, dont les marches magnifiques s'élèvent jusqu'aux remparts du ciel... Perpendiculairement au pied des degrés mystiques s'ouvre un passage vers la terre... Satan s'élance sur la dernière marche, et plongeant tout à coup ses regards dans les profondeurs au-dessous de lui, il découvre avec un immense étonnement tout l'univers à la fois. »

Pour tout homme impartial, une religion qui a fourni un tel *merveilleux*, et qui de plus a donné l'idée des amours d'Adam et d'Ève, n'est pas une religion *antipoétique*. Qu'est-ce que Junon allant aux *bornes* de la terre en *Éthiopie*, auprès de Satan remontant du fond du chaos jusqu'aux frontières de la nature? Il y a même dans l'original un effet singulier que nous n'avons pu rendre, et qui tient pour ainsi dire au défaut général du morceau : les longueurs que nous avons retranchées semblent allonger la course du prince des ténèbres, et donner au lecteur un sentiment vague de cet infini au travers duquel il a passé.

CHAPITRE XIII.

L'ENFER CHRÉTIEN.

Entre plusieurs différences qui distinguent l'enfer chrétien du Tartare, une surtout est remarquable : ce sont les tourments qu'éprouvent eux-mêmes les démons. Pluton, les Juges, les Parques et les Furies ne souffraient point avec les coupables. Les douleurs de nos puissances infernales sont donc un *moyen de plus* pour l'imagination, et conséquemment un *avantage poétique* de notre enfer sur l'enfer des anciens.

Dans les champs Cimmériens de l'*Odyssée*, le vague des lieux, les ténèbres, l'incohérence des objets, la fosse où les ombres viennent boire le sang, donnent au tableau quelque chose de formidable, et qui peut-être ressemble plus à l'enfer chrétien que le Ténare de Virgile. Dans celui-ci l'on remarque les progrès des dogmes philosophiques de la Grèce. Les Parques, le Cocyte, le Styx, se retrouvent dans les ouvrages de Platon. Là commence une distribution de châtiments et de récompenses inconnue à Homère. Nous avons déjà fait remarquer[1] que le malheur, l'indigence et la faiblesse étaient, après le trépas, relégués par les païens dans un monde aussi pénible que celui-ci. La religion de Jésus-Christ n'a point ainsi sevré nos âmes. Nous savons qu'au sortir de ce monde de tribulations, nous autres misérables, nous trouverons un lieu de repos, et si nous avons eu soif de la justice dans le temps, nous en serons rassasiés dans l'éternité. *Sitiunt justitiam... ipsi saturabuntur*[2].

Si la philosophie est satisfaite, il ne nous sera pas très-difficile peut-être de convaincre les muses. A la vérité nous n'avons point d'enfer chrétien traité d'une manière irréprochable. Ni le Dante, ni le Tasse, ni Milton, ne sont parfaits dans la peinture des lieux de douleur. Cependant quelques morceaux excellents, échappés à ces grands maîtres, prouvent que, si toutes les parties du tableau avaient été retouchées avec le même soin, nous posséderions des enfers aussi poétiques que ceux d'Homère et de Virgile.

CHAPITRE XIV.

PARALLÈLE DE L'ENFER ET DU TARTARE.

ENTRÉE DE L'AVERNE. PORTE DE L'ENFER DU DANTE. DIDON. FRANÇOISE DE RIMINI. TOURMENTS DES COUPABLES.

L'entrée de l'Averne, dans le sixième livre de l'*Énéide*, offre des vers d'un travail achevé.

> Ibant obscuri sola sub nocte per umbram,
> Perque domos Ditis vacuas et inania regna.
> . . . .
> Pallentesque habitant Morbi, tristisque Senectus,
> Et Metus, et malesuada Fames, et turpis Egestas,
> Terribiles visu formæ; Letumque Labosque,
> Tum consanguineus Leti Sopor, et mala mentis
> Gaudia....   (Lib. vi, v. 268 et seq.)

Il suffit de savoir lire le latin pour être frappé de l'harmonie lugubre de ces vers. Vous entendez d'abord mugir la caverne où marchent la Sibylle et Énée : *Ibant obscuri sola sub nocte per umbram*; puis tout à coup vous entrez dans des *espaces déserts*, dans les *royaumes du vide*; *Perque domos Ditis vacuas et inania regna.* Viennent ensuite des syllabes sourdes et pesantes, qui rendent admirablement les pénibles soupirs des enfers. *Tristisque Senectus, et Metus. — Letumque Labosque*; consonnances qui prouvent que les anciens n'ignoraient pas l'espèce de beauté attachée à la rime. Les Latins, ainsi que les Grecs, em-

---

[1] Première partie, sixième livre.

[2] L'injustice des dogmes infernaux était si manifeste chez les anciens que Virgile même n'a pu s'empêcher de la remarquer :

> . . . . . . Sortemque animo miseratus iniquam.
> (*Æn.*, lib. vi, v. 332.)

ployaient la répétition des sons dans les peintures pastorales, et dans les harmonies tristes.

Le Dante, comme Énée, erre d'abord dans une forêt qui cache l'entrée de son enfer; rien n'est plus effrayant que cette solitude. Bientôt il arrive à la porte où se lit la fameuse inscription :

> Per me si va nella città dolente,
> Per me si va nell' eterno dolore :
> Per me si va tra la perduta gente.
> . . . .
> Lasciate ogni speranza voi ch' entrate.

Voilà précisément la même sorte de beautés que dans le poëte latin. Toute oreille sera frappée de la cadence monotone de ces rimes redoublées, où semble retentir et expirer cet éternel cri de douleur qui remonte du fond de l'abîme. Dans les trois *per me si va* on croit entendre le *glas* de l'agonie du chrétien. Le *lasciate ogni speranza* est comparable au plus grand trait de l'enfer de Virgile.

Milton, à l'exemple du poëte de Mantoue, a placé la Mort à l'entrée de son enfer (*Letum*) et le Péché, qui n'est que le *mala mentis gaudia*, *les joies coupables du cœur*; il décrit ainsi la première :

> . . . . The other shape, etc.

« L'autre forme, si l'on peut appeler de ce nom ce qui n'avait point de formes, se tenait debout à la porte. Elle était sombre comme la nuit, hagarde comme dix furies ; sa main brandissait un dard affreux, et, sur cette partie qui semblait sa tête, elle portait l'apparence d'une couronne. »

Jamais fantôme n'a été représenté d'une manière plus vague et plus terrible. L'origine de la Mort, racontée par le Péché, la manière dont les échos de l'enfer répètent le nom redoutable lorsqu'il est prononcé pour la première fois, tout cela est une sorte de noir sublime, inconnu de l'antiquité[1].

En avançant dans les enfers, nous suivrons Énée au champ des larmes, *lu-*

---

[1] M. Harris, dans son *Hermès*, a remarqué que le genre masculin, attribué à la mort par Milton, forme ici une grande beauté. S'il avait dit *shook her dart*, au lieu de *shook his dart*, une partie du sublime disparaissait. La mort est aussi du genre masculin en grec, θάνατος ; Racine même la fait de ce genre dans notre langue :

La mort est le *seul* dieu que j'osais implorer.

Que penser maintenant de la critique de Voltaire, qui n'a pas su, ou qui a feint d'ignorer, que la mort, *death* en anglais, pouvait être à volonté du genre masculin, féminin ou neutre? car on lui peut appliquer également les trois pronoms, *her, his* et *its*. Voltaire n'est pas plus heureux sur le mot *sin*, *péché*, dont le genre féminin le scandalise. Pourquoi ne se fâchait-il pas aussi contre ces vaisseaux, *ships*, *men of war*, qui sont (ainsi qu'en latin et en vieux français) si bizarrement du genre féminin? En général, tout ce qui a *étendue*, *capacité* (c'est la remarque de M. Harris), tout ce qui est de nature à contenir, se met en anglais au féminin, et cela par une logique simple, et même touchante, car elle découle de la *maternité*; tout ce qui implique *faiblesse* ou *séduction* suit la même loi. De là Milton a pu et dû, en personnifiant le péché, le faire du genre féminin.

gentes campi. Il y rencontre la malheureuse Didon ; il l'aperçoit dans les ombres d'une forêt, *comme on voit, ou comme on croit voir la lune nouvelle se lever à travers les nuages :*

> . . . . . Qualem primo qui surgere mense
> Aut videt, aut vidisse putat, per nubila lunam.

Ce morceau est d'un goût exquis ; mais le Dante est peut-être aussi touchant dans la peinture des *campagnes des pleurs.* Virgile a placé les amants au milieu des bois de myrtes et dans des allées solitaires ; le Dante a jeté les siens dans un air vague et parmi des tempêtes qui les entraînent éternellement : l'un a donné pour punition à l'amour ses propres rêveries, l'autre en a cherché le supplice dans l'image des désordres que cette passion fait naître. Le Dante arrête un couple malheureux au milieu d'un tourbillon : Françoise de Rimini, interrogée par le poëte, lui raconte ses malheurs et son amour :

> Noi leggevamo, etc.

« Nous lisions un jour, dans un doux loisir, comment l'amour vainquit Lancelot. J'étais seule avec mon amant, et nous étions sans défiance : plus d'une fois nos visages pâlirent, et nos yeux troublés se rencontrèrent ; mais un seul instant nous perdit tous deux. Lorsque enfin l'heureux Lancelot cueille le baiser désiré, alors celui qui ne me sera plus ravi colla sur ma bouche ses lèvres tremblantes, et nous laissâmes échapper le livre par qui nous fut révélé le mystère de l'amour [1]. »

Quelle simplicité admirable dans le récit de Françoise ! Quelle délicatesse dans le trait qui le termine ! Virgile n'est pas plus chaste dans le quatrième livre de *l'Enéide,* lorsque Junon donne le signal, *dant signum.* C'est encore au christianisme que ce morceau doit une partie de son pathétique ; Françoise est punie pour n'avoir pas su résister à son amour, et pour avoir trompé la foi conjugale : la justice inflexible de la religion contraste avec la pitié que l'on ressent pour une faible femme.

Non loin du champ des larmes, Énée voit le champ des guerriers ; il y rencontre *Déiphobe* cruellement mutilé. Son histoire est intéressante, mais le seul nom d'Ugolin rappelle un morceau fort supérieur. On conçoit que Voltaire n'ait vu dans les feux d'un enfer chrétien que des objets burlesques ; cependant ne vaut-il pas mieux pour le poëte y trouver le comte Ugolin, et matière à des vers aussi beaux, à des épisodes aussi tragiques ?

Lorsque nous passons de ces détails à une vue générale de *l'Enfer* et du *Tartare,* nous voyons dans celui-ci les Titans foudroyés, Ixion menacé de la chute d'un rocher, les Danaïdes avec leur tonneau, Tantale trompé par les ondes, etc.

Soit que l'on commence à s'accoutumer à l'idée de ces tourments, soit qu'ils

---

[1] Nous empruntons la traduction de Rivarol. Si toutefois nous osions proposer nos doutes, peut-être que ce tour élégant, *nous laissâmes échapper le livre par qui nous fut révélé le mystère de l'amour,* ne rend pas tout à fait la naïveté de ce vers :

> Quel giorno più non vi leggemmo avante.

n'aient rien en eux-mêmes qui produise le terrible, parce qu'ils se mesurent sur des fatigues connues dans la vie, il est certain qu'ils font peu d'impression sur l'esprit. Mais voulez-vous être remué; voulez-vous savoir jusqu'où l'imagination de la douleur peut s'étendre : voulez-vous connaître la poésie des tortures et les hymnes de la chair et du sang, descendez dans l'Enfer du Dante. Ici, les ombres sont ballottées par des tourbillons d'une tempête; là, des sépulcres embrasés renferment les fauteurs de l'hérésie. Les tyrans sont plongés dans un fleuve de sang tiède; les suicides, qui ont dédaigné la noble nature de l'homme, ont rétrogradé vers la plante : ils sont transformés en arbres rachitiques qui croissent dans un sable brûlant, et dont les harpies arrachent sans cesse des rameaux. Ces âmes ne reprendront point leurs corps au jour de la résurrection; elles les traîneront dans l'affreuse forêt pour les suspendre aux branches des arbres auxquelles elles sont attachées.

Si l'on dit qu'un auteur grec ou romain eût pu faire un Tartare aussi formidable que l'Enfer du Dante, cela d'abord ne conclurait rien contre les moyens poétiques de la religion chrétienne; mais il suffit d'ailleurs d'avoir quelque connaissance du génie de l'antiquité pour convenir que le ton sombre de l'Enfer du Dante ne se trouve point dans la théologie païenne, et qu'il appartient aux dogmes menaçants de notre foi.

CHAPITRE XV.

DU PURGATOIRE.

On avouera du moins que le *purgatoire* offre aux poëtes chrétiens un genre de *merveilleux* inconnu à l'antiquité[1] (19). Il n'y a peut-être rien de plus favorable aux muses que ce lieu de purification, placé sur les confins de la douleur et de la joie, où viennent se réunir les sentiments confus du bonheur et de l'infortune. La gradation des souffrances, en raison des fautes passées, ces âmes plus ou moins heureuses, plus ou moins brillantes, selon qu'elles approchent plus ou moins de la double éternité des plaisirs ou des peines, pourraient fournir des sujets touchants au pinceau. Le purgatoire surpasse en poésie le ciel et l'enfer, en ce qu'il présente un avenir qui manque aux deux premiers.

Dans l'Élysée antique le fleuve du Léthé n'avait point été inventé sans beaucoup de grâce; mais toutefois on ne saurait dire que les ombres qui renaissaient à la vie sur ses bords présentassent la même progression poétique vers le bonheur que les âmes du *purgatoire*. Quitter les campagnes des mânes heureux pour revenir dans ce monde, c'était passer d'un état parfait à un état qui l'était moins; c'était rentrer dans le cercle, renaître pour mourir, voir ce qu'on avait vu. Toute chose dont l'esprit peut mesurer l'étendue est petite : le cercle, qui chez les anciens exprimait l'éternité, pouvait être une image grande et vraie;

---

[1] On trouve quelque trace de ce dogme dans Platon et dans la doctrine de Zénon. (*Voyez* Diog. Laert.) Les poëtes paraissent aussi en avoir eu quelque idée. (*Æneid.*, lib. vi.) Mais tout cela est vague, sans suite et sans but.

cependant il nous semble qu'elle tue l'imagination, en la forçant de tourner dans ce cerceau redoutable. La ligne droite prolongée sans fin serait peut-être plus belle, parce qu'elle jetterait la pensée dans un vague effrayant, et ferait marcher de front trois choses qui paraissent s'exclure, l'espérance, la mobilité et l'éternité.

Le rapport à établir entre le châtiment et l'offense peut produire ensuite dans le purgatoire tous les charmes du sentiment. Que de peines ingénieuses réservées à une mère trop tendre, à une fille trop crédule, à un jeune homme trop ardent? et certes, puisque les vents, les feux, les glaces prêtent leurs violences aux tourments de l'enfer, pourquoi ne trouverait-on pas des souffrances plus douces dans les chants du rossignol, dans les parfums des fleurs, dans le bruit des fontaines, ou dans les affections purement morales? Homère et Ossian ont chanté les plaisirs *de la douleur :* χρυεροῦ τεταρπόμεστα γοοίο, *the joy of grief.*

Une autre source de poésie qui découle du purgatoire est ce dogme par qui nous sommes enseignés que les prières et les bonnes œuvres des mortels hâtent la délivrance des âmes. Admirable commerce entre le fils vivant et le père décédé! entre la mère et la fille, entre l'époux et l'épouse, entre la vie et la mort! Que de choses attendrissantes dans cette doctrine! Ma vertu, à moi chétif mortel, devient un bien commun pour tous les chrétiens; et de même que j'ai été atteint du péché d'Adam, ma justice est passée en compte aux autres. Poëtes chrétiens, les prières de vos Nisus atteindront un Euryale au delà du tombeau; vos riches pourront partager leur superflu avec le pauvre; pour le plaisir qu'ils auront eu à faire cette simple, cette agréable action, Dieu les en récompensera encore, en retirant leur père et leur mère d'un lieu de peines! C'est une belle chose d'avoir, par l'attrait de l'amour, forcé le cœur de l'homme à la vertu, et de penser que le même denier qui donne le pain du moment au misérable, donne peut-être à une âme délivrée une place éternelle à la table du Seigneur.

CHAPITRE XVI.

LE PARADIS.

Le trait qui distingue essentiellement le *Paradis* de l'*Élysée*, c'est que dans le premier les âmes saintes habitent le ciel avec Dieu et les anges, et que dans le dernier les ombres heureuses sont séparées de l'Olympe. Le système philosophique de Platon et de Pythagore qui divise l'âme en deux essences, le *char subtil* qui s'envole au-dessous de la lune, et l'*esprit* qui remonte vers la Divinité; ce système, disons-nous, n'est pas de notre compétence, et nous ne parlons que de la théologie poétique.

Nous avons fait voir, dans plusieurs endroits de cet ouvrage, la différence qui existe entre la félicité des élus et celle des mânes de l'Élysée. Autre est de danser et de faire des festins, autre est de connaître la nature des choses, de lire dans l'avenir, de voir les révolutions des globes, enfin d'être comme associé à l'omniscience, sinon à la toute-puissance de Dieu. Il est pourtant extraordinaire qu'avec tant d'avantages les poëtes chrétiens aient échoué dans la peinture du ciel. Les uns ont péché par timidité, comme le Tasse et Milton; les autres par fatigue, comme le Dante; par philosophie, comme Voltaire; ou par abondance, comme Klopstock [1]. Il y a donc un écueil caché dans ce sujet; voici quelles sont nos conjectures à cet égard.

Il est de la nature de l'homme de ne sympathiser qu'avec les choses qui ont des rapports avec lui, et qui le saisissent par un certain côté, tel, par exemple, que le malheur. Le ciel, où règne une félicité sans bornes, est trop au-dessus de la condition humaine pour que l'âme soit fort touchée du bonheur des élus : on ne s'intéresse guère à des êtres parfaitement heureux. C'est pourquoi les poëtes ont mieux réussi dans la description des enfers; du moins l'humanité est ici, et les tourments des coupables nous rappellent les chagrins de notre vie; nous nous attendrissons sur les infortunes des autres, comme les esclaves d'Achille, qui, en répandant beaucoup de larmes sur la mort de Patrocle, pleuraient secrètement leurs propres malheurs.

Pour éviter la froideur qui résulte de l'éternelle et toujours semblable félicité des justes, on pourrait essayer d'établir dans le ciel une espérance, une attente quelconque de plus de bonheur, ou d'une époque inconnue dans la révolution des êtres; on pourrait rappeler davantage les choses humaines, soit en tirant des comparaisons, soit en donnant des affections et même des passions aux élus; l'Écriture nous parle des *espérances* et des saintes *tristesses du ciel*. Pourquoi donc n'y aurait-il pas dans le paradis des pleurs tels que les saints peuvent en répandre [2]? Par ces divers moyens, on ferait naître des harmonies entre notre nature bornée et une constitution plus sublime, entre nos fins rapides et les choses éternelles : nous serions moins portés à regarder comme une fiction, un bonheur qui, semblable au nôtre, serait mêlé de changement et de larmes.

D'après ces considérations sur l'usage du *merveilleux* chrétien dans la poésie, on peut du moins douter que le *merveilleux* du paganisme ait sur le premier un avantage aussi grand qu'on l'a généralement supposé. On oppose toujours Milton avec ses défauts, à Homère avec ses beautés : mais supposons que le chantre d'*Éden* fût né en France sous le siècle de Louis XIV, et qu'à la grandeur naturelle de son génie il eût joint le goût de Racine et de Boileau; nous demandons quel fût devenu alors le *Paradis perdu*, et si le *merveilleux* de ce poëme n'eût pas égalé celui de l'*Iliade* et de l'*Odyssée?* Si nous jugions la mythologie d'après la *Pharsale*, ou même d'après l'*Énéide*, en aurions-nous la brillante idée que nous en a laissée le père des Grâces, l'inventeur de la ceinture de Vénus? Quand nous aurons sur un sujet chrétien un ouvrage aussi parfait dans son genre que les ouvrages d'Homère, nous pourrons nous décider en faveur du *merveilleux* de la Fable, ou du *merveilleux* de notre religion; jusqu'alors il sera permis de douter de la vérité de ce précepte de Boileau :

---

[1] C'est une chose assez bizarre que Chapelain, qui a créé des chœurs de martyrs, de vierges et d'apôtres, ait seul placé le paradis chrétien dans son véritable jour.

[2] Milton a saisi cette idée, lorsqu'il représente les anges consternés à la nouvelle de la chute de l'homme; et Fénelon donne le même mouvement de pitié aux ombres heureuses.

De la foi d'un chrétien les mystères terribles
D'ornements égayés ne sont point susceptibles.
(*Art poét.*, chap. III.)

Au reste nous pouvions nous dispenser de faire lutter le christianisme avec la mythologie sous le seul rapport du *merveilleux*. Nous ne sommes entré dans cette étude que par surabondance de moyens, et pour montrer les ressources de notre cause. Nous pouvions trancher la question d'une manière simple et péremptoire; car, fût-il certain, comme il est douteux, que le christianisme ne pût fournir un *merveilleux* aussi riche que celui de la Fable, encore est-il vrai qu'il a une certaine poésie de l'âme, une sorte d'imagination du cœur, dont on ne trouve aucune trace dans la mythologie. Or, les beautés touchantes qui émanent de cette source feraient seules une ample compensation pour les ingénieux mensonges de l'antiquité.

Tout est machine et ressort, tout est extérieur, tout est fait pour les yeux dans les tableaux du paganisme; tout est sentiment et pensée, tout est intérieur, tout est créé pour l'âme dans les peintures de la religion chrétienne. Quel charme de méditation! quelle profondeur de rêverie! Il y a plus d'enchantement dans une de ces larmes que le christianisme fait répandre au fidèle que dans toutes les riantes erreurs de la mythologie. Avec une *Notre-Dame des Douleurs*, une *Mère de Pitié*, quelque saint obscur, patron de l'aveugle et de l'orphelin, un auteur peut écrire une page plus attendrissante qu'avec tous les dieux du Panthéon. C'est bien là aussi de la *poésie!* c'est bien là du *merveilleux!* Mais voulez-vous du *merveilleux* plus sublime, contemplez la vie et les douleurs du Christ, et souvenez-vous que votre *Dieu* s'est appelé le *Fils de l'Homme!* Nous osons le prédire : un temps viendra que l'on sera étonné d'avoir pu méconnaître les beautés qui existent dans les seuls noms, dans les seules expressions du christianisme; l'on aura de la peine à comprendre comment on a pu se moquer de cette religion de la raison et du malheur.

Ici finissent les relations directes du christianisme et des muses, puisque nous avons achevé de l'envisager *poétiquement* dans ses rapports avec les *hommes*, et dans ses rapports avec les *êtres surnaturels*. Nous couronnerons ce que nous avons dit sur ce sujet par une vue générale de l'Écriture : c'est la source où Milton, le Dante, le Tasse et Racine ont puisé une partie de leurs merveilles, comme les poëtes de l'antiquité ont emprunté leurs grands traits d'Homère.

LIVRE CINQUIÈME.

La Bible et Homère.

CHAPITRE PREMIER.

DE L'ÉCRITURE ET DE SON EXCELLENCE.

C'est un corps d'ouvrage bien singulier que celui qui commence par la Genèse et qui finit par l'Apocalypse; qui s'annonce par le style le plus clair, et qui se termine par le ton le plus figuré. Ne dirait-on pas que tout est grand et simple dans Moïse, comme cette création du monde et cette innocence des hommes primitifs qu'il nous peint; et que tout est terrible et hors de la nature dans le dernier prophète, comme ces sociétés corrompues et cette fin du monde qu'il nous représente?

Les productions les plus étrangères à nos mœurs, les livres sacrés des nations infidèles, le Zend-Avesta des Parsis, le Veidam des Brahmes, le Coran des Turcs, les Edda des Scandinaves, les maximes de Confucius, les poëmes sanskrits, ne nous surprennent point; nous y retrouvons la chaîne ordinaire des idées humaines; ils ont quelque chose de commun entre eux, et dans le ton et dans la pensée. La Bible seule ne ressemble à rien : c'est un monument détaché des autres. Expliquez-la à un Tartare, à un Cafre, à un Canadien : mettez-la entre les mains d'un bonze ou d'un derviche : ils en seront également étonnés. Fait qui tient du miracle! Vingt auteurs, vivant à des époques très-éloignées les unes des autres, ont travaillé aux livres saints; et quoiqu'ils aient employé vingt styles divers, ces styles, toujours inimitables, ne se rencontrent dans aucune composition. Le Nouveau Testament, si différent de l'Ancien par le ton, partage néanmoins avec celui-ci cette étonnante originalité.

Ce n'est pas la seule chose extraordinaire que les hommes s'accordent à trouver dans l'Écriture : ceux qui ne veulent pas croire à l'authenticité de la Bible croient pourtant, en dépit d'eux-mêmes, à quelque chose dans cette même Bible. Déistes et athées, grands et petits, attirés par je ne sais quoi d'inconnu, ne laissent pas de feuilleter sans cesse l'ouvrage que les uns admirent et que les autres dénigrent. Il n'y a pas une position dans la vie pour laquelle on ne puisse rencontrer dans la Bible un verset qui semble dicté tout exprès. On nous persuadera difficilement que tous les événements possibles, heureux ou malheureux, aient été prévus avec toutes leurs conséquences dans un livre écrit de la main des hommes. Or, il est certain qu'on trouve dans l'Écriture :

L'origine du monde et l'annonce de sa fin;

La base des sciences humaines;

Les préceptes politiques depuis le gouvernement du père de famille jusqu'au despotisme; depuis l'âge pastoral jusqu'au siècle de corruption;

Les préceptes moraux applicables à la prospérité et à l'infortune, aux rangs les plus élevés comme aux rangs les plus humbles de la vie;

Enfin, toutes les sortes de styles; styles qui, formant un corps unique de cent morceaux divers, n'ont toutefois aucune ressemblance avec les styles des hommes.

CHAPITRE II

QU'IL Y A TROIS STYLES PRINCIPAUX DANS L'ÉCRITURE.

Entre ces styles divins, trois surtout se font remarquer :

1° Le style historique, tel que celui de la Genèse, du Deutéronome, de Job, etc.;

2° La poésie sacrée telle qu'elle existe dans les psaumes, dans les prophètes et dans les traités moraux, etc.;

3° Le style évangélique.

Le premier de ces trois styles, avec un charme plus grand qu'on ne peut dire, tantôt imite la narration de l'épopée, comme dans l'aventure de Joseph; tantôt emprunte des mouvements de l'ode, comme après le passage de la mer Rouge : ici soupire les élégies du saint Arabe; là chante avec Ruth d'attendrissantes bucoliques. Ce peuple, dont tous les pas sont marqués par des phénomènes; ce peuple pour qui le soleil s'arrête, le rocher verse des eaux, le ciel prodigue la manne ; ce peuple ne pouvait avoir des fastes ordinaires. Les formes connues changent à son égard : ses révolutions sont tour à tour racontées avec la trompette, la lyre et le chalumeau; et le style de son histoire est lui-même un continuel miracle, qui porte témoignage de la vérité des miracles dont il perpétue le souvenir.

On est merveilleusement étonné d'un bout de la Bible à l'autre. Qu'y a-t-il de comparable à l'ouverture de la Genèse? Cette simplicité de langage, en raison inverse de la magnificence des faits, nous semble le dernier effort du génie.

In principio creavit Deus cœlum et terram.

Terra autem erat inanis et vacua, et tenebræ erant super faciem abyssi; et spiritus Dei ferebatur super aquas.

Dixitque Deus: Fiat lux. Et facta est lux. Et vidit Deus lucem quod esset bona: et divisit lucem a tenebris (20).

On ne montre pas comment un pareil style est beau; et si quelqu'un le critiquait, on ne saurait que répondre. Nous nous contenterons d'observer que Dieu qui voit la lumière, et qui, comme un *homme* content de son ouvrage, s'applaudit lui-même et la trouve bonne, est un de ces traits qui ne sont point dans l'ordre des choses humaines; cela ne tombe point naturellement dans l'esprit. Homère et Platon, qui parlent des dieux avec tant de sublimité, n'ont rien de semblable à cette naïveté imposante: c'est Dieu qui s'abaisse au langage des hommes pour leur faire comprendre ses merveilles, mais c'est toujours Dieu.

Quand on songe que Moïse est le plus ancien historien du monde; quand on remarque qu'il n'a mêlé aucune fable à ses récits; quand on le considère comme le libérateur d'un grand peuple, comme l'auteur d'une des plus belles législations connues, et comme l'écrivain le plus sublime qui ait jamais existé; lorsqu'on le voit flotter dans son berceau sur le Nil, se cacher ensuite dans les déserts pendant plusieurs années, puis revenir pour entr'ouvrir la mer, faire couler les sources du rocher, s'entretenir avec Dieu dans la nue, et disparaître enfin sur le sommet d'une montagne, on entre dans un grand étonnement. Mais lorsque sous les rapports chrétiens, on vient à penser que l'histoire des Israélites est non-seulement l'histoire réelle des anciens jours, mais encore la figure des temps modernes; que chaque fait est double et contient en lui-même une *vérité historique* et un *mystère*; que le peuple juif est un abrégé symbolique de la race humaine, représentant dans ses aventures tout ce qui est arrivé et tout ce qui doit arriver dans l'univers; que Jérusalem doit être toujours prise pour une autre cité, Sion pour une autre montagne, la Terre Promise pour une autre terre, et la vocation d'Abraham pour une autre vocation; lorsqu'on fait réflexion que l'homme *moral* est aussi caché sous l'homme *physique* dans cette histoire; que la chute d'Adam, le sang d'Abel, la nudité voilée de Noé, et la malédiction de ce père sur un fils, se manifestent encore aujourd'hui dans l'enfantement douloureux de la femme, dans la misère et l'orgueil de l'homme, dans les flots de sang qui inondent le globe depuis le fratricide de Caïn, dans les races maudites descendues de Cham, qui habitent une des plus belles parties de la terre [1] ; enfin quand on voit le fils promis à David venir à point nommé rétablir la vraie morale et la vraie religion, réunir les peuples, substituer le sacrifice de l'homme intérieur aux holocaustes sanglants, alors on manque de paroles, ou l'on est prêt à s'écrier avec le prophète : « Dieu est notre roi avant tous les temps. » *Deus autem rex noster ante secula.*

C'est dans Job que le style historique de la Bible prend, comme nous l'avons dit, le ton de l'élégie. Aucun écrivain n'a poussé la tristesse de l'âme au degré où elle a été portée par le saint Arabe, pas même Jérémie, *qui peut seul égaler les lamentations aux douleurs*, comme parle Bossuet. Il est vrai que les images empruntées de la nature du midi, les sables brûlants du désert, le palmier solitaire, la montagne stérile, conviennent singulièrement au langage et au sentiment d'un cœur malheureux; mais il y a dans la mélancolie de Job quelque chose de surnaturel. L'homme *individuel*, si misérable qu'il soit, ne peut tirer de tels soupirs de son âme. Job est la figure de l'*humanité souffrante*, et l'écrivain inspiré a trouvé assez de plaintes pour la multitude des maux partagés entre la race humaine. De plus, comme dans l'Écriture tout a un rapport final avec la nouvelle alliance, on pourrait croire que les élégies de Job se prépareraient aussi pour les jours de deuil de l'Église de Jésus-Christ : Dieu faisait composer par ses prophètes des cantiques funèbres dignes des morts chrétiens, deux mille ans avant que ces morts sacrés eussent conquis la vie éternelle.

« Puisse périr le jour où je suis né, et la nuit en laquelle il a été dit : Un homme a été conçu [2] ! »

Étrange manière de gémir ! Il n'y a que l'Écriture qui ait jamais parlé ainsi.

« Je dormirais dans le silence, et je reposerais dans mon sommeil [3]. »

Cette expression, *je reposerais dans* MON *sommeil*, est une chose frappante; mettez *le* sommeil, tout disparaît. Bossuet a dit : *Dormez* VOTRE *sommeil, riches de la terre; et demeurez dans* VOTRE *poussière* [4]. »

« Pourquoi le jour a-t-il été donné au misérable, et la vie à ceux qui sont dans l'amertume du cœur [5]. »

Jamais les entrailles de l'homme n'ont fait sortir de leur profondeur un cri plus douloureux.

« L'homme né de la femme vit peu de temps, et il est rempli de beaucoup de misères [6]. »

Cette circonstance, *né de la femme*, est une redondance merveilleuse ; on voit toutes les infirmités de l'homme dans celles de sa mère. Le style le plus re-

---

[1] Les Nègres.

[2] Job, chap. III, v. 3. Nous nous servons de la traduction de Sacy, à cause des personnes qui y sont accoutumées ; cependant nous nous en éloignerons quelquefois lorsque l'hébreu, les Septante et la Vulgate nous donneront un sens plus fort et plus beau.

[3] Job, v. 13.

[4] *Orais. fun. du chancelier Le Tellier.* — [5] Job, chap. III, v. 20. — [6] Job, chap. XIV, v. 1.

cherché ne peindrait pas la vanité de la vie avec la même force que ce peu de mots : « Il vit *peu de temps*, et il est rempli de *beaucoup* de misères. »

Au reste, tout le monde connaît ce passage où Dieu daigne justifier sa puissance devant Job en confondant la raison de l'homme; c'est pourquoi nous n'en parlons point ici.

Le troisième caractère sous lequel il nous resterait à envisager le style *historique* de la Bible est le caractère pastoral; mais nous aurons occasion d'en traiter avec quelque étendue dans les deux chapitres suivants.

Quant au second style général des saintes Lettres, à savoir la *poésie sacrée*, une foule de critiques s'étant exercés sur ce sujet, il serait superflu de nous y arrêter. Qui n'a lu les chœurs d'*Esther* et d'*Athalie*, les odes de Rousseau et de Malherbe? Le traité du docteur Lowth est entre les mains de tous les littérateurs, et La Harpe a donné en prose une traduction estimée du Psalmiste.

Enfin, le troisième et dernier style des livres saints est celui du *Nouveau Testament*. C'est là que la sublimité des prophètes se change en une tendresse non moins sublime; c'est là que parle l'amour divin; c'est là que le *Verbe* s'est réellement *fait chair*. Quelle onction! quelle simplicité!

Chaque évangéliste a un caractère particulier, excepté saint Marc, dont l'Évangile ne semble être que l'abrégé de celui de saint Matthieu. Saint Marc, toutefois, était disciple de saint Pierre, et plusieurs ont pensé qu'il a écrit sous la dictée de ce prince des apôtres. Il est digne de remarque qu'il a raconté aussi la faute de son maître. Cela nous semble un mystère sublime et touchant, que Jésus-Christ ait choisi pour chef de son Église précisément le seul de ses disciples qui l'eût renié. Tout l'esprit du christianisme est là : saint Pierre est l'Adam de la nouvelle loi; il est le père coupable et repentant des nouveaux Israélites; sa chute nous enseigne en outre que la religion chrétienne est une religion de miséricorde, et que Jésus-Christ a établi sa loi parmi les hommes sujets à l'erreur, moins encore pour l'innocence que pour le repentir.

L'évangile de saint Matthieu est surtout précieux pour la morale. C'est cet apôtre qui nous a transmis le plus grand nombre de ces préceptes en sentiments qui sortaient avec tant d'abondance des entrailles de Jésus-Christ.

Saint Jean a quelque chose de plus doux et de plus tendre. On reconnaît en lui *le disciple que Jésus aimait*, le disciple qu'il voulut avoir auprès de lui, au jardin des Oliviers pendant son agonie. Sublime distinction sans doute! car il n'y a que l'ami de notre âme qui soit digne d'entrer dans le mystère de nos douleurs. Jean fut encore le seul des apôtres qui accompagna le Fils de l'Homme jusqu'à la croix. Ce fut là que le Sauveur lui légua sa mère. *Mulier, ecce Filius tuus. Deinde dicit discipulo : Ecce Mater tua.* Mot céleste, parole ineffable! Le disciple bien-aimé, qui avait dormi sur le sein de son maître, avait gardé de lui une image ineffaçable : aussi le reconnut-il le premier après sa résurrection. Le cœur de Jean ne put se méprendre aux traits de son divin ami, et la foi lui vint de la charité.

Au reste, l'esprit de tout l'évangile de saint Jean est renfermé dans cette maxime qu'il allait répétant dans sa vieillesse : cet apôtre, rempli de jours et de bonnes œuvres, ne pouvant plus faire de longs discours au nouveau peuple qu'il avait enfanté à Jésus-Christ, se contentait de lui dire : *Mes petits enfants, aimez-vous les uns les autres.*

Saint Jérôme prétend que saint Luc était médecin, profession si noble et si belle dans l'antiquité, et que son évangile est la médecine de l'âme. Le langage de cet apôtre est pur et élevé : on voit que c'était un homme versé dans les lettres, et qui connaissait les affaires et les hommes de son temps. Il entre dans son récit à la manière des anciens historiens ; vous croyez entendre Hérodote :

« 1° Comme plusieurs ont entrepris d'écrire l'histoire des choses qui se
« sont accomplies parmi nous ;

« 2° Suivant le rapport que nous en ont fait ceux qui dès le commencement
« les ont vues de leurs propres yeux, et qui ont été les ministres de la parole ;

« 3° Jai cru que je devais aussi, très-excellent Théophile, après avoir été exac-
« tement informé de toutes ces choses, depuis leur commencement, vous en
« écrire par ordre toute l'histoire. »

Notre ignorance est telle aujourd'hui, qu'il y a peut-être des *gens de lettres* qui seront étonnés d'apprendre que saint Luc est un très-grand écrivain, dont l'évangile respire le génie de l'antiquité grecque et hébraïque. Qu'y a-t-il de plus beau que tout le morceau qui précède la naissance de Jésus-Christ?

« Au temps d'Hérode, roi de Judée, il y avait un prêtre nommé Zacharie,
« du sang d'Abia : sa femme était aussi de la race d'Aaron; elle s'appelait
« Élisabeth.

« Ils étaient tous deux justes devant Dieu.... Ils n'avaient point d'enfants,
« parce qu'Élisabeth était stérile et qu'ils étaient tous deux avancés en âge. »

Zacharie offre un sacrifice ; un ange lui *apparaît debout à côté de l'autel des parfums.* Il lui prédit qu'il aura un fils, que ce fils s'appellera Jean, qu'il sera le précurseur du Messie, *et qu'il réunira le cœur des pères et des enfants.* Le même ange va trouver ensuite *une vierge qui demeurait en Israël*, et lui dit : « Je vous salue, ô pleine de grâce ! le Seigneur est avec vous. » Marie *s'en va dans les montagnes de Judée ;* elle rencontre Élisabeth, et l'enfant que celle-ci portait dans son sein tressaille à la voix de la Vierge qui devait mettre au jour le Sauveur du monde. Élisabeth, remplie tout à coup de l'Esprit saint; élève la voix et s'écrie : « Vous êtes bénie entre toutes les femmes, et le fruit
« de votre sein sera béni.

« D'où me vient le bonheur que la mère de mon Sauveur vienne vers moi?

« Car, lorsque vous m'avez saluée, votre voix n'a pas plutôt frappé mon
« oreille, que mon enfant a tressailli de joie dans mon sein. »

Marie entonne alors le magnifique cantique : « O mon âme, glorifie le Seigneur ! »

L'histoire de la crèche et des bergers vient ensuite. *Une troupe nombreuse de l'armée céleste* chante pendant la nuit: *Gloire à Dieu dans le ciel, et paix sur la terre aux hommes de bonne volonté !* mot digne des anges, et qui est comme l'abrégé de la religion chrétienne.

Nous croyons connaître un peu l'antiquité, et nous osons assurer qu'on chercherait longtemps chez les plus beaux génies de Rome et de la Grèce avant d'y trouver rien qui soit à la fois aussi simple et aussi merveilleux.

Quiconque lira l'Évangile avec un peu d'attention y découvrira à tous moments des choses admirables, et qui échappent d'abord à cause de leur extrême simplicité. Saint Luc, par exemple, en donnant la généalogie du Christ, remonte jusqu'à la naissance du monde. Arrivé aux premières générations, et continuant à nommer les races, il dit : *Cainan qui fuit Henos, qui fuit Seth, qui fuit Adam, qui fuit* Dei. Le simple mot *qui fuit* Dei, jeté là sans commentaire et sans réflexion, pour raconter la création, l'origine, la nature, les fins et le mystère de l'homme, nous semble de la plus grande sublimité.

La religion du fils de Marie est comme l'essence des diverses religions ou ce qu'il y a de plus céleste en elles. On peut peindre en quelques mots le caractère du style évangélique : c'est un ton d'autorité paternelle mêlé à je ne sais quelle indulgence de frère, à je ne sais quelle considération d'un Dieu qui, pour nous racheter, a daigné devenir fils et frère des hommes.

Au reste, plus on lit les épîtres des apôtres, surtout celles de saint Paul, et plus on est étonné : on ne sait quel est cet homme qui, dans une espèce de prône commun, dit familièrement des mots sublimes, jette les regards les plus profonds sur le cœur humain, explique la nature du souverain Être, et prédit l'avenir (21).

CHAPITRE III.

PARALLÈLE DE LA BIBLE ET D'HOMÈRE.

TERMES DE COMPARAISON.

On a tant écrit sur la Bible, on l'a tant de fois commentée, que le seul moyen qui reste peut-être aujourd'hui d'en faire sentir les beautés, c'est de la rapprocher des poëmes d'Homère. Consacrés par les siècles, ces poëmes ont reçu du temps une espèce de sainteté qui justifie le parallèle et écarte toute idée de profanation. Si Jacob et Nestor ne sont pas de la même famille, ils sont du moins l'un et l'autre des premiers jours du monde, et l'on sent qu'il n'y a qu'un pas des palais de Pylos aux tentes d'Ismaël.

Comment la Bible est plus belle qu'Homère ; quelles sont les ressemblances et les différences qui existent entre elle et les ouvrages de ce poëte : voilà ce que nous nous proposons de rechercher dans ces chapitres. Considérons ces deux monuments qui, comme deux colonnes solitaires, sont placés à la porte du temple du Génie, et en forment le simple péristyle.

Et d'abord, c'est une chose assez curieuse de voir lutter de front les deux langues les plus anciennes du monde ; langues dans lesquelles Moïse et Lycurgue ont publié leurs lois, et Pindare et David chanté leurs hymnes.

L'hébreu, concis, énergique, presque sans inflexion dans ses verbes, exprimant vingt nuances de la pensée par la seule apposition d'une lettre, annonce l'idiome d'un peuple qui, par une alliance remarquable, unit à la simplicité primitive une connaissance approfondie des hommes.

Le grec montre dans ses conjugaisons perplexes, dans ses inflexions, dans sa diffuse éloquence, une nation d'un génie imitatif et sociable, une nation gracieuse et vaine, mélodieuse et prodigue de paroles.

L'hébreu veut-il composer un verbe, il n'a besoin que de connaître les trois lettres radicales qui forment au singulier la troisième personne du prétérit. Il a à l'instant même tous les temps et tous les modes, en ajoutant quelques lettres *serviles* avant, après, ou entre les trois lettres radicales.

Bien plus embarrassée est la marche du grec. Il faut considérer la *caractéristique*, la *terminaison*, l'*augment* et la *pénultième* de certaines *personnes* des *temps* des verbes; choses d'autant plus difficiles à connaître, que la *caractéristique* se perd, se transpose ou se charge d'une lettre inconnue, selon la lettre même devant laquelle elle se trouve placée.

Ces deux conjugaisons hébraïque et grecque, l'une si simple et si courte, l'autre si composée et si longue, semblent porter l'empreinte de l'esprit et des mœurs des peuples qui les ont formées : la première retrace le langage concis du patriarche qui va seul visiter son voisin au puits du palmier; la seconde rappelle la prolixe éloquence du Pélasge qui se présente à la porte de son hôte.

Si vous prenez au hasard quelque substantif grec ou hébreu, vous découvrirez encore mieux le génie des deux langues. *Nesher*, en hébreu, signifie un *aigle* : il vient du verbe *shur*, *contempler*, parce que l'aigle fixe le soleil.

Aigle, en grec, se rend par αἰετός, *vol rapide*.

Israël a été frappé de ce que l'aigle a de plus sublime : il l'a vu immobile sur le rocher de la montagne, regardant l'astre du jour à son réveil.

Athènes n'a aperçu que le vol de l'aigle, sa fuite impétueuse, et ce mouvement qui convenait au propre mouvement du génie des Grecs. Telles sont précisément ces images de *soleil*, de *feux*, de *montagnes*, si souvent employées dans la Bible, et ces peintures de *bruits*, de *courses*, de *passages*, si multipliées dans Homère [1].

Nos termes de comparaison seront :
La simplicité;
L'antiquité des mœurs;
La narration;
La description;
Les comparaisons ou les images;
Le sublime.
Examinons le premier terme.

1° *Simplicité.*

La simplicité de la Bible est plus courte et plus grave; la simplicité d'Homère plus longue et plus riante.

La première est sentencieuse, et revient aux mêmes locutions pour exprimer des choses nouvelles.

---

[1] Αἰετός paraît tenir à l'hébreu HAIT, s'élancer avec fureur, à moins qu'on ne le dérive d'ATE, devin; ATH, prodige : on retrouverait ainsi l'art de la divination dans une étymologie. L'*aquila* des Latins vient manifestement de l'hébreu, *aouike*, *animal à serres*. L'*a* n'est qu'une terminaison latine : *u* se doit prononcer *ou*. Quant à la transposition du *k* et son changement en *q*, c'est peu de chose.

La seconde aime à s'étendre en paroles, et répète souvent dans les mêmes phrases ce qu'elle vient déjà de dire.

La simplicité de l'Écriture est celle d'un antique prêtre qui, plein des sciences divines et humaines, dicte du fond du sanctuaire les oracles précis de la sagesse.

La simplicité du poëte de Chio est celle d'un vieux voyageur qui raconte au foyer de son hôte ce qu'il a appris dans le cours d'une vie longue et traversée.

2° *Antiquité des mœurs.*

Les fils des pasteurs d'Orient gardent les troupeaux comme le fils des rois d'Ilion ; mais lorsque Pâris retourne à Troie, il habite un palais parmi des esclaves et des voluptés.

Une tente, une table frugale, des serviteurs rustiques, voilà tout ce qui attend les enfants de Jacob chez leur père.

Un hôte se présente-t-il chez un prince dans Homère, des femmes, et quelquefois la fille même du roi, conduisent l'étranger au bain. On le parfume, on lui donne à laver dans des aiguières d'or et d'argent, on le revêt d'un manteau de pourpre, on le conduit dans la salle du festin, on le fait s'asseoir dans une belle chaise d'ivoire, ornée d'un beau marchepied. Des esclaves mêlent le vin et l'eau dans les coupes, et lui présentent les dons de Cérès dans une corbeille : le maître du lieu lui sert le dos succulent de la victime, dont il lui fait une part cinq fois plus grande que celle des autres. Cependant on mange avec une grande joie, et l'abondance a bientôt chassé la faim. Le repas fini, on prie l'*étranger* de raconter son histoire. Enfin, à son départ, on lui fait de riches présents, si mince qu'ait paru d'abord son équipage ; car on suppose que c'est un dieu qui vient, ainsi déguisé, surprendre le cœur des rois, ou un homme tombé dans l'infortune, et par conséquent le favori de Jupiter.

Sous la tente d'Abraham, la réception se passe autrement. Le patriarche sort pour aller au-devant de son hôte, il le salue, et puis adore Dieu. Les fils du lieu emmènent les chameaux, et les filles leur donnent à boire. On lave les pieds du *voyageur* : il s'assied à terre, et prend en silence le repas de l'hospitalité. On ne lui demande point son histoire, on ne le questionne point ; il demeure ou continue sa route à volonté. A son départ, on fait alliance avec lui, et l'on élève la pierre du témoignage. Cet autel doit dire aux siècles futurs que deux hommes des anciens jours se rencontrèrent dans le chemin de la vie, qu'après s'être traités comme deux frères, ils se quittèrent pour ne se revoir jamais, et pour mettre de grandes régions entre leurs tombeaux.

Remarquez que l'hôte inconnu est un *étranger* chez Homère, et un *voyageur* dans la Bible. Quelles différentes vues de l'humanité ! Le grec ne porte qu'une idée politique et locale où l'hébreu attache un sentiment moral et universel.

Chez Homère, les œuvres civiles se font avec fracas et parade : un juge, assis au milieu de la place publique, prononce à haute voix ses sentences ; Nestor, au bord de la mer, fait des sacrifices ou harangue les peuples. Une noce a des flambeaux, des épithalames, des couronnes suspendues aux portes : une armée, un peuple entier, assistent aux funérailles d'un roi : un serment se fait au nom des Furies, avec des imprécations terribles, etc.

Jacob, sous un palmier, à l'entrée de sa tente, distribue la justice à ses pasteurs. « Mettez la main sur ma cuisse[1], dit Abraham à son serviteur, et jurez d'aller en Mésopotamie. » Deux mots suffisent pour conclure un mariage au bord de la fontaine. Le domestique amène l'accordée au fils de son maître, ou le fils du maître s'engage à garder pendant sept ans les troupeaux de son beau-père, pour obtenir sa fille. Un patriarche est porté par ses fils, après sa mort, à la cave de ses pères, dans le champ d'Éphron. Ces mœurs-là sont plus vieilles encore que les mœurs homériques, parce qu'elles sont plus simples; elles ont aussi un calme et une gravité qui manquent aux premières.

3° *La narration.*

La narration d'Homère est coupée par des digressions, des discours, des descriptions de vases, de vêtements, d'armes et de sceptres; par des généalogies d'hommes ou de choses. Les noms propres y sont hérissés d'épithètes; un héros manque rarement d'être *divin, semblable aux immortels*, ou *honoré des peuples comme un dieu*. Une princesse a toujours *de beaux bras*; elle est toujours comme *la tige du palmier de Délos*, et elle doit sa chevelure à la *plus jeune des Grâces*.

La narration de la Bible est rapide, sans digression, sans discours : elle est semée de sentences, et les personnages y sont nommés sans flatterie. Les noms reviennent sans fin, et rarement le pronom les remplace, circonstance qui, jointe au retour fréquent de la conjonction *et*, annonce par cette simplicité, une société bien plus près de l'état de nature que la société peinte par Homère. Les amours-propres sont déjà éveillés dans les hommes de l'*Odyssée;* ils dorment encore chez les hommes de la Genèse.

4° *Description.*

Les descriptions d'Homère sont longues, soit qu'elles tiennent du caractère tendre ou terrible, ou triste, ou gracieux, ou fort, ou sublime.

La Bible, dans tous ses genres, n'a ordinairement qu'un seul trait; mais ce trait est frappant, et met l'objet sous les yeux.

5° *Les comparaisons.*

Les comparaisons homériques sont prolongées par des circonstances incidentes; ce sont de petits tableaux suspendus au pourtour d'un édifice, pour délasser la vue de l'élévation des dômes, en l'appelant sur des scènes de paysages et de mœurs champêtres.

Les comparaisons de la Bible sont généralement exprimées en quelques mots : c'est un lion, un torrent, un orage, un incendie, qui rugit, tombe, ravage, dévore. Toutefois elle connaît aussi les comparaisons détaillées; mais alors elle prend un tour oriental, et personnifie l'objet, comme l'orgueil dans le cèdre, etc.

6° *Le sublime.*

Enfin, le sublime dans Homère naît ordinairement de l'ensemble des parties, et arrive graduellement à son terme.

---

[1] *Femur meum.* Cette coutume de jurer par la génération des hommes est une naïve image des mœurs des premiers jours du monde, alors que la terre avait encore d'immenses déserts, et que l'homme était pour l'homme ce qu'il y avait de plus cher et de plus grand. Les Grecs connurent aussi cet usage, comme on le voit dans la *Vie de Cratès.* (DIOG. LAERT. lib. VI.)

Dans la Bible il est presque toujours inattendu; il fond sur vous comme l'éclair; vous restez fumant et sillonné par la foudre, avant de savoir comment elle vous a frappé.

Dans Homère, le sublime se compose encore de la magnificence des mots en harmonie avec la majesté de la pensée.

Dans la Bible au contraire, le plus haut sublime provient souvent d'un contraste entre la grandeur de l'idée et la petitesse, quelquefois même la trivialité du mot qui sert à la rendre. Il en résulte un ébranlement, un froissement incroyable pour l'âme : car lorsque, exalté par la pensée, l'esprit s'élance dans les plus hautes régions, soudain l'expression, au lieu de le soutenir, le laisse tomber du ciel en terre, et le précipite du sein de Dieu dans le limon de cet univers. Cette sorte de sublime, le plus impétueux de tous, convient singulièrement à un Être immense et formidable, qui touche à la fois aux plus grandes et aux plus petites choses.

CHAPITRE IV.

SUITE DU PARALLÈLE DE LA BIBLE ET D'HOMÈRE.

EXEMPLES.

Quelques exemples achèveront maintenant le développement de ce parallèle. Nous prendrons l'ordre inverse de nos premières bases, c'est-à-dire que nous commencerons par les lieux d'oraison dont on peut citer des traits courts et détachés (tels que *le sublime* et les *comparaisons*), pour finir par la *simplicité* et l'*antiquité des mœurs*.

Il y a un endroit remarquable par le sublime dans l'*Iliade* : c'est celui où Achille, après la mort de Patrocle, paraît désarmé sur le retranchement des Grecs, et épouvante les bataillons troyens par ses cris [1]. Le nuage d'or qui ceint le front du fils de Pélée, la flamme qui s'élève sur sa tête, la comparaison de cette flamme à un feu placé la nuit au haut d'une tour assiégée, les trois cris d'Achille, qui trois fois jettent la confusion dans l'armée troyenne : tout cela forme ce sublime homérique, qui, comme nous l'avons dit, se compose de la réunion de plusieurs beaux accidents et de la magnificence des mots.

Voici un sublime bien différent, c'est le mouvement de l'ode dans son plus haut délire.

« Prophétie contre la vallée de Vision.

« D'où vient que tu montes ainsi en foule sur les toits,

« Ville pleine de tumulte, ville pleine de peuple, ville triomphante? Les enfants sont tués, et ils ne sont point morts par l'épée; ils ne sont point tombés par la guerre...

« Le Seigneur vous couronnera d'une couronne de maux. Il vous jettera comme une balle dans un champ large et spacieux. Vous mourrez là; et c'est à quoi se réduira le char de votre gloire [2]. »

[1] *Iliad.*, liv. XVIII, v. 204. — [2] Is., chap. XXII, v. 1, 2, 18.

Dans quel monde inconnu le prophète vous jette tout à coup ! Où vous transporte-t-il ? Quel est celui qui parle, et à qui la parole est-elle adressée ? Le mouvement suit le mouvement, et chaque verset s'étonne du verset qui l'a précédé. La ville n'est plus un assemblage d'édifices, c'est une femme, ou plutôt un personnage mystérieux, car son sexe n'est pas désigné. Il monte sur *les toits pour gémir*; le prophète, partageant son désordre, lui dit au singulier : *pourquoi montes-tu*, et il ajoute, *en foule*, collectif. « Il vous jettera *comme une balle* dans *un champ spacieux*, et c'est *à quoi se réduira le char de votre gloire :* » voilà des alliances de mots et une poésie bien extraordinaires. Homère a mille façons sublimes de peindre une mort violente; mais l'Écriture les a toutes surpassées par ce seul mot : « *Le premier-né de la mort* dévorera sa beauté. »

Le premier-né de la mort, pour dire *la mort la plus affreuse*, est une de ces figures qu'on ne trouve que dans la *Bible*. On ne sait pas où l'esprit humain a été chercher cela ; les routes pour arriver à ce sublime sont inconnues [1].

C'est ainsi que l'Écriture appelle encore la mort *le roi des épouvantements ;* c'est ainsi qu'elle dit, en parlant du méchant : « *Il a conçu la douleur et enfanté l'iniquité* [2]. »

Quand le même Job veut relever la grandeur de Dieu, il s'écrie : *L'enfer est nu devant ses yeux* [3] : — *c'est lui qui lie les eaux dans les nuées* [4] : — *il ôte le baudrier aux rois, et ceint leurs reins d'une corde* [5].

Le devin Théoclymène, au festin de Pénélope, est frappé des présages sinistres qui les menacent.

Α᾽ δειλοί, etc. [6].

« Ah ! malheureux ! que vous est-il arrivé de funeste ? quelles ténèbres sont répandues sur vos têtes, sur votre visage et autour de vos genoux débiles ? Un hurlement se fait entendre, vos joues sont couvertes de pleurs. Les murs, les lambris sont teints de sang ; cette salle, ce vestibule sont pleins de larves qui descendent dans l'Érèbe, à travers l'ombre. Le soleil s'évanouit dans le ciel, et la nuit des enfers se lève. »

Tout formidable que soit ce sublime, il le cède encore à la vision du livre de Job.

« Dans l'horreur d'une vision de nuit, lorsque le sommeil endort le plus profondément les hommes,

« Je fus saisi de crainte et de tremblement, et la frayeur pénétra jusqu'à mes os.

« *Un esprit passa devant ma face, et le poil de ma chair se hérissa d'horreur.*

« Je vis celui dont je ne connaissais point le visage. Un spectre parut devant mes yeux, et j'entendis une voix comme un petit souffle [7]. »

---

[1] Job, chap. xviii, v. 13. Nous avons suivi le sens de l'hébreu avec la Polyglotte de Ximenès, les versions de Sanctes Pagnin, d'Arius Montanus, etc. La Vulgate porte : *la mort aînée, primogenita mors*. — [2] *Id.*, chap, xv, v. 35. — [3] *Id.*, chap. xxvi, v. 6. — [4] *Id.*, chap. xvi, v. 12 — [5] *Id.*, chap. xii, v. 18. — [6] *Odyss.*, lib. xx, v. 351-57. — [7] Job, chap. iv v., 13, 14, 15, 16. Les mots en italique indiquent les endroits où nous différons de Sacy. Il traduit : *Un esprit vint se présenter devant moi, et les cheveux m'en dressèrent à la tête.* On voit combien l'hébreu est plus énergique.

Il y a là beaucoup moins de sang, de ténèbres, de larves que dans Homère ; mais ce *visage inconnu* et *ce petit souffle* sont en effet beaucoup plus terribles.

Quant à ce sublime qui résulte du choc d'une grande pensée et d'une petite image, nous allons en voir un bel exemple en parlant des comparaisons.

Si le chantre d'Ilion peint un jeune homme abattu par la lance de Ménélas, il le compare à un jeune olivier couvert de fleurs, planté dans un verger loin des feux du soleil, parmi la rosée et les zéphyrs ; tout à coup un vent impétueux le renverse sur le sol natal, et il tombe au bord des eaux nourricières qui portaient la sève à ses racines. Voilà la longue comparaison homérique avec ces détails charmants :

Καλὸν, τηλεθάον· τὸ δέ τε πνοιαὶ δονέουσι
Παντοίων ἀνέμων, καί τε βρύει ἄνθεϊ λευκῷ [1].

On croit entendre les soupirs du vent dans la tige du jeune olivier. *Quam flatus motant omnium ventorum.*

La Bible, pour tout cela, n'a qu'un trait : « L'impie, dit-elle, se flétrira comme la vigne tendre, comme l'olivier qui laisse tomber sa fleur [2]. »

« La terre, s'écrie Isaïe, chancellera comme un homme ivre : elle sera transportée comme une tente dressée pour une nuit [3] »

Voilà le sublime en contraste. Sur la phrase *elle sera transportée*, l'esprit demeure suspendu et attend quelque grande comparaison, lorsque le prophète ajoute, *comme une tente dressée pour une nuit.* On voit la terre qui nous paraît si vaste, déployée dans les airs comme un petit pavillon, ensuite emportée avec aisance par le *Dieu fort* qui l'a tendue, et pour qui la durée des siècles est à peine comme une nuit rapide.

La seconde espèce de comparaison, que nous avons attribuée à la Bible, c'est-à-dire la *longue* comparaison, se rencontre ainsi dans Job :

« Vous verriez l'impie humecté avant le lever du soleil, et réjouir sa tige dans son jardin. Ses racines se multiplient dans un tas de pierres et s'y affermissent ; si on l'arrache de sa place, le lieu même où il était le reniera, et lui dira : « Je ne t'ai point connu [4]. »

Combien cette comparaison, ou plutôt cette figure prolongée, est admirable ! C'est ainsi que les méchants sont reniés par ces cœurs stériles, par *ces tas de pierres*, sur lesquels, dans leur coupable prospérité, ils jettent follement leurs racines. Ces cailloux, qui prennent la parole, offrent de plus une sorte de personnification presque inconnue au poëte de l'Ionie [5].

Ézéchiel, prophétisant la ruine de Tyr, s'écrie : « Les vaisseaux trembleront, maintenant que vous êtes saisie de frayeur ; et les îles seront épouvantées dans la mer, en voyant que personne ne sort de vos portes [6]. »

Y a-t-il rien de plus effrayant que cette image ? On croit voir cette ville, jadis si commerçante et si peuplée, debout encore avec ses tours et ses édifices,

---

[1] *Iliad.*, liv. xvii, v. 55, 56. — [2] Job, chap. xv, v. 33. — [3] Is., chap. xxiv, v. 20. — [4] Job, chap. viii, v. 16, 17, 18. — [5] Homère a fait pleurer le rivage de l'Hellespont. — [6] Ezéchiel, chap. xxvi, v. 18.

tandis qu'aucun être vivant ne se promène dans ses rues solitaires, ou ne passe sous ses portes désertes.

Venons aux exemples de narrations, où nous trouverons réunis *le sentiment, la description, l'image, la simplicité* et *l'antiquité des mœurs.*

Les passages les plus fameux, les traits les plus connus et les plus admirés dans Homère, se retrouvent presque mot pour mot dans la Bible, et toujours avec une supériorité incontestable.

Ulysse est assis au festin du roi Alcinoüs, Démodocus chante la guerre de Troie et les malheurs des Grecs.

. . . . Αὐτὰρ Ὀδυσσεὺς, etc. [1].

« Ulysse, prenant dans sa forte main un pan de son superbe manteau de pourpre, le tirait sur sa tête pour cacher son noble visage, et pour dérober aux Phéaciens les pleurs qui lui tombaient des yeux. Quand le chantre divin suspendait ses vers, Ulysse essuyait ses larmes, et, prenant une coupe, il faisait des libations aux dieux. Quand Démodocus recommençait ses chants, et que les anciens l'excitaient à continuer (car ils étaient charmés de ses paroles), Ulysse s'enveloppait la tête de nouveau, et recommençait à pleurer. »

Ce sont des beautés de cette nature qui, de siècle en siècle, ont assuré à Homère la première place entre les plus grands génies. Il n'y a point de honte à sa mémoire de n'avoir été vaincu dans de pareils tableaux que par des hommes écrivant sous la dictée du Ciel. Mais vaincu, il l'est sans doute, et d'une manière qui ne laisse aucun subterfuge à la critique.

Ceux qui ont vendu Joseph, les propres frères de cet homme puissant, retournent vers lui sans le reconnaître, et lui amènent le jeune Benjamin qu'il avait demandé.

« Joseph les salua aussi en leur faisant bon visage, et il leur demanda : Votre père, ce vieillard dont vous parliez, vit-il encore, se porte-t-il bien ?

« Ils lui répondirent : Notre père, votre serviteur, est encore en vie, et il se porte bien ; et, en se baissant profondément, ils l'adorèrent.

« Joseph, levant les yeux, vit Benjamin, son frère, fils de Rachel sa mère, et il leur dit : Est-ce là le plus jeune de vos frères dont vous m'aviez parlé ? Mon fils, ajouta-t-il, je prie Dieu qu'il vous soit toujours favorable.

« Et il se hâta de sortir, parce que ses entrailles avaient été émues en voyant son frère, et *qu'il ne pouvait plus retenir ses larmes;* passant donc dans une autre chambre, *il pleura.*

« Et après *s'être lavé le visage*, il revint, et se faisant violence, dit à ses serviteurs : Servez à manger [2]. »

Voilà les larmes de Joseph en opposition à celles d'Ulysse ; voilà des beautés semblables, et cependant quelle différence de pathétique ! Joseph, pleurant à la vue de ses frères ingrats, et du jeune et innocent Benjamin; cette manière de demander des nouvelles d'un père, cette adorable simplicité, ce mélange d'a-

---

[1] *Odyss.*, liv. VIII, v. 83, etc. — [2] *Genèse*, chap. XLIII, v. 27 et suiv.

mertume et de douceur, sont des choses ineffables; les larmes en viennent aux yeux, et l'on se sent prêt à pleurer comme Joseph.

Ulysse, caché chez Eumée, se fait reconnaître à Télémaque; il sort de la maison du pasteur, dépouille ses haillons, et, reprenant sa beauté par un coup de la baguette de Minerve, il rentre pompeusement vêtu.

. . . . . Θάμβησε δέ μιν φίλος υἱός, etc. [1].

« Son fils bien-aimé l'admire, et se hâte de détourner sa vue, dans la crainte que ce ne soit un dieu. Faisant un effort pour parler, il lui adresse rapidement ces mots: Étranger, tu me parais bien différent de ce que tu étais avant d'avoir ces habits, et tu n'es plus semblable à toi-même. Certes, tu es quelqu'un des dieux habitants du secret Olympe; mais sois-nous favorable, nous t'offrirons des victimes sacrées et des ouvrages d'or merveilleusement travaillés.

« Le divin Ulysse, pardonnant à son fils, répondit: Je ne suis point un dieu. Pourquoi me compares-tu aux dieux? *Je suis ton père*, pour qui tu supportes mille maux et les violences des hommes. Il dit, et il embrasse son fils, et les larmes qui coulent le long de ses joues viennent mouiller la terre; jusqu'alors il avait eu la force de les retenir. »

Nous reviendrons sur cette reconnaissance; il faut voir auparavant celle de Joseph et de ses frères.

Joseph, après avoir fait mettre une coupe dans le sac de Benjamin, ordonne d'arrêter les enfants de Jacob; ceux-ci sont consternés; Joseph feint de vouloir retenir le coupable: Juda s'offre en otage pour Benjamin; il raconte à Joseph que Jacob lui avait dit, avant de partir pour l'Égypte:

« Vous savez que j'ai eu deux fils de Rachel ma femme.

« L'un d'eux étant allé aux champs, vous m'avez dit qu'une bête l'avait dévoré; il ne paraît point jusqu'à cette heure.

« Si vous emmenez encore celui-ci, et qu'il lui arrive quelque accident dans le chemin, vous accablerez ma vieillesse d'une affliction qui la conduira au tombeau.

« Joseph ne pouvant plus se retenir, et parce qu'il était environné de plusieurs personnes, il commanda que l'on fît sortir tout le monde, afin que nul étranger ne fût présent lorsqu'il se ferait reconnaître de ses frères.

« Alors les larmes lui tombant des yeux, il éleva fortement sa voix, qui fut entendue des Égyptiens et de toute la maison de Pharaon.

« Il dit à ses frères: Je suis Joseph: mon père vit-il encore? Mais ses frères ne purent lui répondre, tant ils étaient saisis de frayeur.

« Il leur parla avec douceur, et leur dit: Approchez-vous de moi; et s'étant approchés de lui, il ajouta: Je suis Joseph votre frère, que vous avez vendu pour l'Égypte.

« Ne craignez point. Ce n'est point par votre conseil que j'ai été envoyé ici, mais par la volonté de Dieu. Hâtez-vous d'aller trouver mon père.

---

[1] *Odyss.*, liv. XVI, v. 178 et suiv.

« . . . Et s'étant jeté au cou de Benjamin son frère, il pleura, et Benjamin pleura aussi en le tenant embrassé.

« Joseph embrassa aussi tous ses frères, et il pleura sur chacun d'eux. [1]. »

La voilà cette histoire de Joseph, et ce n'est point dans l'ouvrage d'un sophiste qu'on la trouve (car rien de ce qui est fait avec le cœur et des larmes n'appartient à des sophistes); on la trouve, cette histoire, dans le livre qui sert de base à une religion dédaignée des esprits forts, et qui serait bien en droit de leur rendre mépris pour mépris. Voyons comment la reconnaissance de Joseph et de ses frères l'emporte sur celle d'Ulysse et de Télémaque.

Homère, ce nous semble, est d'abord tombé dans une erreur, en employant le *merveilleux*. Dans les scènes dramatiques, lorsque les passions sont émues, et que tous les miracles doivent sortir de l'âme, l'intervention d'une divinité refroidit l'action, donne aux sentiments l'air de la fable, et décèle le mensonge du poëte, où l'on ne pensait trouver que la vérité. Ulysse, se faisant reconnaître sous ses haillons à quelque marque naturelle, eût été plus touchant. C'est ce qu'Homère lui-même avait senti, puisque le roi d'Ithaque se découvre à sa nourrice Euryclée par une ancienne cicatrice, et à Laërte par la circonstance des treize poiriers que le vieillard avait donnés à Ulysse enfant. On aime à voir que les entrailles du *destructeur des villes* sont formées comme celles du commun des hommes, et que les affections simples en composent le fond.

La reconnaissance est mieux amenée dans la Genèse: une coupe est mise, par la plus innocente vengeance, dans le sac d'un jeune frère innocent; des frères coupables se désolent, en pensant à l'affliction de leur père; l'image de la douleur de Jacob brise tout à coup le cœur de Joseph, et le force à se découvrir plus tôt qu'il ne l'avait résolu. Quant au mot fameux, *Je suis Joseph*, on sait qu'il faisait pleurer d'admiration Voltaire lui-même. Le Πατήρ τιός εἰμι, *Je suis ton père*, est bien inférieur à l'*Ego sum Joseph*. Ulysse retrouve dans Télémaque un fils soumis et fidèle. Joseph parle à des frères qui l'*ont vendu*; il ne leur dit pas *Je suis votre frère*; il leur dit seulement, *Je suis Joseph*, et tout est pour eux dans ce nom de *Joseph*. Comme Télémaque, ils sont troublés; mais ce n'est pas la majesté du ministre de Pharaon qui les étonne, c'est quelque chose au fond de leur conscience.

Ulysse fait à Télémaque un long raisonnement pour lui prouver qu'il est son père: Joseph n'a pas besoin de tant de paroles avec les fils de Jacob. Il *les appelle auprès de lui*: car s'il a *élevé* la voix *assez haut* pour être entendu de toute la maison de Pharaon, lorsqu'il a dit *Je suis Joseph*, ses frères doivent être maintenant les *seuls* à entendre l'explication qu'il va ajouter à *voix basse*: *Ego sum Joseph*, FRATER VESTER, QUEM VENDIDISTIS IN ÆGYPTUM; c'est la délicatesse, la générosité et la simplicité poussées au plus haut degré.

N'oublions pas de remarquer avec quelle bonté Joseph console ses frères, les excuses qu'il leur fournit en leur disant que, loin de l'avoir rendu misérable, ils sont au contraire la cause de sa grandeur. C'est à quoi l'Écriture ne manque jamais, de placer la Providence dans la perspective de ses tableaux. Ce grand

---

[1] *Genèse*, chap. XLIV, v. 27 et suiv.; chap. XLV, v. 4 et suiv.

conseil de Dieu, qui conduit les affaires humaines, alors qu'elles semblent le plus abandonnées aux lois du hasard, surprend merveilleusement l'esprit. On aime cette main cachée dans la nue, qui travaille incessamment les hommes; on aime à se croire quelque chose dans les projets de la Sagesse, et à sentir que le moment de notre vie est un dessein de l'éternité.

Tout est grand avec Dieu, tout est petit sans Dieu : cela s'étend jusque sur les sentiments. Supposez que tout se passe dans l'histoire de Joseph comme il est marqué dans la Genèse; admettez que le fils de Jacob soit aussi bon, aussi sensible qu'il l'est, mais qu'il soit *philosophe;* et qu'ainsi, au lieu de dire, Je *suis ici par la volonté du* Seigneur, il dise, La *fortune m'a été favorable,* les objets diminuent, le cercle se rétrécit, et le pathétique s'en va avec les larmes.

Enfin, Joseph embrasse ses frères, comme Ulysse embrasse Télémaque, mais il commence par Benjamin. Un auteur moderne n'eût pas manqué de le faire se jeter de préférence au cou du frère le plus coupable, afin que son héros fût un vrai personnage de tragédie. La Bible a mieux connu le cœur humain : elle a su comment apprécier cette exagération de sentiment, par qui un homme a toujours l'air de s'efforcer d'atteindre à ce qu'il croit une grande chose, ou de dire ce qu'il pense un grand mot. Au reste, la comparaison qu'Homère a faite des sanglots de Télémaque et d'Ulysse aux cris d'un aigle et de ses aiglons (comparaison que nous avons supprimée) nous semble encore de trop dans ce lieu. « Et, *s'étant jeté au cou de Benjamin pour l'embrasser, il pleura; et Benjamin pleura aussi, en le tenant embrassé:* » c'est là la seule magnificence du style convenable en de telles occasions.

Nous trouverions dans l'Écriture plusieurs autres morceaux de narration de la même excellence que celui de Joseph; mais le lecteur peut aisément en faire la comparaison avec des passages d'Homère. Il comparera, par exemple, le livre de Ruth et le livre de la réception d'Ulysse chez Eumée. Tobie offre des ressemblances touchantes avec quelques scènes de l'*Iliade* et de l'*Odyssée:* Priam est conduit par Mercure, sous la forme d'un jeune homme, comme le fils de Tobie l'est par un ange, sous le même déguisement. Il ne faut pas oublier le chien qui court annoncer à de vieux parents le retour d'un fils chéri; et cet autre chien qui, resté fidèle parmi des serviteurs ingrats, accomplit ses destinées, dès qu'il a reconnu son maître sous les lambeaux de l'infortune. Nausicaa et la fille de Pharaon vont laver leurs robes aux fleuves : l'une y trouve Ulysse, et l'autre Moïse.

Il y a surtout dans la Bible de certaines façons de s'exprimer, plus touchantes, selon nous, que toute la poésie d'Homère. Si celui-ci veut peindre la vieillesse, il dit :

. . . . . . Τοῖσι δὲ Νέστωρ, etc. [1].

« Nestor, cet orateur des Pyliens, cette bouche éloquente dont les paroles étaient plus douces que le miel, se leva au milieu de l'assemblée. Déjà il avait

---

[1] *Iliad.*, lib. I, v. 247-52.

charmé par ses discours deux générations d'hommes, entre lesquelles il avait vécu dans la grande Pylos, et il régnait maintenant sur la troisième. »

Cette phrase est de la plus belle antiquité, comme de la plus douce mélodie. Le second vers imite la douceur du miel et l'éloquence onctueuse d'un vieillard :

Τοῦ καὶ ἀπὸ γλώσσης μέλιτος γλυκίων ῥέεν αὐδή.

Pharaon ayant interrogé Jacob sur son âge, le patriarche répond :

« Il y a cent trente ans que je suis voyageur. Mes jours ont été courts et mauvais, et ils n'ont point égalé ceux de mes pères [1]. »

Voilà deux sortes d'antiquités bien différentes : l'une est en images, l'autre en sentiments ; l'une réveille des idées riantes, l'autre des pensées tristes : l'une, représentant le chef d'un peuple, ne montre le vieillard que relativement à une position de la vie ; l'autre le considère individuellement et tout entier : en général Homère fait plus réfléchir sur les hommes, et la Bible sur l'homme.

Homère a souvent parlé des joies de deux époux ; mais l'a-t-il fait de cette sorte ?

« Isaac fit entrer Rébecca dans la tente de Sara sa mère, et il la prit pour épouse ; et il eut tant de joie en elle, que la douleur qu'il avait ressentie de la mort de sa mère fut tempérée [2]. »

Nous terminerons ce parallèle et notre poétique chrétienne par un essai qui fera comprendre dans un instant la différence qui existe entre le style de la Bible et celui d'Homère ; nous prendrons un morceau de la première pour la peindre des couleurs du second. Ruth parle ainsi à Noémi :

« Ne vous opposez point à moi, en me forçant à vous quitter, et à m'en aller : en quelque lieu que vous alliez, j'irai avec vous. Je mourrai où vous mourrez ; votre peuple sera mon peuple, et votre Dieu sera mon Dieu [3]. »

Tâchons de traduire ce verset en langue homérique.

« La belle Ruth répondit à la sage Noémi, honorée des peuples comme une déesse : Cessez de vous opposer à ce qu'une divinité m'inspire ; je vous dirai la vérité telle que je la sais et sans déguisement. Je suis résolue de vous suivre. Je demeurerai avec vous, soit que vous restiez chez les Moabites, habiles à lancer le javelot, soit que vous retourniez au pays de Juda, si fertile en oliviers. Je demanderai avec vous l'hospitalité aux peuples qui respectent les suppliants. Nos cendres seront mêlées dans la même urne, et je ferai au Dieu qui vous accompagne toujours des sacrifices agréables.

« Elle dit : et comme, lorsque le violent zéphyr amène une pluie tiède du côté de l'occident, les laboureurs préparent le froment et l'orge, et font des corbeilles de jonc très-proprement entrelacées, car ils prévoient que cette ondée va amollir la glèbe, et la rendre propre à recevoir les dons précieux de Cérès, ainsi les paroles de Ruth, comme une pluie féconde, attendrirent le cœur de Noémi. »

Autant que nos faibles talents nous ont permis d'imiter Homère, voilà peut-être l'ombre du style de cet immortel génie. Mais le verset de Ruth, ainsi

---

[1] *Genèse*, chap. XLVII, v. 9. — [2] *Ibid.*, chap. XXIV, v. 67. — [3] *Ruth.*, chap. I, v. 6.

délayé, n'a-t-il pas perdu ce charme original qu'il a dans l'Écriture ? Quelle poésie peut jamais valoir ce seul tour : « *Populus tuus populus meus, Deus tuus Deus meus.* » Il sera aisé maintenant de prendre un passage d'Homère, d'en effacer les couleurs, et de n'en laisser que le fond à la manière de la Bible.

Par là nous espérons (du moins aussi loin que s'étendent nos lumières) avoir fait connaître aux lecteurs quelques-unes des innombrables beautés des livres saints : heureux si nous avons réussi à leur faire admirer cette grande et sublime pierre qui porte l'Église de Jésus-Christ !

« Si l'Écriture, dit saint Grégoire le Grand, renferme des mystères capables d'exercer les plus éclairés, elle contient aussi des vérités simples, propres à nourrir les humbles et les moins savants : elle porte à l'extérieur de quoi allaiter les enfants, et dans ses plus secrets replis, de quoi saisir d'admiration les esprits les plus sublimes. Semblable à un fleuve dont les eaux sont si basses en certains endroits, qu'un agneau pourrait y passer, et en d'autres si profondes, qu'un éléphant y nagerait.

TROISIÈME PARTIE.

BEAUX-ARTS ET LITTERATURE.

LIVRE PREMIER.

Beaux-Arts.

CHAPITRE PREMIER.

MUSIQUE.

DE L'INFLUENCE DU CHRISTIANISME DANS LA MUSIQUE.

Frères de la poésie, les beaux-arts vont être maintenant l'objet de nos études : attachés aux pas de la religion chrétienne, ils la reconnurent pour leur mère aussitôt qu'elle parut au monde ; ils lui prêtèrent leurs charmes terrestres ; elle leur donna sa divinité ; la musique nota ses chants, la peinture la représenta dans ses douloureux triomphes, la sculpture se plut à rêver avec elle sur les tombeaux, et l'architecture lui bâtit des temples sublimes et mystérieux comme sa pensée.

Platon a merveilleusement défini la nature de la musique : « On ne doit pas, dit-il, juger de la musique par le plaisir, ni rechercher celle qui n'aurait d'autre objet que le plaisir, mais celle qui contient en soi la ressemblance du beau. »

En effet, la musique, considérée comme art, est une imitation de la nature ; sa perfection est donc de représenter *la plus belle nature possible*. Or, le plaisir est une chose d'opinion, qui varie selon les temps, les mœurs et les peuples, et qui ne peut être le *beau*, puisque le *beau* est un, et existe absolument. De là toute institution qui sert à purifier l'âme, à en écarter le trouble et les dissonances, à y faire naître la *vertu*, est par cette qualité même, propice à la plus *belle* musique, ou à l'imitation la plus parfaite du *beau*. Mais si cette institution est en outre de nature religieuse, elle possède alors les deux conditions essentielles à l'harmonie, le *beau* et le *mystérieux*. Le chant nous vient des anges, et la source des concerts est dans le ciel.

C'est la religion qui fait gémir, au milieu de la nuit, la vestale sous ses dômes tranquilles; c'est la religion qui chante si doucement au bord du lit de l'infortuné. Jérémie lui dut ses lamentations, et David ses pénitences sublimes. Plus fière sous l'ancienne alliance, elle ne peignit que des douleurs de monarques et de prophètes; plus modeste, et non moins royale sous la nouvelle loi, ses soupirs conviennent également aux puissants et aux faibles, parce qu'elle a trouvé dans Jésus-Christ l'humilité unie à la grandeur.

Ajoutons que la religion chrétienne est essentiellement mélodieuse, par la seule raison qu'elle aime la solitude. Ce n'est pas qu'elle soit ennemie du monde, elle s'y montre au contraire très-aimable ; mais cette céleste Philomèle préfère les retraites ignorées. Elle est un peu étrangère sous les toits des hommes; elle aime mieux les forêts, qui sont les palais de son père et son ancienne patrie. C'est là qu'elle élève la voix vers le firmament, au milieu des concerts de la nature : la nature publie sans cesse les louanges du Créateur, et il n'y a rien de plus religieux que les cantiques que chantent, avec les vents, les chênes et les roseaux du désert.

Ainsi le musicien qui veut suivre la religion dans ses rapports est obligé d'apprendre l'imitation des harmonies de la solitude. Il faut qu'il connaisse les sons que rendent les arbres et les eaux ; il faut qu'il ait entendu le bruit du vent dans les cloîtres, et ces murmures qui règnent dans les temples gothiques, dans l'herbe des cimetières, et dans les souterrains des morts.

Le christianisme a inventé l'orgue et donné des soupirs à l'airain même. Il a sauvé la musique dans les siècles barbares : là où il a placé son trône, là s'est formé un peuple qui chante naturellement comme les oiseaux. Quand il a civilisé les Sauvages, ce n'a été que par des cantiques ; et l'Iroquois, qui n'avait point cédé à ses dogmes, a cédé à ses concerts. Religion de paix! vous n'avez pas comme les autres cultes, dicté aux humains des préceptes de haine et de discorde ; vous leur avez seulement enseigné l'amour et l'harmonie.

CHAPITRE II.

DU CHANT GRÉGORIEN.

Si l'histoire ne prouvait pas que le chant grégorien est le reste de cette musique antique dont on raconte tant de miracles, il suffirait d'examiner son échelle pour se convaincre de sa haute origine. Avant Gui-Arétin, elle ne s'élevait pas au-dessus de la quinte, en commençant par l'*ut, ré, mi, fa, sol*. Ces cinq tons sont la gamme naturelle de la voix, et donnent une phrase musicale pleine et agréable.

M. Burette nous a conservé quelques airs grecs. En les comparant au plain-chant, on y reconnaît le même système. La plupart des psaumes sont sublimes de gravité, particulièrement le *Dixit Dominus Domino meo*, le *Confitebor tibi*, et le *Laudate, pueri*. L'*In exitu*, arrangé par Rameau, est d'un caractère moins ancien; il est peut-être du temps de l'*Ut queant laxis*, c'est-à-dire du siècle de Charlemagne.

Le christianisme est sérieux comme l'homme, et son sourire même est grave. Rien n'est beau comme les soupirs que nos maux arrachent à la religion. L'office des morts est un chef-d'œuvre; on croit entendre les sourds retentissements du tombeau. Si l'on en croit une ancienne tradition, le *chant qui délivre les morts*, comme l'appelle un de nos meilleurs poëtes, est celui-là même que l'on chantait aux pompes funèbres des Athéniens vers le temps de Périclès.

Dans l'office de la Semaine-Sainte on remarque la Passion de saint Matthieu. Le récitatif de l'historien, les cris de la populace juive, la noblesse des réponses de Jésus, forment un drame pathétique.

Pergolèze a déployé dans le *Stabat Mater* la richesse de son art; mais a-t-il surpassé le simple chant de l'Église? Il a varié la musique sur chaque strophe; et pourtant le caractère essentiel de la tristesse consiste dans la répétition du même sentiment, et, pour ainsi dire, dans la monotonie de la douleur. *Diverses* raisons peuvent faire couler des larmes; mais les larmes ont toujours une *semblable* amertume : d'ailleurs il est rare qu'on pleure à la fois pour une foule de maux; et quand les blessures sont multipliées, il y en a toujours une plus cuisante que les autres, qui finit par absorber les moindres peines. Telle est la raison du charme de nos vieilles romances françaises. Ce chant *pareil*, qui revient à chaque couplet sur des paroles variées, imite parfaitement la nature : l'homme qui souffre promène ainsi ses pensées sur différentes images, tandis que le fond de ses chagrins reste le même.

Pergolèze a donc méconnu cette vérité qui tient à la théorie des passions, lorsqu'il a voulu que pas un soupir de l'âme ne ressemblât au soupir qui l'avait précédé. Partout où il y a variété, il y a distraction; et partout où il y a distraction, il n'y a plus de tristesse : tant l'unité est nécessaire au sentiment! tant l'homme est faible dans cette partie même où gît toute sa force, nous voulons dire dans la douleur.

La leçon des lamentations de Jérémie porte un caractère particulier; elle peut avoir été retouchée par les modernes, mais le fond nous en paraît hébraïque; car il ne ressemble point aux airs grecs du plain-chant. Le Pentateuque se chantait à Jérusalem, comme des bucoliques, sur un mode plein et doux; les prophéties se disaient d'un ton rude et pathétique, et les psaumes avaient un mode extatique qui leur était particulièrement consacré [1]. Ici nous retombons

---

[1] Bonnet, *Histoire de la Musique et de ses effets*.

dans ces grands souvenirs que le culte catholique rappelle de toutes parts. Moïse et Homère, le Liban et le Cythéron, Solyme et Rome, Babylone et Athènes, ont laissé leurs dépouilles à nos autels.

Enfin c'est l'enthousiasme même qui inspira le *Te Deum*. Lorsque, arrêtée sur les plaines de Lens ou de Fontenoy, au milieu des foudres et du sang fumant encore, aux fanfares des clairons et des trompettes, une armée française, sillonnée des feux de la guerre, fléchissait le genou et entonnait l'hymne au Dieu des batailles; ou bien, lorsqu'au milieu des lampes, des masses d'or, des flambeaux, des parfums, aux soupirs de l'orgue, au balancement des cloches, au frémissement des serpents et des basses, cette hymne faisait résonner les vitraux, les souterrains et les dômes d'une basilique, alors il n'y avait point d'homme qui ne se sentît transporté, point d'homme qui n'éprouvât quelque mouvement de ce délire que faisait éclater Pindare aux bois d'Olympie, ou David au torrent de Cédron.

Au reste, en ne parlant que des chants grecs de l'Église, on sent que nous n'employons pas tous nos moyens, puisque nous pourrions montrer les Amboise, les Damas, les Léon, les Grégoire, travaillant eux-mêmes au rétablissement de l'art musical; nous pourrions citer ces chefs-d'œuvre de la musique moderne, composés pour les fêtes chrétiennes; les Vinci, les Léo, les Hasse, les Galuppi, les Durante, élevés, formés ou protégés dans les oratoires de Venise, de Naples, de Rome, et à la cour des souverains pontifes.

CHAPITRE III.

PARTIE HISTORIQUE DE LA PEINTURE CHEZ LES MODERNES.

La Grèce raconte qu'une jeune fille, apercevant l'ombre de son amant sur un mur, dessina les contours de cette ombre. Ainsi, selon l'antiquité, une passion volage produisit l'art des plus parfaites illusions.

L'école chrétienne a cherché un autre maître; elle le reconnaît dans cet artiste qui, pétrissant un peu de limon entre ses mains puissantes, prononça ces paroles : *Faisons l'homme à notre image*. Donc, pour nous, le premier trait du dessin a existé dans l'idée éternelle de Dieu, et la première statue que vit le monde fut cette fameuse argile animée du souffle du Créateur.

Il y a une force d'erreur qui contraint au silence, comme la force de vérité : l'une et l'autre, poussées au dernier degré, emportent conviction, la première négativement, la seconde affirmativement. Ainsi, lorsqu'on entend soutenir que le christianisme est l'ennemi des arts, on demeure muet d'étonnement, car, à l'instant même, on ne peut s'empêcher de se rappeler Michel-Ange, Raphaël, Carrache, Dominique, Lesueur, Poussin, Coustou, et tant d'autres artistes, dont les seuls noms rempliraient des volumes.

Vers le milieu du quatrième siècle, l'empire romain, envahi par les barbares et déchiré par l'hérésie, tomba en ruine de toutes parts. Les arts ne trouvèrent plus de retraites qu'auprès des chrétiens et des empereurs orthodoxes. Théodose, par une loi spéciale *De excusatione artificium*, déchargea les peintres et leurs familles de tout tribut et du logement d'hommes de guerre. Les Pères de l'Église ne tarissent point sur les éloges qu'ils donnent à la peinture. Saint Grégoire s'exprime d'une manière remarquable : *Vidi sæpius inscriptionis imaginem, et sine lacrymis transire non potui, cum tam efficaciter ob oculos poneret historiam* [1] ; c'était un tableau représentant le sacrifice d'Abraham. Saint Basile va plus loin, car il assure que les peintres *font autant par leurs tableaux que les orateurs par leur éloquence* [2]. Un moine nommé Méthodius peignit dans le huitième siècle ce *Jugement dernier* qui convertit Bogoris, roi des Bulgares [3]. Les prêtres avaient rassemblé au collége de l'Orthodoxie, à Constantinople, la plus belle bibliothèque du monde, et les chefs-d'œuvre des arts : on y voyait en particulier la Vénus de Praxitèle [4], ce qui prouve au moins que les fondateurs du culte catholique n'étaient pas des *barbares* sans goût, des *moines bigots*, livrés à une *absurde superstition*.

Ce collége fut dévasté par les empereurs iconoclastes. Les professeurs furent brûlés vifs, et ce ne fut qu'au péril de leurs jours que des *chrétiens* parvinrent à sauver la peau de dragon, de cent vingt pieds de longueur, où les œuvres d'*Homère* étaient écrites en lettres d'or. On livra aux flammes les tableaux des églises. De stupides et furieux hérésiarques, assez semblables aux puritains de Cromwell, hachèrent à coups de sabre les mosaïques de l'église de *Notre-Dame* de Constantinople et du palais des *Blaquernes*. Les persécutions furent poussées si loin, qu'elles enveloppèrent les peintres eux-mêmes : on leur défendit, sous peine de mort, de continuer leurs études. Le *moine* Lazare eut le courage d'être le martyr de son art. Ce fut en vain que Théophile lui fit brûler les mains pour l'empêcher de tenir le pinceau. Caché dans le souterrain de l'église de *Saint-Jean-Baptiste*, le religieux peignit avec ses doigts mutilés le grand saint dont il était le suppliant [5], digne sans doute de devenir le patron des peintres et d'être reconnu de cette famille sublime que le souffle de l'esprit ravit au-dessus des hommes.

Sous l'empire des Goths et des Lombards, le christianisme continua de tendre une main secourable aux talents. Ces efforts se remarquent surtout dans les églises bâties par Théodoric, Luitprand et Didier. Le même esprit de religion inspira Charlemagne ; et l'église des *Apôtres*, élevée par ce grand prince à Florence, passe encore, même aujourd'hui, pour un assez beau monument [6].

Enfin, vers le treizième siècle, la religion chrétienne, après avoir lutté contre mille obstacles, ramena en triomphe le chœur des Muses sur la terre. Tout se fit pour les églises, et par la protection des pontifes et des princes religieux. Bouchet, Grec d'origine, fut le premier architecte ; Nicolas le premier sculpteur, et Cimabué le premier peintre, qui tirèrent le goût antique des ruines de Rome et de la Grèce. Depuis ce temps, les arts, entre diverses mains et par divers génies, parvinrent jusqu'à ce siècle de Léon X, où éclatèrent, comme des soleils, Raphaël et Michel-Ange.

---

[1] *Deuxième Conc. de Nic.*, act. xl. — [2] Saint Basile, hom. xx. — [3] Curopal., Cedren., Zonar., Maimb., *Hist. des Iconocl.* — [4] Cedren, Zonar., Constant. et Maimb., *Hist. des Iconocl.*, etc. — [5] Maimb., *Histoire des Iconocl.*; Cedren, Curopal. — [6] Vasari, *Poem. del Vit.*

On sent qu'il n'est pas de notre sujet de faire l'histoire complète de l'art. Tout ce que nous devons montrer, c'est en quoi le christianisme est plus favorable à la peinture qu'une autre religion. Or, il est aisé de prouver trois choses : 1° que la religion chrétienne, étant d'une nature spirituelle et mystique, fournit à la peinture un *beau idéal* plus parfait et plus divin que celui qui naît d'un culte matériel ; 2° que, corrigeant la laideur des passions, ou les combattant avec force, elle donne des tons plus sublimes à la figure humaine, et fait mieux sentir l'âme dans les muscles, et les liens de la matière ; 3° enfin, qu'elle a fourni aux arts des sujets plus beaux, plus riches, plus dramatiques, plus touchants que les sujets mythologiques.

Les deux premières propositions ont été amplement développées dans notre examen de la poésie : nous ne nous occuperons donc que de la troisième.

CHAPITRE IV.

DES SUJETS DE TABLEAUX.

Vérités fondamentales.

1° Les sujets antiques sont restés sous la main des peintres modernes : ainsi, avec les scènes mythologiques, ils ont de plus les scènes chrétiennes.

2° Ce qui prouve que le christianisme parle plus au génie que la Fable, c'est qu'en général nos grands peintres ont mieux réussi dans les fonds sacrés que dans les fonds profanes.

3° Les costumes modernes conviennent peu aux arts d'imitation : mais le culte catholique a fourni à la peinture des costumes aussi nobles que ceux de l'antiquité [1].

Pausanias [2], Pline [3] et Plutarque [4] nous ont conservé la description des tableaux de l'école grecque (22). Zeuxis avait pris, pour sujet de ses trois principaux ouvrages, Pénélope, Hélène et l'Amour. Polygnote avait figuré sur les murs du temple de Delphes le sac de Troie et la descente d'Ulysse aux enfers. Euphanor peignit les douze dieux, Thésée donnant des lois, et les batailles de Cadmée, de Leuctres et de Mantinée ; Apelles représenta Vénus Anadyomène, sous les traits de Campaspe ; Ætion, les noces d'Alexandre et de Roxane ; et Timanthe, le sacrifice d'Iphigénie.

Rapprochez ces sujets des sujets chrétiens, et vous en sentirez l'infériorité. Le sacrifice d'Abraham, par exemple, est aussi touchant, et d'un goût plus simple que celui d'Iphigénie : il n'y a là ni soldats, ni groupe, ni tumulte, ni ce mouvement qui sert à distraire de la scène. C'est le sommet d'une montagne, c'est un patriarche qui compte ses années par siècle ; c'est un couteau levé

---

[1] Et ces costumes des Pères et des premiers chrétiens, costumes qui sont passés à nos religieux, ne sont autres que la robe des anciens philosophes grecs, appelée περιβόλαιον ou *pallium*. Ce fut même un sujet de persécution pour les fidèles ; lorsque les Romains ou les Juifs les apercevaient ainsi vêtus, ils s'écriaient : Ὁ γραικὸς ἐπιθετός ! ô *l'imposteur grec!* (Hier., *ep.* x, *ad Furiam.*). On peut voir Kortholt, *de Morib. christ.*, cap. III, p. 23 ; et Bar., an. LVI, n° II. Tertullien a écrit un livre entier (*de Pallio*) sur ce sujet.

[2] Paus., liv. v. — [3] Plin., lib. xxxv, cap. VIII, IX. — [4] Plut., *In Hipp. Pomp. Lucul.*, etc.

sur un *fils unique*; c'est le bras de Dieu arrêtant le bras paternel. Les histoires de l'Ancien Testament ont rempli nos temples de pareils tableaux, et l'on sait combien les mœurs patriarcales, les costumes de l'Orient, la grande nature des animaux et des solitudes de l'Asie sont favorables au pinceau.

Le Nouveau Testament change le génie de la peinture. Sans lui rien ôter de sa sublimité, il lui donne plus de tendresse. Qui n'a cent fois admiré les *Nativités*, les *Vierges et l'Enfant*, les *Fuites dans le désert*, les *Couronnements d'Épines*, les *Sacrements*, les *Missions* des apôtres, les *Descentes de croix*, les *Femmes au saint Sépulcre!* Des bacchanales, des fêtes de Vénus, des rapts, des métamorphoses, peuvent-ils toucher le cœur comme les tableaux tirés de l'Écriture? Le christianisme nous montre partout la vertu et l'infortune, et le polythéisme est un culte de crimes et de prospérité. Notre religion à nous, c'est notre histoire : c'est pour nous que tant de spectacles tragiques ont été donnés au monde : nous sommes parties dans les scènes que le pinceau nous étale, et les accords les plus moraux et les plus touchants se reproduisent dans les sujets chrétiens. Soyez à jamais glorifiée, religion de Jésus-Christ, vous qui aviez représenté au Louvre *le Roi des rois crucifié*, *le Jugement dernier* au plafond de la salle de nos juges, *une Résurrection* à l'hôpital général, et *la Naissance du Sauveur* à la maison de ces orphelins délaissés de leurs pères et de leurs mères !

Au reste, nous pouvons dire ici des sujets de tableaux, ce que nous avons dit ailleurs des sujets de poëmes : le christianisme a fait naître pour le peintre une partie dramatique très-supérieure à celle de la mythologie. C'est aussi la religion qui nous a donné les Claude le Lorrain, comme elle nous a fourni les Delille et les Saint-Lambert (23). Mais tant de raisonnements sont inutiles : parcourez la galerie du Louvre, et dites encore, si vous le pouvez, que le génie du christianisme est peu favorable aux beaux-arts.

CHAPITRE V.

SCULPTURE.

A quelques différences près qui tiennent à la partie technique de l'art, ce que nous avons dit de la peinture s'applique également à la sculpture.

La statue de Moïse, par Michel-Ange, à Rome; Adam et Ève, par Baccio, à Florence; le groupe du Vœu de Louis XIII, par Coustou, à Paris; le saint Denis, du même ; le tombeau du cardinal de Richelieu, ouvrage du double génie de Le Brun et de Girardon ; le monument de Colbert, exécuté d'après le dessin de Le Brun, par Coyzevox et Tuby ; le Christ, la Mère de pitié, les huit Apôtres de Bouchardon, et plusieurs autres statues du genre pieux, montrent que le christianisme ne saurait pas moins animer le marbre que la toile.

Cependant il est à désirer que les sculpteurs bannissent à l'avenir de leurs compositions funèbres ces squelettes qu'ils ont placés au monument : ce n'est point là le génie du christianisme, qui peint le trépas si beau pour le juste.

Il faut également éviter de représenter des cadavres [1] (quel que soit d'ailleurs

---

[1] Comme aux mausolées de François Ier et d'Anne de Bretagne.

le mérite de l'exécution), ou l'humanité succombant sous de longues infirmités[1]. Un guerrier expirant au champ d'honneur dans la force de l'âge peut être superbe, mais un corps usé de maladies est une image que les arts repoussent, à moins qu'il ne s'y mêle un miracle, comme dans le tableau de saint Charles Borromée[2]. Qu'on place donc au monument d'un chrétien, d'un côté, les pleurs de la famille et les regrets des hommes; de l'autre, le sourire de l'espérance et les joies célestes : un tel sépulcre, des deux bords duquel on verrait ainsi les scènes du temps et de l'éternité, serait admirable. La mort pourrait y paraître, mais sous les traits d'un ange à la fois doux et sévère; car le tombeau du juste doit toujours faire s'écrier avec saint Paul: *O mort! où est ta victoire? qu'as-tu fait de ton aiguillon*[3]?

CHAPITRE VI.

ARCHITECTURE.

HÔTEL DES INVALIDES.

En traitant de l'influence du christianisme dans les arts, il n'est besoin ni de subtilité, ni d'éloquence; les monuments sont là pour répondre aux détracteurs du culte évangélique. Il suffit, par exemple, de nommer Saint-Pierre de Rome, Sainte-Sophie de Constantinople, et Saint-Paul de Londres, pour prouver qu'on est redevable à la religion des trois chefs-d'œuvre de l'architecture moderne.

Le christianisme a rétabli dans l'architecture, comme dans les autres arts, les véritables proportions. Nos temples, moins petits que ceux d'Athènes, et moins gigantesques que ceux de Memphis, se tiennent dans ce sage milieu où règnent le beau et le goût par excellence. Au moyen du *dôme*, inconnu des anciens, la religion a fait un heureux mélange de ce que l'ordre gothique a de hardi, et de ce que les ordres grecs ont de simple et de gracieux.

Ce dôme, qui se change en *clocher*, dans la plupart de nos églises, donne à nos hameaux et à nos villes un caractère moral que ne pouvaient avoir les cités antiques. Les yeux du voyageur viennent d'abord s'attacher sur cette flèche religieuse dont l'aspect réveille une foule de sentiments et de souvenirs : c'est la pyramide funèbre autour de laquelle dorment les aïeux; c'est le monument de joie où l'airain sacré annonce la vie du fidèle; c'est là que les époux s'unissent; c'est là que les chrétiens se prosternent au pied des autels, le faible pour prier le Dieu de force, le coupable pour implorer le Dieu de miséricorde, l'innocent pour chanter le Dieu de bonté. Un paysage paraît-il nu, triste, désert, placez-y un clocher champêtre ; à l'instant tout va s'animer: les douces idées de *pasteur* et de *troupeau*, d'asile pour le voyageur, d'aumône pour le pèlerin, d'hospitalité et de fraternité chrétienne, vont naître de toutes parts.

[1] Comme au tombeau du duc d'Harcourt.
[2] La peinture souffre plus facilement la représentation du cadavre que la sculpture, parce que dans celle-ci le marbre, offrant des forces palpables et glacées, ressemble trop à la vérité.
[3] I *Cor.*, chap. xv, v. 55.

Plus les âges qui ont élevé nos monuments ont eu de piété et de foi, plus ces monuments ont été frappants par la grandeur et la noblesse de leur caractère. On en voit un exemple remarquable dans l'hôtel des *Invalides* et dans l'*École militaire :* on dirait que le premier a fait monter ses voûtes dans le ciel à la voix du siècle religieux, et que le second s'est abaissé vers la terre à la parole du siècle athée.

Trois corps de logis formant avec l'église un carré long, composent l'édifice des *Invalides*. Mais quel goût dans cette simplicité! quelle beauté dans cette cour qui n'est pourtant qu'un cloître militaire où l'art a mêlé les idées guerrières aux idées religieuses, et marié l'image d'un camp de vieux soldats aux souvenirs attendrissants d'un hospice ! C'est à la fois le monument du *Dieu des armées* et du *Dieu de l'Évangile.* La rouille des siècles qui commence à le couvrir lui donne de nobles rapports avec ces vétérans, ruines animées, qui se promènent sous ces vieux portiques. Dans les avant-cours, tout retrace l'idée des combats ; fossés, glacis, remparts, canons, tentes, sentinelles. Pénétrez-vous plus avant, le bruit s'affaiblit par degrés, et va se perdre à l'église, où règne un profond silence. Ce bâtiment religieux est placé derrière les bâtiments militaires, comme l'image du repos et de l'espérance, au fond d'une vie pleine de troubles et de périls.

Le siècle de Louis XIV est peut-être le seul qui ait bien connu ces convenances morales, et qui ait toujours fait dans les arts ce qu'il fallait faire, rien de moins, rien de plus. L'or du commerce a élevé les fastueuses colonnades de l'hôpital de *Greenwich*, en Angleterre ; mais il y a quelque chose de plus fier et de plus imposant dans la masse des *Invalides*. On sent qu'une nation qui bâtit de tels palais pour la vieillesse de ses armées a reçu la puissance du glaive, ainsi que le sceptre des arts.

CHAPITRE VII.

VERSAILLES.

La peinture, l'architecture, la poésie et la grande éloquence ont toujours dégénéré dans les siècles philosophiques. C'est que l'esprit raisonneur, en détruisant l'imagination, sape les fondements des beaux-arts. On croit être plus habile, parce qu'on redresse quelques erreurs de physique (qu'on remplace par toutes les erreurs de la raison); et l'on rétrograde, en effet, puisqu'on perd une des plus belles facultés de l'esprit.

C'est dans Versailles que les pompes de l'âge religieux de la France s'étaient réunies. Un siècle s'est à peine écoulé, et ces bosquets qui retentissaient du bruit des fêtes, ne sont plus animés que par la voix de la cigale et du rossignol. Ce palais, qui lui seul est comme une grande ville, ces escaliers de marbre qui semblent monter dans les nues, ces statues, ces bassins, ces bois, sont maintenant ou croulants, ou couverts de mousse, ou desséchés, ou abattus, et pourtant cette demeure des rois n'a jamais paru ni plus pompeuse ni moins solitaire. Tout était vide autrefois dans ces lieux; la petitesse de la dernière cour (avant que cette cour eût pour elle la grandeur de son infortune) semblait trop à l'aise dans les vastes réduits de Louis XIV.

Quand le temps a porté un coup aux empires, quelque grand nom s'attache à leurs débris et les couvre. Si la noble misère du guerrier succède aujourd'hui dans Versailles à la magnificence des cours, si des tableaux de miracles et de martyres y remplacent de profanes peintures, pourquoi l'ombre de Louis XIV s'en offenserait-elle? Il rendit illustres la religion, les arts et l'armée : il est beau que les ruines de son palais servent d'abri aux ruines de l'armée, des arts et de la religion.

CHAPITRE VIII.

DES ÉGLISES GOTHIQUES.

Chaque chose doit être mise en son lieu, vérité triviale à force d'être répétée, mais sans laquelle, après tout, il ne peut y avoir rien de parfait. Les Grecs n'auraient pas plus aimé un temple égyptien à Athènes que les Égyptiens un temple grec à Memphis. Ces deux monuments, changés de place, auraient perdu leur principale beauté, c'est-à-dire leurs rapports avec les institutions et les habitudes des peuples. Cette réflexion s'applique pour nous aux anciens monuments du christianisme. Il est même curieux de remarquer que, dans ce siècle incrédule, les poëtes et les romanciers, par un retour naturel vers les mœurs de nos aïeux, se plaisent à introduire dans leurs fictions des souterrains, des fantômes, des châteaux, des temples gothiques : tant ont de charmes les souvenirs qui se lient à la religion et à l'histoire de la patrie! Les nations ne jettent pas à l'écart leurs antiques mœurs comme on se dépouille d'un vieil habit. On leur en peut arracher quelques parties, mais il en reste des lambeaux qui forment avec les nouveaux vêtements une effroyable bigarrure.

On aura beau bâtir des temples grecs bien élégants, bien éclairés, pour rassembler le *bon peuple* de saint Louis, et lui faire adorer un Dieu *métaphysique*, il regrettera toujours ces *Notre-Dame* de Reims et de Paris, ces basiliques toutes moussues, toutes remplies des générations des décédés et des âmes de ses pères; il regrettera toujours la tombe de quelques messieurs de Montmorency, sur laquelle il *souloit* se mettre à genoux durant la messe, sans oublier les sacrées fontaines où il fut porté à sa naissance. C'est que tout cela est essentiellement lié à nos mœurs; c'est qu'un monument n'est vénérable qu'autant qu'une longue histoire du passé est pour ainsi dire empreinte sous ces voûtes toutes noires de siècles. Voilà pourquoi il n'y a rien de merveilleux dans un temple qu'on a vu bâtir, et dont les échos et les dômes se sont formés sous nos yeux. Dieu est la loi éternelle; son origine et tout ce qui tient à son culte doit se perdre dans la nuit des temps.

On ne pouvait entrer dans une église gothique sans éprouver une sorte de frissonnement et un sentiment vague de la Divinité. On se trouvait tout à coup reporté à ces temps où des cénobites, après avoir médité dans les bois de leurs monastères, se venaient prosterner à l'autel, et chanter les louanges du Seigneur dans le calme et le silence de la nuit. L'ancienne France semblait revivre : on croyait voir ces costumes singuliers, ce peuple si différent de ce qu'il est aujourd'hui ; on se rappelait et les révolutions de ce peuple, et ses travaux et ses arts. Plus ces temps étaient éloignés de nous, plus ils nous paraissaient magiques, plus ils nous remplissaient de ces pensées qui finissent toujours par une réflexion sur le néant de l'homme et la rapidité de la vie.

L'ordre gothique, au milieu de ces proportions barbares, a toutefois une beauté qui lui est particulière[1].

Les forêts ont été les premiers temples de la Divinité, et les hommes ont pris dans les forêts la première idée de l'architecture. Cet art a donc dû varier selon les climats. Les Grecs ont tourné l'élégante colonne corinthienne avec son chapiteau de feuilles sur le modèle du palmier[2]. Les énormes piliers du vieux style égyptien représentent le sycomore, le figuier oriental, le bananier et la plupart des arbres gigantesques de l'Afrique et de l'Asie.

Les forêts des Gaules ont passé à leur tour dans les temples de nos pères, et nos bois de chênes ont ainsi maintenu leur origine sacrée. Ces voûtes ciselées en feuillages, ces jambages, qui appuient les murs et finissent brusquement comme des troncs brisés, la fraîcheur des voûtes, les ténèbres du sanctuaire, les ailes obscures, les passages secrets, les portes abaissées, tout retrace les labyrinthes des bois dans l'église gothique ; tout en fait sentir la religieuse horreur, les mystères et la divinité. Les deux tours hautaines plantées à l'entrée de l'édifice surmontent les ormes et les ifs du cimetière, et font un effet pittoresque sur l'azur du ciel. Tantôt le jour naissant illumine leurs têtes jumelles ; tantôt elles paraissent couronnées d'un chapiteau de nuages, ou grossies dans une atmosphère vaporeuse. Les oiseaux eux-mêmes semblent s'y méprendre et les adopter pour les arbres de leurs forêts : des corneilles voltigent autour de leurs faîtes et se perchent sur leurs galeries. Mais tout à coup des rumeurs confuses s'échappent de la cime de ces tours et en chassent les oiseaux effrayés. L'architecte chrétien, non content de bâtir des forêts, a voulu, pour ainsi dire en imiter les murmures ; et, au moyen de l'orgue et du bronze suspendu, il a attaché au temple gothique jusqu'au bruit des vents et des tonnerres, qui roulent dans la profondeur des bois. Les siècles, évoqués par ces sons religieux, font sortir leur antique voix du sein des pierres, et soupirent dans la vaste basilique : le sanctuaire mugit comme l'antre de l'ancienne sibylle ; et, tandis que l'airain se balance avec fracas sur votre tête, les souterrains voûtés de la mort se taisent profondément sous vos pieds.

[1] On pense qu'il nous vient des Arabes, ainsi que la sculpture du même style. Son affinité avec les monuments de l'Égypte nous porterait plutôt à croire qu'il nous a été transmis par les premiers chrétiens d'Orient ; mais nous aimons mieux encore rapporter son origine à la nature.

[2] Vitruve raconte autrement l'invention du chapiteau ; mais cela ne détruit pas ce principe général, que l'architecture est née dans les bois. On peut seulement s'étonner qu'on n'ait pas, d'après la variété des arbres, mis plus de variété dans la colonne. Nous concevons, par exemple, une colonne qu'on pourrait appeler *palmiste*, et qui serait la représentation naturelle du palmier. Un orbe de feuilles un peu recourbées, et sculptées au haut d'un léger fût de marbre ferait, ce nous semble, un effet charmant dans un portique.

LIVRE DEUXIÈME.

Philosophie.

CHAPITRE PREMIER.

ASTRONOMIE ET MATHÉMATIQUES.

Considérons maintenant les effets du christianisme dans la littérature en général. On peut la classer sous ces trois chefs principaux : philosophie, histoire, éloquence.

Par *philosophie*, nous entendons ici l'étude de toute espèce de sciences.

On verra qu'en défendant la religion, nous n'attaquons point la *sagesse :* nous sommes loin de confondre la morgue sophistique avec les saines connaissances de l'esprit et du cœur. La vraie philosophie est l'innocence de la vieillesse des peuples, lorsqu'ils ont cessé d'avoir des vertus par instinct, et qu'ils n'en ont plus que par raison : cette seconde innocence est moins sûre que la première ; mais lorsqu'on y peut atteindre, elle est plus sublime.

De quelque côté qu'on envisage le culte évangélique, on voit qu'il agrandit la pensée, et qu'il est propre à l'expansion des sentiments. Dans les sciences, ses dogmes ne s'opposent à aucune vérité naturelle ; sa doctrine ne défend aucune étude. Chez les anciens, un philosophe rencontrait toujours quelque divinité sur sa route ; il était, sous peine de mort ou d'exil, condamné par les prêtres d'Apollon ou de Jupiter, à être absurde toute sa vie. Mais comme le Dieu des chrétiens ne s'est pas logé à l'étroit dans un soleil, il a livré les astres aux vaines recherches des savants ; *il a jeté le monde devant eux, comme une pâture pour leurs disputes*[1]. Le physicien peut peser l'air dans son tube, sans craindre d'offenser *Junon*. Ce n'est pas des éléments de notre corps, mais des vertus de notre âme, que le souverain Juge nous demandera compte un jour.

Nous savons qu'on ne manquera pas de rappeler quelques bulles du saint siège, ou quelques décrets de la Sorbonne, qui condamnent telle ou telle découverte philosophique ; mais aussi combien ne pourrait-on pas citer d'arrêts de la cour de Rome en faveur de ces mêmes découvertes ? Qu'est-ce donc à dire, sinon que les prêtres, qui sont hommes comme nous, se sont montrés plus ou moins éclairés, selon le cours naturel des siècles ? Il suffit que le christianisme *lui-même* ne prononce rien contre les sciences pour que nous soyons fondé à soutenir notre première assertion.

Au reste, remarquons bien que l'Église a presque toujours protégé les arts, quoiqu'elle ait découragé quelquefois les études abstraites : en cela elle a montré sa sagesse accoutumée. Les hommes ont beau se tourmenter, ils n'entendront jamais rien à la nature, parce que ce ne sont pas eux qui ont dit à la mer : *Vous viendrez jusque-là, vous ne passerez pas plus loin, et vous briserez*

---

[1] *Ecclésiaste*, III, v. 11.

ici l'orgueil de vos flots [1]. Les systèmes succèderont éternellement aux systèmes, et la vérité restera toujours inconnue. *Que ne plaît-il un jour à la nature*, s'écrie Montaigne, *de nous ouvrir son sein? O Dieu! quel abus, quels mécomptes nous trouverions en notre pauvre science* [2]!

Les anciens législateurs, d'accord sur ce point comme sur beaucoup d'autres avec les principes de la religion chrétienne, s'opposaient aux philosophes [3], et comblaient d'honneurs les artistes [4]. Ces prétendues persécutions du christianisme contre les sciences doivent donc être aussi reprochées aux anciens, à qui toutefois nous reconnaissons tant de sagesse. L'an de Rome 591, le sénat rendit un décret pour bannir les philosophes de la ville; et six ans après, Caton se hâta de faire renvoyer Carnéade, ambassadeur des Athéniens, « de peur, disait-il, que la jeunesse, en prenant du goût pour les subtilités des Grecs, ne perdît la simplicité des mœurs antiques. » Si le système de Copernic fut méconnu de la cour de Rome, n'éprouva-t-il pas un pareil sort chez les Grecs? « Aristarchus, dit Plutarque, estimoit que les Grecs devoient mettre en justice Cléanthe le Samien, et le condamner de blasphesme encontre les dieux, comme remuant le foyer du monde; d'autant que cest homme taschant à sauver les apparences, supposoit que le ciel demouroit immobile, et que c'estoit la terre qui se mouvoit par le cercle oblique du zodiaque, tournant à l'entour de son aixieu [5]. »

Encore est-il vrai que Rome moderne se montra plus sage; puisque le même tribunal ecclésiastique qui condamna d'abord le système de Copernic permit, six ans après, de l'enseigner comme hypothèse (24). D'ailleurs pouvait-on attendre plus de lumières astronomiques d'un prêtre romain que de Tycho-Brahé, qui continuait à nier le mouvement de la terre? Enfin un pape Grégoire, réformateur du calendrier; un moine Bacon, peut-être inventeur du télescope; un cardinal Cuza, un prêtre Gassendi, n'ont-ils pas été ou les protecteurs, ou les lumières de l'astronomie?

Platon, ce génie si amoureux des hautes sciences, dit formellement, dans un de ses plus beaux ouvrages, *que les hautes études ne sont pas utiles à tous, mais seulement à un petit nombre*; et il ajoute cette réflexion, confirmée par l'expérience, « qu'une ignorance absolue n'est ni le mal le plus grand ni le plus à craindre, et qu'un amas de connaissances mal digérées est bien pis encore [6]. »

Ainsi, si la religion avait besoin d'être justifiée à ce sujet, nous ne manquerions pas d'autorités chez les anciens, ni même chez les modernes. Hobbes a écrit plusieurs traités [7] contre l'incertitude de la science la plus certaine de toutes, celle des mathématiques. Dans celui qui a pour titre: *Contra Geometras, sive*

---

[1] Job, xxxvii, v. 11. — [2] *Essais*, liv. 11, chap. xii. — [3] Xenoph., *Hist. Græc.*; Plut., Mor.; Plat., *in Phæd.*, *in Repub.* — [4] Les Grecs poussèrent cette haine des philosophes jusqu'au crime, puisqu'ils firent mourir Socrate. — [5] Plut., *De la face qui apparoist dedans le rond de la lune*, chap. ix. On sait qu'il y a erreur dans le texte de Plutarque, et que c'était, au contraire, Aristarque de Samos que Cléanthe voulait faire persécuter pour son opinion sur le mouvement de la terre; cela ne change rien à ce que nous voulons prouver. — [6] *De Leg.*, lib. vii. — [7] *Examinatio et emendatio mathematicæ hodiernæ, Dial.* vi, *contra Geometras.*

contra phastum Professorum, il reprend une à une les définitions d'Euclide, et montre ce qu'elles ont de faux, de vague ou d'arbitraire. La manière dont il s'énonce est remarquable : *Itaque per hanc epistolam hoc 'ago ut ostendam tibi non minorem esse dubitandi causam in scriptis mathematicorum, quam in scriptis physicorum, ethicorum* [1], etc. « Je te ferai voir dans ce traité qu'il n'y a pas moins de sujets de doute en mathématiques qu'en physique, en morale, etc. »

Bacon s'est exprimé d'une manière encore plus forte contre les sciences, même en paraissant en prendre la défense. Selon ce grand homme, il est prouvé « qu'une légère teinture de philosophie peut conduire à méconnaître l'essence première ; mais qu'un savoir plus plein mène l'homme à Dieu [2]. »

Si cette idée est véritable, qu'elle est terrible ! car pour un seul génie capable d'arriver à cette *plénitude* de savoir demandée par Bacon, et où, selon Pascal, *on se rencontre dans une autre ignorance*, que d'esprits médiocres n'y parviendront jamais, et resteront dans ces nuages de la science qui cachent la Divinité !

Ce qui perdra toujours la foule, c'est l'orgueil : c'est qu'on ne pourra jamais lui persuader qu'elle ne sait rien au moment où elle croit tout savoir. Les grands hommes peuvent seuls comprendre ce dernier point des connaissances humaines, où l'on voit s'évanouir les trésors qu'on avait amassés, et où l'on se retrouve dans sa pauvreté originelle. C'est pourquoi la plupart des sages ont pensé que les études philosophiques avaient un extrême danger pour la multitude. Locke emploie les trois premiers chapitres du quatrième livre de son *Essai sur l'entendement humain* à montrer les bornes de notre connaissance, qui sont réellement effrayantes, tant elles sont rapprochées de nous.

« Notre connaissance, dit-il, étant resserrée dans des bornes si étroites, comme je l'ai montré, pour mieux voir l'état présent de notre esprit, il ne sera peut-être pas inutile...... de prendre connaissance de notre ignorance, qui..... peut servir beaucoup à terminer les disputes... si, après avoir découvert jusqu'où nous avons des idées claires... nous ne nous engageons pas dans cet abîme de ténèbres (où nos yeux nous sont entièrement inutiles, et où nos facultés ne sauraient nous faire apercevoir quoi que ce soit), *entêtés de cette folle pensée, que rien n'est au-dessus de notre compréhension* [3]. »

Enfin, on sait que Newton, dégoûté de l'étude des mathématiques, fut plusieurs années sans vouloir en entendre parler ; et de nos jours même, Gibbon qui fut si longtemps l'apôtre des idées nouvelles, a écrit : « Les sciences exactes nous ont accoutumés à dédaigner l'évidence morale, si féconde en belles sensations, et qui est faite pour déterminer les opinions et les actions de notre vie. »

En effet, plusieurs personnes ont pensé que la science entre les mains de l'homme dessèche le cœur, désenchante la nature, mène les esprits faibles à l'athéisme, et de l'athéisme au crime ; que les beaux-arts, au contraire, rendent nos jours merveilleux, attendrissent nos âmes, nous font pleins de foi envers la Divinité, et conduisent par la religion à la pratique des vertus.

---

[1] Hobb., *Opera omnia.* Amster., édit. 1667. — [2] *De Aug. scient.*, lib. v. — [3] Locke, *Entend. hum.*, liv. iv, chap. iii, art. iv, trad. de Coste.

Nous ne citerons pas Rousseau, dont l'autorité pourrait être suspecte ici ; mais Descartes, par exemple, s'est exprimé d'une manière bien étrange sur la science qui a fait une partie de sa gloire.

« Il ne trouvait rien effectivement, dit le savant auteur de sa vie, qui lui parût moins solide que de s'occuper de nombres tout simples et de figures imaginaires comme si l'on devait s'en tenir à ces *bagatelles*, sans porter la vue au delà. Il y voyait même quelque chose de plus qu'inutile ; il croyait qu'il était dangereux de s'appliquer trop sérieusement à ces démonstrations superficielles que l'industrie et l'expérience fournissent moins souvent que le hasard [1]. Sa maxime était que cette application nous désaccoutume insensiblement de l'usage de notre raison, et nous expose à perdre la route que sa lumière nous trace [2]. »

Cette opinion de l'auteur de l'application de l'algèbre à la géométrie est une chose digne d'attention.

Le père Castel, à son tour, semble se plaire à rabaisser le sujet sur lequel il a lui-même écrit. « En général, dit-il, on estime trop les mathématiques... La géométrie a des vérités hautes, des objets peu développés, des points de vue qui ne sont que comme échappés. Pourquoi le dissimuler? Elle a des paradoxes, des apparences de contradiction, des conclusions de système et de concession, des opinions de sectes, des conjectures même, et même des paralogismes [3]. »

Si nous en croyons Buffon, « *ce qu'on appelle vérités mathématiques se réduit à des identités d'idées, et n'a aucune réalité* [4]. » Enfin l'abbé de Condillac, affectant pour les géomètres le même mépris que Hobbes, dit, en parlant d'eux : « Quand ils sortent de leurs calculs pour entrer dans des recherches d'une nature différente, on ne leur trouve plus la même clarté, la même précision, ni la même étendue d'esprit. Nous avons quatre métaphysiciens célèbres, Descartes, Malebranche, Leibnitz et Locke ; le dernier est le seul qui ne fût pas géomètre, et de combien n'est-il pas supérieur aux trois autres [5] ! »

Ce jugement n'est pas exact. En métaphysique pure, Malebranche et Leibnitz ont été beaucoup plus loin que le philosophe anglais. Il est vrai que les esprits géométriques sont souvent faux dans le train ordinaire de la vie ; mais cela vient même de leur extrême justesse. Ils veulent trouver partout des vérités absolues, tandis qu'en morale et en politique les vérités sont relatives. Il est rigoureusement vrai que deux et deux font quatre ; mais il n'est pas de la même évidence qu'une bonne loi à Athènes soit une bonne loi à Paris. Il est de fait que la liberté est une chose excellente : d'après cela, faut-il verser des torrents de sang pour l'établir chez un peuple, en tel degré que ce peuple ne la comporte pas ?

En mathématiques on ne doit regarder que le principe, en morale que la conséquence. L'une est une vérité simple, l'autre une vérité complexe. D'ailleurs rien ne dérange le compas du géomètre, et tout dérange le cœur du philosophe. Quand l'instrument du second sera aussi sûr que celui du premier,

---

[1] Lettres de 1638, pag. 412, Cartesii, I. de *Direct. ingen. regula*, n° 5. — [2] *OEuvres de Desc.*, tom. I, pag. 112. — [3] *Math. univ.*, pag. 3, 5. — [4] *Hist. nat.*, tom. 1, prem. disc., pag. 77. — [5] *Essai sur l'origine des connaissances humaines*, tom. II, sect. II, chap. IV, pag. 239, édit. Amst. 1783.

nous pourrons espérer de connaître le fond des choses : jusque-là il faut compter sur des erreurs. Celui qui voudrait porter la rigidité géométrique dans les rapports sociaux deviendrait le plus stupide ou le plus méchant des hommes.

Les mathématiques, d'ailleurs, loin de prouver l'étendue de l'esprit dans la plupart des hommes qui les emploient, doivent être considérées, au contraire, comme l'appui de leur faiblesse, comme le supplément de leur insuffisante capacité, comme une méthode d'abréviation propre à classer des résultats dans une tête incapable d'y arriver d'elle-même. Elles ne sont en effet que des signes généraux d'idées qui nous épargnent la peine d'en avoir, des étiquettes numériques d'un trésor que l'on n'a pas compté, des instruments avec lesquels on opère, et non les choses sur lesquelles on agit. Supposons qu'une pensée soit représentée par A et une autre par B : quelle prodigieuse différence n'y aura-t-il pas entre l'homme qui développera ces deux pensées dans leurs divers rapports moraux, politiques et religieux, et l'homme qui, la plume à la main, multipliera patiemment son A et son B en trouvant des combinaisons curieuses, mais sans avoir autre chose devant l'esprit que les propriétés de deux lettres stériles?

Mais si, exclusivement à toute autre science, vous endoctrinez un enfant dans cette science qui, donne peu d'idées, vous courez les risques de tarir la source des idées mêmes de cet enfant, de gâter le plus beau naturel, d'éteindre l'imagination la plus féconde, de rétrécir l'entendement le plus vaste. Vous remplissez cette jeune tête d'un fatras de nombres et de figures qui ne lui représentent rien du tout; vous l'accoutumez à se satisfaire d'une somme donnée, à ne marcher qu'à l'aide d'une théorie, à ne faire jamais usage de ses forces, à soulager sa mémoire et sa pensée par des opérations artificielles, à ne connaître, et finalement à n'aimer que ces principes rigoureux et ces vérités absolues qui bouleversent la société.

On a dit que les mathématiques servent à rectifier dans la jeunesse les erreurs du raisonnement. Mais on a répondu très-ingénieusement et très-solidement à la fois que, pour classer des idées, il fallait premièrement en avoir; que prétendre arranger l'*entendement* d'un enfant, c'était vouloir arranger une chambre vide. Donnez-lui d'abord des notions claires de ses devoirs moraux et religieux, enseignez-lui les lettres humaines et divines: ensuite, quand vous aurez donné les soins nécessaires à l'éducation du cœur de votre élève, quand son cerveau sera suffisamment rempli d'objets de comparaison et de principes certains, mettez-y de l'ordre, si vous le voulez, avec la géométrie.

En outre, est-il bien vrai que l'étude des mathématiques soit si nécessaire dans la vie? S'il faut des magistrats, des ministres, des classes civiles et religieuses, que font à leur état les propriétés d'un cercle ou d'un triangle? On ne veut plus, dit-on, que des choses positives. Eh, grand Dieu! qu'y a-t-il de moins positif que les sciences dont les systèmes changent plusieurs fois par siècle? Qu'importe au laboureur que l'élément de la terre ne soit pas *homogène*, ou au bûcheron que le bois ait une substance *pyroligneuse?* Une page éloquente de Bossuet sur la morale est plus utile et plus difficile à écrire qu'un volume d'abstractions philosophiques.

Mais on applique, dit-on, les découvertes des sciences aux arts mécaniques. Ces grandes découvertes ne produisent presque jamais l'effet qu'on en attend. La perfection de l'agriculture, en Angleterre, est moins le résultat de quelques expériences scientifiques que celui du travail patient et de l'industrie du fermier obligé de tourmenter sans cesse un sol ingrat.

Nous attribuons faussement à nos sciences ce qui appartient au progrès naturel de la société. Les bras et les animaux rustiques se sont multipliés ; les manufactures et les produits de la terre ont dû augmenter et s'améliorer en proportion. Qu'on ait des charrues plus légères, des machines plus parfaites pour les métiers, c'est un avantage ; mais croire que le génie et la sagesse humaine se renferment dans un cercle d'inventions mécaniques, c'est prodigieusement errer.

Quant aux mathématiques proprement dites, il est démontré qu'on peut apprendre, dans un temps assez court, ce qu'il est utile d'en savoir pour devenir un bon ingénieur. Au delà de cette géométrie pratique, le reste n'est plus qu'une *géométrie spéculative*, qui a ses jeux, ses inutilités, et pour ainsi dire ses romans comme les autres sciences. « Il faut bien distinguer, dit Voltaire, entre la géométrie utile et la géométrie curieuse... Carrez des courbes tant qu'il vous plaira, vous montrerez une extrême sagacité. Vous ressemblez à un arithméticien qui examine les propriétés des nombres, au lieu de calculer sa fortune. Lorsque Archimède trouva la pesanteur spécifique des corps, il rendit service au genre humain ; mais de quoi vous servira de trouver trois nombres tels que la différence des carrés de deux, ajoutée au nombre trois, fasse toujours un carré, et que la somme des trois différences, ajoutée au même cube, fasse toujours un carré ? *Nugæ difficiles* [1]. »

Toute pénible que cette vérité puisse être pour les mathématiciens, il faut cependant le dire : la nature ne les a pas faits pour occuper le premier rang. Hors quelques géomètres *inventeurs*, elle les a condamnés à une triste obscurité ; et ces génies inventeurs eux-mêmes sont menacés de l'oubli, si l'historien ne se charge de les annoncer au monde : Archimède doit sa gloire à Polybe, et Voltaire a créé parmi nous la renommée de Newton. Platon et Pythagore vivent comme moralistes et législateurs, Leibnitz et Descartes comme métaphysiciens, peut-être encore plus que comme géomètres. D'Alembert aurait aujourd'hui le sort de Varignon et de Duhamel, dont les noms encore respectés de l'école n'existent plus pour le monde que dans les éloges académiques, s'il n'eût mêlé la réputation de l'écrivain à celle du savant. Un poëte avec quelques vers passe à la postérité, immortalise son siècle et porte à l'avenir les hommes qu'il a daigné chanter sur sa lyre : le savant, à peine connu pendant sa vie, est oublié le lendemain de sa mort. Ingrat malgré lui, il ne peut rien pour le grand homme, pour le héros qui l'aura protégé. En vain il placera son nom dans un fourneau de chimiste ou dans une machine de physicien : estimables efforts dont pourtant il ne sortira rien d'illustre. La Gloire est née sans ailes ; il faut qu'elle emprunte celles des Muses quand elle veut s'envoler aux cieux. C'est Corneille, Racine, Boileau ; ce sont les orateurs, les historiens, les artistes, qui

---

[1] *Quest. sur l'Encycl.* Géom.

ont immortalisé Louis XIV, bien plus que les savants qui brillèrent aussi dans son siècle. Tous les temps, tous les pays offrent le même exemple. Que les mathématiciens cessent donc de se plaindre, si les peuples, par un instinct général, font marcher les lettres avant les sciences ! C'est qu'en effet l'homme qui a laissé un seul précepte moral, un seul sentiment touchant à la terre, est plus utile à la société que le géomètre qui a découvert les plus belles propriétés du triangle.

Au reste, il n'est peut-être pas difficile de mettre d'accord ceux qui déclament contre les mathématiques et ceux qui les préfèrent à tout. Cette différence d'opinions vient de l'erreur commune, qui confond un *grand* avec un *habile* mathématicien. Il y a une géométrie *matérielle* qui se compose de lignes, de points, d'A + B; avec du temps et de la persévérance, l'esprit le plus médiocre peut y faire des prodiges. C'est alors une espèce de machine géométrique qui exécute d'elle-même des opérations compliquées, comme la machine arithmétique de Pascal. Dans les sciences, celui qui vient le dernier est toujours le plus instruit : voilà pourquoi tel écolier de nos jours est plus avancé que Newton en mathématiques; voilà pourquoi tel qui passe pour savant aujourd'hui sera traité d'ignorant par la génération future. Entêtés de leurs calculs, les géomètres-manœuvres ont un mépris ridicule pour les arts d'imagination : ils sourient de pitié quand on leur parle de littérature, de morale, de religion ; ils *connaissent*, disent-ils, la nature. N'aime-t-on pas autant l'*ignorance* de Platon, qui appelle cette même nature une *poésie mystérieuse ?*

Heureusement il existe une autre géométrie, une géométrie intellectuelle. C'est celle-là qu'il fallait savoir pour entrer dans l'école des disciples de Socrate ; elle voit Dieu derrière le cercle et le triangle, et elle a créé Pascal, Leibnitz, Descartes et Newton. En général les géomètres inventeurs ont été religieux.

Mais on ne peut se dissimuler que cette géométrie des grands hommes ne soit fort rare. Pour un seul génie qui marche par les voies sublimes de la science, combien d'autres se perdent dans ses inextricables sentiers ! Observons ici une de ces réactions si communes dans les lois de la Providence : les âges irréligieux conduisent nécessairement aux sciences, et les sciences amènent nécessairement les âges irréligieux. Lorsque, dans un siècle impie, l'homme vient à méconnaître l'existence de Dieu, comme c'est néanmoins la seule vérité qu'il possède à fond, et qu'il a un besoin impérieux des vérités positives, il cherche à s'en créer de nouvelles et croit les trouver dans les abstractions des sciences. D'une autre part, il est naturel que des esprits communs ou des jeunes gens peu réfléchis, en rencontrant les vérités mathématiques dans l'univers, en les voyant dans le ciel avec Newton, dans la chimie avec Lavoisier, dans les minéraux avec Haüy; il est naturel, disons-nous, qu'ils les prennent pour le principe même des choses, et qu'ils ne voient rien au delà. Cette simplicité de la nature qui devrait leur faire supposer, comme Aristote, un *premier mobile*, et comme Platon, un *éternel géomètre*, ne sert qu'à les égarer : Dieu n'est bientôt pour eux que les propriétés des corps ; et la chaîne même des nombres leur dérobe la grande Unité.

CHAPITRE II.

CHIMIE ET HISTOIRE NATURELLE.

Ce sont ces excès qui ont donné tant d'avantages aux ennemis des sciences, et qui ont fait naître les éloquentes déclamations de Rousseau et de ses sectateurs. Rien n'est plus admirable, disent-ils, que les découvertes de Spallanzani, de Lavoisier, de Lagrange; mais ce qui perd tout, ce sont les conséquences que des esprits faux prétendent en tirer. Quoi! parce qu'on sera parvenu à démontrer la simplicité des sucs digestifs, ou à déplacer ceux de la génération; parce que la chimie aura augmenté, ou si l'on veut, diminué le nombre des éléments; parce que la loi de la gravitation sera connue du moindre écolier; parce qu'un enfant pourra barbouiller des figures de géométrie; parce que tel ou tel écrivain sera un subtil *idéologue*, il faudra nécessairement en conclure qu'il n'y a ni Dieu, ni véritable religion? quel abus de raisonnement!

Une autre observation a fortifié chez les esprits timides le dégoût des études philosophiques. Ils disent: « Si ces découvertes étaient certaines, invariables, nous pourrions concevoir l'orgueil qu'elles inspirent, non aux hommes estimables qui les ont faites, mais à la foule qui en jouit. Cependant, dans ces sciences appelées positives, l'expérience du jour ne détruit-elle pas l'expérience de la veille? Les erreurs de l'ancienne physique ont leurs partisans et leurs défenseurs. Un bel ouvrage de littérature reste dans tous les temps; les siècles mêmes lui ajoutent un nouveau lustre. Mais les sciences qui ne s'occupent que des propriétés des *corps* voient vieillir dans un instant leur système le plus fameux. En chimie, par exemple, on pensait avoir une nomenclature régulière[1]; et l'on s'aperçoit maintenant qu'on s'est trompé. Encore un certain nombre de faits, et il faudra briser les cases de la chimie moderne. Qu'aura-t-on gagné à bouleverser les noms, à appeler l'air vital, *oxygène*, etc. Les sciences sont un labyrinthe où l'on s'enfonce plus avant au moment même où l'on croyait en sortir. »

Ces objections sont spécieuses, mais elles ne regardent pas plus la chimie que les autres sciences. Lui reprocher de se détromper elle-même par ses expériences, c'est l'accuser de sa bonne foi et de n'être pas dans le secret de l'essence des choses. Et qui donc est dans ce secret, sinon cette intelligence première qui existe de toute éternité? La brièveté de notre vie, la faiblesse de nos sens, la grossièreté de nos instruments et de nos moyens, s'opposent à la décou-

[1] Par les terminaisons des acides en *eux* et en *iques* : on a démontré récemment que l'acide nitrique et l'acide sulfurique n'étaient point le résultat d'une addition d'oxygène *à l'acide nitreux et à l'acide sulfureux*. Il y avait toujours, dès le principe, un vide dans le système par l'acide muriatique, qui n'avait pas de positif en *eux*. M. Berthollet est, dit-on, sur le point de prouver que l'*azote*, regardé jusqu'à présent comme une simple essence combinée avec le *calorique*, est une substance composée. Il n'y a qu'un fait certain en chimie, fixé par Boerhaave, et développé par Lavoisier, savoir : que le *calorique*, ou la substance qui, unie à la lumière, compose le feu, tend sans cesse à distendre les corps, ou à écarter les unes des autres leurs molécules constitutives.

verte de cette formule générale, que Dieu nous cache à jamais. On sait que nos sciences *décomposent* et *recomposent*, mais qu'elles ne peuvent *composer*. C'est cette impuissance de créer qui découvre le côté faible et le néant de l'homme. Quoi qu'il fasse, il ne peut rien, tout lui résiste ; il ne peut plier la matière à son usage, qu'elle ne se plaigne et ne gémisse : il semble attacher ses soupirs et son cœur tumultueux à tous ses ouvrages !

Dans l'œuvre du Créateur, au contraire, tout est muet, parce qu'il n'y a point d'effort ; tout est silencieux, parce que tout est soumis : il a parlé, le chaos s'est tu, les globes se sont glissés sans bruit dans l'espace. Les puissances unies de la matière sont à une seule parole de Dieu comme rien est à tout, comme les choses créées sont à la nécessité. Voyez l'homme à ses travaux ; quel effrayant appareil de machines ! Il aiguise le fer, il prépare le poison, il appelle les éléments à son secours ; il fait mugir l'eau, il fait siffler l'air, ses fourneaux s'allument. Armé du feu, que va tenter ce nouveau Prométhée ? Va-t-il créer un monde ? Non ; il va détruire : il ne peut enfanter que la mort !

Soit préjugé d'éducation, soit habitude d'errer dans les déserts, et de n'apporter que notre cœur à l'étude de la nature, nous avouons qu'il nous fait quelque peine de voir l'esprit d'analyse et de *classification* dominer dans les sciences aimables, où l'on ne devrait rechercher que la beauté et la bonté de la Divinité. S'il nous est permis de le dire, c'est, ce nous semble, une grande pitié que de trouver aujourd'hui l'homme *mammifère* rangé, d'après le système de Linnæus, avec les singes, les chauves-souris et les paresseux. Ne valait-il pas autant le laisser à la tête de la création, où l'avaient placé Moïse, Aristote, Buffon et la nature ? Touchant de son âme aux cieux, et de son corps à la terre, on aimait à le voir former, dans la chaîne des êtres, l'anneau qui lie le monde visible au monde invisible, le temps à l'éternité.

« Dans ce siècle même, dit Buffon, où les sciences paraissent être cultivées avec soin, je crois qu'il est aisé de s'apercevoir que la philosophie est négligée, et peut-être plus que dans aucun siècle ; les arts qu'on veut appeler scientifiques ont pris sa place ; les méthodes de calcul et de géométrie, celles de botanique et d'histoire naturelle, les formules, en un mot, et les dictionnaires occupent presque tout le monde : on s'imagine savoir davantage, parce qu'on a augmenté le nombre des expressions symboliques et des phrases savantes, et on ne fait point attention que tous ces arts ne sont que des échafaudages pour arriver à la science, et non pas la science elle-même ; qu'il ne faut s'en servir que lorsqu'on ne peut s'en passer, et qu'on doit toujours se défier qu'ils ne viennent à nous manquer lorsque nous voudrons les appliquer à l'édifice [1]. »

Ces remarques sont judicieuses, mais il nous semble qu'il y a dans les *classifications* un danger encore plus pressant. Ne doit-on pas craindre que cette fureur de ramener nos connaissances à des signes physiques, de ne voir dans les races diverses de la création que des doigts, des dents, des becs, ne conduise insensiblement la jeunesse au matérialisme ? Si pourtant il est quelque science où les inconvénients de l'incrédulité se fassent sentir dans leur plénitude,

---

[1] Buff., *Hist. nat.*, tom. 1, prem. disc., pag. 79.

c'est en histoire naturelle. On flétrit alors ce qu'on touche : les parfums, l'éclat des couleurs, l'élégance des formes, disparaissent dans les plantes pour le botaniste qui n'y attache ni moralité ni tendresse. Lorsqu'on n'a point de religion, le cœur est insensible, et il n'y a plus de beauté : car la beauté n'est point un être existant hors de nous ; c'est dans le cœur de l'homme que sont les grâces de la nature.

Quant à celui qui étudie les animaux, qu'est-ce autre chose, s'il est incrédule, que d'étudier des cadavres ? A quoi ses recherches le mènent-elles ? quel peut être son but ? Ah ! c'est pour lui qu'on a formé ces cabinets, écoles où la Mort, la faux à la main, est le démonstrateur ; cimetières au milieu desquels on a placé des horloges pour compter des minutes à des squelettes, pour marquer des heures à l'éternité !

C'est dans ces tombeaux où le néant a rassemblé ses merveilles, où la dépouille du singe insulte à la dépouille de l'homme ; c'est là qu'il faut chercher la raison de ce phénomène, un *naturaliste athée*, à force de se promener dans l'atmosphère des sépulcres son âme a gagné la mort.

Lorsque la science était pauvre et solitaire ; lorsqu'elle errait dans la vallée et dans la forêt, qu'elle épiait l'oiseau portant à manger à ses petits, ou le quadrupède retournant à sa tanière ; que son laboratoire était la nature, son amphithéâtre les cieux et les champs ; qu'elle était simple et merveilleuse comme les déserts où elle passait sa vie ; alors elle était religieuse. Assise à l'ombre d'un chêne, couronnée de fleurs qu'elle avait cueillies sur la montagne, elle se contentait de peindre les scènes qui l'environnaient. Ses livres n'étaient que des catalogues de remèdes pour les infirmités du corps, ou des recueils de cantiques dont les paroles apaisaient les douleurs de l'âme. Mais quand des congrégations de savants se formèrent ; quand les philosophes, cherchant la réputation et non la nature, voulurent parler des œuvres de Dieu, sans les avoir aimées, l'incrédulité naquit avec l'amour-propre, et la science ne fut plus que le petit instrument d'une petite renommée.

L'Église n'a jamais parlé aussi sévèrement contre les études philosophiques, que les divers philosophes que nous avons cités dans ces chapitres. Si on l'accuse de s'être un peu méfiée de ces lettres *qui ne guérissent de rien*, comme parle Sénèque, il faut aussi condamner cette foule de législateurs, d'hommes d'État, de moralistes, qui se sont élevés beaucoup plus fortement que la religion chrétienne contre le danger, l'incertitude et l'obscurité des sciences.

Où découvrira-t-elle la vérité ? Sera-ce dans Locke, placé si haut par Condillac ? dans Leibnitz, qui trouvait Locke si faible en *idéologie ?* ou dans Kant, qui a, de nos jours, attaqué et Locke et Condillac ? En croira-t-elle Minos, Lycurgue, Caton, J.-J. Rousseau, qui chassent les sciences de leurs républiques, ou adoptera-t-elle le sentiment des législateurs qui les tolèrent ? Quelles effrayantes leçons, si elle jette les yeux autour d'elle ! Quelle ample matière de réflexions sur cette histoire de *l'arbre de science, qui produit la mort !* Toujours les siècles de philosophie ont touché aux siècles de destruction.

L'Église ne pouvait donc prendre, dans une question qui a partagé la terre, que le parti même qu'elle a pris : retenir ou lâcher les rênes, selon l'esprit des choses et des temps ; opposer la morale à l'abus que l'homme fait des lumières, et tâcher de lui conserver, pour son bonheur, un cœur simple et une humble pensée.

Concluons que le défaut du jour est de séparer un peu trop les études abstraites des études littéraires. Les unes appartiennent à l'esprit, les autres au cœur ; or, il se faut donner de garde de cultiver le premier à l'exclusion du second, et de sacrifier la partie qui aime à celle qui raisonne. C'est par une heureuse combinaison des connaissances physiques et morales, et surtout par le concours des idées religieuses, qu'on parviendra à redonner à notre jeunesse cette éducation qui jadis a formé tant de grands hommes. Il ne faut pas croire que notre sol soit épuisé. Ce beau pays de France, pour prodiguer de nouvelles moissons, n'a besoin que d'être cultivé un peu à la manière de nos pères : c'est une de ces terres heureuses où règnent ces *génies* protecteurs des hommes, et ce *souffle divin* qui, selon Platon, décèle les climats favorables à la vertu[1].

CHAPITRE III.

DES PHILOSOPHES CHRÉTIENS.

MÉTAPHYSICIENS.

Les exemples viennent à l'appui des principes ; et une religion qui réclame Bacon, Newton, Bayle, Clarke, Leibnitz, Grotius, Pascal, Arnauld, Nicole, Malebranche, La Bruyère (sans parler des Pères de l'Église, ni de Bossuet, ni de Fénelon, ni de Massillon, ni de Bourdaloue, que nous voulons bien ne compter ici que comme orateurs), une telle religion peut se vanter d'être favorable à la philosophie.

Bacon doit sa célébrité à son traité, *On the Advancement of learning*, et à son *Novum organum scientiarum*. Dans le premier il examine le cercle des sciences, classant chaque objet sous sa faculté ; facultés dont il reconnaît quatre : l'*âme* ou la *sensation*, la *mémoire*, l'*imagination*, l'*entendement*. Les sciences s'y trouvent réduites à trois : la *poésie*, l'*histoire*, la *philosophie*.

Dans le second ouvrage, il rejette la manière de raisonner par syllogisme, et propose la physique expérimentale pour seul guide dans la nature. On aime encore à lire la profession de foi de l'illustre chancelier d'Angleterre, et la prière qu'il avait coutume de dire avant de se mettre au travail. Cette naïveté chrétienne, dans un grand homme, est bien touchante. Quand Newton et Bossuet découvraient avec simplicité leurs têtes augustes, en prononçant le nom de Dieu, ils étaient peut-être plus admirables dans ce moment, que lorsque le premier pesait ces mondes, dont l'autre enseignait à mépriser la poussière.

Clarke, dans son *Traité de l'existence de Dieu* ; Leibnitz, dans sa *Théodicée* ; Malebranche, dans sa *Recherche sur la vérité*, se sont élevés si haut en métaphysique, qu'ils n'ont rien laissé à faire après eux.

Il est assez singulier que notre siècle se soit cru supérieur en métaphysique

---

[1] Plat., *de Leg.*, lib. v.

et en dialectique au siècle qui l'a précédé. Les faits déposent contre nous : certainement Condillac, qui n'a rien dit de nouveau, ne peut seul balancer Locke, Descartes, Malebranche et Leibnitz. Il ne fait que démembrer le premier, et il s'égare toutes les fois qu'il marche sans lui. Au reste, la métaphysique du jour diffère de celle de l'antiquité, en ce qu'elle sépare, autant qu'il est possible, l'imagination des perceptions abstraites. Nous avons isolé les facultés de notre entendement, réservant la pensée pour telle matière, le raisonnement pour telle autre, etc. D'où il résulte que nos ouvrages n'ont plus d'ensemble, et que notre esprit, ainsi divisé par chapitres, offre les inconvénients de ces histoires où chaque sujet est traité à part. Tandis qu'on recommence un nouvel article, le précédent nous échappe; nous cessons de voir les liaisons que les faits ont entre eux; nous retombons dans la confusion à force de méthode, et la multitude des conclusions particulières nous empêche d'arriver à la conclusion générale.

Quand il s'agit, comme dans l'ouvrage de Clarke, d'attaquer des hommes qui se piquent de raisonnement, et auxquels il est nécessaire de prouver qu'on raisonne aussi bien qu'eux, on fait merveilleusement d'employer la manière ferme et serrée du docteur anglais; mais, dans tout autre cas, pourquoi préférer cette sécheresse à un style clair, quoique animé? Pourquoi ne pas mettre son cœur dans un ouvrage sérieux, comme dans un livre purement agréable? On lit encore la métaphysique de Platon, parce qu'elle est colorée par une imagination brillante. Nos derniers *idéologues* sont tombés dans une grande erreur, en séparant l'histoire de l'esprit humain de l'histoire des choses divines, en soutenant que la dernière ne mène à rien de positif, et qu'il n'y a que la première qui soit d'un usage immédiat. Où est donc la nécessité de connaître les opérations de la pensée de l'homme, si ce n'est pour les rapporter à Dieu? Que me revient-il de savoir que je reçois ou non mes idées par les sens? Condillac s'écrie : « Les métaphysiciens mes devanciers se sont perdus dans les mondes chimériques, moi seul j'ai trouvé le vrai; ma science est de la plus grande utilité. Je vais vous dire ce que c'est que la conscience, l'attention, la réminiscence. » Et à quoi cela me conduira-t-il? Une chose n'est bonne, une chose n'est positive qu'autant qu'elle renferme une intention morale ; or, toute *métaphysique* qui n'est pas *théologie*, comme celle des anciens et des chrétiens, toute métaphysique qui creuse un abîme entre l'homme et Dieu, qui prétend que le dernier n'étant que ténèbres, on ne doit pas s'en occuper, cette métaphysique est futile et dangereuse, parce qu'elle manque de but.

L'autre, au contraire, en m'associant à la Divinité, en me donnant une noble idée de ma grandeur et de la perfection de mon être, me dispose à bien penser et à bien agir. Les fins morales viennent par cet anneau se rattacher à cette métaphysique qui n'est alors qu'un chemin plus sublime pour arriver à la vertu. C'est ce que Platon appelait par excellence *la science des dieux*, et Pythagore *la géométrie divine*. Hors de là la métaphysique n'est qu'un microscope qui nous découvre curieusement quelques petits objets que n'aurait pu saisir la vue simple, mais qu'on peut ignorer ou connaître, sans qu'ils forment ou qu'ils remplissent un vide dans l'existence.

CHAPITRE IV.

SUITE DES PHILOSOPHES CHRÉTIENS.

PUBLICISTES.

Nous avons fait, dans ces derniers temps, un grand bruit de notre science en politique ; on dirait qu'avant nous le monde moderne n'avait jamais entendu parler de liberté ni des différentes formes sociales. C'est apparemment pour cela que nous les avons essayées les unes après les autres avec tant d'habileté et de bonheur. Cependant, Machiavel, Thomas Morus, Mariana, Bodin, Grotius, Puffendorf et Locke, philosophes chrétiens, s'étaient occupés de la nature des gouvernements bien avant Mably et Rousseau.

Nous ne ferons point l'analyse des ouvrages de ces publicistes, dont il nous suffit de rappeler les noms pour prouver que tous les genres de gloire littéraire appartiennent au christianisme : nous montrerons ailleurs ce que la liberté du genre humain doit à cette même religion qu'on accuse de prêcher l'esclavage.

Il serait bien à désirer, si l'on s'occupe encore d'écrits de politique (ce qu'à Dieu ne plaise !), qu'on retrouvât pour ces sortes d'ouvrages les grâces que leur prêtaient les anciens. La *Cyropédie* de Xénophon, la *République* et les *Lois* de Platon sont à la fois de graves traités et des livres pleins de charmes. Platon excelle à donner un tour merveilleux aux discussions les plus stériles ; il sait mettre de l'agrément jusque dans l'énoncé d'une loi. Ici ce sont trois vieillards qui discourent en allant de Gnosse à l'antre de Jupiter, et qui se reposent sous des cyprès et dans de riantes prairies ; là c'est le meurtrier involontaire qui, un pied dans la mer, fait des libations à Neptune : plus loin un poëte étranger est reçu avec des chants et des parfums : on l'appelle un homme divin, on le couronne de lauriers, et on le conduit, chargé d'honneurs, hors du territoire de la république. Ainsi Platon a cent manières ingénieuses de proposer ses idées ; il adoucit jusqu'aux sentences les plus sévères, en considérant les délits sous un jour religieux.

Remarquons que les publicistes modernes ont vanté le gouvernement républicain, tandis que les écrivains politiques de la Grèce ont généralement donné la préférence à la monarchie. Pourquoi cela ? parce que les uns et les autres haïssaient ce qu'ils avaient, et aimaient ce qu'ils n'avaient pas : c'est l'histoire de tous les hommes.

Au reste, les sages de la Grèce envisageaient la société sous les rapports moraux ; nos derniers philosophes l'ont considérée sous les rapports politiques. Les premiers voulaient que le gouvernement découlât des mœurs ; les seconds que les mœurs dérivassent du gouvernement. La philosophie des uns s'appuyait sur la religion, la philosophie des autres sur l'athéisme. Platon et Socrate criaient aux peuples : « Soyez vertueux, vous serez libres ; » nous leur avons dit : « Soyez libres, vous serez vertueux. » La Grèce, avec de tels sentiments, fut heureuse. Qu'obtiendrons-nous avec les principes opposés ?

CHAPITRE V.

MORALISTES.

LA BRUYÈRE.

Les écrivains du même siècle, quelque différents qu'ils soient par le génie, ont cependant quelque chose de commun entre eux. On reconnaît ceux du bel âge de la France à la fermeté de leur style, au peu de recherche de leurs expressions, à la simplicité de leurs tours, et pourtant à une certaine construction de phrase grecque et latine qui, sans nuire au génie de la langue française, annonce les modèles dont ces hommes s'étaient nourris.

De plus, les littérateurs se divisent, pour ainsi dire, en partis qui suivent tel ou tel maître, telle ou telle école. Ainsi les écrivains de *Port-Royal* se distinguent des écrivains de la *Société*; ainsi Fénelon, Massillon et Fléchier se touchent par quelques points, et Pascal, Bossuet et La Bruyère par quelques autres. Ces derniers sont remarquables par une sorte de brusquerie de pensée et de style qui leur est particulière. Mais il faut convenir que La Bruyère, qui imite volontiers Pascal[1], affaiblit quelquefois les preuves et la manière de ce grand génie. Quand l'auteur des *Caractères*, voulant démontrer la petitesse de l'homme, dit : « Vous êtes placé, ô Lucile, quelque part sur cet atome, etc., » il reste bien loin de ce morceau de l'auteur des *Pensées* : « Qu'est-ce qu'un homme dans l'infini ? qui le peut comprendre ? »

La Bruyère dit encore : « Il n'y a pour l'homme que trois événements : naître, vivre et mourir ; il ne se sent pas naître, il souffre à mourir et il oublie de vivre. » Pascal fait mieux sentir notre néant. « Le dernier acte est toujours sanglant, quelque belle que soit la comédie en tout le reste. On jette enfin de la terre sur la tête, et en voilà pour jamais. » Comme ce dernier mot est effrayant ! On voit d'abord la *comédie*, et puis la *terre* et puis l'*éternité*. La négligence avec laquelle la phrase est jetée montre tout le peu de valeur de la vie. Quelle amère indifférence dans cette courte et froide histoire de l'homme[2] ?

Quoi qu'il en soit, La Bruyère est un des beaux écrivains du siècle de Louis XIV. Aucun homme n'a su donner plus de variété à son style, plus de formes diverses à sa langue, plus de mouvement à sa pensée. Il descend de la haute éloquence à la familiarité, et passe de la plaisanterie au raisonnement sans jamais blesser le goût ni le lecteur. L'ironie est son arme favorite : aussi

---

[1] Surtout dans le chapitre des *Esprits forts*.
[2] Cette pensée est supprimée dans la petite édition de Pascal avec les notes ; les éditeurs n'ont pas apparemment trouvé que cela fût d'un *beau style*. Nous avons entendu critiquer la prose du siècle de Louis XIV, comme manquant d'harmonie, d'élégance et de justesse dans l'expression. Nous avons entendu dire : « Si Bossuet et Pascal revenaient, ils n'écriraient plus comme cela. » C'est nous, prétend-on, qui sommes les écrivains en prose *par excellence*, et qui sommes bien plus habiles dans l'art d'arranger des mots. Ne serait-ce point que nous exprimons des pensées communes en style recherché, tandis que les écrivains du siècle de Louis XIV disaient tout simplement de grandes choses ?

philosophe que Théophraste, son coup d'œil embrasse un plus grand nombre d'objets, et ses remarques sont plus originales et plus profondes. Théophraste conjecture, La Rochefoucauld devine, et La Bruyère montre ce qui se passe au fond des cœurs.

C'est un grand triomphe pour la religion que de compter parmi ses philosophes un Pascal et un La Bruyère. Il faudrait peut-être, d'après ces exemples, être un peu moins prompt à avancer qu'il n'y a que de *petits esprits* qui puissent être chrétiens.

« Si ma religion était fausse, dit l'auteur des *Caractères*, je l'avoue, voilà le piége le mieux dressé qu'il soit possible d'imaginer : il était inévitable de ne pas donner tout au travers et de n'y être pas pris. Quelle majesté! quel éclat de mystères! quelle suite et quel enchaînement de toute la doctrine! quelle raison éminente! Quelle candeur! quelle innocence de mœurs! Quelle force invincible et accablante de témoignages rendus successivement et pendant trois siècles par des millions de personnes les plus sages, les plus modérées qui fussent alors sur la terre, et que le sentiment d'une même vérité soutient dans l'exil, dans les fers, contre la vue de la mort et du dernier supplice! »

Si La Bruyère revenait au monde, il serait bien étonné de voir cette religion, dont les grands hommes de son siècle confessaient la beauté et l'excellence, traitée d'*infâme*, de *ridicule*, d'*absurde*. Il croirait sans doute que les *esprits forts* sont des hommes très-supérieurs aux écrivains qui les ont précédés, et que, devant eux, Pascal, Bossuet, Fénelon, Racine sont des auteurs sans génie. Il ouvrirait leurs ouvrages avec un respect mêlé de frayeur. Nous croyons le voir s'attendant à trouver à chaque ligne quelque grande découverte de l'esprit humain, quelque haute pensée, peut-être même quelque fait historique auparavant inconnu qui prouve invinciblement la fausseté du christianisme. Que dirait-il, que penserait-il dans son second étonnement, qui ne tarderait pas à suivre le premier?

La Bruyère nous manque, la révolution a renouvelé le fond des caractères. L'avarice, l'ignorance, l'amour-propre se montrent sous un jour nouveau. Ces vices, dans le siècle de Louis XIV, se composaient avec la religion et la politesse; maintenant ils se mêlent à l'impiété et à la rudesse des formes : ils devaient donc avoir, dans le dix-septième siècle, des teintes plus fines, des nuances plus délicates; ils pouvaient être ridicules alors : ils sont odieux aujourd'hui.

CHAPITRE VI.

SUITE DES MORALISTES.

Il y avait un homme qui, à douze ans, avec des *barres* et des *ronds*, avait créé les mathématiques; qui, à seize, avait fait le plus savant traité des coniques qu'on eût vu depuis l'antiquité; qui, à dix-neuf, réduisit en machine une science qui existe tout entière dans l'entendement; qui, à vingt-trois ans, démontra les phénomènes de la pesanteur de l'air, et détruisit une des grandes erreurs de l'ancienne physique; qui, à cet âge où les autres hommes commencent à peine de naître, ayant achevé de parcourir le cercle des sciences humaines, s'aperçut de leur néant, et tourna ses pensées vers la religion, qui, depuis ce moment jusqu'à sa mort, arrivée dans sa trente-neuvième année, toujours infirme et souffrant, fixa la langue que parlèrent Bossuet et Racine, donna le modèle de la plus parfaite plaisanterie comme du raisonnement le plus fort ; enfin, qui, dans les courts intervalles de ses maux, résolut par abstraction un des plus hauts problèmes de géométrie, et jeta sur le papier des pensées qui tiennent autant du dieu que de l'homme : cet effrayant génie se nommait *Blaise Pascal.*

Il est difficile de ne pas rester confondu d'étonnement, lorsqu'en ouvrant les *Pensées* du philosophe chrétien, on tombe sur les six chapitres où il traite de la nature de l'homme. Les sentiments de Pascal sont remarquables surtout par la profondeur de leur tristesse et par je ne sais quelle immensité : on es suspendu au milieu de ces sentiments comme dans l'infini. Les métaphysiciens parlent de cette *pensée abstraite* qui n'a aucune propriété de la matière, qui touche à tout sans se déplacer, qui vit d'elle-même, qui ne peut périr parce qu'elle est invisible, et qui prouve péremptoirement l'immortalité de l'âme : cette définition de la pensée semble avoir été suggérée aux métaphysiciens par les écrits de Pascal.

Il y a un monument curieux de la philosophie chrétienne et de la philosophie du jour : ce sont les *Pensées* de Pascal, commentées par les éditeurs (25). On croit voir les ruines de Palmyre, restes superbes du génie et du temps, au pied desquelles l'Arabe du désert a bâti sa misérable hutte.

Voltaire a dit : Pascal, fou sublime, né un siècle trop tôt. »

On entend ce que signifie ce *siècle trop tôt.* Une seule observation suffira pour faire voir combien Pascal *sophiste* eût été inférieur à Pascal *chrétien.* Dans quelle partie de ses écrits le solitaire de Port-Royal s'est-il élevé au-dessus des plus grands génies ? Dans ses six chapitres sur l'homme. Or, ces six chapitres, qui roulent entièrement sur la chute originelle, *n'existeraient pas si Pascal eût été incrédule.*

Il faut placer ici une observation importante. Parmi les personnes qui ont embrassé les opinions philosophiques, les unes ne cessent de décrier le siècle de Louis XIV ; les autres, se piquant d'impartialité, accordent à ce siècle *les dons de l'imagination,* et lui refusent les *facultés de la pensée.* C'est le dix-huitième siècle, s'écrie-t-on, qui est le siècle *penseur* par excellence.

Un homme impartial qui lira attentivement les écrivains du siècle de Louis XIV s'apercevra bientôt que *rien n'a échappé à leur vue;* mais que, contemplant les objets de plus haut que nous, ils ont dédaigné les routes où nous sommes entrés, et au bout desquelles leur œil perçant avait découvert un abîme.

Nous pouvons appuyer cette assertion de mille preuves. Est-ce faute d'avoir connu les objections contre la religion que tant de grands hommes ont été religieux ? Oublie-t-on que Bayle publiait à cette époque même ses doutes et ses sophismes ? Ne sait-on plus que Clarke et Leibnitz n'étaient occupés qu'à combattre l'incrédulité ; que Pascal *voulait défendre* la religion ; que La Bruyère faisait son chapitre des *Esprits forts,* et Massillon son sermon de la *Vérité d'un avenir;* que Bossuet enfin lançait ces paroles foudroyantes sur les athées : « Qu'ont-ils vu, ces *rares génies,* qu'ont-ils vu *plus que les autres?* Quelle ignorance est la leur, et qu'il serait aisé de les confondre, si, faibles et présomptueux, ils ne craignaient point d'être instruits ! car pensent-ils avoir vu mieux les difficultés à cause qu'ils y succombent, et que les autres qui LES ONT VUES les ont méprisées? Ils n'ont rien vu, ils n'entendent rien, ils n'ont pas même de quoi établir le néant auquel ils espèrent après cette vie, et ce misérable partage ne leur est pas assuré. »

Et quels rapports moraux, politiques ou religieux se sont dérobés à Pascal? quel côté de choses n'a-t-il point saisi? S'il considère la nature humaine en général, il en fait cette peinture si connue et si étonnante : « La première chose qui s'offre à l'homme quand il se regarde, c'est son corps, etc. » Et ailleurs : « L'homme n'est qu'un roseau pensant, etc. » Nous demandons si dans tout cela Pascal s'est montré un faible *penseur ?*

Les écrivains modernes se sont fort étendus sur la puissance de l'opinion, et c'est Pascal qui le premier l'avait observée. Une des choses les plus fortes que Rousseau ait hasardées en politique se lit dans le *Discours sur l'inégalité des conditions :* « Le premier, dit-il, qui ayant clos un terrain, s'avisa de dire : *Ceci est à moi,* fut le vrai fondateur de la société civile. » Or, c'est presque mot pour mot l'effrayante idée que le solitaire de Port-Royal exprime avec une tout autre énergie : « Ce chien *est à moi,* disaient ces pauvres enfants ; c'est ma place au soleil : voilà le commencement et l'image de l'usurpation de toute la terre. »

Et voilà une de ces pensées qui font trembler pour Pascal. Quel ne fût point devenu ce grand homme, s'il n'avait été chrétien ! Quel frein adorable que cette religion qui, sans nous empêcher de jeter de vastes regards autour de nous, nous empêche de nous précipiter dans le gouffre !

C'est le même Pascal qui a dit encore : « Trois degrés d'élévation du pôle renversent toute la jurisprudence. Un méridien décide de la vérité, ou de peu d'années de possession. Les lois fondamentales changent, le droit a ses époques ; plaisante justice qu'une rivière ou une montagne borne ; vérité au deçà des Pyrénées, erreur au delà. »

Certes, le penseur le plus hardi de ce siècle, l'écrivain le plus déterminé à généraliser les idées pour bouleverser le monde, n'a rien dit d'aussi fort contre la justice des gouvernements et les préjugés des nations.

Les insultes que nous avons prodiguées par philosophie à la nature humaine ont été plus ou moins puisées dans les écrits de Pascal. Mais, en dérobant à ce rare génie la *misère* de l'homme, nous n'avons pas su comme lui en apercevoir la *grandeur.* Bossuet et Fénelon, le premier dans son *Histoire universelle,* dans ses *Avertissements* et dans sa *Politique tirée de l'Écriture sainte;* le second dans son *Télémaque,* ont dit sur les gouvernements toutes les choses essentielles. Montesquieu lui-même n'a souvent fait que développer les principes de l'évêque de Meaux, comme on l'a très-bien remarqué. On pourrait faire des volumes des divers passages favorables à la liberté et à l'amour de la patrie qui se trouvent dans les auteurs du dix-septième siècle.

Et que n'a-t-on point tenté dans ce siècle (26)? L'égalité des poids et mesures, l'abolition des coutumes provinciales, la réformation du code civil et criminel, la répartition égale de l'impôt : tous ces projets dont nous nous vantons ont été proposés, examinés, exécutés même quand les avantages de la réforme en ont paru balancer les inconvénients. Bossuet n'a-t-il pas été jusqu'à vouloir réunir l'Église protestante à l'Église romaine? Quand on songe que Bagnoli, Le Maître, Arnauld, Nicole, Pascal, s'étaient consacrés à l'éducation de la jeunesse, on aura de la peine à croire sans doute que cette éducation est plus belle et plus savante de nos jours. Les meilleurs livres classiques que nous ayons sont encore ceux de Port-Royal, et nous ne faisons que les répéter, souvent en cachant nos larcins, dans nos ouvrages élémentaires.

Notre supériorité se réduit donc à quelques progrès dans les études naturelles; progrès qui appartiennent à la marche du temps, et qui ne compensent pas, à beaucoup près, la perte de l'imagination qui en est la suite. La *pensée* est la même dans tous les siècles, mais elle est accompagnée plus particulièrement ou des arts, ou des sciences : elle n'a toute sa grandeur poétique et toute sa beauté morale qu'avec les premiers.

Mais si le siècle de Louis XIV a conçu les idées *libérales* [1], pourquoi donc n'en a-t-il pas fait le même usage que nous? Certes, ne nous vantons pas de notre essai. Pascal, Bossuet, Fénelon, ont vu plus loin que nous, puisqu'en connaissant comme nous, et mieux que nous, la nature des choses, ils ont senti le danger des innovations. Quand leurs ouvrages ne prouveraient pas qu'ils ont eu des idées philosophiques, pourrait-on croire que ces grands hommes n'ont pas été frappés des abus qui se glissent partout, et qu'ils ne connaissaient pas le faible et le fort des affaires humaines? Mais tel était leur principe, qu'il ne *faut pas faire un petit mal, même pour obtenir un grand bien* [2], à plus forte raison pour des systèmes dont le résultat est presque toujours effroyable. Ce n'était pas par défaut de génie, sans doute, que ce Pascal, qui, comme nous l'avons montré, connaissait si bien le vice des lois dans le *sens absolu*, disait dans le *sens relatif :* « Que l'on a bien fait de distinguer les hommes par les qualités extérieures! Qui passera de nous deux? Qui cédera la place à l'autre? Le moins habile? Mais je suis aussi habile que lui; il faudra se battre pour cela. Il a quatre laquais, et je n'en ai qu'un; cela est visible, il n'y a qu'à compter : c'est à moi à céder, et je suis un sot si je le conteste. »

Cela répond à des volumes de sophismes. L'auteur des *Pensées*, se soumettant aux *quatre laquais*, est bien autrement philosophe que ces *penseurs* que les quatre laquais ont révoltés.

En un mot, le siècle de Louis XIV est resté paisible, non parce qu'il n'a point aperçu telle ou telle chose, mais parce qu'en la voyant, il l'a pénétrée jusqu'au fond; parce qu'il en a considéré toutes les faces et connu tous les périls. S'il ne s'est point plongé dans les idées du jour, c'est qu'il leur a été supérieur :

---

[1] Barbarisme que la philosophie a emprunté des Anglais. Comment se fait-il que notre *prodigieux amour* de la patrie aille toujours chercher ses mots dans un dictionnaire étranger?
[2] *Hist. de Port-Royal.*

nous prenons sa puissance pour sa faiblesse ; son secret et le nôtre sont renfermés dans cette pensée de Pascal :

« Les sciences ont deux extrémités qui se touchent : la première est la pure ignorance naturelle où se trouvent les hommes en naissant ; l'autre extrémité est celle où arrivent les grandes âmes, qui, ayant parcouru tout ce que les hommes peuvent savoir, trouvent qu'ils ne savent rien, et se rencontrent dans cette même ignorance d'où ils sont partis ; mais c'est une ignorance savante qui se connaît. Ceux d'entre eux qui sont sortis de l'ignorance naturelle, et n'ont pu arriver à l'autre, ont quelque teinture de cette science suffisante, et font les entendus. Ceux-là troublent le monde, et jugent plus mal que tous les autres. Le peuple et les habiles composent pour l'ordinaire le train du monde ; les autres les méprisent et en sont méprisés. »

Nous ne pouvons nous empêcher de faire ici un triste retour sur nous-même. Pascal avait entrepris de donner au monde l'ouvrage dont nous publions aujourd'hui une si petite et si faible partie. Quel chef-d'œuvre ne serait point sorti des mains d'un tel maître ! Si Dieu ne lui a pas permis d'exécuter son dessein, c'est qu'apparemment il n'est pas bon que certains doutes sur la foi soient éclaircis, afin qu'il reste matière à ces tentations et à ces épreuves qui font les saints et les martyrs.

LIVRE TROISIÈME.

Histoire.

CHAPITRE PREMIER.

DU CHRISTIANISME DANS LA MANIÈRE D'ÉCRIRE L'HISTOIRE.

Si le christianisme a fait faire tant de progrès aux idées philosophiques, il doit être nécessairement favorable au génie de l'histoire, puisque celle-ci n'est qu'une branche de la philosophie morale et politique. Quiconque rejette les notions sublimes que la religion nous donne de la nature et de son auteur, se prive volontairement d'un moyen fécond d'images et de pensées.

En effet, celui-là connaîtra mieux les hommes qui aura longtemps médité les desseins de la Providence ; celui-là pourra démasquer la sagesse humaine, qui aura pénétré les *ruses* de la sagesse divine. Les desseins des rois, les abominations des cités, les voies iniques et détournées de la politique, le remuement des cœurs par le fil secret des passions, ces inquiétudes qui saisissent parfois les peuples, ces transmutations de puissance du roi au sujet, du noble au plébéien, du riche au pauvre : tous ces ressorts resteront inexplicables pour vous, si vous n'avez, pour ainsi dire, assisté au conseil du Très-Haut, avec ces divers esprits de force, de prudence, de faiblesse et d'erreur, qu'il envoie aux nations qu'il veut ou sauver ou perdre.

Mettons donc l'éternité au fond de l'histoire des temps ; rapportons tout à Dieu, comme à la cause universelle. Qu'on vante tant qu'on voudra celui qui, démêlant les secrets de nos cœurs, fait sortir les plus grands événements des sources les plus misérables : Dieu attentif aux royaumes des hommes ; l'impiété, c'est-à-dire l'absence des vertus morales, devenant la raison immédiate des malheurs des peuples : voilà, ce nous semble, une base historique bien plus noble, et aussi bien plus certaine que la première.

Et pour en montrer un exemple dans notre révolution, qu'on nous dise si ce furent des causes ordinaires qui, dans le cours de quelques années, dénaturèrent nos affections et affectèrent parmi nous la simplicité et la grandeur particulières au cœur de l'homme. L'esprit de Dieu s'étant retiré du milieu du peuple, il ne resta de force que dans la tache originelle qui reprit son empire, comme au jour de Caïn et de sa race. Quiconque voulait être raisonnable sentait en lui je ne sais quelle impuissance du bien ; quiconque étendait une main pacifique voyait cette main subitement séchée : le drapeau rouge flotte aux remparts des cités ; la guerre est déclarée aux nations : alors s'accomplissent les paroles du Prophète : *Les os des rois de Juda, les os des prêtres, les os des habitants de Jérusalem seront jetés hors de leur sépulcre* [1]. Coupable envers les souvenirs, on foule aux pieds les institutions antiques ; coupable envers les espérances, on ne fonde rien pour la postérité : les tombeaux et les enfants sont également profanés. Dans cette ligne de vie qui nous fut transmise par nos ancêtres, et que nous devons prolonger au delà de nous, on ne saisit que le point présent ; et chacun, se consacrant à sa propre corruption, comme un sacerdoce abominable, vit tel que si rien ne l'eût précédé, et que rien ne le dût suivre.

Tandis que cet esprit de perte dévore intérieurement la France, un esprit de salut la défend au dehors. Elle n'a de prudence et de grandeur que sur sa frontière ; au dedans tout est abattu ; à l'extérieur tout triomphe. La patrie n'est plus dans ses foyers, elle est dans un camp sur le Rhin, comme au temps de la race de Mérovée ; on croit voir le peuple juif chassé de la terre de Gessen et domptant les nations barbares dans le désert.

Une telle combinaison de choses n'a point de principe naturel dans les événements humains. L'écrivain religieux peut seul découvrir ici un profond conseil du Très-Haut : si les puissances coalisées n'avaient voulu que faire cesser les violences de la révolution, et laisser ensuite la France réparer ses maux et ses erreurs, peut-être eussent-elles réussi. Mais Dieu vit l'iniquité des cours, et il dit au soldat étranger : Je briserai le glaive dans ta main, et tu ne détruiras point le peuple de saint Louis.

Ainsi la religion semble conduire à l'explication des faits les plus incompréhensibles de l'histoire. De plus il y a dans le nom de Dieu quelque chose de superbe, qui sert à donner au style une certaine emphase merveilleuse, en sorte que l'écrivain le plus religieux est presque toujours le plus éloquent. Sans

[1] Jérém., chap. VIII, v. 1.

religion on peut avoir de l'esprit; mais il est difficile d'avoir du génie. Ajoutez qu'on sent dans l'historien de foi un ton, nous dirions presque un goût d'honnête homme, qui fait qu'on est disposé à croire ce qu'il raconte. On se défie au contraire de l'historien sophiste; car, représentant presque toujours la société sous un jour odieux, on est incliné à le regarder lui-même comme un méchant et un trompeur.

CHAPITRE II.

CAUSES GÉNÉRALES QUI ONT EMPÊCHÉ LES ÉCRIVAINS MODERNES DE RÉUSSIR DANS L'HISTOIRE.

PREMIÈRE CAUSE : BEAUTÉS DES SUJETS ANTIQUES.

Il se présente ici une objection : si le christianisme est favorable au génie de l'histoire, pourquoi donc les écrivains modernes sont-ils généralement inférieurs aux anciens dans cette profonde et importante partie des lettres?

D'abord le fait supposé par cette objection n'est pas d'une vérité rigoureuse, puisqu'un des plus beaux monuments historiques qui existent chez les hommes, le *Discours sur l'Histoire universelle*, a été dicté par l'esprit du christianisme. Mais, en écartant un moment cet ouvrage, les causes de notre infériorité en histoire, si cette infériorité existe, méritent d'être recherchées.

Elles nous semblent être de deux espèces : les unes tiennent à l'*histoire*, les autres à l'*historien*.

L'histoire ancienne offre un tableau que les temps modernes n'ont point reproduit. Les Grecs ont surtout été remarquables par la grandeur des hommes, les Romains par la grandeur des choses. Rome et Athènes, parties de l'état de nature pour arriver au dernier degré de civilisation, parcourent l'échelle entière des vertus et des vices, de l'ignorance et des arts. On voit croître l'homme et sa pensée : d'abord enfant, ensuite attaqué par les passions dans la jeunesse fort et sage dans son âge mûr, faible et corrompu dans sa vieillesse. L'État suit l'homme, passant du gouvernement royal ou paternel au gouvernement républicain, et tombant dans le despotisme avec l'âge de la décrépitude.

Bien que les peuples modernes présentent, comme nous le dirons bientôt, quelques époques intéressantes, quelques règnes fameux, quelques portraits brillants, quelques actions éclatantes, cependant il faut convenir qu'ils ne fournissent pas à l'historien cet ensemble de choses, cette hauteur de leçons qui font de l'histoire ancienne un tout complet et une peinture achevée. Ils n'ont point commencé par le premier pas; ils ne se sont point formés eux-mêmes par degrés : ils ont été transportés du fond des forêts et de l'état sauvage au milieu des cités et de l'état civil : ce ne sont que de jeunes branches entées sur un vieux tronc. Aussi tout est ténèbres dans leur origine : vous y voyez à la fois de grands vices et de grandes vertus, une grossière ignorance et des coups de lumière, des notions vagues de justice et de gouvernement, un mélange confus de mœurs et de langage : ces peuples n'ont passé ni par cet état où les bonnes mœurs font les lois, ni par cet autre où les bonnes lois font les mœurs.

Quand ces nations viennent à se rasseoir sur les débris du monde antique, un autre phénomène arrête l'historien : tout paraît subitement réglé, tout prend une face uniforme ; des monarchies partout ; à peine de petites républiques qui se changent elles-mêmes en principautés, ou qui sont absorbées par les royaumes voisins. En même temps les arts et les sciences se développent, mais tranquillement, mais dans les ombres. Ils se préparent, pour ainsi dire, des destinées humaines ; ils n'influent plus sur le sort des empires. Relégués chez une classe de citoyens, ils deviennent plutôt un objet de luxe et de curiosité qu'un sens de plus chez les nations.

Ainsi les gouvernements se consolident à la fois. Une balance religieuse et politique tient de niveau les diverses parties de l'Europe. Rien ne s'y détruit plus ; le plus petit État moderne peut se vanter d'une durée égale à celle des empires des Cyrus et des Césars. Le christianisme a été l'ancre qui a fixé tant de nations flottantes ; il a retenu dans le port ces États qui se briseront peut-être s'ils viennent à rompre l'anneau commun où la religion les tient attachés.

Or, en répandant sur les peuples cette uniformité et pour ainsi dire cette monotonie de mœurs que les lois donnaient à l'Égypte, et donnent encore aujourd'hui aux Indes et à la Chine, le christianisme a rendu nécessairement les couleurs de l'histoire moins vives. Ces vertus générales, telles que l'humanité, la pudeur, la charité, qu'il a substituées aux douteuses vertus politiques ; ces vertus, disons-nous, ont aussi un jeu moins grand sur le théâtre du monde. Comme elles sont véritablement des vertus, elles évitent la lumière et le bruit : il y a chez les peuples modernes un certain silence des affaires qui déconcerte l'historien. Donnons-nous de garde de nous en plaindre ; l'homme moral parmi nous est bien supérieur à l'homme moral des anciens. Notre raison n'est pas pervertie par un culte abominable ; nous n'adorons pas des monstres ; l'impudicité ne marche pas le front levé chez les chrétiens ; nous n'avons ni gladiateurs ni esclaves. Il n'y a pas encore bien longtemps que le sang nous faisait horreur. Ah ! n'envions pas aux Romains leur Tacite, s'il faut l'acheter par leur Tibère !

CHAPITRE III.

SUITE DU PRÉCÉDENT.

SECONDE CAUSE : LES ANCIENS ONT ÉPUISÉ TOUS LES GENRES D'HISTOIRE, HORS LE GENRE CHRÉTIEN.

A cette première cause de l'infériorité de nos historiens, tirée du fond même des sujets, il en faut joindre une seconde qui tient à la manière dont les anciens ont écrit l'histoire ; ils ont épuisé toutes les couleurs ; et si le christianisme n'avait pas fourni un caractère nouveau de réflexions et de pensées, l'histoire demeurerait à jamais fermée aux modernes.

Jeune et brillante sous Hérodote, elle étala aux yeux de la Grèce la peinture de la naissance de la société et des mœurs primitives des hommes. On avait alors l'avantage d'écrire les annales de la fable en écrivant celles de la vérité.

On n'était obligé qu'à peindre et non pas à réfléchir; les vices et les vertus des nations n'en étaient encore qu'à leur âge poétique.

Autre temps, autres mœurs. Thucydide fut privé de ces tableaux du berceau du monde, mais il entra dans un champ encore inculte de l'histoire. Il retraça avec sévérité les maux causés par les dissensions politiques, laissant à la postérité des exemples dont elle ne profite jamais.

Xénophon découvrit à son tour une route nouvelle. Sans s'appesantir, et sans rien perdre de l'élégance attique, il jeta des regards pieux sur le cœur humain, et devint le père de l'histoire morale.

Placé sur un plus grand théâtre, et dans le seul pays où l'on connût deux sortes d'éloquence, celle du barreau et celle du *Forum*, Tite-Live les transporta dans ses récits : il fut l'orateur de l'histoire comme Hérodote en est le poëte.

Enfin la corruption des hommes, les règnes de Tibère et de Néron, firent naître le dernier genre de l'histoire, le genre philosophique. Les causes des événements qu'Hérodote avait cherchées chez les dieux, Thucydide dans les constitutions politiques, Xénophon dans la morale, Tite-Live dans ces diverses causes réunies, Tacite les vit dans la méchanceté du cœur humain.

Ce n'est pas, au reste, que ces grands historiens brillent exclusivement dans le genre que nous nous sommes permis de leur attribuer; mais il nous a paru que c'est celui qui domine dans leurs écrits. Entre ces caractères primitifs de l'histoire se trouvent des nuances qui furent saisies par les historiens d'un rang inférieur. Ainsi Polybe se place entre le politique Thucydide et le philosophe Xénophon; Salluste tient à la fois de Tacite et de Tite-Live; mais le premier le surpasse par la force de la pensée, et l'autre par la beauté de la narration. Suétone conta l'anecdote sans réflexion et sans voile; Plutarque y joignit la moralité; Velleius Paterculus apprit à généraliser l'histoire sans la défigurer; Florus en fit l'abrégé philosophique; enfin, Diodore de Sicile, Trogue-Pompée, Denys d'Halicarnasse, Cornelius-Nepos, Quinte-Curce, Aurelius-Victor, Ammien-Marcellin, Justin, Eutrope, et d'autres que nous taisons ou qui nous échappent, conduisirent l'histoire jusqu'aux temps où elle tomba entre les mains des auteurs chrétiens; époque où tout changea dans les mœurs des hommes.

Il n'en est pas des vérités comme des illusions : celles-ci sont inépuisables, et le cercle des premières est borné; la poésie est toujours nouvelle, parce que l'erreur ne vieillit jamais, et c'est ce qui fait sa grâce aux yeux des hommes. Mais, en morale et en histoire, on tourne dans le champ étroit de la vérité; il faut, quoi qu'on fasse, retomber dans des observations connues. Quelle route historique, non encore parcourue, restait-il donc à prendre aux modernes? Ils ne pouvaient qu'imiter; et, dans ces imitations, plusieurs causes les empêchaient d'atteindre à la hauteur de leurs modèles. Comme poésie, l'origine des Cattes, des Teuctères, des Mattiaques, n'offrait rien de ce brillant Olympe, de ces villes bâties au son de la lyre, et de cette enfance enchantée des Hellènes et des Pélasges; comme politique, le régime féodal interdisait les grandes leçons; comme éloquence, il n'y avait que celle de la chaire; comme philosophie, les peuples n'étaient pas encore assez malheureux ni assez corrompus pour qu'elle eût commencé de paraître.

Toutefois on imita avec plus ou moins de bonheur. Bentivoglio, en Italie, calqua Tite-Live, et serait éloquent s'il n'était affecté. Davila, Guicciardini et Fra-Paolo eurent plus de simplicité; et Mariana, en Espagne, déploya d'assez beaux talents; malheureusement ce fougueux jésuite déshonora un genre de littérature dont le premier mérite est l'impartialité. Hume, Roherston et Gibbon ont plus ou moins suivi ou Salluste ou Tacite; mais ce dernier historien a produit deux hommes aussi grands que lui-même, Machiavel et Montesquieu.

Néanmoins Tacite doit être choisi pour modèle avec précaution; il y a moins d'inconvénients à s'attacher à Tite-Live. L'éloquence du premier lui est trop particulière pour être tentée par quiconque n'a pas son génie. Tacite, Machiavel et Montesquieu ont formé une école dangereuse, en introduisant ces mots ambitieux, ces phrases sèches, ces tours prompts qui, sous une apparence de brièveté, touchent à l'obscur et au mauvais goût.

Laissons donc ce style à ces génies immortels qui, par diverses causes, se sont créé un genre à part; genre qu'eux seuls pouvaient soutenir et qu'il est périlleux d'imiter. Rappelons-nous que les écrivains des beaux siècles littéraires ont ignoré cette concision affectée d'idées et de langage. Les pensées des Tite-Live et des Bossuet sont abondantes et enchaînées les unes aux autres; chaque mot, chez eux, naît du mot qui l'a précédé, et devient le germe du mot qui va le suivre. Ce n'est pas par bonds, par intervalles et en ligne droite que coulent les grands fleuves (si nous pouvons employer cette image) : ils amènent longuement de leur source un flot qui grossit sans cesse; leurs détours sont larges dans les plaines; ils embrassent de leurs orbes immenses les cités et les forêts, et portent à l'Océan agrandi des eaux capables de combler ses gouffres.

CHAPITRE IV.

POURQUOI LES FRANÇAIS N'ONT QUE DES MÉMOIRES.

Autre question qui regarde entièrement les Français: pourquoi n'avons-nous que des mémoires au lieu d'histoire, et pourquoi ces mémoires sont-ils pour la plupart excellents?

Le Français a été dans tous les temps, même lorsqu'il était barbare, vain, léger et sociable. Il réfléchit peu sur l'ensemble des objets; mais il observe curieusement les détails, et son coup d'œil est prompt, sûr et délié : il faut toujours qu'il soit en scène, et il ne peut consentir, même comme historien, à disparaître tout à fait. Les mémoires lui laissent la liberté de se livrer à son génie. Là, sans quitter le théâtre, il rapporte ses observations, toujours fines et quelquefois profondes. Il aime à dire : *J'étais là, le roi me dit... J'appris du prince... Je conseillai; je prévis le bien, le mal.* Son amour-propre se satisfait ainsi; il étale son esprit devant le lecteur; et le désir qu'il a de se montrer penseur ingénieux le conduit souvent à bien penser. De plus, dans ce genre d'histoire, il n'est pas obligé de renoncer à ses passions, dont il se détache avec peine. Il s'enthousiasme pour telle ou telle cause, tel ou tel personnage; et, tantôt insultant le parti opposé, tantôt se raillant du sien, il exerce à la fois sa vengeance et sa malice.

Depuis le sire de Joinville jusqu'au cardinal de Retz, depuis les mémoires du temps de la Ligue jusqu'aux mémoires du temps de la Fronde, ce caractère se montre partout ; il perce même jusque dans le grave Sully. Mais quand on veut transporter à l'histoire cet art des détails, les rapports changent; les petites nuances se perdent dans de grands tableaux, comme de légères rides sur la face de l'Océan. Contraints alors de généraliser nos observations, nous tombons dans l'esprit de système. D'une autre part, ne pouvant parler de nous à découvert, nous nous cachons derrière nos personnages. Dans la narration, nous devenons secs et minutieux, parce que nous causons mieux que nous ne racontons; dans les réflexions générales, nous sommes chétifs ou vulgaires, parce que nous ne connaissons bien que l'homme de notre société [1].

Enfin la vie privée des Français est peu favorable au génie de l'histoire. Le repos de l'âme est nécessaire à quiconque veut écrire sagement sur les hommes : or, nos gens de lettres, vivant la plupart sans famille, ou hors de leur famille, portant dans le monde des passions inquiètes et des jours misérablement consacrés à des succès d'amour-propre, sont, par leurs habitudes en contradiction directe avec le sérieux de l'histoire. Cette coutume de mettre notre existence dans un cercle borne nécessairement notre vue et rétrécit nos idées. Trop occupés d'une nature de convention, la vraie nature nous échappe ; nous ne raisonnons guère sur celle-ci qu'à force d'esprit et comme au hasard ; et, quand nous rencontrons juste, c'est moins un fait d'expérience qu'une chose devinée.

Concluons donc que c'est au changement des affaires humaines, à un autre ordre de choses et de temps, à la difficulté de trouver des routes nouvelles en morale, en politique et en philosophie, que l'on doit attribuer le peu de succès des modernes en histoire; et, quant aux Français, s'ils n'ont en général que de bons mémoires, c'est dans leur propre caractère qu'il faut chercher le motif de cette singularité.

On a voulu la rejeter sur des causes politiques : on a dit que si l'histoire ne s'est point élevée parmi nous aussi haut que chez les anciens, c'est que son génie indépendant a toujours été enchaîné. Il nous semble que cette assertion va directement contre les faits. Dans aucun temps, dans aucun pays, sous quelque forme de gouvernement que ce soit, jamais la liberté de penser n'a été plus grande qu'en France au temps de sa monarchie. On pourrait citer sans doute quelques actes d'oppression, quelques censures rigoureuses ou injustes (27), mais ils ne balanceraient pas le nombre des exemples contraires. Qu'on ouvre

---

[1] Nous savons qu'il y a des exceptions à tout cela, et que quelques écrivains français se sont distingués comme historiens. Nous rendrons tout à l'heure justice à leur mérite ; mais il nous semble qu'il serait injuste de nous les opposer, et de faire des objections qui ne détruiraient pas un fait général. Si l'on en venait là, quels jugements seraient vrais en critique? Les théories générales ne sont pas de la nature de l'homme ; le vrai le plus pur a toujours en soi un mélange de faux. La vérité humaine est semblable au triangle qui ne peut avoir qu'un seul angle droit, comme si la nature avait voulu graver une image de notre insuffisante rectitude dans la seule science réputée certaine parmi nous.

nos mémoires, et l'on y trouvera à chaque page les vérités les plus dures, et souvent les plus outrageantes, prodiguées aux rois, aux nobles, aux prêtres. Le Français n'a jamais ployé servilement sous le joug; il s'est toujours dédommagé, par l'indépendance de son opinion, de la contrainte que les formes monarchiques lui imposaient. Les *Contes* de Rabelais, le traité de la *Servitude volontaire* de La Boëtie, les *Essais* de Montaigne, la *Sagesse* de Charron, les *Républiques* de Bodin, les écrits en faveur de la Ligue, le traité où Mariana va jusqu'à défendre le régicide, prouvent assez que ce n'est pas d'aujourd'hui seulement qu'on ose tout examiner. Si c'était le titre de citoyen plutôt que celui de sujet qui fît exclusivement l'historien, pourquoi Tacite, Tite-Live même, et, parmi nous, l'évêque de Meaux et Montesquieu, ont-ils fait entendre leurs sévères leçons sous l'empire des maîtres les plus absolus de la terre? Sans doute, en censurant les choses déshonnêtes et en louant les bonnes, ces grands génies n'ont pas cru que la liberté d'écrire consistât à fronder les gouvernements et à ébranler les bases du devoir; sans doute, s'ils eussent fait un usage si pernicieux de leur talent, Auguste, Trajan et Louis les auraient forcés au silence; mais cette espèce de dépendance n'est-elle pas plutôt un bien qu'un mal? Quand Voltaire s'est soumis à une censure légitime, il nous a donné *Charles XII* et le *Siècle de Louis XIV;* lorsqu'il a rompu tout frein, il n'a enfanté que l'*Essai sur les Mœurs.* Il y a des vérités qui sont la source des plus grands désordres, parce qu'elles remuent les passions; et cependant, à moins qu'une juste autorité ne nous ferme la bouche, ce sont celles-là mêmes que nous nous plaisons à révéler, parce qu'elles satisfont à la fois et la malignité de nos cœurs corrompus par la chute, et notre penchant primitif à la vérité.

CHAPITRE V.

BEAU CÔTÉ DE L'HISTOIRE MODERNE.

Il est juste maintenant de considérer le revers des choses, et de montrer que l'histoire moderne pourrait encore devenir intéressante si elle était traitée par une main habile. L'établissement des Francs dans les Gaules, Charlemagne, les croisades, la chevalerie, une bataille de Bouvines, un combat de Lépante, un Conradin à Naples, un Henri IV en France, un Charles Ier en Angleterre, sont au moins des époques mémorables, des mœurs singulières, des événements fameux, des catastrophes tragiques. Mais la grande vue à saisir pour l'historien moderne, c'est le changement que le christianisme a opéré dans l'ordre social. En donnant de nouvelles bases à la morale, l'Évangile a modifié le caractère des nations, et créé en Europe des hommes tout différents des anciens par les opinions, les gouvernements, les coutumes, les usages, les sciences et les arts.

Et que de traits caractéristiques n'offrent point ces nations nouvelles! Ici, ce sont les Germains, peuples où la corruption des grands n'a jamais influé sur les petits, où l'indifférence des premiers pour la patrie n'empêche point les seconds de l'aimer ; peuples où l'esprit de révolte et de fidélité, d'esclavage et d'indépendance, ne s'est jamais démenti depuis les jours de Tacite.

Là, ce sont ces Bataves qui ont de l'esprit par bon sens, du génie par industrie, des vertus par froideur, et des passions par raison.

L'Italie aux cent princes et aux magnifiques souvenirs, contraste avec la Suisse obscure et républicaine.

L'Espagne, séparée des autres nations, présente encore à l'historien un caractère plus original : l'espèce de stagnation de mœurs dans laquelle elle repose lui sera peut-être utile un jour ; et, lorsque les peuples européens seront usés par la corruption, elle seule pourra reparaître avec éclat sur la scène du monde, parce que le fond des mœurs subsiste chez elle.

Mélange du sang allemand et du sang français, le peuple anglais décèle de toutes parts sa double origine. Son gouvernement formé de royauté et d'aristocratie, sa religion moins pompeuse que la catholique, et plus brillante que la luthérienne, son militaire à la fois lourd et actif, sa littérature et ses arts, chez lui enfin le langage, les traits même, et jusqu'aux formes du corps, tout participe des deux sources dont il découle. Il réunit à la simplicité, au calme, au bon sens à la lenteur germanique, l'éclat, l'emportement et la vivacité de l'esprit français.

Les Anglais ont l'esprit public, et nous l'honneur national ; nos belles qualités sont plutôt des dons de la faveur divine que des fruits d'une éducation politique : comme les demi-dieux, nous tenons moins de la terre que du ciel.

Fils aînés de l'antiquité, les Français, Romains par le génie, sont Grecs par le caractère. Inquiets et volages dans le bonheur, constants et invincibles dans l'adversité ; formés pour les arts, civilisés jusqu'à l'excès, durant le calme de l'État ; grossiers et sauvages dans les troubles politiques, flottants comme des vaisseaux sans lest au gré des passions ; à présent dans les cieux, l'instant d'après dans les abîmes ; enthousiastes et du bien et du mal, faisant le premier sans en exiger de reconnaissance, et le second sans en sentir de remords ; ne se souvenant ni de leurs crimes ni de leurs vertus ; amants pusillanimes de la vie pendant la paix, prodigues de leurs jours dans les batailles ; vains, railleurs, ambitieux, à la fois routiniers et novateurs, méprisant tout ce qui n'est pas eux ; individuellement les plus aimables des hommes, en corps les plus désagréables de tous ; charmants dans leur propre pays, insupportables chez l'étranger ; tour à tour plus doux, plus innocents que l'agneau, et plus impitoyables, plus féroces que le tigre : tels furent les Athéniens d'autrefois, et tels sont les Français d'aujourd'hui.

Ainsi, après avoir balancé les avantages et les désavantages de l'histoire ancienne et moderne, il est temps de rappeler au lecteur que si les historiens de l'antiquité sont en général supérieurs aux nôtres, cette vérité souffre toutefois de grandes exceptions. Grâce au génie du christianisme, nous allons montrer qu'en histoire, l'esprit français a presque atteint la même perfection que dans les autres branches de la littérature.

CHAPITRE VI.

VOLTAIRE HISTORIEN.

« Voltaire, dit Montesquieu, n'écrira jamais une bonne histoire ; il est comme les moines qui n'écrivent pas pour le sujet qu'ils traitent, mais pour la gloire de leur ordre. Voltaire écrit pour son couvent. »

Ce jugement, appliqué au *Siècle de Louis XIV* et à l'*Histoire de Charles XII*, est trop rigoureux ; mais il est juste, quant à l'*Essai sur les Mœurs des nations*[1]. Deux noms surtout effrayaient ceux qui combattaient le christianisme, Pascal et Bossuet. Il fallait donc les attaquer, et tâcher de détruire indirectement leur autorité. De là l'édition de Pascal avec des notes, et l'*Essai* qu'on prétendait opposer au *Discours sur l'Histoire universelle*. Mais jamais le parti anti-religieux, d'ailleurs trop habile, ne fit une telle faute et n'apprêta un plus grand triomphe au christianisme. Comment Voltaire, avec tant de goût et un esprit si juste, ne comprit-il pas le danger d'une lutte corps à corps avec Bossuet et Pascal? Il lui est arrivé en histoire ce qui lui arrive toujours en poésie : c'est qu'en déclamant contre la religion, ses plus belles pages sont des pages chrétiennes, témoin ce portrait de saint Louis :

« Louis IX, dit-il, paraissait un prince destiné à réformer l'Europe, si elle avait pu l'être ; à rendre la France triomphante et policée, et à être en tout le modèle des hommes. Sa piété, qui était celle d'un anachorète, ne lui ôta aucune vertu du roi. Une sage économie ne déroba rien à sa libéralité. Il sut accorder une politique profonde avec une justice exacte, et peut-être est-il le seul souverain qui mérite cette louange. Prudent et ferme dans le conseil, intrépide dans les combats, sans être emporté ; compatissant comme s'il n'avait jamais été que malheureux, il n'est pas donné à l'homme de pousser plus loin la vertu... Attaqué de la peste devant Tunis... il se fit étendre sur la cendre, et expira à l'âge de cinquante-cinq ans, avec la piété d'un religieux et le courage d'un grand homme. »

Dans ce portrait, d'ailleurs si élégamment écrit, Voltaire, en parlant d'anachorète, a-t-il cherché à rabaisser son héros? On ne peut guère se le dissimuler ; mais voyez quelle méprise ! C'est précisément le contraste des vertus religieuses et des vertus guerrières, de l'humanité chrétienne et de la grandeur royale, qui fait ici le dramatique et la beauté du tableau.

Le christianisme rehausse nécessairement l'éclat des peintures historiques, en détachant pour ainsi dire les personnages de la toile, et faisant trancher les couleurs vives des passions sur un fond calme et doux. Renoncer à sa morale tendre et triste, ce serait renoncer au seul moyen nouveau d'éloquence que les anciens nous aient laissé. Nous ne doutons point que Voltaire, s'il avait été

---

[1] Un mot échappé à Voltaire, dans sa *Correspondance*, montre avec quelle vérité historique et dans quelle intention il écrivait cet *Essai* : « J'ai pris les deux hémisphères en ridicule ; *c'est un coup sûr.* » (An 1754, *Corresp. gén.*, tom. v, pag. 94.)

religieux, n'eût excellé en histoire; il ne lui manque que de la gravité, et, malgré ses imperfections, c'est peut-être encore, après Bossuet, le premier historien de la France.

CHAPITRE VII.

PHILIPPE DE COMINES ET ROLLIN.

Un chrétien a éminemment les qualités qu'un ancien demande de l'historien... *un bon sens pour les choses du monde, et une agréable expression* [1].

Comme écrivain de *Vies*, Philippe de Comines ressemble singulièrement à Plutarque; sa simplicité est même plus franche que celle du biographe antique : Plutarque n'a souvent que le bon esprit d'être simple; il court volontiers après la pensée : ce n'est qu'un agréable imposteur en tours naïfs.

A la vérité il est plus instruit que Comines; et néanmoins le vieux seigneur gaulois, avec l'Évangile et sa foi dans les ermites, a laissé, tout ignorant qu'il était, des mémoires pleins d'enseignement. Chez les anciens il fallait être docte pour écrire; parmi nous, un simple chrétien, livré, pour seule étude, à l'amour de Dieu, a souvent composé un admirable volume; c'est ce qui a fait dire à saint Paul : « *Celui qui, dépourvu de la charité, s'imagine être éclairé, ne sait rien.* »

Rollin est le Fénelon de l'histoire, et, comme lui, il a embelli l'Égypte et la Grèce. Les premiers volumes de l'*Histoire ancienne* respirent le génie de l'antiquité : la narration du vertueux recteur est pleine, simple et tranquille; et le christianisme, attendrissant sa plume, lui a donné quelque chose qui remue les entrailles. Ses écrits décèlent *cet homme de bien dont le cœur est une fête continuelle* [2], selon l'expression merveilleuse de l'Écriture. Nous ne connaissons point d'ouvrages qui reposent plus doucement l'âme. Rollin a répandu sur les crimes des hommes le calme d'une conscience sans reproche, et l'onctueuse charité d'un apôtre de Jésus-Christ. Ne verrons-nous jamais renaître ces temps où l'éducation de la jeunesse et l'espérance de la postérité étaient confiées à de pareilles mains !

CHAPITRE VIII.

BOSSUET HISTORIEN.

Mais c'est dans le *Discours sur l'Histoire universelle* que l'on peut admirer l'influence du génie du christianisme sur le génie de l'histoire. Politique comme Thucydide, moral comme Xénophon, éloquent comme Tite-Live, aussi profond et aussi grand peintre que Tacite, l'évêque de Meaux a de plus une parole grave et un tour sublime dont on ne trouve ailleurs aucun exemple, hors, dans le début du livre des Macchabées.

---

[1] Lucien, *Comment il faut écrire l'histoire*, traduct. de Racine.
[2] *Ecclesiast.*, chap. xxx, v. 27.

Bossuet est plus qu'un historien, c'est un Père de l'Église, c'est un prêtre inspiré, qui souvent a le rayon de feu sur le front, comme le législateur des Hébreux. Quelle revue il fait de la terre! il est en mille lieux à la fois! Patriarche sous le palmier de Tophel, ministre à la cour de Babylone, prêtre à Memphis, législateur à Sparte, citoyen à Athènes et à Rome, il change de temps et de place à son gré; il passe avec la rapidité et la majesté des siècles. La verge de la loi à la main, avec une autorité incroyable, il chasse pêle-mêle devant lui et juifs et gentils au tombeau; il vient enfin lui-même à la suite du convoi de tant de générations, et, marchant appuyé sur Isaïe et sur Jérémie, il élève ses lamentations prophétiques à travers la poudre et les débris du genre humain (28).

La première partie du *Discours sur l'Histoire universelle* est admirable par la narration; la seconde par la sublimité du style et la haute métaphysique des idées; la troisième par la profondeur des vues morales et politiques. Tite-Live et Salluste ont-ils rien de plus beau sur les anciens Romains que ces paroles de l'évêque de Meaux?

« Le fond d'un Romain, pour ainsi parler, était l'amour de sa liberté et de sa patrie; une de ces choses lui faisait aimer l'autre; car, parce qu'il aimait sa liberté, il aimait aussi sa patrie comme une mère qui le nourrissait dans des sentiments également généreux et libres.

« Sous ce nom de liberté, les Romains se figuraient, avec les Grecs, un état où personne ne fût sujet que de la loi, et où la loi fût plus puissante que personne. »

A nous entendre déclamer contre la religion, on croirait qu'un prêtre est nécessairement un esclave, et que nul, avant nous, n'a su raisonner dignement sur la liberté: qu'on lise donc Bossuet à l'article des Grecs et des Romains.

Quel autre a mieux parlé que lui et des vices et des vertus? quel autre a plus justement estimé les choses humaines? Il lui échappe de temps en temps quelques-uns de ces traits qui n'ont point de modèle dans l'éloquence antique, et qui naissent du génie même du christianisme. Par exemple, après avoir vanté les pyramides d'Égypte, il ajoute : « Quelque effort que fassent les hommes, leur néant paraît partout. Ces pyramides étaient des tombeaux; encore ces rois qui les ont bâties n'ont-ils pas eu le pouvoir d'y être inhumés, et ils n'ont pu jouir de leur sépulcre [1]. »

On ne sait qui l'emporte ici de la grandeur de la pensée ou de la hardiesse de l'expression. Ce mot *jouir*, appliqué à un *sépulcre*, déclare à la fois la magnificence de ce sépulcre, la vanité des Pharaons qui l'élevèrent, la rapidité de notre existence, enfin l'incroyable néant de l'homme qui, ne pouvant posséder pour bien réel ici-bas qu'un tombeau, est encore privé quelquefois de ce stérile patrimoine.

Remarquons que Tacite a parlé des pyramides [2], et que sa philosophie ne lui a rien fourni de comparable à la réflexion que la religion a inspirée à Bossuet; influence bien frappante du génie du christianisme sur la pensée d'un grand homme.

---

[1] *Disc. sur l'Hist. univ.*, IIIe part. — [2] *Ann.*, lib. II, 61.

Le plus beau portrait historique dans Tacite est celui de Tibère ; mais il est effacé par le portrait de Cromwell, car Bossuet est encore historien dans ses *Oraisons funèbres*. Que dirons-nous du cri de joie que pousse Tacite en parlant des Bructères, qui s'égorgeaient à la vue d'un camp romain ? « Par la faveur des dieux, nous eûmes le plaisir de contempler ce combat sans nous y mêler. Simples spectateurs, nous vîmes, ce qui est admirable, soixante mille hommes s'égorger sous nos yeux pour notre amusement. Puissent, puissent les nations, au défaut d'amour pour nous, entretenir ainsi dans leur cœur les unes contre les autres une haine éternelle [1] ! »

Écoutons Bossuet :

« Ce fut après le déluge que parurent ces ravageurs de provinces que l'on a nommés *conquérants*, qui, poussés par la seule gloire du commandement, ont exterminé tant d'innocents... Depuis ce temps, l'ambition s'est jouée, sans aucune borne, de la vie des hommes ; ils en sont venus à ce point de s'entretuer sans se haïr : le comble de la gloire, et le plus beau de tous les arts, a été de se tuer les uns les autres [2]. »

Il est difficile de s'empêcher d'adorer une religion qui met une telle différence entre la morale d'un Bossuet et d'un Tacite.

L'historien romain, après avoir raconté que Thrasylle avait prédit l'empire à Tibère, ajoute : « D'après ces faits et quelques autres, je ne sais si les choses de la vie... sont assujetties aux lois d'une immuable nécessité, ou si elles ne dépendent que du hasard [3]. »

Suivent les opinions des philosophes que Tacite rapporte gravement, donnant assez à entendre qu'il croit aux prédictions des astrologues.

La raison, la saine morale et l'éloquence nous semblent encore du côté du prêtre chrétien.

« Ce long enchaînement des causes particulières qui font et défont les empires dépend des ordres secrets de la divine Providence. Dieu tient, du plus haut des cieux, les rênes de tous les royaumes ; il a tous les cœurs en sa main. Tantôt il retient les passions, tantôt il leur lâche la bride, et par là il remue tout le genre humain... Il connaît la sagesse humaine, toujours courte par quelque endroit ; il l'éclaire, il étend ses vues, et puis il l'abandonne à ses ignorances. Il l'aveugle, il la précipite, il la confond par elle-même : elle s'enveloppe, elle s'embarrasse dans ses propres subtilités, et ses précautions lui sont un piége... C'est lui (Dieu) qui prépare ces effets dans les causes les plus éloignées, et qui frappe ces grands coups dont le contre-coup porte si loin... Mais que les hommes ne s'y trompent pas, Dieu redresse, quand il lui plaît, le sens égaré ; et celui qui insultait à l'aveuglement des autres tombe lui-même dans des ténèbres plus épaisses, sans qu'il faille souvent autre chose pour lui renverser le sens que de longues prospérités. »

Que l'éloquence de l'antiquité est peu de chose auprès de cette éloquence chrétienne !

---

[1] TACITE, *Mœurs des Germains*, XXXIII. — [2] *Disc. sur l'Hist. univers.* — [3] *Ann.*, lib. VI, 22.

LIVRE QUATRIÈME.

Éloquence.

CHAPITRE PREMIER.

DU CHRISTIANISME DANS L'ÉLOQUENCE.

Le christianisme fournit tant de preuves de son excellence, que, quand on croit n'avoir plus qu'un sujet à traiter, soudain il s'en présente un autre sous votre plume. Nous parlions des philosophes, et voilà que les orateurs viennent nous demander si nous les oublions. Nous raisonnions sur le christianisme dans les sciences et dans l'histoire, et le christianisme nous appelait pour faire voir au monde les plus grands effets de l'éloquence connus. Les modernes doivent à la religion catholique cet art du discours qui, en manquant à notre littérature, eût donné au génie antique une supériorité décidée sur le nôtre. C'est ici un des grands triomphes de notre culte ; et quoi qu'on puisse dire à la louange de Cicéron et de Démosthènes, Massillon et Bossuet peuvent sans crainte leur être comparés.

Les anciens n'ont connu que l'éloquence judiciaire et politique : l'éloquence morale, c'est-à-dire l'éloquence de tout temps, de tout gouvernement, de tout pays, n'a paru sur la terre qu'avec l'Évangile. Cicéron défend un client ; Démosthènes combat un adversaire, ou tâche de rallumer l'amour de la patrie chez un peuple dégénéré : l'un et l'autre ne savent que remuer les passions, et fondent leur espérance de succès sur le trouble qu'ils jettent dans les cœurs. L'éloquence de la chaire a cherché sa victoire dans une région plus élevée. C'est en combattant les mouvements de l'âme qu'elle prétend la séduire ; c'est en apaisant les passions qu'elle s'en veut faire écouter. Dieu et la charité, voilà son texte, toujours le même, toujours inépuisable. Il ne lui faut ni les cabales d'un parti, ni des émotions populaires, ni de grandes circonstances pour briller : dans la paix la plus profonde, sur le cercueil du citoyen le plus obscur, elle trouvera ses mouvements les plus sublimes ; elle saura intéresser pour une vertu ignorée ; elle fera couler des larmes pour un homme dont on n'a jamais entendu parler. Incapable de crainte et d'injustice, elle donne des leçons aux rois, mais sans les insulter ; elle console le pauvre, mais sans flatter ses vices. La politique et les choses de la terre ne lui sont point inconnues ; mais ces choses, qui faisaient les premiers motifs de l'éloquence antique, ne sont pour elle que des raisons secondaires : elle les voit des hauteurs où elle domine, comme un aigle aperçoit, du sommet de la montagne, les objets abaissés de la plaine.

Ce qui distingue l'éloquence chrétienne de l'éloquence des Grecs et des Romains, *c'est cette tristesse évangélique qui en est l'âme*, selon La Bruyère, cette majestueuse mélancolie dont elle se nourrit. On lit une fois, deux fois peut-être les *Verrines* et les *Catilinaires* de Cicéron, l'Oraison pour la *Couronne* et les *Phillipiques* de Démosthènes ; mais on médite sans cesse, on feuillette nuit et jour les *Oraisons funèbres* de Bossuet et les *Sermons* de Bourdaloue et de Massillon. Les discours des orateurs chrétiens sont des livres, ceux des orateurs de l'antiquité ne sont que des discours. Avec quel goût merveilleux les saints docteurs ne réfléchissent-ils point sur les vanités du monde ! « Toute votre vie, disent-ils, n'est qu'une ivresse d'un jour, et vous employez cette journée à la poursuite des plus folles illusions. Vous atteindrez au comble de vos vœux, vous jouirez de tous vos désirs, vous deviendrez roi, empereur, maître de la terre : un moment encore, et la mort effacera ces néants avec votre néant. »

Ce genre de méditations, si grave, si solennel, si naturellement porté au sublime, fut totalement inconnu des orateurs de l'antiquité. Les païens se consumaient *à la poursuite des ombres de la vie* [1] ; ils ne savaient pas que la véritable existence ne commence qu'à la mort. La religion chrétienne a seule fondé cette grande école de la tombe, où s'instruit l'apôtre de l'Évangile : elle ne permet plus que l'on prodigue, comme les demi-sages de la Grèce, l'immortelle pensée de l'homme à des choses d'un moment.

Au reste, c'est la religion qui, dans tous les siècles et dans tous les pays, a été la source de l'éloquence. Si Démosthènes et Cicéron ont été de grands orateurs, c'est qu'avant tout ils étaient religieux [2]. Les membres de la Convention, au contraire, n'ont offert que des talents tronqués et des lambeaux d'éloquence, parce qu'ils attaquaient la foi de leurs pères, et s'interdisaient ainsi les inspirations du cœur [3].

CHAPITRE II.

DES ORATEURS.

LES PÈRES DE L'ÉGLISE.

L'éloquence des docteurs de l'Église a quelque chose d'imposant, de fort, de royal, pour ainsi parler, et dont l'autorité vous confond et vous subjugue. On sent que leur mission vient d'en haut, et qu'ils enseignent par l'ordre ex-

---

[1] Job. — [2] Ils ont sans cesse le nom des dieux à la bouche ; voyez l'invocation du premier aux mânes des héros de Marathon, et l'apothéose du second aux dieux dépouillés par Verrès. — [3] Qu'on ne dise pas que les Français n'avaient pas eu le temps de s'exercer dans la nouvelle lice où ils venaient de descendre : l'éloquence est un fruit des révolutions ; elle y croît spontanément et sans culture ; le Sauvage et le Nègre ont quelquefois parlé comme Démosthènes. D'ailleurs, on ne manquait pas de modèles puisqu'on avait entre les mains les chefs-d'œuvre du forum antique, et ceux de ce forum sacré, où l'orateur chrétien explique la loi éternelle. Quand M. de Montlosier s'écriait, à propos du clergé, dans l'Assemblée constituante : « *Vous les chassez de leurs palais, ils se retireront dans la cabane du pauvre qu'ils ont nourri ; vous voulez leurs croix d'or, ils prendront une croix de bois ; c'est une croix de bois qui a sauvé le monde !* » ce mouvement n'a pas été inspiré par la démagogie, mais par la religion. Enfin Vergniaud ne s'est élevé à la grande éloquence, dans quelques passages de son discours pour Louis XVI, que parce que son sujet l'a entraîné dans la région des idées religieuses : les pyramides, les morts, le silence et les tombeaux,

près du Tout-Puissant. Toutefois, au milieu de ces inspirations, leur génie conserve le calme et la majesté.

Saint Ambroise est le Fénelon des Pères de l'Église latine. Il est fleuri, doux, abondant, et à quelques défauts près qui tiennent à son siècle, ses ouvrages offrent une lecture aussi agréable qu'instructive ; pour s'en convaincre, il suffit de parcourir le *Traité de la Virginité*[1], et l'*Éloge des Patriarches*.

Quand on nomme un *saint* aujourd'hui, on se figure quelque moine grossier et fanatique, livré, par imbécillité ou par caractère, à une superstition ridicule. Augustin offre pourtant un autre tableau : un jeune homme ardent et plein d'esprit s'abandonne à ses passions ; il épuise bientôt les voluptés, et s'étonne que les amours de la terre ne puissent remplir le vide de son cœur. Il tourne son âme inquiète vers le ciel : quelque chose lui dit que c'est là qu'habite cette souveraine beauté après laquelle il soupire : Dieu lui parle tout bas, et cet homme du siècle, que le siècle n'avait pu satisfaire, trouve enfin le repos et la plénitude de ses désirs dans le sein de la religion.

Montaigne et Rousseau nous ont donné leurs *Confessions*. Le premier s'est moqué de la bonne foi de son lecteur ; le second a révélé de honteuses turpitudes, en se proposant, même au jugement de Dieu, pour un modèle de vertu. C'est dans les *Confessions* de saint Augustin qu'on apprend à connaître l'homme tel qu'il est. Le saint ne se confesse point à la terre, il se confesse au ciel ; il ne cache rien à celui qui voit tout. C'est un chrétien à genoux dans le tribunal de la pénitence, qui déplore ses fautes, et qui les découvre afin que le médecin applique le remède sur la plaie. Il ne craint point de fatiguer par des détails celui dont il a dit ce mot sublime : *Il est patient parce qu'il est éternel*. Et quel portrait ne nous fait-il point du Dieu auquel il confie ses erreurs ?

« Vous êtes infiniment grand, dit-il, infiniment bon, infiniment miséricordieux, infiniment juste ; votre beauté est incomparable, votre force irrésistible, votre puissance sans bornes. Toujours en action, toujours en repos, vous soutenez, vous remplissez, vous conservez l'univers ; vous aimez sans passion, vous êtes jaloux sans trouble ; vous changez vos opérations et jamais vos desseins... Mais que vous dis-je ici, ô mon Dieu ! et que peut-on dire en parlant de vous ? »

Le même homme qui a tracé cette brillante image du vrai Dieu, va nous parler à présent avec la plus aimable naïveté des erreurs de sa jeunesse :

« Je partis enfin pour Carthage. Je n'y fus pas plutôt arrivé que je me vis assiégé d'une foule de coupables amours, qui se présentaient à moi de toutes parts... Un état tranquille me semblait insupportable, et je ne cherchais que les chemins pleins de piéges et de précipices.

Mais mon bonheur eût été d'être aimé aussi bien que d'aimer ; car on veut trouver la vie dans ce qu'on aime... Je tombai enfin dans les filets où je désirais d'être pris : je fus aimé, et je possédai ce que j'aimais. Mais, ô mon Dieu ! vous me fîtes alors sentir votre bonté et votre miséricorde, en m'accablant d'amertume ; car, au lieu des douceurs que je m'étais promises, je ne connus que jalousie, soupçons, craintes, colère, querelles et emportements. »

---

[1] Nous en avons cité quelques morceaux.

Le ton simple, triste et passionné de ce récit, ce retour vers la Divinité et le calme du ciel, au moment où le saint semble le plus agité par les illusions de la terre et par le souvenir des erreurs de sa vie : tout ce mélange de regrets et de repentir est plein de charmes. Nous ne connaissons point de mot de sentiment plus délicat que celui-ci : « Mon bonheur eût été d'être aimé aussi bien que d'aimer, *car on veut trouver la vie dans ce qu'on aime.* » C'est encore saint Augustin qui a dit cette parole : « Une âme contemplative se fait à elle-même une solitude. » *La Cité de Dieu*, les épîtres et quelques traités du même Père sont pleins de ces sortes de pensées. Saint Jérôme brille par une imagination vigoureuse, que n'avait pu éteindre chez lui une immense érudition. Le recueil de ses lettres est un des monuments les plus curieux de la littérature des Pères. Ainsi que saint Augustin, il trouva son écueil dans les voluptés du monde.

Il aime à peindre la nature et la solitude. Du fond de sa grotte de Bethléem, il voyait la chute de l'empire romain : vaste sujet de réflexions pour un saint anachorète ! Aussi, la mort et la vanité de nos jours sont-elles sans cesse présentes à saint Jérôme !

« Nous mourons et nous changeons à toute heure, écrit-il à un de ses amis, et cependant nous vivons comme si nous étions immortels. Le temps même que j'emploie ici à dicter, il le faut retrancher de mes jours. Nous nous écrivons souvent, mon cher Héliodore ; nos lettres passent les mers, et à mesure que le vaisseau fuit, notre vie s'écoule : chaque flot en emporte un moment [1]. »

De même que saint Ambroise est le Fénelon des Pères, Tertullien en est le Bossuet. Une partie de son plaidoyer en faveur de la religion pourrait encore servir aujourd'hui dans la même cause. Chose étrange, que le christianisme soit maintenant obligé de se défendre devant ses enfants, comme il se défendait autrefois devant ses bourreaux, et que l'*Apologétique aux* GENTILS soit devenue l'*Apologétique aux* CHRÉTIENS !

Ce qu'on remarque de plus frappant dans cet ouvrage, c'est le développement de l'esprit humain : on entre dans un nouvel ordre d'idées; on sent que ce n'est plus la première antiquité ou le bégayement de l'homme qui se fait entendre.

Tertullien parle comme un moderne ; ses motifs d'éloquence sont pris dans le cercle des vérités éternelles, et non dans les raisons de passion et de circonstances employées à la tribune romaine ou sur la place publique des Athéniens. Ces progrès du génie philosophique sont évidemment le fruit de notre religion. Sans le renversement des faux dieux et l'établissement du vrai culte, l'homme aurait vieilli dans une enfance interminable; car étant toujours dans l'erreur par rapport au premier principe, ses autres notions se fussent plus ou moins ressenties du vice fondamental.

Les autres traités de Tertullien, en particulier ceux de la *Patience*, des *Spectacles*, des *Martyrs*, des *Ornements des femmes*, et de la *Résurrection de la chair*, sont semés d'une foule de beaux traits. « Je ne sais (dit l'orateur en reprochant le luxe aux femmes chrétiennes), je ne sais si des mains accoutumées aux

---

[1] HIERON, *Epist.*

bracelets pourront supporter le poids des chaînes ; si des pieds, ornés de bandelettes, s'accoutumeront à la douleur des entraves. Je crains bien qu'une tête couverte de réseaux de perles et de diamants ne laisse aucune place à l'épée[1]. »

Ces paroles, adressées à des femmes qu'on conduisait tous les jours à l'échafaud, étincellent de courage et de foi.

Nous regrettons de ne pouvoir citer tout entière l'épître aux Martyrs, devenue plus intéressante pour nous depuis la persécution de Robespierre : « Illustres confesseurs de Jésus-Christ, s'écrie Tertullien, un chrétien trouve dans la prison les mêmes délices que les prophètes trouvaient au désert... Ne l'appelez plus un cachot, mais une solitude. Quand l'âme est dans le ciel, le corps ne sent point la pesanteur des chaînes ; elle emporte avec soi tout l'homme ! »

Ce dernier trait est sublime.

C'est du prêtre de Carthage que Bossuet a emprunté ce passage si terrible et si admiré : « Notre chair change bientôt de nature, notre corps prend un autre nom ; *même celui de cadavre*, dit Tertullien, *parce qu'il nous montre encore quelque forme humaine, ne lui demeure pas longtemps; il devient un je ne sais quoi qui n'a plus de nom dans aucune langue*[2]; tant il est vrai que tout meurt en lui, jusqu'à ces termes funèbres par lesquels on exprime ses malheureux restes ! »

Tertullien était fort savant, bien qu'il s'accuse d'ignorance, et l'on trouve dans ses écrits des détails sur la vie privée des Romains qu'on chercherait vainement ailleurs. De fréquents barbarismes, une latinité africaine, déshonorent les ouvrages de ce grand orateur. Il tombe souvent dans la déclamation, et son goût n'est jamais sûr. « Le style de Tertullien est de fer, disait Balzac, mais avouons qu'avec ce fer il a forgé d'excellentes armes. »

Selon Lactance, surnommé le Cicéron chrétien, saint Cyprien est le premier Père *éloquent de l'Église latine*. Mais saint Cyprien imite presque partout Tertullien, *en affaiblissant également les défauts et les beautés de son modèle*. C'est le jugement de La Harpe, dont il faut toujours citer l'autorité en critique.

Parmi les Pères de l'Église grecque, deux seuls sont très-éloquents, saint Chrysostôme et saint Basile. Les homélies du premier sur la *Mort* et sur la *Disgrâce d'Eutrope* sont des chefs-d'œuvre (29). La diction de saint Chrysostôme est pure, mais laborieuse ; il fatigue son style à la manière d'Isocrate : aussi Libanius lui destinait-il sa chaire de rhétorique avant que le jeune orateur fût devenu chrétien.

Avec plus de simplicité, saint Basile a moins d'élévation que saint Chrysostôme. Il se tient presque toujours dans le ton mystique, et dans la paraphrase de l'Écriture[3].

Saint Grégoire de Nazianze[4], surnommé le Théologien, outre ses ouvrages

---

[1] *Locum spathæ non det.* On peut traduire, *ne plie sous l'épée*. J'ai préféré l'autre sens comme plus littéral et plus énergique. *Spatha*, emprunté du grec, est l'étymologie de notre mot *épée*.

[2] *Orais. fun. de la duch. d'Orl.*

[3] On a de lui une lettre fameuse sur la solitude ; c'est la première de ses épîtres : elle a servi de fondement à sa règle.

[4] Il avait un fils du même nom et de la même sainteté que lui.

en prose, nous a laissé quelques poëmes sur les mystères du christianisme.

« Il était toujours en sa solitude d'Arianze, dans son pays natal, dit Fleury : un jardin, une fontaine, des arbres qui lui donnaient du couvert, faisaient toutes ses délices. Il jeûnait, il priait avec abondance de larmes... Ces saintes poésies furent les occupations de saint Grégoire dans sa dernière retraite. Il y fait l'histoire de sa vie et de ses souffrances... Il prie, il enseigne, il explique les mystères, et donne des règles pour les mœurs... Il voulait donner à ceux qui aiment la poésie et la musique des sujets utiles pour se divertir, et ne pas laisser aux païens l'avantage de croire qu'ils fussent les seuls qui pussent réussir dans les belles-lettres [1]. »

Enfin, celui qu'on appelait le dernier des Pères avant que Bossuet eût paru, saint Bernard, joint à beaucoup d'esprit une grande doctrine. Il réussit surtout à peindre les mœurs; et il avait reçu quelque chose du génie de Théophraste et de La Bruyère.

« L'orgueilleux, dit-il, a le verbe haut et le silence boudeur; il est dissolu dans la joie, furieux dans la tristesse, déshonnête au dedans, honnête au dehors; il est roide dans sa démarche, aigre dans ses réponses, toujours fort pour attaquer, toujours faible pour se défendre; il cède de mauvaise grâce, il importune pour obtenir; il ne fait pas ce qu'il peut et ce qu'il doit faire, mais il est prêt à faire ce qu'il ne doit pas et ce qu'il ne peut pas [2]. »

N'oublions pas cette espèce de phénomène du treizième siècle, le livre de l'*Imitation de Jésus-Christ.* Comment un moine, renfermé dans son cloître, a-t-il trouvé cette mesure d'expression, a-t-il acquis cette fine connaissance de l'homme au milieu d'un siècle où les passions étaient grossières, et le goût plus grossier encore? Qui lui avait révélé, dans sa solitude, ces mystères du cœur et de l'éloquence? Un seul maître : Jésus-Christ.

CHAPITRE III.

MASSILLON.

Si nous franchissons maintenant plusieurs siècles, nous arriverons à des orateurs dont les seuls noms embarrassent beaucoup certaines gens; car ils sentent que des sophismes ne suffisent pas pour détruire l'autorité qu'emportent avec eux Bossuet, Fénelon, Massillon, Bourdaloue, Fléchier, Mascaron, l'abbé Poulle.

Il nous est dur de courir rapidement sur tant de richesses, et de ne pouvoir nous arrêter à chacun de ces orateurs. Mais comment choisir au milieu de ces trésors? Comment citer au lecteur des choses qui lui soient inconnues? Ne grossirions-nous pas trop ces pages en les chargeant de ces illustres preuves de la beauté du christianisme? Nous n'emploierons donc pas toutes nos armes; nous n'abuserons pas de nos avantages, de peur de jeter, en pressant trop l'évidence,

---

[1] Fleury, *Hist. eccl.* tom. IV, liv. XIX, pag. 557, chap. IX.
[2] *De Mor.*, lib. XXXIV, cap. XVI.

les ennemis du christianisme dans l'obstination, dernier refuge de l'esprit de sophisme poussé à bout.

Ainsi nous ne ferons paraître à l'appui de nos raisonnements, ni Fénelon, si plein d'onction dans les méditations chrétiennes; ni Bourdaloue, force et victoire de la doctrine évangélique : nous n'appellerons à nos secours ni les savantes compositions de Fléchier, ni la brillante imagination du dernier des orateurs chrétiens, l'abbé Poulle. O religion, quels ont été tes triomphes! qui pouvait douter de ta beauté lorsque Fénelon et Bossuet occupaient tes chaires, lorsque Bourdaloue instruisait d'une voix grave un monarque alors heureux, à qui, dans ses revers, le ciel miséricordieux réservait le doux Massillon!

Non toutefois que l'évêque de Clermont n'ait en partage que la tendresse du génie; il sait aussi faire entendre des sons mâles et vigoureux. Il nous semble qu'on a vanté trop exclusivement son *Petit Carême* : l'auteur y montre sans doute une grande connaissance du cœur humain, des vues fines sur les vices des cours, des moralités écrites avec une élégance qui ne bannit pas la simplicité : mais il y a certainement une éloquence plus pleine, un style plus hardi, des mouvements plus pathétiques et des pensées plus profondes dans quelques-uns de ses autres sermons, tels que ceux sur la *Mort*, sur l'*Impénitence finale* ; sur le *Petit nombre des élus*, sur la *Mort du pécheur*, sur la *Nécessité d'un avenir*, sur la *Passion de Jésus-Christ*. Lisez, par exemple, cette peinture du pécheur mourant :

« Enfin, au milieu de ces tristes efforts, ses yeux se fixent, ses traits changent, son visage se défigure, sa bouche livide s'entr'ouvre d'elle-même, tout son esprit frémit; et, par ce dernier effort, son âme s'arrache avec regret de ce corps de boue, et se trouve seule au pied du tribunal de la pénitence [1]. »

A ce tableau de l'homme impie dans la mort, joignez celui des choses du monde dans le néant.

« Regardez le monde tel que vous l'avez vu dans vos premières années, et tel que vous le voyez aujourd'hui; une nouvelle cour a succédé à celle que vos premiers ans ont vue; de nouveaux personnages sont montés sur la scène, les grands rôles sont remplis par de nouveaux acteurs : ce sont de nouveaux événements, de nouvelles intrigues, de nouvelles passions, de nouveaux héros, dans la vertu comme dans le vice, qui sont le sujet des louanges, des dérisions, des censures publiques. Rien ne demeure, tout change, tout s'use, tout s'éteint : Dieu seul demeure toujours le même. Le torrent des siècles, qui entraîne tous les siècles, coule devant ses yeux, et il voit avec indignation de faibles mortels emportés par ce cours rapide l'insulter en passant. »

L'exemple de la vanité des choses humaines, tiré du siècle de Louis XIV, qui venait de finir (et cité peut-être devant des vieillards qui en avaient vu la gloire), est bien pathétique ! le mot qui termine la période semble être échappé à Bossuet, tant il est franc et sublime.

Nous donnerons encore un exemple de ce genre ferme d'éloquence qu'on paraît refuser à Massillon, en ne parlant que de son abondance et de sa douceur.

---

[1] Mass., *Avent, Mort du Pecheur*, prem. part.

Pour cette fois, nous prendrons un passage où l'orateur abandonne son style favori, c'est-à-dire le sentiment et les images, pour n'être qu'un simple argumentateur. Dans le sermon sur la *Vérité d'un avenir*, il presse ainsi l'incrédule :

« Que dirai-je encore ? Si tout meurt avec nous, les soins du nom et de la postérité sont donc frivoles ; l'honneur qu'on rend à la mémoire des hommes illustres, une erreur puérile, puisqu'il est ridicule d'honorer ce qui n'est plus ; la religion des tombeaux, une illusion vulgaire ; les cendres de nos pères et de nos amis, une vile poussière qu'il faut jeter au vent, et qui n'appartient à personne ; les dernières intentions des mourants, si sacrées parmi les peuples les plus barbares, le dernier son d'une machine qui se dissout ; et, pour tout dire en un mot, si tout meurt avec nous, les lois sont donc une servitude insensée ; les rois et les souverains, des fantômes que la faiblesse des peuples a élevés ; la justice, une usurpation sur la liberté des hommes ; la loi des mariages, un vain scrupule ; la pudeur un préjugé ; l'honneur et la probité, des chimères ; les incestes, les parricides, les perfidies noires, des jeux de la nature, et des noms que la politique des législateurs a inventés ?

« Voilà où se réduit la philosophie sublime des impies ; voilà cette force, cette raison, cette sagesse qu'ils nous vantent éternellement. Convenez de leurs maximes, et l'univers entier retombe dans un affreux chaos, et tout est confondu sur la terre, et toutes les idées du vice et de la vertu sont renversées, et les lois les plus inviolables de la société s'évanouissent, et la discipline des mœurs périt, et le gouvernement des États et des empires n'a plus de règle, et toute l'harmonie des corps politiques s'écroule, et le genre humain n'est plus qu'un assemblage d'insensés, de barbares, de fourbes, de dénaturés, qui n'ont plus d'autres lois que la force, plus d'autre frein que leurs passions et la crainte de l'autorité, plus d'autre lien que l'irréligion et l'indépendance, plus d'autres dieux qu'eux-mêmes : voilà le monde des impies ; et si ce plan de république vous plaît, formez, si vous le pouvez, une société de ces hommes monstrueux : tout ce qui nous reste à vous dire, c'est que vous êtes digne d'y occuper une place. »

Que l'on compare Cicéron à Massillon, Bossuet à Démosthènes, et l'on trouvera toujours entre leur éloquence les différences que nous avons indiquées : dans les orateurs chrétiens, un ordre d'idées plus général, une connaissance du cœur humain plus profonde, une chaîne de raisonnements plus claire, enfin une éloquence religieuse et triste, ignorée de l'antiquité.

Massillon a fait quelques oraisons funèbres ; elles sont inférieures à ses autres discours. Son Éloge de Louis XIV n'est remarquable que par la première phrase : « Dieu seul est grand, mes frères ! » C'est un beau mot que celui-là, prononcé en regardant le cercueil de *Louis le Grand* (30).

CHAPITRE IV.

BOSSUET ORATEUR.

Mais que dirons-nous de Bossuet comme orateur ? à qui le comparerons-nous ? et quels discours de Cicéron et de Démosthènes ne s'éclipsent point devant ses *Oraisons funèbres?* C'est pour l'orateur chrétien que ces paroles d'un roi semblent avoir été écrites : *L'or et les perles sont assez communs, mais les lèvres savantes sont un vase rare et sans prix*[1]. Sans cesse occupé du tombeau, et comme penché sur les gouffres d'une autre vie, Bossuet aime à laisser tomber de sa bouche ces grands mots de *temps* et de *mort*, qui retentissent dans les abîmes silencieux de l'éternité. Il se plonge, il se noie dans des tristesses incroyables, dans d'inconcevables douleurs. Les cœurs après plus d'un siècle, retentissent encore du fameux cri : *Madame se meurt, Madame est morte.* Jamais les rois ont-ils reçu de pareilles leçons? Jamais la philosophie s'exprima-t-elle avec autant d'indépendance? Le diadème n'est rien aux yeux de l'orateur ; par lui le pauvre est égalé au monarque, et le potentat le plus absolu du globe est obligé de s'entendre dire devant des milliers de témoins, que ses grandeurs ne sont que vanité, que sa puissance n'est que songe, et qu'il n'est lui-même que poussière.

Trois choses se succèdent continuellement dans les discours de Bossuet : le trait de génie ou d'éloquence ; la citation, si bien fondue avec le texte, qu'elle ne fait plus qu'un avec lui ; enfin, la réflexion ou le coup d'œil d'aigle sur les causes de l'événement rapporté. Souvent aussi cette lumière de l'Église porte la clarté dans la discussion de la plus haute métaphysique ou de la théologie la plus sublime ; rien ne lui est ténèbres. L'évêque de Meaux a créé une langue que lui seul a parlée, où souvent le terme le plus simple et l'idée la plus relevée, l'expression la plus commune et l'image la plus terrible servent, comme dans l'Écriture, à se donner des dimensions énormes et frappantes.

Ainsi, lorsqu'il s'écrie, en montrant le cercueil de Madame : *La voilà, malgré ce grand cœur, cette princesse si admirée et si chérie! la voilà telle que la mort nous l'a faite!* Pourquoi frissonne-t-on à ce mot si simple, *telle que la mort nous l'a faite?* C'est par l'opposition qui se trouve entre ce *grand cœur*, cette *princesse si admirée*, et cet accident inévitable de la mort, qui lui est arrivé comme à la plus misérable des femmes ; c'est parce que ce verbe *faire*, appliqué à la mort qui *défait* tout, produit une contradiction dans les mots et un choc dans les pensées, qui ébranlent l'âme ; comme si, pour peindre cet événement malheureux les termes avaient changé d'acception, et que le langage fût bouleversé comme le cœur.

Nous avons remarqué qu'à l'exception de Pascal, de Bossuet, de Massillon, de La Fontaine, les écrivains du siècle de Louis XIV, faute d'avoir assez vécu dans la retraite, ont ignoré cette espèce de sentiment mélancolique dont on fait aujourd'hui un si étrange abus.

Mais comment donc l'évêque de Meaux, sans cesse au milieu des pompes de Versailles, a-t-il connu cette profondeur de rêverie? C'est qu'il a trouvé dans la religion une solitude ; c'est que son corps était dans le monde et son esprit au désert ; c'est qu'il avait mis son cœur à l'abri dans les tabernacles secrets du Seigneur ; c'est, comme il l'a dit lui-même de Marie-Thérèse d'Autriche, « qu'on le *voyait* courir aux autels pour y goûter avec David un humble repos et s'en-

---

[1] *Prov.*, cap. xx, v. 15.

foncer dans son oratoire, où, malgré le tumulte de la cour *il* trouvait le Carmel d'Élie, le désert de Jean, et la montagne si souvent témoin des gémissements de Jésus. »

Les *Oraisons funèbres* de Bossuet ne sont pas d'un égal mérite, mais toutes sont sublimes par quelque côté. Celle de la reine d'Angleterre est un chef-d'œuvre de style et un modèle d'écrit philosophique et politique.

Celle de la duchesse d'Orléans est la plus étonnante, parce qu'elle est entièrement créée de génie. Il n'y avait là ni ces tableaux de troubles des nations, ni ces développements des affaires publiques qui soutiennent la voix de l'orateur. L'intérêt que peut inspirer une princesse expirant à la fleur de son âge semble se devoir épuiser vite. Tout consiste en quelques oppositions vulgaires de la beauté, de la jeunesse, de la grandeur et de la mort; et c'est pourtant sur ce fonds stérile que Bossuet a bâti un des plus beaux monuments de l'éloquence; c'est de là qu'il est parti pour montrer la misère de l'homme par son côté périssable, et sa grandeur par son côté immortel. Il commence par le ravaler au-dessous des vers qui le rongent au sépulcre, pour le peindre ensuite glorieux avec la vertu dans des royaumes incorruptibles.

On sait avec quel génie, dans l'oraison funèbre de la princesse Palatine, il est descendu, sans blesser la majesté de l'art oratoire, jusqu'à l'interprétation d'un songe, en même temps qu'il a déployé dans ce discours sa haute capacité pour les abstractions philosophiques.

Si, pour Marie-Thérèse et pour le chancelier de France, ce ne sont plus les mouvements des premiers éloges, les idées du panégyriste sont-elles prises dans un cercle moins large, dans une nature moins profonde? — « Et maintenant, dit-il, ces deux âmes pieuses (Michel Le Tellier et Lamoignon), touchées sur la terre du désir de faire régner les lois, contemplent ensemble à découvert les lois éternelles d'où les nôtres sont dérivées; et si quelque légère trace de nos faibles distinctions paraît encore dans une si simple et si claire vision, elles adorent Dieu en qualité de justice et de règle. »

Au milieu de cette théologie, combien d'autres genres de beautés ou sublimes, ou gracieuses, ou tristes, ou charmantes! Voyez le tableau de la Fronde : « La monarchie ébranlée jusqu'aux fondements, la guerre civile, la guerre étrangère, le feu au dedans et au dehors... Était-ce là de ces tempêtes par où le ciel a besoin de se décharger quelquefois?.. ou bien était-ce comme un travail de la France prête à enfanter le règne miraculeux de Louis [1] » Viennent des réflexions sur l'illusion des amitiés de la terre, qui « s'en vont avec les années et les intérêts, » et sur l'obscurité du cœur de l'homme, « qui ne sait jamais ce qu'il voudra, qui souvent ne sait pas bien ce qu'il veut, et qui n'est pas moins caché ni moins trompeur à lui-même qu'aux autres [2]. »

Mais la trompette sonne, et Gustave paraît: « Il paraît à la Pologne surprise et trahie, comme un lion qui tient sa proie dans ses ongles, tout prêt à la mettre en pièces. Qu'est devenue cette redoutable cavalerie qu'on voit fondre sur l'ennemi avec la vitesse d'un aigle? Où sont ces armes guerrières, ces

---

[1] *Orais. fun. d'Anne de Gonz.* — [2] *Ibid.*

marteaux d'armes tant vantés, et ces arcs qu'on ne vit jamais tendus en vain ? Ni les chevaux ne sont vites, ni les hommes ne sont adroits que pour fuir devant le vainqueur [1]. »

Je passe, et mon oreille retentit de la voix d'un prophète. Est-ce Isaïe, est-ce Jérémie qui apostrophe l'île de la Conférence, et les pompes nuptiales de Louis ?

« Fêtes sacrées, mariage fortuné, voile nuptial, bénédiction, sacrifice, puis-je mêler aujourd'hui vos cérémonies, vos pompes, avec ces pompes funèbres, et le comble des grandeurs avec leurs ruines [2] ! »

Le poëte (on nous pardonnera de donner à Bossuet un titre qui fait la gloire de David), le poëte continue de se faire entendre ; il ne touche plus la corde inspirée ; mais baissant sa lyre d'un ton jusqu'à ce mode dont Salomon se servit pour chanter les troupeaux du mont Galaad, il soupire ces paroles paisibles : « Dans la solitude de Sainte-Fare, autant éloignée des voix du siècle que sa bienheureuse situation la sépare de tout commerce du monde ; dans cette sainte montagne que Dieu avait choisie depuis mille ans ; où les épouses de Jésus-Christ faisaient revivre la beauté des anciens jours ; où les joies de la terre étaient inconnues ; où les vestiges des hommes du monde, des curieux et des vagabonds ne paraissaient pas sous la conduite de la sainte abbesse, qui savait donner le lait aux enfants aussi bien que le pain aux forts, les commencements de la princesse Anne étaient heureux [3]. »

Cette page, que l'on dirait extraite du livre de Ruth, n'a point épuisé le pinceau de Bossuet ; il lui reste encore assez de cette antique et douce couleur pour peindre une mort heureuse. « Michel Le Tellier, dit-il, commença l'hymne des divines *miséricordes* · Misericordias Domini in æternum cantabo : *Je chanterai éternellement les miséricordes du Seigneur*. Il expire en disant ces mots, et il continue avec les anges le sacré cantique. »

Nous avions cru pendant quelque temps que l'oraison funèbre du prince de Condé, à l'exception du mouvement qui la termine, était généralement trop louée ; nous pensions qu'il était plus aisé, comme il l'est en effet, d'arriver aux formes d'éloquence du commencement de cet éloge, qu'à celles de l'oraison de madame Henriette : mais quand nous avons lu ce discours avec attention ; quand nous avons vu l'orateur emboucher la trompette épique pendant une moitié de son récit, et donner, comme en se jouant, un chant d'Homère ; quand, se retirant à Chantilly avec Achille en repos, il rentre dans le toit évangélique et retrouve les grandes pensées, les vues chrétiennes qui remplissent les premières oraisons funèbres ; lorsque après avoir mis Condé au cercueil, il appelle les peuples, les princes, les prélats, les guerriers, au catafalque du héros ; lorsque, enfin, s'avançant lui-même avec ses cheveux blancs, il fait entendre les accents du cygne, montre Bossuet un pied dans la tombe, et le siècle de Louis, dont il a l'air de faire les funérailles, prêt à s'abîmer dans l'éternité ; à ce dernier effort de l'éloquence humaine, les larmes de l'admiration ont coulé de nos yeux, et le livre est tombé de nos mains.

---

[1] *Orais. fun. d'Anne de Gonz.* — [2] *Orais. fun. de Marie-Ther. d'Autr.* — [3] *Orais. fun. d'Anne de Gonz.*

CHAPITRE V.

QUE L'INCRÉDULITÉ EST LA PRINCIPALE CAUSE DE LA DÉCADENCE DU GOUT ET DU GÉNIE.

Ce que nous avons dit jusqu'ici a pu conduire le lecteur à cette réflexion, *que l'incrédulité est la principale cause de la décadence du goût et du génie.* Quand on ne crut plus rien à Athènes et à Rome, les talents disparurent avec les dieux, et les Muses livrèrent à la barbarie ceux qui n'avaient plus de foi en elles.

Dans un siècle de lumières, on ne saurait croire jusqu'à quel point les bonnes mœurs sont dépendantes du bon goût et le bon goût des bonnes mœurs. Les ouvrages de Racine, devenant toujours plus purs à mesure que l'auteur devient plus religieux, se terminent enfin à *Athalie*. Remarquez, au contraire, comment l'impiété et le génie de Voltaire se décèlent à la fois dans ses écrits, par un mélange de choses exquises et de choses odieuses. Le mauvais goût, quand il est incorrigible, est une fausseté de jugement, un biais naturel dans les idées; or, comme l'esprit agit sur le cœur, il est difficile que les voies du second soient droites, quand celles du premier ne le sont pas. Celui qui aime la laideur, dans un temps où mille chefs-d'œuvre peuvent avertir et redresser son goût, n'est pas loin d'aimer le vice; quiconque est insensible à la beauté pourrait bien méconnaître la vertu.

Un écrivain qui refuse de croire en un Dieu auteur de l'univers, et juge des hommes dont il a fait l'âme immortelle, bannit d'abord l'infini de ses ouvrages. Il renferme sa pensée dans un cercle de boue, dont il ne peut plus sortir. Il ne voit rien de noble dans la nature, tout s'y opère par d'impurs moyens de corruption et de régénération. L'abîme n'est qu'un peu d'eau *bitumineuse;* les montagnes sont des *protubérances* de pierres *calcaires* ou *vitrescibles;* et le ciel, où le jour prépare une immense solitude, comme pour servir de camp à l'armée des astres que la nuit y amène en silence; le ciel, disons-nous, n'est plus qu'une étroite voûte momentanément suspendue par la main capricieuse du Hasard.

Si l'incrédule se trouve ainsi borné dans les choses de la nature, comment peindra-t-il l'homme avec éloquence? Les mots pour lui manquent de richesse, et les trésors de l'expression lui sont fermés. Contemplez, au fond de ce tombeau, ce cadavre enseveli, cette statue du néant voilée d'un linceul : c'est l'homme de l'athée! Fœtus né du corps impur de la femme, au-dessous des animaux pour l'instinct; poudre comme eux, et retournant comme eux en poudre; n'ayant point de passion, mais des appétits; n'obéissant point à des lois morales, mais à des ressorts physiques; voyant devant lui, pour toute fin, le sépulcre et des vers : tel est cet être qui se disait animé d'un souffle immortel! Ne nous parlez plus des mystères de l'âme, du charme secret de la vertu; grâces de l'enfance, amours de la jeunesse, noble amitié, élévation de pensée, charmes des tombeaux et de la patrie, vos enchantements sont détruits!

Nécessairement encore l'incrédulité introduit l'esprit raisonneur, les définitions abstraites, le style scientifique, et avec lui le néologisme, choses mortelles au goût et à l'éloquence.

Il est possible que la somme de talents départie aux auteurs du dix-huitième siècle soit égale à celle qu'avaient reçue les écrivains du dix-septième [1]. Pourquoi donc le second siècle est-il au-dessous du premier ? car il n'est plus temps de le dissimuler, les écrivains de notre âge ont été en général placés trop haut. S'il y a tant de choses à reprendre, comme on en convient, dans les ouvrages de Rousseau et de Voltaire, que dire de ceux de Raynal et de Diderot (31) ? On a vanté, sans doute avec raison, la méthode de nos derniers métaphysiciens. Toutefois on aurait dû remarquer qu'il y a deux sortes de *clartés* : l'une tient à un ordre vulgaire d'idées (un lieu commun s'explique nettement); l'autre vient d'une admirable faculté de concevoir et d'exprimer clairement une pensée forte et composée. Des cailloux au fond d'un ruisseau se voient sans peine, parce que l'eau n'est pas profonde : mais l'ambre, le corail et les perles, appellent l'œil du plongeur à des profondeurs immenses, sous les flots transparents de l'abîme.

Or, si notre siècle littéraire est inférieur à celui de Louis XIV, n'en cherchons d'autre cause que notre religion. Nous avons déjà montré combien Voltaire eût gagné à être chrétien : il disputerait aujourd'hui la palme des muses à Racine. Ses ouvrages auraient pris cette teinte morale sans laquelle rien n'est parfait : on y trouverait aussi ces souvenirs du vieux temps, dont l'absence y forme un si grand vide. Celui qui renie le Dieu de son pays est presque toujours un homme sans respect pour la mémoire de ses pères ; les tombeaux sont sans intérêt pour lui ; les institutions de ses aïeux ne lui semblent que des coutumes barbares ; il n'a aucun plaisir à se rappeler les sentences, la sagesse et les goûts de sa mère.

Cependant il est vrai que la majeure partie du génie se compose de cette espèce de souvenirs. Les plus belles choses qu'un auteur puisse mettre dans un livre sont les sentiments qui lui viennent, par réminiscence, des premiers jours de sa jeunesse. Voltaire a bien péché contre ces règles critiques (pourtant si douces!), lui qui s'est éternellement moqué des mœurs et des coutumes de nos ancêtres. Comment se fait-il que ce qui enchante les autres hommes soit précisément ce qui dégoûte un incrédule ?

La religion est le plus puissant motif de l'amour de la patrie ; les écrivains pieux ont toujours répandu ce noble sentiment dans leurs écrits. Avec quel respect, avec quelle magnifique opinion les écrivains du siècle de Louis XIV ne parlent-ils pas toujours de la France ! Malheur à qui insulte son pays ! Que la patrie se lasse d'être ingrate avant que nous nous lassions de l'aimer ; ayons le cœur plus grand que ses injustices.

Si l'homme religieux aime sa patrie, c'est que son esprit est simple ; et que les sentiments naturels qui nous attachent aux champs de nos aïeux sont comme le fond et l'habitude de son cœur. Il donne la main à ses pères et à ses enfants ;

---

[1] Nous accordons ceci pour la force de l'argument ; mais nous sommes bien loin de le croire. Pascal et Bossuet, Molière et La Fontaine, sont quatre hommes tout à fait incomparables, et qu'on ne retrouvera plus. Si nous ne mettons pas Racine de ce nombre, c'est qu'il a un rival dans Virgile.

il est planté dans le sol natal, comme le chêne qui voit au-dessous de lui ses vieilles racines s'enfoncer dans la terre, et à son sommet des boutons naissants qui aspirent vers le ciel.

Rousseau est un des écrivains du dix-huitième siècle dont le style a le plus de charme, parce que cet homme, bizarre à dessein, s'était au moins créé une ombre de religion. Il avait foi en quelque chose qui n'était pas le *Christ*, mais qui pourtant était l'*Evangile*; ce fantôme de christianisme, tel quel, a quelquefois donné beaucoup de grâce à son génie. Lui qui s'est élevé avec tant de force contre les sophistes, n'eût-il pas mieux fait de s'abandonner à la tendresse de son âme, que de se perdre, comme eux, dans des systèmes dont il n'a fait que rajeunir les vieilles erreurs (32)?

Il ne manquerait rien à Buffon s'il avait autant de sensibilité que d'éloquence. Remarque étrange, que nous avons lieu de faire à tous moments, que nous répétons jusqu'à satiété, et dont nous ne saurions trop convaincre le siècle : sans religion, *point de sensibilité*. Buffon surprend par son style ; mais rarement il attendrit. Lisez l'admirable article du chien; tous les chiens y sont : le chien chasseur, le chien berger, le chien sauvage, le chien de grand seigneur, le chien petit-maître, etc. Qu'y manque-t-il enfin? Le chien de l'aveugle. Et c'est celui-là dont se fût d'abord souvenu un chrétien.

En général les rapports tendres ont échappé à Buffon. Et néanmoins rendons justice à ce grand peintre de la nature : son style est d'une perfection rare. Pour garder aussi bien les convenances, pour n'être jamais ni trop haut ni trop bas, il faut avoir soi-même beaucoup de mesure dans l'esprit et dans la conduite. On sait que Buffon respectait tout ce qu'il faut respecter. Il ne croyait pas que la philosophie consistât à afficher l'incrédulité, à insulter aux autels de vingt-quatre millions d'hommes. Il était régulier dans ses devoirs de chrétien, et donnait l'exemple à ses domestiques. Rousseau, s'attachant au fond et rejetant les formes du culte, montre dans ses écrits la tendresse de la religion avec le mauvais ton du sophiste ; Buffon, par la raison contraire, a la sécheresse de la philosophie avec les bienséances de la religion. Le christianisme a mis au dedans du style du premier le charme, l'abandon et l'amour; et au dehors du style du second, l'ordre, la clarté et la magnificence. Ainsi les ouvrages de ces hommes célèbres portent, en bien et en mal, l'empreinte de ce qu'ils ont choisi et de ce qu'ils ont rejeté eux-mêmes de la religion.

En nommant Montesquieu, nous rappelons le véritable grand homme du dix-huitième siècle. L'*esprit des Lois* et les *Considérations sur les causes de la grandeur des Romains et de leur décadence*, vivront aussi longtemps que la langue dans laquelle ils sont écrits. Si Montesquieu, dans un ouvrage de sa jeunesse, laissa tomber sur la religion quelques-uns des traits qu'il dirigeait contre nos mœurs, ce ne fut qu'une erreur passagère, une espèce de tribut payé à la corruption de la Régence (33). Mais dans le livre qui a placé Montesquieu au rang des hommes illustres, il a magnifiquement réparé ses torts, en faisant l'éloge du culte qu'il avait eu l'imprudence d'attaquer. La maturité de ses années et l'intérêt même de sa gloire lui firent comprendre que, pour élever un monument durable, il fallait en creuser les fondements dans un sol moins mouvant que la poussière de ce monde; son génie, qui embrassait tous les temps, s'est appuyé sur la seule religion à qui tous les temps sont promis.

Il résulte de nos observations que les écrivains du dix-huitième siècle doivent la plupart de leurs défauts à un système trompeur de philosophie, et qu'en étant plus religieux, ils eussent approché davantage de la perfection.

Il y a eu dans notre âge, à quelques exceptions près, une sorte d'avortement général des talents. On dirait même que l'impiété, qui rend tout stérile, se manifeste aussi par l'appauvrissement de la nature physique. Jetez les yeux sur les générations qui succédèrent au siècle de Louis XIV. Où sont ces hommes aux figures calmes et majestueuses, au port et aux vêtements nobles, au langage épuré, à l'air guerrier et classique, conquérant et inspiré des arts? On les cherche, et on ne les trouve plus. De petits hommes inconnus se promènent comme des pygmées sous les hauts portiques des monuments d'un autre âge. Sur leur front dur respirent l'égoïsme et le mépris de Dieu; ils ont perdu et la noblesse de l'habit et la pureté du langage : on les prendrait, non pour les fils, mais pour les baladins de la grande race qui les a précédés.

Les disciples de la nouvelle école flétrissent l'imagination avec je ne sais quelle vérité, qui n'est point la véritable vérité. Le style de ces hommes est sec, l'expression sans franchise, l'imagination sans amour et sans flamme; ils n'ont nulle onction, nulle abondance, nulle simplicité. On ne sent point quelque chose de plein et de nourri dans leurs ouvrages; l'immensité n'y est point, parce que la divinité y manque. Au lieu de cette tendre religion, de cet instrument harmonieux dont les auteurs du siècle de Louis XIV se servaient pour trouver le ton de leur éloquence, les écrivains modernes font usage d'une étroite philosophie qui va divisant toute chose, mesurant les sentiments au compas, soumettant l'âme au calcul, et réduisant l'univers, Dieu compris, à une soustraction passagère du néant.

Aussi le dix-huitième siècle diminue-t-il chaque jour dans la perspective, tandis que le dix-septième semble s'élever à mesure que nous nous en éloignons; l'un s'affaisse, l'autre monte dans les cieux. On aura beau chercher à ravaler le génie de Bossuet et de Racine, il aura le sort de cette grande figure d'Homère qu'on aperçoit derrière les âges : quelquefois elle est obscurcie par la poussière qu'un siècle fait en s'écroulant; mais aussitôt que le nuage s'est dissipé, on voit reparaître la majestueuse figure qui s'est encore agrandie pour dominer les ruines nouvelles (34).

LIVRE CINQUIÈME.

Harmonies de la Religion chrétienne avec les scènes de la nature et les passions du cœur humain.

CHAPITRE PREMIER.

DIVISION DES HARMONIES.

Avant de passer à la description du culte, il nous reste à examiner quelques sujets que nous n'avons pu suffisamment développer dans les livres précédents.

Ces sujets se rapportent au côté physique ou au côté moral des arts. Ainsi, par exemple, les sites des monastères, les ruines des monuments religieux, etc., tiennent à la partie matérielle de l'architecture, tandis que les effets de la doctrine chrétienne, avec les passions du cœur de l'homme et les tableaux de la nature, rentrent dans la partie dramatique et descriptive de la poésie.

Tels sont les sujets que nous réunissons dans ce livre, sous le titre général d'*Harmonies*, etc.

CHAPITRE II.

HARMONIES PHYSIQUES.

SUITE DES MONUMENTS RELIGIEUX, COUVENTS MARONITES, COPHTES, ETC.

Il y a dans les choses humaines deux espèces de nature, placées l'une au commencement, l'autre à la fin de la société. S'il n'en était ainsi, l'homme en s'éloignant toujours de son origine, serait devenu une sorte de monstre; mais, par une loi de la Providence, plus il se civilise, plus il se rapproche de son premier état; il advient que la science au plus haut degré est l'ignorance, et que les arts parfaits sont la nature.

Cette dernière nature, ou cette *nature de la société*, est la plus belle : le génie en est l'instinct, et la vertu l'innocence; car le génie et la vertu de l'homme civilisé ne sont que l'instinct et l'innocence perfectionnés du Sauvage. Or, personne ne peut comparer un Indien du Canada à Socrate, bien que le premier soit, rigoureusement parlant, aussi moral que le second; ou bien il faudrait soutenir que la paix des passions non développées dans l'enfant a la même excellence que la paix des passions domptées dans l'homme; que l'être à pures sensations est égal à l'être pensant, ce qui reviendrait à dire que faiblesse est aussi belle que force. Un petit lac ne ravage pas ses bords, et personne n'en est étonné; son impuissance fait son repos : mais on aime le calme sur la mer, parce qu'elle a le pouvoir des orages : et l'on admire le silence de l'abîme, parce qu'il vient de la profondeur même des eaux.

Entre les siècles de nature et ceux de civilisation, il y en a d'autres que nous avons nommés siècles de *barbarie*. Les anciens ne les ont point connus. Ils se composent de la réunion subite d'un peuple policé et d'un peuple sauvage. Ces âges doivent être remarquables par la corruption du goût. D'un côté, l'homme sauvage, en s'emparant des arts, n'a pas assez de finesse pour les porter jusqu'à l'élégance; et l'homme social, pas assez de simplicité pour redescendre à la seule nature.

On ne peut alors espérer rien de pur que dans les sujets où une cause morale agit par elle-même, indépendamment des causes temporaires. C'est pourquoi les premiers solitaires, livrés à ce goût délicat et sûr de la religion, qui ne trompe jamais lorsqu'on n'y mêle rien d'étranger, ont choisi dans les diverses parties du monde les sites les plus frappants pour y fonder leurs monastères (35). Il n'y a point d'ermite qui ne saisisse aussi bien que Claude le Lorrain ou Lenôtre le rocher où il doit placer sa grotte.

On voit çà et là, dans la chaîne du Liban, des couvents maronites bâtis sur des abîmes. On pénètre dans les uns par de longues cavernes, dont on ferme l'entrée avec des quartiers de roche; on ne peut monter dans les autres qu'au moyen d'une corbeille suspendue. Le *fleuve saint* sort du pied de la montagne; la forêt de cèdres noirs domine le tableau, et elle est elle-même surmontée par des croupes arrondies, que la neige drape de sa blancheur. Le miracle ne s'achève qu'au moment où l'on arrive au monastère : au dedans sont des vignes, des ruisseaux, des bocages; au dehors, une nature horrible, et la terre qui se perd et s'enfuit avec ses fleuves, ses campagnes et ses mers dans de bleuâtres profondeurs. Nourris par la religion, entre la terre et le firmament, sur ces roches escarpées, c'est là que de pieux solitaires prennent leur vol vers le ciel comme les aigles de la montagne.

Les cellules rondes et séparées des couvents égyptiens sont renfermées dans l'enceinte d'un mur qui les défend des Arabes. Du haut de la tour bâtie au milieu de ces couvents, on découvre des landes de sable, d'où s'élèvent les têtes grisâtres des pyramides, ou des bornes qui marquent le chemin au voyageur. Quelquefois une caravane abyssinienne, des Bédouins vagabonds, passent dans le lointain à l'un des horizons de la mouvante étendue; quelquefois le souffle du midi noie la perspective dans une atmosphère de poudre. La lune éclaire un sol nu, où des brises muettes ne trouvent pas même un brin d'herbe pour en former une voix. Le désert sans arbres se montre de toutes parts sans ombre; ce n'est que dans les bâtiments du monastère qu'on retrouve quelques voiles de la nuit.

Sur l'isthme de Panama en Amérique, le cénobite peut contempler du faîte de son couvent les deux mers qui baignent les deux rives du Nouveau-Monde : l'une souvent agitée quand l'autre repose, et présentant aux méditations le double tableau du calme et de l'orage.

Les couvents situés dans les Andes voient s'aplanir au loin les flots de l'océan Pacifique. Un ciel transparent abaisse le cercle de ses horizons sur la terre et sur les mers, et semble enfermer l'édifice de la religion sous un globe de cristal. La fleur capucine remplaçant le lierre religieux, brode de ses chiffres de pourpre les murs sacrés : le Lamaz traverse le torrent sur un pont flottant de lianes, et le Péruvien infortuné vient prier le Dieu de Las Casas.

Tout le monde a vu en Europe de vieilles abbayes cachées dans les bois où elles ne se décèlent aux voyageurs que par leurs clochers perdus dans la cime des chênes. Les monuments ordinaires reçoivent leur grandeur des paysages qui les environnent; la religion chrétienne embellit au contraire le théâtre où elle place ses autels et suspend ses saintes décorations. Nous avons parlé des couvents européens dans l'histoire de *René*, et retracé quelques-uns de leurs effets au milieu des scènes de la nature; pour achever de montrer au lecteur ces monuments, nous lui donnerons ici un morceau précieux que nous devons à l'amitié. L'auteur y a fait de si grands changements, que c'est, pour ainsi dire un nouvel ouvrage. Ces beaux vers prouveront aux poëtes que leurs muses gagneraient plus à rêver dans les cloîtres qu'à se faire l'écho de l'impiété.

LA CHARTREUSE DE PARIS.

Vieux cloître où de Bruno les disciples cachés
Renferment tous leurs vœux sur le ciel attachés ;
Cloître saint, ouvre-moi tes modestes portiques !
Laisse-moi m'égarer dans ces jardins rustiques
Où venait Catinat méditer quelquefois,
Heureux de fuir la cour et d'oublier les rois.

J'ai trop connu Paris : mes légères pensées,
Dans son enceinte immense au hasard dispersées,
Veulent enfin rejoindre et lier tous les jours
Leur fil demi-formé, qui se brise toujours.
Seul, je viens recueillir mes vagues rêveries.
Fuyez, bruyants remparts, pompeuses Tuileries,
Louvre, dont le portique à mes yeux éblouis
Vante après cent hivers la grandeur de Louis !
Je préfère ces lieux où l'âme, moins distraite,
Même au sein de Paris peut goûter la retraite :
La retraite me plaît, elle eut mes premiers vers.
Déjà, de feux moins vifs éclairant l'univers,
Septembre loin de nous s'enfuit et décolore
Cet éclat dont l'année un moment brille encore.
Il redouble la paix qui m'attache en ces lieux ;
Son jour mélancolique, et si doux à nos yeux,
Son vert plus rembruni, son grave caractère,
Semblent se conformer au deuil du monastère.
Sous ces bois jaunissants j'aime à m'ensevelir.
Couché sur un gazon qui commence à pâlir,
Je jouis d'un air pur, de l'ombre et du silence.

Ces chars tumultueux où s'assied l'opulence,
Tous ces travaux, ce peuple à grands flots agité,
Ces sons confus qu'élève une vaste cité,
Des enfants de Bruno ne troublent point l'asile ;
Le bruit les environne, et leur âme est tranquille.
Tous les jours, reproduit sous des traits inconstants,
Le fantôme du siècle emporté par le temps
Passe et roule autour d'eux ses pompes mensongères.
Mais c'est en vain : du siècle ils ont fui les chimères ;
Hormis l'éternité tout est songe pour eux.
Vous déplorez pourtant leur destin malheureux !
Quel préjugé funeste à des lois si rigides
Attacha, dites-vous, ces pieux suicides?
Ils meurent longuement, rongés d'un noir chagrin :
L'autel garde leurs vœux sur des tables d'airain ;
Et le seul désespoir habite leurs cellules.

Hé bien ! vous qui plaignez ces victimes crédules,
Pénétrez avec moi ces murs religieux :
N'y respirez-vous pas l'air paisible des cieux ?

Vos chagrins ne sont plus, vos passions se taisent,
Et du cloître muet les ténèbres vous plaisent.

Mais quel lugubre son, du haut de cette tour,
Descend et fait frémir les dortoirs d'alentour?
C'est l'airain qui, du temps formidable interprète,
Dans chaque heure qui fuit, à l'humble anachorète
Redit en longs échos : Songe au dernier moment!
Le son sous cette voûte expire lentement;
Et quand il a cessé, l'âme en frémit encore.
La Méditation qui, seule dès l'aurore,
Dans ces sombres parvis marche en baissant son œil,
A ce signal s'arrête, et lit, sur un cercueil,
L'épitaphe à demi par les ans effacée,
Qu'un gothique écrivain dans la pierre a tracée.
O tableaux éloquents! oh! combien à mon cœur
Plaît ce dôme noirci d'une divine horreur,
Et le lierre embrassant ces débris de murailles
Où croasse l'oiseau chantre des funérailles;
Les approches du soir, et ces ifs attristés
Où glissent du soleil les dernières clartés;
Et ce buste pieux que la mousse environne,
Et la cloche d'airain à l'accent monotone;
Ce temple où chaque aurore entend de saints concerts
Sortir d'un long silence et monter dans les airs ;
Un martyr dont l'autel a conservé les restes,
Et le gazon qui croît sur ces tombeaux modestes
Où l'heureux cénobite a passé sans remord
Du silence du cloître à celui de la mort!

Cependant sur ces murs l'obscurité s'abaisse,
Leur deuil est redoublé, leur ombre est plus épaisse;
Les hauteurs de Meudon me cachent le soleil,
Le jour meurt, la nuit vient : le couchant, moins vermeil
Voit pâlir de ses feux la dernière étincelle.
Tout à coup se rallume une aurore nouvelle
Qui monte avec lenteur sur les dômes noircis
De ce palais voisin qu'éleva Médécis [1] ;
Elle en blanchit le faîte, et ma vue enchantée
Reçoit par ces vitraux la lueur argentée.
L'astre touchant des nuits verse du haut des cieux
Sur les tombes du cloître un jour mystérieux,
Et semble y réfléchir cette douce lumière
Qui des morts bienheureux doit charmer la paupière.
Ici, je ne vois plus les horreurs du trépas :
Son aspect attendrit et n'épouvante pas.
Me trompé-je? Ecoutons : sous ces voûtes antiques
Parviennent jusqu'à moi d'invisibles cantiques,
Et la Religion, le front voilé, descend :
Elle approche : déjà son calme attendrissant,

---

[1] Le Luxembourg.

Jusqu'au fond de votre âme en secret s'insinue ;
Entendez-vous un Dieu dont la voix inconnue
Vous dit tout bas : Mon fils, viens ici, viens à moi ;
Marche au fond du désert, j'y serai près de toi ?

Maintenant, du milieu de cette paix profonde,
Tournez les yeux : voyez, dans les routes du monde,
S'agiter les humains que travaille sans fruit
Cet espoir obstiné du bonheur qui les fuit.
Rappelez-vous les mœurs de ces siècles sauvages
Où, sur l'Europe entière apportant les ravages,
Des Vandales obscurs, de farouches Lombards,
Des Goths se disputaient le sceptre des Césars.
La force était sans frein, le faible sans asile :
Parlez, blâmerez-vous les Benoît, les Basile,
Qui, loin du siècle impie, en ces temps abhorrés,
Ouvrirent au malheur des refuges sacrés ?
Déserts de l'Orient, sables, sommets arides,
Catacombes, forêts, sauvages Thébaïdes,
Oh ! que d'infortunés votre noire épaisseur
A dérobés jadis au fer de l'oppresseur !
C'est là qu'ils se cachaient ; et les chrétiens fidèles,
Que la religion protégeait de ses ailes,
Vivant avec Dieu seul dans leurs pieux tombeaux,
Pouvaient au moins prier sans craindre les bourreaux.
Le tyran n'osait plus y chercher ses victimes.
Et que dis-je ? accablé de l'horreur de ses crimes,
Souvent dans ces lieux saints l'oppresseur désarmé
Venait demander grâce aux pieds de l'opprimé.
D'héroïques vertus habitaient l'ermitage.
Je vois dans les débris de Thèbes, de Carthage,
Au creux des souterrains, au fond des vieilles tours,
D'illustres pénitents fuir le monde et les cours.
La voix des passions se tait sous leurs cilices ;
Mais leurs austérités ne sont point sans délices :
Celui qu'ils ont cherché ne les oubliera pas ;
Dieu commande au désert de fleurir sous leurs pas.
Palmier, qui rafraîchis la plaine de Syrie,
Ils venaient reposer sous ton ombre chérie !
Prophétique Jourdain, ils erraient sur tes bords !
Et vous, qu'un roi charmait de ses divins accords,
Cèdres du haut Liban, sur votre cime altière,
Vous portiez jusqu'au ciel leur ardente prière !
Cet antre protégeait leur paisible sommeil ;
Souvent le cri de l'aigle avança leur réveil ;
Ils chantaient l'Éternel sur le roc solitaire,
Au bruit sourd du torrent dont l'eau les désaltère,
Quand tout à coup un ange, en dévoilant ses traits,
Leur porte, au nom du ciel, un message de paix.
Et cependant leurs jours n'étaient point sans orages.
Cet éloquent Jérôme, honneur des premiers âges,
Voyait, sous le cilice et de cendres couvert,

Les voluptés de Rome assiéger son désert.
Leurs combats exerçaient son austère sagesse.
Peut-être, comme lui, déplorant sa faiblesse,
Un mortel trop sensible habita ce séjour.
Hélas! plus d'une fois les soupirs de l'amour
S'élevaient dans la nuit du fond des monastères ;
En vain le repoussant de ses regards austères,
La pénitence veille à côté d'un cercueil :
Il entre déguisé sous les voiles du deuil ;
Au Dieu consolateur en pleurant il se donne ;
A Comminge, à Rancé, Dieu sans doute pardonne :
A Comminge, à Rancé, qui ne doit quelques pleurs?
Qui n'en sait les amours? qui n'en plaint les malheurs?
Et toi, dont le nom seul trouble l'âme amoureuse,
Des bois du Paraclet vestale malheureuse,
Toi qui, sans prononcer de vulgaires serments,
Fis connaître à l'amour de nouveaux sentiments;
Toi que l'homme sensible, abusé par lui-même,
Se plaît à retrouver dans la femme qu'il aime ;
Héloïse! à ton nom quel cœur ne s'attendrit ?
Tel qu'un autre Abailard ton amant te chérit.
Que de fois j'ai cherché, loin d'un monde volage,
L'asile où dans Paris s'écoula ton jeune âge!
Ces vénérables tours qu'allonge vers les cieux,
La cathédrale antique où priaient nos aïeux,
Ces tours ont conservé ton amoureuse histoire.
Là tout m'en parle encor [1] : là revit ta mémoire ;
Là du toit de Fulbert j'ai revu les débris.
On dit même, en ces lieux, par ton ombre chéris,
Qu'un long gémissement s'élève chaque année
A l'heure où se forma ton funeste hyménée.
La jeune fille alors lit, au déclin du jour,
Cette lettre éloquente où brûle ton amour :
Son trouble est aperçu de l'amant qu'elle adore,
Et des feux que tu peins son feu s'accroît encore.
Mais que fais-je, imprudent? quoi! dans ce lieu sacré
J'ose parler d'amour, et je marche entouré
Des leçons du tombeau, des menaces suprêmes !
Ces murs, ces longs dortoirs, se couvrent d'anathèmes,
De sentences de mort qu'aux yeux épouvantés
L'ange exterminateur écrit de tous côtés ;
Je lis à chaque pas: *Dieu*, l'*enfer*, la *vengeance*.
Partout est la rigueur, nulle part la clémence.
Cloître sombre, où l'amour est proscrit par le ciel;
Où l'instinct le plus cher est le plus criminel,
Déjà, déjà ton deuil plaît moins à ma pensée.
L'imagination, vers tes murs élancée,
Chercha le saint repos, leur long recueillement;
Mais mon âme a besoin d'un plus doux sentiment.
Ces devoirs rigoureux font trembler ma faiblesse.

[1] Héloïse vivait dans le cloître Notre-Dame; on y voit encore la maison de son oncle le chanoine Fulbert.

Toutefois quand le temps, qui détrompe sans cesse,
Pour moi des passions détruira les erreurs,
Et leurs plaisirs trop courts souvent mêlés de pleurs ;
Quand mon cœur nourrira quelque peine secrète,
Dans ces moments plus doux et si chers au poëte,
Où, fatigué du monde, il veut, libre du moins,
Et jouir de lui-même, et rêver sans témoins,
Alors je reviendrai, solitude tranquille,
Oublier dans ton sein les ennuis de la ville,
Et retrouver encor, sous ces lambris déserts,
Les mêmes sentiments retracés dans ces vers.

CHAPITRE III.

LES RUINES EN GÉNÉRAL.

QU'IL Y EN A DE DEUX ESPÈCES.

De l'examen des *sites* des monuments chrétiens, nous passons aux effets des *ruines* de ces monuments. Elles fournissent au cœur de majestueux souvenirs, et aux arts des compositions touchantes. Consacrons quelques pages à cette poétique des morts.

Tous les hommes ont un secret attrait pour les ruines. Ce sentiment tient à la fragilité de notre nature, à une conformité secrète entre ces monuments détruits et la rapidité de notre existence. Il s'y joint, en outre, une idée qui console notre petitesse, en voyant que des peuples entiers, des hommes quelquefois si fameux, n'ont pu vivre cependant au delà du peu de jours assignés à notre obscurité. Ainsi, les ruines jettent une grande moralité au milieu des scènes de la nature; quand elles sont placées dans un tableau, en vain on cherche à porter les yeux autre part : ils reviennent toujours s'attacher sur elles. Et pourquoi les ouvrages des hommes ne passeraient-ils pas, quand le soleil qui les éclaire doit lui-même tomber de sa voûte ? Celui qui le plaça dans les cieux est le seul souverain dont l'empire ne connaisse point de ruines.

Il y a deux sortes de ruines : l'une, ouvrage du temps; l'autre, ouvrage des hommes. Les premières n'ont rien de désagréable, parce que la nature travaille auprès des ans. Font-ils des décombres, elle y sème des fleurs; entr'ouvrent-ils un tombeau, elle y place le nid d'une colombe : sans cesse occupée à reproduire, elle environne la mort des plus douces illusions de la vie.

Les secondes ruines sont plutôt des dévastations que des ruines; elles n'offrent que l'image du néant, sans une puissance réparatrice. Ouvrage du malheur, et non des années, elles ressemblent aux cheveux blancs sur la tête de la jeunesse. Les destructions des hommes sont d'ailleurs plus violentes et plus complètes que celles des âges; les seconds minent, les premiers renversent. Quand Dieu, pour des raisons qui nous sont inconnues, veut hâter les ruines du monde, il ordonne au Temps de prêter sa faux à l'homme; et le Temps nous voit avec épouvante ravager dans un clin d'œil ce qu'il eût mis des siècles à détruire.

Nous nous promenions un jour derrière le palais du Luxembourg, et nous

nous trouvâmes près de cette même Chartreuse que M. de Fontanes a chantée. Nous vîmes une église dont les toits étaient enfoncés, les plombs des fenêtres arrachés, et les portes fermées avec des planches mises debout. La plupart des autres bâtiments du monastère n'existaient plus. Nous nous promenâmes longtemps au milieu des pierres sépulcrales de marbre noir semées çà et là sur la terre; les unes étaient totalement brisées, les autres offraient encore quelques restes d'épitaphes. Nous entrâmes dans le cloître intérieur; deux pruniers sauvages y croissaient parmi les hautes herbes et des décombres. Sur les murailles on voyait des peintures à demi effacées, représentant la vie de saint Bruno; un cadran était resté sur un des pignons de l'église; et dans le sanctuaire, au lieu de cette hymne de paix qui s'élevait jadis en l'honneur des morts, on entendait crier l'instrument du manœuvre qui sciait des tombeaux.

Les réflexions que nous fîmes dans ce lieu, tout le monde les peut faire. Nous en sortîmes le cœur flétri, et nous nous enfonçâmes dans le faubourg voisin, sans savoir où nous allions. La nuit approchait : comme nous passions entre deux murs, dans une rue déserte, tout à coup le son d'un orgue vint frapper notre oreille, et les paroles du cantique *Laudate Dominum, omnes gentes*, sortirent du fond d'une église voisine; c'était alors l'octave du Saint-Sacrement. Nous ne saurions peindre l'émotion que nous causèrent ces chants religieux; nous crûmes ouïr une voix du ciel qui disait : « Chrétien sans foi, pourquoi perds-tu l'espérance? Crois-tu donc que je change mes desseins comme les hommes; que j'abandonne, parce que je punis? Loin d'accuser mes décrets, imite ces serviteurs fidèles qui bénissent les coups de ma main, jusque sous les débris où je les écrase. »

Nous entrâmes dans l'église au moment où le prêtre donnait la bénédiction. De pauvres femmes, des vieillards, des enfants étaient prosternés. Nous nous précipitâmes sur la terre, au milieu d'eux; nos larmes coulaient; nous dîmes dans le secret de notre cœur : Pardonne, ô Seigneur, si nous avons murmuré en voyant la désolation de ton temple; pardonne à notre raison ébranlée! L'homme n'est lui-même qu'un édifice tombé, qu'un débris du péché et de la mort; son amour tiède, sa foi chancelante, sa charité bornée, ses sentiments incomplets, ses pensées insuffisantes, son cœur brisé, tout chez lui n'est que ruines (36).

CHAPITRE IV.

EFFET PITTORESQUE DES RUINES.

RUINES DE PALMYRE, D'ÉGYPTE, ETC.

Les ruines, considérées sous le rapport du paysage, sont plus pittoresques dans un tableau que le monument frais et entier. Dans les temples que les siècles n'ont point percés, les murs masquent une partie du site et des objets extérieurs, et empêchent qu'on ne distingue les colonnades et les cintres de l'édifice; mais quand ces temples viennent à crouler, il ne reste que des débris isolés, entre lesquels l'œil découvre au haut et au loin les astres, les nues, les montagnes, les fleuves et les forêts. Alors, par un jeu de l'optique, l'horizon recule et les galeries suspendues en l'air se découpent sur les fonds du ciel et de la terre. Ces effets n'ont point été inconnus des anciens ; ils élevaient des cirques sans masses pleines, pour laisser un libre accès aux illusions de la perspective.

Les ruines ont ensuite des harmonies particulières avec leurs déserts, selon le style de leur architecture, les lieux où elles sont placées, et les règnes de la nature au méridien qu'elles occupent.

Dans les pays chauds, peu favorables aux herbes et aux mousses, elles sont privées de ces graminées qui décorent nos châteaux gothiques et nos vieilles tours ; mais aussi de plus grands végétaux se marient aux plus grandes formes de leur architecture. A Palmyre, le dattier fend les *têtes d'hommes et de lions* qui soutiennent les chapiteaux du *temple du Soleil ;* le palmier remplace par sa colonne la colonne tombée ; et le pêcher, que les anciens consacraient à Harpocrate, s'élève dans la demeure du silence. On y voit encore une espèce d'arbre dont le feuillage échevelé et les fruits en cristaux forment, avec les débris pendants, de beaux accords de tristesse. Quelquefois une caravane arrêtée dans ces déserts y multiplie les effets pittoresques : le costume oriental allie bien sa noblesse à la noblesse de ces ruines ; et les chameaux semblent en accroître les dimensions, lorsque, couchés entre des fragments de maçonnerie, ils ne laissent voir que leurs têtes fauves et leurs dos bossus.

Les ruines changent de caractère en Égypte ; souvent elles offrent dans un petit espace diverses sortes d'architecture et de souvenirs. Les colonnes du vieux style égyptien s'élèvent auprès de la colonne corinthienne ; un morceau d'ordre toscan s'unit à une tour arabe, un monument du peuple pasteur à un monument des Romains.

Des Sphinx, des Anubis, des statues brisées, des obélisques rompus, sont roulés dans le Nil, enterrés dans le sol, cachés dans des rizières, des champs de fèves et des plaines de trèfle. Quelquefois, dans les débordements du fleuve, ces ruines ressemblent sur les eaux à une grande flotte ; quelquefois des nuages, jetés en ondes sur les flancs des pyramides, les partagent en deux moitiés. Le chakal, monté sur un piédestal vide, allonge son museau de loup derrière le buste d'un Pan à tête de bélier ; la gazelle, l'autruche, l'ibis, la gerboise, sautent parmi les décombres, tandis que la poule sultane se tient immobile sur quelque débris, comme un oiseau hiéroglyphique de granit et de porphyre.

La vallée de Tempé, les bois de l'Olympe, les côtes de l'Attique et du Péloponèse étalent les ruines de la Grèce. Là commencent à paraître les mousses, les plantes grimpantes et les fleurs saxatiles. Une guirlande vagabonde de jasmins embrasse une Vénus, comme pour lui rendre sa ceinture ; une barbe de mousse blanche descend du menton d'une Hébé ; le pavot croît sur les feuillets du livre de Mnémosyne : symbole de la renommée passée et de l'oubli présent de ces lieux. Les flots de l'Égée, qui viennent expirer sous de croulants portiques, Philomèle qui se plaint, Alcyon qui gémit, Cadmus qui roule ses anneaux autour d'un autel, le cygne qui fait son nid dans le sein de quelque Léda, mille accidents, produits comme par les Grâces, enchantent ces poétiques débris : on dirait qu'un souffle divin anime encore la poussière des temples d'Apollon et des Muses ; et le paysage entier, baigné par la mer, ressemble à un tableau d'Apelles, consacré à Neptune et suspendu à ses rivages (37).

CHAPITRE V.

RUINES DES MONUMENTS CHRÉTIENS.

Les ruines des monuments chrétiens n'ont pas la même élégance que les ruines des monuments de Rome et de la Grèce; mais, sous d'autres rapports, elles peuvent supporter le parallèle. Les plus belles que l'on connaisse dans ce genre sont celles que l'on voit en Angleterre, au bord du lac de Cumberland, dans les montagnes d'Écosse, et jusque dans les Orcades. Les bas-côtés du chœur, les arcs des fenêtres, les ouvrages ciselés des voussures, les pilastres des cloîtres, et quelques pans de la tour des cloches, sont en général les parties qui ont le plus résisté aux efforts du temps.

Dans les ordres grecs, les voûtes et les cintres suivent parallèlement les arcs du ciel; de sorte que, sur la tenture grise des nuages ou sur un paysage obscur, ils se perdent dans les fonds; dans l'ordre gothique, au contraire, les pointes contrastent avec les arrondissements des cieux et les courbures de l'horizon. Le gothique, étant tout composé de *vides*, se décore ensuite plus aisément d'herbes et de fleurs que les pleins des ordres grecs. Les filets redoublés des pilastres, les dômes découpés en feuillage ou creusés en forme de cueilloir, deviennent autant de corbeilles où les vents portent, avec la poussière, les semences des végétaux. La joubarbe se crampone dans le ciment, les mousses emballent d'inégaux décombres dans leur bourre élastique, la ronce fait sortir ses cercles bruns de l'embrasure d'une fenêtre, et le lierre, se traînant le long des cloîtres septentrionaux, retombe en festons dans les arcades.

Il n'est aucune ruine d'un effet plus pittoresque que ces débris : sous un ciel nébuleux, au milieu des vents et des tempêtes, au bord de cette mer dont Ossian a chanté les orages, leur architecture gothique a quelque chose de grand et de sombre comme le Dieu de Sinaï, dont elle perpétue le souvenir. Assis sur un autel brisé, dans les Orcades, le voyageur s'étonne de la tristesse de ces lieux; un Océan sauvage, des syrtes embrumées, des vallées où s'élève la pierre d'un tombeau, des torrents qui coulent à travers la bruyère, quelques pins rougeâtres jetés sur la nudité d'un *morne* flanqué de couches de neige, c'est tout ce qui s'offre aux regards. Le vent circule dans les ruines, et leurs innombrables jours deviennent autant de tuyaux d'où s'échappent des plaintes; l'orgue avait jadis moins de soupirs sous ces voûtes religieuses. De longues herbes tremblent aux ouvertures des dômes. Derrière ces ouvertures on voit fuir la nue et planer l'oiseau des terres boréales. Quelquefois égaré dans sa route, un vaisseau caché sous ses voiles arrondies, comme un esprit des eaux voilé de ses ailes, sillonne les vagues désertes; sous le souffle de l'aquilon, il semble se prosterner à chaque pas, et saluer les mers qui baignent les débris du temple de Dieu.

Ils ont passé sur ces plages inconnues, ces hommes qui adoraient la *Sagesse* qui s'est promenée sous les flots. Tantôt, dans leurs solennités, ils s'avançaient

le long des grèves en chantant avec le Psalmiste : « Comme elle est vaste cette
« mer qui étend au loin ses bras spacieux ¹ ! » tantôt assis dans la grotte de *Fingal*, près des soupiraux de l'Océan, ils croyaient entendre cette voix qui disait
à Job : « Savez-vous qui a enfermé la mer dans des digues, lorsqu'elle se dé-
« bordait en sortant du sein de sa mère, *quasi de vulva procedens* ²? » La nuit,
quand les tempêtes de l'hiver étaient descendues, quand le monastère disparaissait dans des tourbillons, les tranquilles cénobites, retirés au fond de leurs
cellules, s'endormaient au murmure des orages ; heureux de s'être embarqués
dans ce vaisseau du Seigneur, qui ne périra point (38).

Sacrés débris des monuments chrétiens, vous ne rappelez point, comme tant
d'autres ruines, du sang, des injustices et des violences ! vous ne racontez qu'une
histoire paisible, ou tout au plus que les souffrances mystérieuses du Fils de
l'Homme ! Et vous, saints ermites, qui, pour arriver à des retraites plus fortunées, vous étiez exilés sous les glaces du pôle, vous jouissez maintenant du
fruit de vos sacrifices ! S'il est parmi les anges, comme parmi les hommes, des
campagnes habitées et des lieux déserts, de même que vous ensevelîtes vos
vertus dans les solitudes de la terre, vous aurez sans doute choisi les solitudes
célestes pour y cacher votre bonheur !

CHAPITRE VI.

HARMONIES MORALES.

DÉVOTIONS POPULAIRES.

Nous quittons les harmonies physiques des monuments religieux et des scènes
de la nature pour entrer dans les harmonies morales du christianisme. Il faut
placer au premier rang *ces dévotions populaires* qui consistent en de certaines
croyances et de certains rites pratiqués par la foule, sans être ni avoués, ni absolument proscrits par l'Église. Ce ne sont en effet que des harmonies de la religion
et de la nature. Quand le peuple croit entendre la voix des morts dans les vents,
quand il parle des fantômes de la nuit, quand il va en pèlerinage pour le soulagement de ses maux, il est évident que ces opinions ne sont que des relations
touchantes entre quelques scènes naturelles, quelques dogmes sacrés et la misère de nos cœurs. Il suit de là que, plus un culte a de ces *dévotions populaires*,
plus il est poétique, puisque la poésie se fonde sur les mouvements de l'âme et
les accidents de la nature, rendus tout mystérieux par l'intervention des idées
religieuses.

Il faudrait nous plaindre si, voulant tout soumettre aux règles de la raison,
nous condamnions avec rigueur ces croyances qui aident au peuple à supporter
les chagrins de la vie, et qui lui enseignent une morale que les meilleures lois
ne lui apprendront jamais. Il est bon, il est beau, quoi qu'on en dise, que toutes

---

¹ *Ps.* CIII, v. 25. — ² JOB, cap. XXXVIII, v. 8.

nos actions soient pleines de Dieu, et que nous soyons sans cesse environnés de ses miracles.

Le peuple est bien plus sage que les philosophes. Chaque fontaine, chaque croix dans un chemin, chaque soupir du vent de la nuit, porte avec lui un prodige. Pour l'homme de foi, la nature est une constante merveille. Souffre-t-il, il prie sa petite image et il est soulagé. A-t-il besoin de revoir un parent, un ami, il fait un vœu, prend le bâton et le bourdon du pèlerin ; il franchit les Alpes ou les Pyrénées, visite Notre-Dame de Lorette ou Saint-Jacques en Galice ; il se prosterne, il prie le saint de lui rendre un fils (pauvre matelot peut-être errant sur les mers), de sauver une épouse, de prolonger les jours d'un père. Son cœur se trouve allégé. Il part pour retourner à sa chaumière : chargé de coquillages, il fait retentir les hameaux du son de sa conque, et chante dans une complainte naïve la bonté de Marie, mère de Dieu. Chacun veut avoir quelque chose qui ait appartenu au pèlerin. Que de maux guéris par un seul ruban consacré ! le pèlerin arrive à son village : la première personne qui vient au-devant de lui, c'est sa femme relevée de couches, c'est son fils retrouvé, c'est son père rajeuni.

Heureux, trois et quatre fois heureux ceux qui croient ! ils ne peuvent sourire sans compter qu'ils souriront toujours, ils ne peuvent pleurer sans penser qu'ils touchent à la fin de leurs larmes. Leurs pleurs ne sont point perdus : la religion les reçoit dans son urne, et les présente à l'Éternel.

Les pas du vrai croyant ne sont jamais solitaires ; un bon ange veille à ses côtés, il lui donne des conseils dans ses songes, il le défend contre le mauvais ange. Ce céleste ami lui est si dévoué, qu'il consent pour lui à s'exiler sur la terre.

Trouvait-on chez les anciens rien de plus admirable qu'une foule de pratiques usitées jadis dans notre religion ! Si l'on rencontrait au coin d'une forêt le corps d'un homme assassiné, on plantait dans ce lieu une croix en signe de miséricorde. Cette croix demandait au Samaritain une larme pour un infortuné, et à l'habitant de la cité fidèle une prière pour son frère. Et puis, ce voyageur était peut-être un étranger tombé loin de son pays, comme cet illustre inconnu sacrifié par la main des hommes, loin de sa patrie céleste ! Quel commerce entre nous et Dieu ! quelle élévation cela ne donnait-il pas à la nature humaine ! qu'il était étonnant d'oser trouver des conformités entre nos jours mortels et l'éternelle existence du Maître du monde !

Nous ne parlerons point de ces jubilés substitués aux jeux séculaires, qui plongent les chrétiens dans la piscine du repentir, rajeunissent les consciences, et appellent les pécheurs à l'amnistie de la religion. Nous ne dirons point non plus comment, dans les calamités publiques, les grands et les petits s'en allaient pieds nus d'église en église, pour tâcher de désarmer la colère de Dieu. Le pasteur marchait à leur tête, la corde au cou, humble victime dévouée pour le salut du troupeau.

Mais le peuple ne nourrissait point la crainte de ces fléaux, quand il avait sous son toit le Christ d'ébène, le laurier bénit, l'image du saint, protecteur de la famille. Que de fois on s'est prosterné devant ces reliques, pour demander des secours qu'on n'avait point obtenus des hommes !

Qui ne connaît *Notre-Dame des Bois*, cette habitante du tronc de la vieille épine ou du creux moussu de la fontaine? Elle est célèbre dans le hameau par ses miracles. Maintes matrones vous diront que leurs douleurs dans l'enfantement ont été moins grandes depuis qu'elles ont invoqué la *bonne Marie des Bois*. Les filles qui ont perdu leur fiancé ont souvent, au clair de la lune, aperçu les âmes de ces jeunes hommes dans ce lieu solitaire; elles ont reconnu leur voix dans les soupirs de la fontaine. Les colombes qui boivent ses eaux ont toujours des œufs dans leur nid, et les fleurs qui croissent sur ses bords, toujours des boutons sur leur tige. Il était convenable que la sainte des forêts fît des miracles doux comme les mousses qu'elle habite, charmants comme les eaux qui la voilent.

C'est dans les grands événements de la vie que les coutumes religieuses offrent aux malheureux leurs consolations. Nous avons été une fois spectateur d'un naufrage. En arrivant sur la grève, les matelots dépouillèrent leurs vêtements et ne conservèrent que leurs pantalons et leurs chemises mouillées. Ils avaient fait un vœu à la Vierge pendant la tempête. Ils se rendirent en procession à une petite chapelle dédiée à saint Thomas. Le capitaine marchait à leur tête, et le peuple suivait en chantant avec eux l'*Ave, maris stella*. Le prêtre célébra la messe des naufragés, et les matelots suspendirent leurs habits trempés d'eau de mer, en *ex voto*, aux murs de la chapelle. La philosophie peut remplir ses pages de paroles magnifiques, mais nous doutons que les infortunés viennent jamais suspendre leurs vêtements à son temple.

La mort, si poétique parce qu'elle touche aux choses immortelles, si mystérieuse à cause de son silence, devait avoir mille manières de s'annoncer pour le peuple. Tantôt un trépas se faisait prévoir par les tintements d'une cloche qui sonnait d'elle-même, tantôt l'homme qui devait mourir entendait frapper trois coups sur le plancher de sa chambre. Une religieuse de saint Benoît, près de quitter la terre, trouvait une couronne d'épine blanche sur le seuil de sa cellule. Une mère perdait-elle un fils dans un pays lointain, elle en était instruite à l'instant par ses songes. Ceux qui nient les pressentiments ne connaîtront jamais les routes secrètes par où deux cœurs qui s'aiment communiquent d'un bout du monde à l'autre. Souvent le mort chéri, sortant du tombeau, se présentait à son ami, lui recommandait de dire des prières pour le racheter des flammes et le conduire à la félicité des élus. Ainsi la religion avait fait partager à l'amitié le beau privilége que Dieu a de donner une éternité de bonheur.

Des opinions d'une espèce différente, mais toujours d'un caractère religieux, inspiraient l'humanité: elles sont si naïves qu'elles embarrassent l'écrivain. Toucher au nid d'une hirondelle, tuer un rouge-gorge, un roitelet, un grillon, hôte du foyer champêtre, un chien devenu caduc au service de la famille, c'était une sorte d'impiété qui ne manquait point, disait-on, d'attirer après soi quelque malheur. Par un admirable respect pour la vieillesse, on croyait que les personnes âgées étaient d'un heureux augure dans une maison, et qu'un ancien domestique portait bonheur à son maître. On retrouve ici quelques traces du culte touchant des *lares*, et l'on se rappelle la fille de Laban emportant ses dieux paternels.

Le peuple était persuadé que nul ne commet une méchante action sans se condamner à avoir le reste de sa vie d'effroyables apparitions à ses côtés. L'antiquité, plus sage que nous, se serait donné de garde de détruire ces utiles harmonies de la religion, de la conscience et de la morale. Elle n'aurait point rejeté cette autre opinion, par laquelle il était tenu pour certain que tout homme qui jouit d'une prospérité mal acquise a fait un pacte avec l'esprit des ténèbres, et légué son âme aux enfers.

Enfin les vents, les pluies, les soleils, les saisons, les cultures, les arts, la naissance, l'enfance, l'hymen, la vieillesse, la mort, tout avait ses saints et ses images, et jamais peuple ne fut plus environné de divinités amies que ne l'était le peuple chrétien.

Il ne s'agit pas d'examiner rigoureusement ces croyances. Loin de rien ordonner à leur sujet, la religion servait au contraire à en prévenir l'abus, et à en corriger l'excès. Il s'agit seulement de savoir si leur but est moral, si elles tendent mieux que les lois elles-mêmes à conduire la foule à la vertu. Et quel homme sensé peut en douter ? A force de déclamer contre la superstition, on finira par ouvrir la voie à tous les crimes. Ce qu'il y aura d'étonnant pour les sophistes, c'est qu'au milieu des maux qu'ils auront causés, ils n'auront pas même la satisfaction de voir le peuple plus incrédule. S'il cesse de soumettre son esprit à la religion, il se fera des opinions monstrueuses. Il sera saisi d'une terreur d'autant plus étrange, qu'il n'en connaîtra pas l'objet : il tremblera dans un cimetière où il aura gravé que *la mort est un sommeil éternel*; et, en affectant de mépriser la puissance divine, il ira interroger la bohémienne, ou chercher ses destinées dans les bigarrures d'une carte.

Il faut du merveilleux, un avenir, des espérances à l'homme, parce qu'il se sent fait pour l'immortalité. Les *conjurations*, la *nécromancie*, ne sont chez le peuple que l'instinct de la religion, et une des preuves les plus frappantes de la nécessité d'un culte. On est bien près de tout croire quand on ne croit rien ; on a des devins quand on n'a plus de prophètes, des sortiléges quand on renonce aux cérémonies religieuses, et l'on ouvre les antres des sorciers quand on ferme les temples du Seigneur.

FIN DU PREMIER VOLUME.

TABLE DES MATIÈRES

CONTENUES DANS CE VOLUME.

				Pages.
Préface				1

Iʳᵉ PARTIE. — DOGMES ET DOCTRINE.

— Livre Iᵉʳ. — Mystères et Sacrements.

— — Chapitre Iᵉʳ. Introduction. 4
— — — II. De la nature du Mystère. 9
— — — III. *Des Mystères chrétiens.* — De la Trinité. 10
— — — IV. De la Rédemption 14
— — — V. De l'Incarnation 18
— — — VI. *Les Sacrements.* — Le Baptême et la Confession. 19
— — — VII. De la Communion. 22
— — — VIII. *La Confirmation*, *l'Ordre et le Mariage.* — Examen du vœu de célibat sous ses rapports moraux. 24
— — — IX. *Suite du précédent.* — Sur le sacrement d'Ordre 29
— — — X. *Suite des précédents.* — Le Mariage . . . 31
— — — XI. L'Extrême-Onction. 35

TABLE DES MATIÈRES.

Pages.

Iʳᵉ PARTIE. Livre IIᵉ. — Vertus et Lois morales.
— — Chapitre Iᵉʳ. Vices et vertus selon la religion. 36
— — — II. De la Foi. 37
— — — III. De l'Espérance et de la Charité. 39
— — — IV. Des Lois morales ou du Décalogue ... 40

— Livre IIIᵉ. — Vérité des Écritures, chute de l'homme.
— — Chapitre Iᵉʳ. Supériorité de la tradition de Moïse sur les autres cosmogonies. 45
— — — II. Chute de l'homme; le serpent; un mot hébreu 48
— — — III. *Constitution primitive de l'homme.* — Nouvelle preuve du péché originel. 50

— Livre IVᵉ. — Suite des vérités de l'Écriture. — Objections contre le système de Moïse.
— — Chapitre Iᵉʳ. Chronologie. 53
— — — II. Logographie et faits historiques 55
— — — III. Astronomie. 60
— — — IV. *Suite du précédent.* — Histoire naturelle; Déluge. 63
— — — V. Jeunesse et vieillesse de la terre. 65

— Livre Vᵉ. — Existence de Dieu prouvée par les merveilles de la nature.
— — Chapitre Iᵉʳ. Objet de ce livre. 66
— — — II. Spectacle général de l'univers. 67
— — — III. Organisation des animaux et des plantes. 68
— — — IV. Instinct des animaux. 71
— — — V. Chant des oiseaux; qu'il est fait pour l'homme; loi relative aux cris des animaux. 72
— — — VI. Nids des oiseaux............... 74
— — — VII. *Migration des oiseaux.* — Oiseaux aquatiques; leurs mœurs; bonté de la Providence. 75
— — — VIII. *Oiseaux des mers; comment utiles à l'homme.* — Que les migrations des oiseaux servaient de calendrier aux laboureurs dans les anciens jours. 78
— — — IX. *Suite des migrations.* — Quadrupèdes. . 81
— — — X. Amphibies et reptiles. 83

TABLE DES MATIÈRES.

Pages

Ire PARTIE. Livre V^e. Chapitre XI. Des plantes et de leurs migrations 86
— — — XII. Deux perspectives de la nature..... 88
— — — XIII. L'homme physique............ 90
— — — XIV. Instinct de la patrie............ 92

— Livre VIe. — Immortalité de l'ame prouvée par la morale et le sentiment.
— — Chapitre Ier Désir de bonheur dans l'homme...... 96
— — — II. Du remords de la conscience....... 99
— — — III. *Qu'il n'y a point de morale s'il n'y a point d'autre vie.* — Présomption en faveur de l'âme, tirée du respect de l'homme pour les tombeaux................... 101
— — — IV. De quelques objections........... 102
— — — V. Danger et inutilité de l'athéisme..... 105
— — — VI. *Fin des dogmes du christianisme.* — État des peines et des récompenses dans une autre vie. Élysée antique, etc....... 109
— — — VII. Jugement dernier............. 110
— — — VIII. Bonheur des justes........... 112

IIe PARTIE. — POÉTIQUE DU CHRISTIANISME.
— Livre Ier. — Vue générale des épopées chrétiennes.
— — Chapitre Ier. *Que la poétique du christianisme se divise en trois branches : Poésie, Beaux-Arts, Littérature.* — Que les six livres de cette seconde partie traitent spécialement de la poésie................... 113
— — — II. *Vue générale des poëmes où le merveilleux du christianisme remplace la mythologie.* — L'Enfer du Dante. La Jérusalem délivrée................... 114
— — — III. Paradis perdu............... 116
— — — IV. De quelques poëmes français et étrangers. 121
— — — V. La Henriade................ 124

— Livre IIe. — Poésie dans ses rapports avec les hommes. Caractères.
— — Chapitre Ier. Caractères naturels........... 127
— — — II. *Suite des époux.* — Ulysse et Pénélope. . 128

GÉNIE DU CHRISTIANISME. — C. 38

			Pages.
IIe PARTIE. Livre IIe. Chapitre III. *Suite des époux.* — Adam et Ève.			131
— — — IV. *Le père.* — Priam.			135
— — — V. *Suite du père.* — Lusignan.			137
— — — VI. *La mère.* — Andromaque.			139
— — — VII. *Le fils.* — Guzman.			141
— — — VIII. *La fille.* — Iphigénie.			143
— — — IX. *Caractères sociaux.* — Le prêtre.			145
— — — X. *Suite du prêtre. La Sibylle.* — Joad. — Parallèle de Virgile et de Racine.			146
— — — XI. *Le guerrier.* — Définition du beau idéal.			150
— — — XII. Suite du guerrier.			152

— Livre IIIe. — Suite de la Poésie dans ses rapports avec les hommes. — Passions.

  — — Chapitre Ier. Que le christianisme a changé les rapports des passions en changeant les bases du vice et de la vertu. 154
  — — II. *Amour passionné.* — Didon. 156
  — — III. *Suite du précédent.* — La Phèdre de Racine. 159
  — — IV. *Suite des précédents.* — Julie d'Étange; Clémentine. 160
  — — V. *Suite des précédents.* — Héloïse et Abailard. 162
  — — VI. *Amour champêtre.* — Le Cyclope et Galatée. 165
  — — VII. *Suite du précédent.* — Paul et Virginie. 167
  — — VIII. La religion chrétienne considérée elle-même comme passion. 169
  — — IX. Du vague des passions. 174

— Livre IVe. — Du merveilleux, ou de la Poésie dans ses rapports avec les êtres surnaturels.

  — — Chapitre Ier. Que la mythologie rapetissait la nature; que les anciens n'avaient point de poésie proprement dite descriptive. 176
  — — II. De l'allégorie. 179
  — — III. Partie historique de la Poésie descriptive chez les modernes. 180

TABLE DES MATIÈRES.

Pages.

IIe PARTIE. Livre IVe. Chapitre IV. Si les divinités du paganisme ont poétiquement la supériorité sur les divinités chrétiennes. 183
— — — V. Caractère du vrai Dieu. 185
— — — VI. Des esprits des ténèbres. 186
— — — VII. Des saints. 187
— — — VIII. Des anges. 189
— — — IX. *Application des principes établis dans les chapitres précédents.* — Caractère de Satan. 191
— — — X. *Machines poétiques.* — Vénus dans les bois de Carthage. Raphaël au berceau d'Éden. 193
— — — XI. *Suite des machines poétiques.* — Songe d'Énée. Songe d'Athalie. 194
— — — XII. *Suite des machines poétiques.* — Voyage des dieux homériques. Satan allant à la découverte de la création. 197
— — — XIII. L'Enfer chrétien. 199
— — — XIV. *Parallèle de l'Enfer et du Tartare.* — Entrée de l'Averne. Porte de l'Enfer du Dante. Didon. Françoise de Rimini. Tourments des coupables. 200
— — — XV. Du Purgatoire. 203
— — — XVI. Le Paradis. 204

— Livre V^e. — La Bible et Homère.
— — Chapitre Ier. De l'Écriture et de son excellence. . . . 206
— — — II. Qu'il y a trois styles principaux dans l'Écriture. 207
— — — III. *Parallèle de la Bible et d'Homère.* — Termes de comparaison. 212
— — — IV. *Suite du parallèle de la Bible et d'Homère.* — Exemples. 216

IIIe PARTIE. — BEAUX-ARTS ET LITTÉRATURE.
— Livre Ier. — Beaux-Arts.
— — Chapitre Ier. *Musique.* — De l'Influence du christianisme dans la musique. 224
— — — II. Du chant grégorien. 225

# TABLE DES MATIÈRES.

Pages.

IIIᵉ PARTIE. Livre Iᵉʳ. Chapitre III. Partie historique de la peinture chez les modernes........................ 227
— — — IV. Des sujets de tableaux.......... 229
— — — V. Sculpture. 230
— — — VI. *Architecture.* — Hôtel des Invalides... 231
— — — VII. Versailles............... 232
— — — VIII. Des églises gothiques.......... 233

— Livre IIᵉ. — Philosophie.
— — Chapitre Iᵉʳ. Astronomie et mathématiques........ 235
— — — II. Chimie et histoire naturelle........ 242
— — — III. *Des Philosophes chrétiens.* — Métaphysiciens. 245
— — — IV. *Suite des Philosophes chrétiens.* — Publicistes. 247
— — — V. *Moralistes.* — La Bruyère......... 248
— — — VI. *Suite des moralistes.* 249

— Livre IIIᵉ. — Histoire.
— — Chapitre Iᵉʳ. Du christianisme dans la manière d'écrire l'histoire. 253
— — — II. *Causes générales qui ont empêché les écrivains modernes de réussir dans l'histoire.* — Première cause : Beautés des sujets antiques. 255
— — — III. *Suite du précédent.* — Seconde cause : Les anciens ont épuisé tous les genres d'histoire, hors le genre chrétien. 256
— — — IV. Pourquoi les Français n'ont que des mémoires. 258
— — — V. Beau côté de l'histoire moderne...... 260
— — — VI. Voltaire historien............. 262
— — — VII. Philippe de Comines et Rollin...... 263
— — — VIII. Bossuet historien............ 263

— Livre IVᵉ. — Éloquence.
— — Chapitre Iᵉʳ. Du christianisme dans l'éloquence.... 266
— — — II. *Des orateurs.* — Les Pères de l'Église.. 267
— — — III. Massillon................ 271
— — — IV. Bossuet orateur............. 273

TABLE DES MATIÈRES.

IIIᵉ PARTIE. Livre IVᵉ. Chapitre V. Que l'incrédulité est la principale cause de la décadence du goût et du génie 277

— Livre Vᵉ. — Harmonies de la religion chrétienne avec les scènes de la nature et les passions du cœur humain.

— — Chapitre Iᵉʳ. Division des harmonies. 280
— — — II. *Harmonies physiques*. — Suite des monuments religieux; Couvents maronites, cophtes, etc. 284
— — — III. *Les Ruines en général*. — Qu'il y en a de deux espèces. 287
— — — IV. *Effet pittoresque des ruines*. — Ruines de Palmyre, d'Égypte, etc. 288
— — — V. Ruines des monuments chrétiens. 290
— — — *Harmonies morales*. — Dévotions populaires. 291

FIN DE LA TABLE DU PREMIER VOLUME.

LAGNY. — Imprimerie de VIALAT et Cⁱᵉ.

www.ingramcontent.com/pod-product-compliance
Lightning Source LLC
Chambersburg PA
CBHW071528160426
43196CB00010B/1698